novas buscas
em comunicação

VOL. 66

Dados Internacionais de Catalogação na Publicação (CIP)
(Câmara Brasileira do Livro, SP, Brasil)

Vivendo com a telenovela: mediações, recepção, teleficcionalidade / Maria Immacolata Vassallo de Lopes, Silvia Helena Simões Borelli, Vera da Rocha Resende. São Paulo: Summus, 2002.

Bibliografia.
ISBN 978-85-323-0770-5

1. Comunicação - Pesquisa 2. Telenovelas 3. Televisão - Aspectos sociais 4. Televisão - Audiências 5. Televisão - Influência I. Lopes, Maria Immacolata Vassallo de. II. Borelli, Silvia Helena Simões. III. Resende, Vera da Rocha.

| 02-2689 | CDD-302.2345 |

Índice para catálogo sistemático:

1. Telenovelas : Mediações : Comunicação : Sociologia
302.2345

Vivendo com a telenovela

Mediações, recepção, teleficcionalidade

MARIA IMMACOLATA VASSALLO DE LOPES
SILVIA HELENA SIMÕES BORELLI
VERA DA ROCHA RESENDE

summus
editorial

Capa: **José Henrique Fontelles**
Editoração e fotolitos: **JOIN Bureau de Editoração**

Summus Editorial
Departamento editorial:
Rua Itapicuru, 613 – 7º andar
05006-000 – São Paulo – SP
Fone: (11) 3872-3322
Fax: (11) 3872-7476
http://www.summus.com.br
e-mail: summus@summus.com.br

Atendimento ao consumidor:
Summus Editorial
Fone: (11) 3865-9890

Vendas por atacado:
Fone: (11) 3873-8638
Fax: (11) 3873-7085
e-mail: vendas@summus.com.br

Impresso no Brasil

Equipe de pesquisa

Coordenadora
Maria Immacolata Vassallo de Lopes

Pesquisadores
Maria Immacolata Vassallo de Lopes
Silvia Helena Simões Borelli
Vera da Rocha Resende
Alberto Efendy Maldonado Gómez de La Torre
Jiani Adriana Bonin
Maria Isabel Orofino

Auxiliares de pesquisa
Carlos Pereira Gonçalves
Dulce Teixeira de Oliveira Neta
Luciana Pareja Norbiato
Marcelo Burgos Pimentel dos Santos
Marcelo Rodrigo Mingoti Müller
Mauro Enrique Fusco
Richard Romancini
Rosana Miyashiro Fahl
Ruth Fialho Dias

Agradecimentos

Às famílias participantes da pesquisa, fontes imprescindíveis deste trabalho, pelo acolhimento, disponibilidade e compreensão oferecidos.

Ao Núcleo de Pesquisa de Telenovela da Escola de Comunicações e Artes da Universidade de São Paulo (ECA-USP), no qual esta pesquisa se inseriu num projeto integrado, pela colaboração e acesso ao acervo.

À Pontifícia Universidade Católica de São Paulo (PUC-SP) e à Universidade Estadual Paulista (Unesp-Bauru) que, por intermédio de seus Conselhos de Ensino e Pesquisa, apoiaram a realização deste projeto interinstitucional.

À Fapesp e ao CNPq, pelos auxílios concedidos.

À Central Globo de Produção, pela concessão das entrevistas.

À Deborah Levinson, da Rede Globo de Televisão.

À Sônia Maria Kempner, da Universidade Federal de Santa Catarina.

Aos colaboradores Edison Nunes, por ter contribuído quando o trabalho ainda engatinhava; Tiago Simões Borelli, por conceber e realizar a parte gráfica; e Rosana de Lima Soares, pela organização do material original, preparação, revisão e formatação definitiva do texto.

Sumário

Prefácio

*Jesus Martín-Barbero**
Guadalajara (México).

Este livro narra uma rara e apaixonante aventura intelectual. Além da problemática da telenovela, ou da *recepção de telenovelas*, do que na verdade aqui se fala é de uma longa e sistemática *exploração metodológica*, com a qual se procura traduzir a proposta *teórica das mediações* em estratégias de pesquisa empírica. Digo que constitui uma aventura porque a considero rara ao menos nestas paragens e ainda mais nestes tempos. Se, até há pouco tempo, *fazer teoria* era um luxo que nossos países não podiam nem deviam admitir, embarcar num processo de *experimentação metodológica* pode parecer, para muitos, um desperdício ainda mais extravagante. E de fato é assim, principalmente nestes agitados tempos em que a aceleração dos ritmos de trabalho torna impensável que uma equipe de três qualificadas pesquisadoras principais assistidas por outros três pesquisadores tenham dedicado quatro anos a reexaminar pacientemente *tradições a partir das quais temos pensado a recepção* para poder *construir alternativas metodológicas* coerentes com o mais vigo-

---

* Traduzido para o português por Alberto Efendy Maldonado Gómez de La Torre. Revisado por Silvia Helena Simões Borelli e Rosana de Lima Soares.

roso pensamento latino-americano no campo dos estudos culturais em comunicação.

O ponto de partida situa-se numa profunda insatisfação que, mais do que acadêmica, é intelectual: grande parte do trabalho crítico de investigação dedicada aos estudos dos processos de recepção com todas as *esperanças de renovação* por eles despertados tem sido cooptada pela lógica do saber hegemônico em comunicação, isto é, tem perdido o impulso crítico e tem sido confundida com a ênfase publicitária de *"todo poder ao consumidor"*! Necessitava-se, então, de uma pesquisa rigorosa e atenta, capaz de iluminar as trajetórias dos estudos de recepção tanto na América Latina quanto no mundo – e isto sem nenhum masoquismo pós-moderno –, com o claro propósito de refazer o caminho percorrido para então *redesenhar seus fins e seus meios*. O fato de esta pesquisa ter sido produzida no Brasil explica-se, sem dúvida, pela densidade de massa crítica que as ciências sociais têm adquirido neste país, mas remete também à especificidade brasileira deste *fenômeno comunicativo* de produção e pesquisa que é a telenovela. Só neste país é *comum* que alguns dos melhores e mais radicalmente críticos escritores, artistas, roteiristas, diretores de cinema e de teatro, façam telenovela. Do mesmo modo, que alguns dos mais bem conceituados pesquisadores sociais tenham dedicado livros inteiros, e não artigos circunstanciais, a estudar a complexidade sociocultural e política da televisão. É por esta razão que as pesquisadoras que coordenam este livro não têm o menor receio em propor uma concepção tão renovadora como a que vê na telenovela *o repertório de representações identitárias compartilhado por produtores e consumidores, construído no Brasil ao longo de 35 anos*, e na recepção *não um momento em si, mas uma perspectiva a partir da qual se pode estudar todo o processo de comunicação.*

Para os propósitos deste prólogo seguirei o percurso do livro em três etapas: o *debate* com as tradições e tendências dos estudos de recepção, a trama conceitual da pesquisa e a proposta *transdisciplinar* e *multimetodológica* que dela resulta. Sem a menor concessão ao populismo feminista, preciso testemunhar e reconhecer a clara *marca de gênero* que tem este livro: na minuciosidade dos detalhes, que se desdobra tanto no debate teórico quanto na criatividade metodológica; na flexibilidade da textura com a qual se constroem estratégias ou técnicas; e no entrecruzamento de categorias analíticas com tomadas de posição que, audaciosa e expressamente, desneutralizam o sentido do trabalho de pesquisa.

A impossível acumulação das tradições de pensamento

O primeiro aspecto que se coloca em debate é a pretendida *unicidade* (convergência e acumulação de conhecimento) dos estudos de recepção. A *diversidade* de enfoques e intencionalidades – que penetram as teorias dos *efeitos* e dos *usos e gratificações*, as teorias da *recepção* ou *leitura literária* e, ainda mais, os *estudos culturais* do grupo de Birmingham – não só é grande, mas também decisiva. Entre outras *diferenças*, um elemento fundamental: os estudos culturais "conservam" da teoria crítica a concepção segundo a qual *os receptores* que compõem *a audiência* configuram uma "estrutura complexa de indivíduos agregados em classes e subculturas"; ao mesmo tempo, os estudos culturais legitimam o *deslocamento* que possibilita que a pesquisa caminhe *dos meios para os atores sociais integrados em práticas sociais e culturais que os extrapolam.* Este deslocamento constitui o eixo da vertente latino-americana das mediações. Remetida à *moderna tradição latino-americana,* essa proposta aparece explicitamente ligada ao reposicionamento que o estudo sobre as *culturas populares* produz no campo da comunicação, e cujo avanço teórico passa pelo entrelaçamento entre *mediações* e *hibridações.*

O debate que este livro realiza esclarece, acertadamente, duas ciladas que estão presentes na *atual tendência internacional* – aparentemente unitária, em que parecem coexistir e até convergir todas as correntes e tradições – dos estudos de recepção: a excessiva autonomização da esfera cultural e a desestruturação analítica. Desse modo, muitos dos estudos que se situam no interior dessa tendência permanecem num "insatisfatório nível descritivo" e acriticamente indulgentes acabarão presos a um tipo de conhecimento "formal e estéril", sob todos os aspectos; e terminarão incapazes também de dar conta da complexidade das relações entre meios e audiências. Boa parte dos estudos de audiência, na atualidade, exclui do contexto analítico o que a teoria das mediações coloca no centro: os paradoxos e ambigüidades que mobilizam a recepção no processo de *negociação* de sentido – o que as pessoas vêem, escutam, lêem. Isso porque apenas misturam a observação etnográfica neutra com as análises sociopsicológicas de algumas interações bem controladas metodologicamente. A recepção é parte tanto de processos subjetivos quanto objetivos, de processos *micro,* controlados pelo sujeito, e *macro,* relativos a estruturas sociais e relações de poder que fogem ao seu controle.

Ainda segundo esta pesquisa, a "marca" singular e hegemônica dos atuais estudos de recepção diz respeito ao "esquecimento da classe social" produzido pelo *nivelamento de todas as categorias:* etnia, gênero, idade, estrato social. É o processo mesmo de recepção que resulta *desestruturado,* sem fundamentação no "processo social de construção de sentido". A diferença de classe, ainda que mediada pela multiplicidade de distinções introduzidas pela etnia, gênero, idade, entre outras, não é uma *diferença a mais,* mas, sim, aquela que articula as demais a partir de seu interior e expressa-se por meio do *habitus,* capaz de entrelaçar os modos de possuir, de estar junto e os estilos de vida.

O que necessitamos pensar juntos

Esta pesquisa manifesta-se de forma ativa, ou seja, constrói um quadro epistemológico e metodológico, que coloca o estudo dos processos e práticas de recepção já menos iludido/iludível, num *espaço cognitivo estratégico* que exige *pensar juntos* processos e dimensões separados por dicotomias polarizadoras e dualismos tenazes, como, por exemplo: a ação cruzada de modérníssimos dispositivos tecnológicos com anacrônicas narrativas e desarticulados modos de ler; o fortalecimento das hegemonias com a diversificação das demandas socioculturais; as operações de negociação com os operativos de imposição. Relato de uma "modernidade tardia", a telenovela mistura a sagacidade do mercado – no momento de contar histórias que envolvem as maiorias – com a persistência de sua matriz popular, ativadora de competências culturais inerentes a ela. "Pacto hermenêutico", o processo de recepção é, ao mesmo tempo, território compartilhado por produtores e consumidores, e cenário de luta pela interpretação mais legítima do sentido.

É a partir dessa nova *posição epistemológica* que se elabora o quadro das quatro mediações que constituem "a malha de interações recíprocas entre produção, produto e recepção": cotidiano familiar, subjetividade, gênero ficcional e videotécnica. Trata-se de mediações *diferenciadas* em seus "níveis" estruturais, institucionais, individuais, técnicos; em suas "fontes" – classe social, família, sujeito e forma –; em seus "discursos" – sintáticos, semânticos, pragmáticos –; e em seus "lugares" – suas próprias temporalidades e espacialidades no processo de comunicação. Mediações que se *distinguem* por uma multiplicidade de estratégias e técnicas de registro e medição, de interação com os sujeitos pesquisados, de observação de seus espaços domésticos e contextos socioculturais, de tratamento dos textos televisivos e dos resultados de entrevistas e histórias de vida.

O *cotidiano familiar* atravessa, de inúmeras formas, as práticas de recepção, a começar pela relação da estrutura social de classe com a subjetividade. Assim, podemos afirmar que esse cotidiano não é lugar de mera reprodução da vida ou da ideologia, mas sim de contestação dos códigos e do movimento de pulsão ou, como diria Certeau, lugar em que "a violência da ordem se faz tecnologia disciplinar, mas, também, rede de antidisciplina, possibilidade de jogo, de resistência, de deslocamento". O espaço cotidiano da família é o *locus* de conexão entre o mundo da escola, da igreja, do trabalho; ao mesmo tempo, faz interagir as temporalidades desses "mundos" com as do consumo dos meios, em particular a televisão. Diante da progressiva desqualificação da família, tida como instituição já quase superada, a pesquisa redescobre a estratégica posição que esta instituição ainda conserva, no que diz respeito à inserção da televisão e da telenovela nas práticas cotidianas, especialmente entre os setores populares e médios: a mescla de dependências e interdependências, de resistências e cumplicidades que aí se produz.

Diversos conceitos e estratégias são articulados nesta análise: desde o *habitus* e a prática utilizados por Bourdieu – e também por Certeau –, até a estratégia etnográfica de Morley e a categoria de *estruturação* de Giddens.

É na mediação *subjetividade* que se encontra a maior inovação teórica e metodológica desta singular pesquisa. O surpreendente, para muitos, será, sem dúvida, que aqui se dê a mesma ênfase tanto em *recuperar* a concepção estrutural dos processos, tornando explícita a posição de classe social, quanto em *tematizar* uma mediação normalmente tão pouco trabalhada em pesquisas críticas. Decididas a não poupar esforços, as autoras principais deste livro *abrem brechas* ao entrelaçar perspectivas psicológicas – como a de Winnicott – com sociológicas – como as de Morin ou Giddens. Isso lhes permite pensar a subjetividade como lugar de formação de identidades e sensibilidades que interpelam a telenovela e são por ela interpeladas, seja na forma de auto-reconhecimento ou fruição estética, nas relações entre "o real" e "o ficcional", nos valores compartilhados ou contestados, nas subjugações e distanciamentos, assim como no contraste entre representações do trabalho e da família, da religiosidade e da sexualidade, da individualidade e da solidariedade.

Outro avanço notável situa-se na ampla concepção utilizada quanto à noção de *gênero ficcional*. Manifesta-se, aqui, a presença de um denso e fecundo diálogo entre pesquisadores da comunicação e da literatura – que têm descoberto no conceito de *gênero* uma preciosa fonte de pesquisa para ambos os campos. Disto resulta o entrelaçamento de contribuições e abordagens tão distintas, e às vezes tão distantes, como as de "territórios de ficcionalidade" (Calvino), "horizontes de espera" (Todorov) e "formação residual" (Williams), com as de "estratégias de comunicabilidade" (Wolf), "mitologia de massa" (Morin) e "imaginário contemporâneo" (Gubern), para citar alguns.

A mediação *videotécnica*, por sua vez, é pensada a partir da tensão/imbricação entre três campos: a *matriz industrial* do texto *telenovelístico*, ou seja, as lógicas econômicas e organizacionais da produção que constroem as dinâmicas de criação argumentativa e estética; os diversos *modelos de texto audiovisual*, que enredam o mundo da produção com o "palimpsesto do receptor" – atenção para esta nova categoria, cuja simples enunciação já significa uma preciosa provocação à criatividade teórica dos leitores deste livro – analisados, aqui, nos seus distintos planos de imagem, sonoridade e texto verbal; e as *operações de sentido* presentes na telenovela, mas ativadas como tais pelas competências de leitura inerentes aos receptores, tais como: a naturalização realista, a metaforização, a verossimilhança, a imbricação emotiva etc.

Ativando a imaginação metodológica

Dentre o variadíssimo e complementar conjunto de estratégias e técnicas por meio das quais esta pesquisa busca *testar* (em português e em castelhano: comprovar, avaliar, materializar em indicadores empíricos) suas hipóteses, gostaria de salientar a mais imaginativa e fundamental entre elas: a que enlaça, epistemologicamente, todas as técnicas propostas e utilizadas. Estou me referindo à técnica da telenovela reeditada (ou TVN-R), uma verdadeira invenção (pelo menos para mim); ela consiste em possibilitar que cada uma das quatro famílias, com as quais os pesquisadores "conviveram", de diversas formas, durante oito meses, selecione as seqüências-chaves, ao longo de toda a telenovela, para editar essa outra narrativa de "memória familiar" – a telenovela-vista-por-cada-família –, que serviu de base para os trabalhos dos grupos de discussão. As possibilidades abertas por essa técnica extrapolam o marco desta pesquisa, pois articulam a essa outras escrituras reivindicadas insistentemente por García Canclini, em seus últimos livros, com o objetivo de mobilizar esforços conjuntos no sentido de compreender a complexidade, a multidimensionalidade e a intermediação da experiência social contemporânea. Tomara que logo se possa editar livros que contenham o CD-ROM com *a aventura e a experiência audiovisual* contida nesta pesquisa.

17

A respeito da concepção fundamental que sustenta a proposta metodológica desta pesquisa, parece-nos oportuno sublinhar a coerência epistemológica do *pensar juntos* com a postulação do *continuum* que articula os diversos procedimentos e instrumentos: começa-se pelas técnicas "mais frias" – *observação etnográfica* e *questionário de consumo* –; segue-se com as *entrevistas temáticas* sobre cotidiano, subjetividade, gênero ficcional e videotécnica (esta última, tanto do lado dos produtores como dos receptores); passa-se, depois, às entrevistas *semi-estruturadas* ou roteiros de conversação; até chegar às técnicas mais complexas, "mais quentes" – as *histórias de vida,* orientadas de modo a mapear o palimpsesto individual de culturas e subculturas letradas, orais, visuais, musicais, artísticas, tecnológicas; e os *grupos de discussão.* Esse *continuum* não aponta para uma mera gradação do simples ao complexo, mas para uma *complementaridade* que possibilita o que se denomina "saturação de sentido", mediante a combinação do quantitativo e do qualitativo, da aproximação e do distanciamento, das estratégias artesanais e dos tratamentos computadorizados de textos (como aquele permitido pelo programa *WinMax*).

Tendo sido um dos primeiros a apostar na *perspectiva das mediações* com todos os mal-entendidos e conflitos que isto acarretou, reconheço que esta pesquisa contribui, como nenhuma outra anteriormente o fez, para desenvolver e concretizar esta perspectiva teórica: no esforço para *traduzi-la* em linguagem metodológica, aprofunda e esclarece tanto o desafio epistemológico quanto seu sentido e alcance políticos.

Prólogo

Este texto resulta da realização de uma pesquisa integrada sobre o processo de recepção de uma telenovela (A Indomada, 1997) com quatro famílias na cidade de São Paulo*. Dificilmente se reconstrói o que foi o *processo de descoberta* na pesquisa, fixando-se no *contexto da prova*. Pretendemos fazer um esforço de reflexão sobre o que e como foram os nossos percursos de descoberta. É claro que não podemos reproduzir, aqui, o que foi a nossa experiência concreta de pesquisa, com suas inúmeras tentativas de ensaio e erro, os desvios e acertos, o ir e vir, os avanços e retrocessos, as pistas encontradas e as perdidas, os encontros e desencontros, com tudo isso se interpenetrando e se confundindo no plano do discurso científico e também no plano da experiência pessoal e interpessoal, naquilo que faz de cada pesquisa uma experiência de vida única. Mas, não podemos deixar de assinalar que queremos que este trabalho *também* se constitua num exercício de *reflexividade*, no sentido que tomamos de Souza Santos:

(...) a ciência torna-se reflexiva sempre que a relação "normal" sujeito-objeto é suspensa e, em seu lugar, o sujeito epistêmico analisa a

* A pesquisa intitulada *Recepção de telenovela: uma exploração metodológica* contou com o apoio da Fapesp e do CNPq e foi realizada pela seguinte equipe: profa. dra. Maria Immacolata V. Lopes (coord.), profa. dra. Silvia Helena Simões Borelli, profa. dra. Vera da Rocha Resende e os pesquisadores Alberto Efendy Maldonado, Jiani Adriana Bonin e Maria Isabel Orofino Schaffer.

relação consigo próprio, enquanto sujeito empírico, com os instrumentos científicos de que se serve, com a comunidade científica em que se integra e, em última instância, com a sociedade nacional de que é membro. (Souza Santos, 1989:78)

Dividimos este trabalho em duas partes.

Na Parte I, organizamos o quadro teórico-metodológico da pesquisa. Enfoca-se a construção do *objeto teórico multidisciplinar das mediações* e a *estratégia multimetodológica* que regeu o presente estudo de recepção.

Na Parte II, apresentamos a análise da recepção de uma telenovela em quatro famílias de diferentes condições sociais. Essa recepção é tratada por meio de quatro mediações: *cotidiano familiar, subjetividade, gênero ficcional* e *videotécnica*.

Introdução

Lugares de onde se parte

A presente pesquisa foi concebida a partir de uma grande insatisfação com os estudos de comunicação e suas relações com as demais ciências sociais e humanas. Complementarmente, consolidou-se o propósito de se fazer uma exploração multimetodológica da teoria latino-americana das mediações, o que pode ser visto como uma resposta construtiva àquela dupla insatisfação. O projeto partiu de quatro propostas que são verdadeiros desafios, e que foram articuladas num estudo de recepção de telenovela.

A primeira é a de constituir-se como *projeto multidisciplinar*. Como ficará demonstrado ao longo deste trabalho, esta assunção não é de mero caráter retórico ou "honorífico", na perspicaz expressão de Kaplan (1975). Ao contrário, tal proposta fez com que uma grande parte dos três anos que tivemos para realizar a pesquisa fosse dedicada à organização da equipe e à definição de uma base teórica e metodológica multidisciplinar.

Se, por um lado, a identificação teórica do projeto já está dada a partir do próprio título – uma vez que a pesquisa de recepção no cenário atual é tida como uma corrente de renovação dos estudos de comunicação sobre o público, sobretudo através da teoria das mediações de Jesús Martín-Barbero –, a identificação metodológica, como o próprio título também indica, propõe um trabalho de exploração metodológica. Resulta daí que a segunda proposta do projeto diz respeito à construção de uma *estratégia multimetodológica* dentro de um estudo de recepção. A centralidade que esta busca metodológica das mediações assumiu no projeto traduziu-se através de uma permanente reflexão sobre a natureza dos métodos, exercitando o que chamaríamos de trabalho de "combinação convergente de métodos". Pesquisas como esta, que fazem uso concreto de um desenho multimetodológico que visa à integração de métodos de orientações diversas, são parte de um movimento contemporâneo crítico da *compartimentação disciplinar* reinante na construção histórica das ciências sociais e humanas e que propõe medidas concretas visando a sua "reestruturação disciplinar" (Wallerstein et al., 1996). Trataremos adiante desse movimento como sendo de *abertura e convergência disciplinares*[*].

A terceira proposta, que também constituiu um desafio, foi realizar o que chamamos de "estudo *compreensivo* de recepção no campo da comunicação". O que entendemos por pesquisa de recepção no atual estágio dos estudos de comunicação? Como teremos oportunidade de apontar, há necessidade de fortalecer a contribuição distintiva da teoria latino-americana das mediações aos estudos atuais de recepção. Essa contribuição está justamente na tentativa de questionar as abordagens teóricas anteriores, fragmentadoras e simplificadoras da comunicação, firmando *a recepção como perspectiva teórica integradora dos processos de produção, do produto e da audiência.* A recepção passa a ser vista como momento privilegiado da produção de sentido, refutando a concepção reprodutivista e firmando que *"mais do que de meios, a comunicação se faz hoje questão de mediações, isto é, de cultura"* (Martín-Barbero, 1989:19). O resultado é um desenho complexo de investigação que envolve a estrutura e a dinâmica da produção das mensagens; os usos e apropriações dessas mensagens; e a sua composição textual. Esta marca vai além da

---

[*] Os problemas teóricos do desenho multimetodológico postos pela presente pesquisa estão na base de um texto em que discutimos os desafios dos paradigmas da globalização e da complexidade para os estudos de comunicação. Ver Lopes (1998).

proposta de "análise qualitativa da audiência" mais "análise de conteúdo" que caracteriza, atualmente, a tendência internacional dos estudos de recepção (Jensen e Rosengreen, 1990). O principal desafio que atravessa hoje os estudos latino-americanos de recepção está na tradução metodológica da teoria das mediações em projetos de investigação empírica. No presente estudo, elegemos quatro mediações: cotidiano familiar, subjetividade, gênero ficcional e videotécnica – e assumimos a tarefa de torná-las observáveis e documentá-las empiricamente. O propósito central é mostrar como essas mediações, cada uma com sua especificidade, convergem no processo de recepção, tomado como *locus* de construção de sentido e não de sua mera reprodução.

E, finalmente, a quarta proposta foi a eleição da *telenovela como objeto de um estudo de recepção*. Aqui nos deparamos tanto com as renovações trazidas pela corrente dos chamados estudos culturais quanto da sociologia da comunicação aos fenômenos da comunicação.

Tomando o gênero do melodrama como *matriz cultural* de significação, a telenovela é entendida como um *construto* que ativa na audiência uma competência cultural e técnica em função da construção de um repertório comum, que passa a ser um *repertório compartilhado* de representações identitárias, seja sobre a realidade social, seja sobre o próprio indivíduo. É importante sublinhar, de saída, que esse repertório entre a produção e a audiência foi construído ao longo de 35 anos de telenovela no Brasil e, mais precisamente, de assistência diária às telenovelas da Rede Globo. Deste ponto de vista, a telenovela constituir-se-ia num representante privilegiado da *tardia modernidade brasileira*, tese que colocamos sob a forma de uma de nossas hipóteses teóricas. Num plano mais concreto, a recepção da telenovela traduz-se numa experiência cultural e de comunicação que enseja uma pesquisa que possa combinar *contexto e leitura* da recepção.

O que se pretende alcançar

As quatro propostas ou premissas expostas podem ser traduzidas nos seguintes *objetivos gerais*:

1) investigar os processos e as práticas de recepção de uma mesma telenovela por parte de um grupo de quatro famílias a partir de quatro mediações: cotidiano familiar, subjetividade, gênero ficcional e videotécnica;

2) criar e explorar uma estratégia multimetodológica, inspirada na perspectiva teórica das mediações, que possa contribuir para o avanço da pesquisa de recepção em comunicação.

Nesses objetivos gerais estão envolvidos *objetivos específicos* de diferentes ordens, tais como:

1) a partir da descrição empírica dos modos de recepção, alcançar o nível interpretativo de análise e assim produzir conhecimento teórico fundado empiricamente;

2) fazer a comparação entre os modos como se dão as mediações na recepção de telenovela por quatro famílias de condições de classe distintas;

3) testar, na prática de uma pesquisa empírica, o modelo das mediações;

4) experimentar uma prática de trabalho científico multidisciplinar, integrando pesquisadores de procedências diversas no estudo de um único objeto.

PARTE I

A CONSTRUÇÃO
TEÓRICO-METODOLÓGICA
DA PESQUISA

Toda pesquisa é resultado de um conjunto de decisões e opções tomadas pelo investigador ao longo do processo de investigação e que marcam todos os níveis e etapas desse processo. São decisões e opções de caráter epistemológico, teórico, metodológico e técnico, e incidem seja sobre a construção do objeto, seja sobre sua observação e análise. Isto posto, consideramos importante, de início, esclarecer o modo como o quadro teórico-metodológico da pesquisa foi se constituindo, pois não foi fixado *a priori* para ser testado, e sim construído em *processo*. Tínhamos, inicialmente, alguns pressupostos teóricos básicos sobre as mediações e a problemática da recepção que só foram adquirindo uma função orientadora na pesquisa à medida que iam sendo confrontadas com a realidade do trabalho de campo. Esse confronto foi duplo e deu-se tanto no sentido do teste de viabilidade das técnicas e instrumentos, quanto, e principalmente, da tradução e adequação daquelas premissas teóricas às diferentes condições de recepção que foram encontradas no grupo das famílias estudadas. Em outros termos, o assim chamado quadro teórico-metodológico foi sendo tecido por meio de um vai-e-vem de operações indutivas e dedutivas, pois, de acordo com os objetivos da pesquisa e que também são os objetivos básicos da pesquisa qualitativa, pretendíamos promover um *teste empírico* da teoria das mediações e *também* produzir teoria a partir dos materiais colhidos em cada situação de recepção encontrada.

Dividimos a exposição da construção teórico-metodológica da pesquisa em duas partes. Na primeira, enfocamos o plano teórico-metodológico *stricto sensu* dessa construção que foi nosso trabalho com os conceitos centrais e suas implicações metodológicas. Na segunda parte, desenvolvemos algumas reflexões sobre o plano metodológico-técnico que foi o trabalho de combinação dos instrumentos de observação e coleta dos dados.

1

A perspectiva teórica das mediações

Um passeio histórico pelos estudos de recepção

A adesão à perspectiva teórica das mediações se deu fundamentalmente porque constitui uma proposta renovadora dentro da tradição dos estudos de recepção, mantendo com esta tanto pontos de permanência como pontos de ruptura. Isto fica claro através do percurso bibliográfico, fonte dos seminários teóricos e metodológicos que realizamos na etapa inicial do projeto.

As tradições dos estudos de recepção

Percorrendo os quadros de referência da pesquisa cujo interesse é o nexo entre os meios de comunicação e as audiências, notamos certo consenso entre autores em reconhecer como principais as seguintes correntes: pesquisa dos efeitos, pesquisa dos usos e gratificações, estudos de crítica literária, estudos culturais e estudos de recepção. Estes últimos constituem o quadro mais recente e emergem como ponto de algumas confluências das demais tradições, ao mesmo tempo que com elas mantêm controvérsias e diferenças críticas. Além do mais, essas abordagens diferenciam-se quanto aos pressupostos teóricos, escolhas metodológicas e concepção de recepção e, ainda, derivam de diferentes campos disciplinares.

27

Com isso, queremos sublinhar que os atuais estudos de recepção na América Latina, especificamente os que se filiam à perspectiva teórica das mediações, são herdeiros dessa longa tradição, ela mesma feita de lutas, e com ela mantêm rupturas e continuidades. Concordamos com Curran (1998) que, num debate recente com Morley (1998), critica o pretenso caráter homogeneizador envolvido no rótulo dos atuais "estudos de recepção", uma vez que eles apresentam tendências diferenciadas. Além disso, aquele autor alerta para a falta de visão histórica nestes estudos que, segundo ele, "não inventaram a roda", tendo que ser entendidos dentro de um processo mais propriamente de renovação do que de inovação dos estudos de comunicação.

Através da *pesquisa dos efeitos*, a audiência é vista como um conjunto de pessoas em contato com uma mensagem, em que o interesse recai sobre os níveis de duração da exposição, probabilidade de percepção, condições de contato, colhidos por instrumentos de medida tomados da psicologia experimental e social. Desde os estudos de Lazarsfeld com o rádio nos anos 1940, a *pesquisa dos usos e gratificações* tenta responder quais os benefícios, usos concretos e satisfações obtidos através da experiência com os meios e procura colocar em evidência os vínculos entre tipos específicos de conteúdo e certos tipos de audiência (mulheres e ficção, por exemplo). Os *estudos de crítica literária* recaem sobre a "estética da recepção" e fazem uma exegese do texto para entender a experiência cognitiva e estética do leitor. Pode-se considerar que o eixo deste tipo de investigação é o que a estrutura dos textos literários pode fazer aos leitores. Os *estudos culturais*, nos anos 1970, não só libertaram a reflexão sobre a recepção dos meios do modelo reducionista dos efeitos, mas, analisando a produção e a recepção da mensagem dentro de um quadro semiológico inspirado no marxismo, acabaram por colocar a recepção como prática complexa de construção social de sentido. O conceito gramsciano de hegemonia é usado no modelo de codificação/decodificação (Hall) para examinar os modos concretos pelos quais os significados dos meios podem ser negociados ou até eventualmente subvertidos por audiências específicas.

A audiência, para os estudos culturais, é, então, uma estrutura complexa que reúne indivíduos em classes, grupos ou subculturas, em que cada formação social tem sua própria identidade e seu próprio código. O código funciona através de versões múltiplas que reenvia às tradições culturais particularmente operantes em determinada sociedade. Os estudos culturais permitem uma problematização mais elaborada da recepção, em que as características socioculturais dos usuários são integradas na análise não mais de uma difusão, mas, sim, de uma circulação de mensagens no seio de uma dinâmica cultural. O pólo da reflexão é progressivamente deslocado dos próprios meios para os grupos sociais que estão integrados em práticas sociais e culturais mais amplas. E, através do trabalho semiológico, desmontando as articulações do texto, os jogos de escritura dos meios, os pesquisadores são levados a tomar em consideração a existência de verdadeiras estratégias na organização de um percurso significativo. A descrição detalhada desta trajetória dá à análise da recepção o caráter de uma *etnografia das audiências*. Pode-se, finalmente, considerar a abordagem cultural como fornecendo um quadro integrador de várias linhagens para as pesquisas sobre a recepção, com particular influência na América Latina.

A moderna tradição latino-americana dos estudos de recepção

Os estudos de recepção na América Latina são muito recentes. Sua emergência se dá no início dos anos 1980, no bojo de um forte movimento teórico-crítico que procurava fazer uma reflexão alternativa sobre a comunicação e a cultura de massas através da perspectiva gramsciana, reflexão alternativa às análises funcionalistas, semióticas e frankfurtianas predominantes até então.

É sobretudo dentro da temática das *culturas populares* que uma teoria complexa e multifacetada da recepção começou a ser desenvolvida, tendo como eixos básicos de reflexão o deslocamento dos "meios às mediações" (Martín-Barbero, 1987) e os processos de "hibridização cultural" (García Canclini, 1990).

É central, hoje, a presença da perspectiva teórica das mediações e das hibridizações na pesquisa de recepção em toda a América Latina. Identificamos nas pesquisas de recepção no Brasil dos inícios dos anos 1980 uma espécie de *teorização atrasada* em relação à reflexão *avançada* que se fazia através da teoria das mediações. Eram teorizações "atrasadas" porque marcadas por um forte esquema dualista: ou se privilegiava exclusivamente os modos de reelaboração/resistência/refuncionalização dos conteúdos culturais das classes populares ou se tomava esses conteúdos como completamente moldados pela ação ideológica das classes dominantes, via meios de comunicação de massa. Porém, em pouco mais de cinco anos esse quadro foi superado com a incorporação da perspectiva das mediações às pesquisas brasileiras de recepção. Contudo, o que parece persistir aqui é uma inadequação metodológica nas pesquisas empíricas, em face da construção de uma problemática teórica complexa sobre os processos de recepção. Os desenhos metodológicos, tanto de observação e de coleta como de análise dos dados continuam, no geral, acanhados e podem ser resumidos na falta de uma estratégia multimetodológica cuja complexidade corresponda à do objeto e à sua teorização. Em conseqüência, a análise acaba resultando exterior ao modelo teórico e, por vezes, até forçada a corresponder a ele.

O que contrasta bastante em relação a esse quadro brasileiro da pesquisa de recepção é a formação em diversos países latino-americanos de equipes de pesquisa que trabalharam em projetos integrados e multidisciplinares. É o caso dos projetos sobre telenovela na Colômbia (Martín-Barbero e Munhoz, 1992) e no México (González, 1991), o da recepção ativa no Chile (Fuenzalida, 1987) e o de crianças e televisão no México (Orozco, 1992), entre outros. O traço central e comum a todos esses projetos é uma importante experimentação metodológica, através da qual tenta-se avançar nos procedimentos propriamente técnicos da investigação empírica, no sentido de torná-los mais compatíveis com a complexidade da teoria das mediações. Outra característica geral é o *desenho globalizador* do processo de investigação, envolvendo a estrutura e a dinâmica da produção das mensagens, os usos e apropriações desses textos, e a composição textual. Esta marca vai além da proposta de "análise qualitativa da audiência + análise de conteúdo" (Jensen e Rosengreen, 1990) que vem caracterizando a tendência internacional. No Brasil, onde não identificamos experiências similares em projetos de desenho globalizador e multidisciplinares, a presente pesquisa de recepção de telenovela surge como tentativa de superar a insatisfação com o estado da pesquisa de recepção em nosso país.

As tendências locais e internacionais

A atual tendência internacional da pesquisa de recepção parece contrastar com a perspectiva latino-americana no sentido de ter autonomizado em excesso a esfera cultural e *desestruturalizado* a análise. Ou seja, se por um lado as diversas tradições teórico-metodológicas estão hoje convergindo para um "estado dinâmico de coexistência" (Jensen e Rosengreen, 1990), por outro, isso não tem levado necessariamente à construção de um quadro teórico interpretativo mais complexo que permita dar sentido propriamente teórico ao extraordinário conjunto de evidências empíricas acumuladas sobre a relação entre meios e audiências.

Nas pesquisas internacionais continua a prevalecer um insatisfatório nível descritivo, como apontam Lull (1992) e Silverstone (1996), e uma perigosa tendência à indulgência e a uma abstenção de crítica (Murdock, 1990). Assim, produz-se múltiplas versões do que parece ser um mesmo texto sobre resistência, prazer e estratégias de consumo. Se, por um lado, as descrições etnográficas têm sido extremamente úteis em demonstrar que receptores não são uns *dopados culturais*, mas, sim, pessoas que extraem sentidos específicos de textos, gêneros e meios, a simples reiteração da comprovação dessa hipótese central não garante o avanço teórico desses estudos. Nota-se claramente nas pesquisas empíricas o risco de se produzir uma verdade formal e estéril sobre a complexidade e as contradições entre meios e audiências.

31

Ficando dentro do quadro das tradições teóricas, o que parece não estar sendo suficientemente retido nas pesquisas empíricas qualitativas é a *crítica cultural e política* tal como proposta através do trabalho etnográfico crítico pela corrente inicial dos estudos culturais (Hoggart, Thompson e Williams). A insuficiência da crítica parece derivar de uma renovada ambiência funcionalista nessas pesquisas, denominada corretamente por Wolf de "neolazarsfeldismo", pois o que fundamentalmente os estudos culturais propõem é que as práticas de recepção sejam articuladas com as relações de poder. A recepção, por conseguinte, não é um processo redutível ao psicológico e ao cotidiano, apesar de ancorar-se nessas esferas, mas é profundamente cultural e política. Isto é, os processos de recepção devem ser vistos como parte integrante das práticas culturais que articulam processos tanto subjetivos como objetivos, tanto micro (ambiente imediato controlado pelo sujeito) como macro (estrutura social que escapa a esse controle). A recepção é, então, um contexto complexo, multidimensional, em que as pessoas vivem o seu cotidiano. Ao mesmo tempo, ao viverem este cotidiano inscrevem-se em relações de poder estruturais e históricas, as quais extrapolam suas práticas cotidianas. Este é o conjunto de pressupostos teóricos que informam uma *teoria compreensiva* dos estudos de recepção. E essa é, a nosso ver, a contribuição distintiva da teoria latino-americana das mediações. A produção e a reprodução social do sentido envolvida nos processos culturais não são apenas uma questão de significação, mas também, e principalmente, uma questão de poder.

A perspectiva das mediações em estudos brasileiros de recepção de telenovela

A perspectiva das mediações por nós adotada no presente estudo de recepção de telenovela constitui a especificidade de nossa contribuição à pesquisa de comunicação no país. Isto ficou claro para nós quando notamos que a abordagem das mediações ainda é uma *grande novidade* nos estudos brasileiros de comunicação[1]. Nossa hipótese é que ela ainda padece de um número insuficiente de projetos de pesquisa empírica que realizem uma adequada *operacionalização das propostas e hipóteses teóricas das mediações*, de forma a torná-las metodologicamente manejáveis. Também, a complexidade da trama conceitual, principalmente de Martín-Barbero, exige, como é o caso de nossa própria experiência, a realização de projetos de pesquisa multidisciplinar.

A abordagem das mediações se firma como renovadora em virtude de que a noção de mediação em Martín-Barbero emerge de uma visão (re)integradora dos fenômenos de comunicação por meio do binômio comunicação–cultura, por sua vez também renovado, a partir da qual se critica o exclusivismo e o determinismo dos paradigmas informacional-tecnológico, semiológico e ideológico que têm marcado a história dos estudos de comunicação na América Latina. Organiza-se, então, como uma perspectiva que pretende integrar todos os âmbitos da comunicação, tanto a produção, como o produto e a recepção.

A nosso ver, o estudo brasileiro que mais se aproxima dessa ótica integradora é o realizado sobre a telenovela por Ortiz, Borelli e Ramos (1989), cujo objeto recaiu no âmbito da produção e do produto. Do ângulo da recepção, as pesquisas sobre telenovela têm sido poucas, apesar de o marco dos atuais estudos sobre a recepção de telenovela no Brasil datar do início dos anos 1980 (Leal, 1983).

Cabe aqui fazer uma breve exposição a respeito da literatura produzida sobre a telenovela no Brasil. A maior parte·é constituída por textos de crítica literária e crítica social, de tipo ensaístico, que pouco contribuem para uma visão mais complexa e facetada dos seus muitos sentidos. Os textos se caracterizam por uma permanente retomada das teses da reprodução ou da dominação ideológica, agora *aggiornati* através da tese de uma onipresente dominação mercadológica. Por outro lado, verifica-se que também a bibliografia existente sobre telenovela resultante de investigações acadêmicas pouco contribui para aprofundar ou promover novos olhares, uma vez que, no geral, não está suficientemente amparada por desenhos de pesquisa complexos ou originais. Como resultado dessa convergência de limitações, o que temos é a ausência de uma reflexão que esteja à altura da importância que a teleno-

33

vela brasileira alcançou como produto cultural de massa nos mais variados níveis: desde a dimensão de seu consumo, passando por sua produção estética, teledramatúrgica e intertextual, até os inúmeros aspectos de sua importância sociocultural, política, econômica, psicossocial, cognitiva etc. Através de uma rápida passagem sobre as fontes documentais da telenovela[2], verificamos que a *marca da polarização analítica* está presente desde o início e continua caracterizando os estudos de telenovela. Apenas como ilustração, usando o material registrado por Fadul (1993)[3], na possível primeira pesquisa acadêmica, uma dissertação de mestrado sobre telenovela (Barros, 1974), afirmava-se que "as telenovelas atuam no sentido de legitimar, reforçar e reproduzir a estrutura da família preconizada pelo Estado". Passamos para a década de 1970, em que "a telenovela é um processo de industrialização do sentimento (...) transmitindo padrões que integram os telespectadores num novo mundo, o do consumo" (Penello, 1978), ou ainda, na dissertação *Televisão e adolescentes: a sedução dos inocentes*, a telenovela é tida "como um eficiente veículo da sociedade de consumo a serviço da qual funciona" (Penteado, 1979). Esse tom pouco muda na década de 1980, quando na dissertação *TV no Brasil: a ideologia consumista*, o autor conclui que "o telespectador é utilizado como objeto (rentável) e não como sujeito" (Vidal, 1982).

Passando de um pólo para o seu extremo oposto, aparecem então os primeiros sinais de *libertação* proporcionados pela telenovela, representados em trabalhos como *A telenovela nos anos 80: Roque Santeiro – a pintura de um novo Brasil*, em que se vê "a possibilidade de discussão da realidade sociopolítica do Brasil pelas classes subalternas" (Santos, 1989). Os sinais de matização nos estudos de telenovela só vão ser notados muito recentemente, a partir de meados dos anos 1990, quando identificamos as primeiras pesquisas acadêmicas inspiradas na perspectiva teórica das mediações, com a preocupação em ressaltar os paradoxos e ambigüidades que estão presentes na recepção e em que o sentido da telenovela é *negociado* e articulado a questões como, por exemplo, a exclusão social, a identidade feminina e a identidade regional no país. Conseguimos identificar apenas sete pesquisas de recepção na perspectiva das mediações: Jacks, 1993; Ronsini, 1993; Silvera, 1993; Gomes, 1995; Bonin, 1995; Costa, 1997 e Gomes e Cogo, 1998, das quais só três enfocam a recepção de telenovela (Jacks, Ronsini e Costa)[4].

Trama conceitual das mediações na recepção de telenovela: televisão, melodrama, vida cotidiana e subjetividade

O espaço da cultura vem se convertendo nos últimos anos em um lugar fundamental de questionamento sobre os sentidos implicados nos processos de modernização das sociedades. Na América Latina, e especialmente no Brasil, a televisão tem se mostrado um meio estratégico de modernização, cuja lógica empresarial se articula através de formas variadas de integração e de conflito com as demais lógicas sociais, e de onde resultam processos culturais e comunicativos marcados pela "hibridização" (García Canclini).

Ainda são poucos os estudos no campo da comunicação que se dispuseram a tratar desse desafio particular trazido pela televisão: o de compreender como nela são colocados em funcionamento dispositivos tecnológicos de ponta com discursos e gêneros tanto modernos como anacrônicos, permitindo a combinação de hegemonias com demandas sociais diversas, de imposição com negociação. As pesquisas sobre televisão, que tratam de sua história, de suas estruturas econômicas e produtivas e de seus efeitos ideológicos, já têm sua importância reconhecida. Só que através delas é difícil compreender como os fenômenos de modernização se realizam efetivamente nas práticas culturais do cotidiano das pessoas.

Por isso, abordamos um produto concreto da indústria televisiva e de enorme êxito popular – a telenovela –, para investigar como, a partir de sua recepção, se articulam as lógicas comerciais da produção com as lógicas culturais do consumo. A perspectiva das mediações, como afirmamos acima, constitui a

35

especificidade de nossa contribuição às pesquisas de recepção e de telenovela no país.

Hipóteses teóricas e de trabalho

1. *A telenovela é um gênero representativo da* modernização tardia *por combinar o arcaico e o moderno (produto cultural híbrido).*

   Hipótese de trabalho: em cada mediação/família existem categorias e indicadores empíricos de *imaginários modernos* veiculados pela novela *A Indomada.*

2. *A telenovela possui uma matriz narrativa popular e ativadora de competência cultural e técnica.*

   Hipótese de trabalho: verificar histórias de vida como narrativa popular.

3. *Pacto de recepção* entre produção e recepção, no sentido de construção da competência cultural/de leitura do gênero ficcional pelo receptor.

4. *Repertório compartilhado* não significa consenso de sentido, mas antes luta pela interpretação mais legítima do sentido.

   Hipótese de trabalho: algumas representações compartilhadas podem ser observadas sobre o padre, a polícia e os políticos na telenovela. Além das diferentes apropriações, verificar o que é partilhado, não mais no sentido antigo de efeito da manipulação e do processo de reprodução.

5. *Telenovela cumpre funções de* agenda setting: sujeitos compartilham experiências públicas e privadas (dramatizações) a partir de *leituras* da telenovela.

6. *Modos de assistência/negociação como operações dos* habitus: cada família cria seu *palimpsesto* (programação como intertextualidade).

7. *Lógicas dos usos/lógicas da produção*: expressam-se em cada família através de sua história com os meios.

Notas

1. Conforme levantamento que realizamos junto a anais dos Grupos de Trabalho da Intercom (GT Ficção Televisiva Seriada e GT Recepção) e da Compós (GT Mídia e Recepção), junto à Bibliografia Especializada sobre Telenovela Brasileira registrada pelo Núcleo de Pesquisa de Telenovela da USP e à Bibliografia Corrente em Comunicação registrada pelo PORT-COM, centro de documentação da Intercom.

2. Queremos sugerir uma pesquisa sobre a evolução dos estudos de telenovela no Brasil, pois, como notamos, já existe muito material registrado, seja por centros de documentação (Núcleo de Pesquisa de Telenovela da USP, Intercom, Compós), seja em publicações de resumos de dissertações e teses (Stumpf e Capparelli, 1998).

3. As pesquisas registradas por Fadul são as seguintes: Sonia Miceli Pessoa de Barros. *Imitação da vida: pesquisa exploratória sobre a telenovela no Brasil*. São Paulo: Faculdade de Filosofia, Letras e Ciências Humanas da USP, 1974; Alice Penello. *Telenovela: o processo de industrialização do sentimento*. Rio de Janeiro: Escola de Comunicação Universidade Federal do Rio de Janeiro, 1978; Heloisa Dupas Penteado. *A televisão e os adolescentes: a sedução dos inocentes*. São Paulo: Faculdade de Filosofia, Letras e Ciências Humanas da USP, 1979; Jânio Carlos Vidal. *TV no Brasil: a ideologia consumista*. Rio de Janeiro: Escola de Comunicação. Universidade Federal do Rio de Janeiro, 1982.

4. As pesquisas identificadas são: Nilda Jacks. *A recepção na querência: estudo da audiência e da identidade gaúcha como mediação simbólica*. São Paulo: ECA-USP, 1993 (tese de doutorado); Veneza Mayora Ronsini. *Cotidiano rural e recepção da televisão: o caso Três Barras*. São Paulo: ECA-USP, 1993 (dissertação de mestrado); Dalys Silvera. *A máquina dos sonhos: cotidiano e imaginário de dois grupos de crianças espectadoras de TV – estudo de caso*. São Paulo: IMS, 1993 (dissertação de mestrado); Itânia Gomes. *Ingenuidade e televisão: investigação sobre o conceito de recepção e processo comunicativo*. Salvador: UFBa, 1995 (dissertação de mestrado); Jiani Bonin. *Mediações na recepção de TV: o "Campo e Lavoura" em Rio Fortuna – SC*. Viçosa: UFV, 1995 (dissertação de mestrado); Soraya Costa. *Entre o rural e o urbano: recepção de telenovela em Serra da Saudade – MG*. Viçosa: UFV, 1997 (dissertação de mestrado); Pedro Gilberto Gomes e Denise Cogo (orgs.). *O adolescente e a televisão*. Porto Alegre: IEL/Unisinos, 1998.

2

Uma metodologia das mediações

Premissas metodológicas

A recepção é, antes de mais nada, *uma perspectiva de investigação*, e não uma área de pesquisa sobre mais um dos componentes do processo de comunicação, neste caso, o público. Trata-se de uma tentativa de superação dos impasses a que tem nos levado a investigação fragmentadora e, portanto, redutora do processo de comunicação em áreas autônomas de análise: da produção, da mensagem, do meio e da audiência. Destacamos aqui a perspectiva integradora e compreensiva do estudo da recepção, uma vez que *todo* o processo de comunicação é articulado a partir das *mediações*. Como diz Martín-Barbero:

> As mediações são esse "lugar" de onde é possível compreender a interação entre o espaço da produção e o da recepção: o que se produz na televisão não responde unicamente a requerimentos do sistema industrial e a estratagemas comerciais mas também a exigências que vêm da trama cultural e dos modos de ver. (Martín-Barbero e Munhoz, 1992:20)

Através dessa concepção pode-se pensar a *mediação* como uma espécie de estrutura incrustada nas práticas sociais e no cotidiano de vida das pessoas que, ao realizar-se através dessas práticas, traduz-se em múltiplas mediações.

A estratégia de investigação não parte da análise do espaço de produção e recepção para depois procurar entender suas imbricações, como propõe Jensen. Parte, sim, das "mediações", isto é, dos lugares de onde provêm os fatores que *delimitam e configuram a materialidade social e a expressividade cultural da televisão*" (Martín-Barbero, 1987:233). Esta perspectiva teórica inspirou uma *estratégia metodológica* específica para o estudo de recepção da telenovela.

Investigar a telenovela exige pensar tanto o espaço da produção como o tempo do consumo, ambos articulados pela cotidianidade (usos/consumo/práticas) e pela especificidade dos dispositivos tecnológicos e discursivos (gêneros ficcionais) do meio televisão.

A mediação no processo de recepção de telenovela deve ser entendida como processo estruturante que configura e reconfigura tanto a interação dos membros da audiência com os meios, como a criação por parte deles dos sentidos dessa interação. A necessidade de decupagem desse conceito para torná-lo metodologicamente manejável levou-nos a firmar os seguintes princípios:

1. *A relação receptores-televisão é necessariamente mediatizada.* Essa relação nunca é direta e unilateral como costuma ser abordada por outras metodologias, mas é uma multilateral e multidimensional e se realiza através de "múltiplas mediações" (Orozco, 1991a).

2. *A recepção é um processo e não um momento,* isto é, ela antecede e prossegue o ato de ver televisão. Assim, o sentido primeiro apropriado pelo receptor é por este levado a outros *cenários* em que costumeiramente atua (grupos de participação). Imaginamos então que a mensagem de telenovela é reapropriada várias vezes e que, portanto, os espaços de circulação da telenovela devem ser metodologicamente incorporados na pesquisa.

3. *O significado televisivo é negociado pelos receptores.* Assumimos, então, que não há garantia que os significados propostos por uma telenovela sejam apropriados da mesma maneira. Pode-se afirmar, assim, que os sentidos e os significados últimos de uma telenovela são produto de

diversas mediações. Por um lado, isto significa que o processo de comunicação não se conclui com a sua transmissão, senão que propriamente aí se inicia. Por outro lado, isto não implica a ausência de uma intencionalidade global política e econômica concreta que se inscreve no discurso social hegemônico. É precisamente esta intencionalidade que faz com que a realidade signifique *algo* e impede que qualquer significado seja transparente (Verón, 1971). Estas afirmativas nos levam a uma questão metodológica fundamental – a das relações causais –, o que nos exigirá indagar acerca da causação de intensidade diversa que se deve estabelecer na relação entre as múltiplas mediações.

Uma estratégia multidisciplinar das mediações

O estudo das mediações na recepção de telenovelas exigiu a construção de uma metodologia multidisciplinar para assegurar a recepção da telenovela pensando tanto o espaço da produção como o tempo do consumo, articulados a partir de quatro lugares de mediação: 1) *o cotidiano familiar*, em que ocorrem os usos, consumo e práticas relacionados com a telenovela; 2) *a subjetividade*, do sujeito que reelabora os conteúdos simbólicos da telenovela; 3) *o gênero ficcional*, como estratégia de comunicação e de reconhecimento cultural; 4) *a videotécnica* da televisão como modo de produção e dispositivos técnicos de teledramaturgia.

A construção dessas mediações não foi aleatória, mas decorreu das exigências metodológicas de integração das diversas dimensões do processo de comunicação e da abordagem multidisciplinar presentes na teoria das mediações. Uma das premissas básicas dessa teoria é que se supere o estado de segmentação a que foi reduzido o processo de comunicação, através da leitura de matriz *lasswelliana* que a pesquisa de comunicação institucionalizou. Por isso, a relação de *mão única* é deslocada para uma malha de interações recíprocas entre a *produção*, o *produto* e a *recepção*. Essa malha de interações não é algo descoberto no

41

momento da análise, após o trabalho de campo, mas está imbricada no próprio plano metodológico (*design*) da pesquisa, em que, por exemplo, resolvemos fazer *entrevistas de gênero ficcional* junto ao receptor que foram integradas na análise do *corpus* gravado da telenovela, que é o material básico da mediação de gênero. E assim fizemos, sucessivamente, combinando instrumentos técnicos que forneceram material de análise para as diversas mediações. Porém, a despeito dessa combinação, o plano da pesquisa revelou que cada mediação tinha sua incidência marcada num *locus* determinado, ou melhor, num espaço-tempo do processo de comunicação, integrando e, simultaneamente, marcando a especificidade de cada mediação. Vale lembrar que um dos objetivos desta metodologia é tentar delimitar a especificidade de cada mediação envolvida, que é a razão de sua existência.

O quadro abaixo mostra graficamente esta concepção.

Quadro 1 Caracterização analítica das mediações

Nível	Fonte	Lugar	Discurso
Estrutural	Posição de Classe	Contexto social	Sistema lingüístico
Institucional	Família	Recepção	Pragmática
Individual	Subjetividade	Recepção	Pragmática
Técnico	Forma[1]: Gênero Ficcional + Videotécnica	Produto Produção	Semântica Sintaxe

Para construir essa caracterização partimos de Martín-Barbero, que afirma que a mediação é o *lugar de onde* se outorga sentido ao processo de comunicação, e esse lugar, para ele, é a *cultura*. Através dessa frase aparentemente simples, o autor propôs o deslocamento *dos meios às mediações*. Deixando de lado

42

os mal-entendidos que isso provocou, vemos nessa proposta um duplo mérito. O primeiro é o de ter exposto o determinismo mediático ou o *mediacentrismo* a que os estudos de comunicação estavam confinados, o que não quer dizer que o meio (*medium*) não tenha importância, antes pelo contrário, a cultura como *perspectiva de análise* permite perceber os meios em sua real e multifacetada importância. O segundo mérito é o de ter descentralizado e pluralizado teoricamente a análise da comunicação, inserindo-a na ordem das práticas culturais.

Vemos uma enorme potencialidade teórica na proposta desse autor, na medida em que ela converge para as pistas renovadoras abertas por Gramsci (1978) para o entendimento da cultura como campo de lutas (teoria da hegemonia), por Bourdieu (1983) com a tradução de elementos da estrutura para o nível das práticas socioculturais (teoria do *habitus*) e por Giddens (1987) com a introdução da estratificação do *self* na ação reflexiva (teoria da estruturação). Todas essas pistas se movem no sentido do pensamento complexo e transdisciplinar, não-reducionista e não-doutrinário (Morin, 1986; Wallerstein et al., 1996).

O que resulta importante entender é que, do ponto de vista metodológico, não há relações diretas entre os componentes do processo de pesquisa da comunicação – receptor, meio, mensagem, emissor –, mas toda relação entre eles é *mediada*, inclusive o meio é mediação. Além disso, as mediações só ganham sentido ao serem relacionadas entre si, dentro de determinado contexto, independentemente do campo específico sobre o qual se esteja trabalhando.

A concepção de mediação permite pensá-la como uma espécie de estrutura incrustada nas práticas sociais (cotidiano) das pessoas e, ao realizar-se através dessas práticas, traduz-se em múltiplas mediações. A fim de operacionalizar o conceito de mediação, fizemos uma releitura da tipologia proposta por Orozco (1991, 1996, 1997), chamada por ele de "modelo da mediação múltipla"[2]. Essa reelaboração foi pensada no sentido de contribuir para uma maior adequação metodológica à concepção de Martín-Barbero e, principalmente, no sentido de seu ajustamento aos requisitos concretos de nosso objeto de pesquisa, o que, em outros termos, significa torná-la conceitualmente clara e metodologicamente manejável. É o que tentamos expressar no quadro acima.

Na base da armação dessa nossa tipologia está a tentativa de escapar do risco de tratar metodologicamente as mediações como se fossem mais uma versão atualizada da análise funcionalista da comunicação. Sabemos que esta, por não explicitar os princípios ordenadores ou articuladores da análise, nem demonstrar que todo objeto é constituído por uma malha de categorias de importância empírica e teórica diversa, passava a pulverizá-lo numa infinidade de variáveis despojadas de qualquer significado social concreto e de qualquer pertinência teórica. Tratamos então de evitar esse simplismo metodológico.

No quadro acima, as mediações aparecem articuladas e designadas por:

1. *Nível*: indica o plano da dimensão ou inserção estrutural da mediação. Na presente pesquisa, os níveis com que trabalhamos são: estrutural, institucional, individual e técnico.

2. *Fonte*: indica a mediação tomada através de sua concretização em objetos *observáveis*. Elegemos como fontes de mediação: a posição social de classe, a família, a subjetividade e a forma (gênero ficcional e videotécnica). Lembramos aqui que, para serem manejadas metodologicamente, as mediações foram submetidas a um processo de decupagem em categorias ou indicadores empíricos.

3. *Lugar*: sem desconhecer que o processo de comunicação é eminentemente relacional, nele foram identificados *loci* de mediação que são: o contexto global, a recepção, o produto e a produção. Vale lembrar aqui que assumimos a recepção como uma *perspectiva* de análise que vem renovando os estudos de comunicação no sentido de propor uma (re)integração dos elementos do processo de comunicação.

4. *Discurso*: indica qual o âmbito de discurso em que a mediação se insere. Esses âmbitos são: a sintaxe (relações dos signos entre si), a semântica (relações dos signos com o que representam) e a pragmática (relações dos signos com seus usuários).

Torna-se importante neste momento a explicitação da caracterização analítica das mediações.

Como primeiro ponto, destacamos a *posição social de classe*, mediação de nível estrutural (contextual) que se realiza através de diferentes *habitus* e estilos de vida. Lugar básico de produção e reprodução de "distinção social" (Bourdieu) e, portanto, da diversidade dos sentidos. Seu uso na presente pesquisa não se dá como recurso de *determinação em última instância*, mas como tentativa de complexificar o tratamento dado à situação de classe nas atuais pesquisas de recepção, em que aparece nivelada a outras categorias como gênero, idade, etnia, ou confundida com estrato socioeconômico. Em outros termos, é tratada como mais uma mediação, não lhe sendo conferido o devido destaque como categoria explicativa de análise (Lopes, 1995).

Portanto, tratamos de firmar uma posição epistemológica distintiva neste estudo em relação ao modelo das "múltiplas mediações" de Orozco, incorporando ao modelo teórico das mediações uma mediação estrutural como uma dimensão de mediação onde se realiza o caráter *social global* do processo de construção do sentido na sociedade. Assim, consideramos que a produção de sentido é *mediada* e, portanto, realizada através de muitas mediações. Porém, há que se entender que elas têm importância diversa (conforme o fenômeno em foco) e possuem pesos relativos no jogo da construção dos sentidos (Caletti, 1992; Herrán, 1994).

O conceito de classe social aparece na presente pesquisa como diferença social que se expressa em *habitus,* que é produto de condicionamentos sociais associados à posição correspondente. O *habitus* faz corresponder um conjunto de bens e propriedades unidos entre eles por uma afinidade de estilos. Tentamos trabalhar a posição social etnograficamente no cotidiano familiar, mostrando que apesar de as lógicas das diferenças não se

45

esgotarem na diferença social das classes, essa diferença articula as outras. Partindo dessa concepção, utilizamos o critério de classe social para organizar a amostra[3].

Nossa amostra foi organizada através da categoria de *posição de classe*, segundo a qual as famílias em estudo aparecem dispostas em certo *continuum socioespacial:* favelada (*família 1*), periferia (*família 2*), bairro de classe média (*família 3*) e condomínio fechado de classe média alta (*família 4*). Temos aí uma estratificação dentro das classes populares (duas famílias) e outra dentro das classes médias (também duas).

Como já referido anteriormente, no processo de análise propriamente dito as mediações privilegiadas foram o cotidiano familiar, a subjetividade, o gênero ficcional e a videotécnica. Tratemos agora de especificá-las.

A importância crescente do *cotidiano familiar* fica demonstrada nos recentes estudos de recepção de televisão (Morley, Silverstone, Lull). As teses do consumo como capital cultural distintivo de Bourdieu são refinadas ao se tomar a família como mediação entre a estrutura de classe e o sujeito. Lugar primeiro também de construção de *habitus* e do gosto. Sendo assim, a dinâmica familiar é de importância fundamental para entender as diferentes apropriações/construções de sentido sobre a telenovela, já que o espaço/tempo das rotinas e práticas cotidianas são o cenário imediato onde se dá a situação de assistência da telenovela. Além disso, os espaços de circulação da telenovela são constituídos principalmente por relações transfamiliares.

Nesta pesquisa, propomos a renovação conceitual do cotidiano como microespaço complexo, e não apenas como espaço de reprodução e alienação. Nessa perspectiva, o cotidiano é constituído por indicadores concretos das desigualdades e do arranjo cultural híbrido que é modo de vida em países de modernidade tardia como o nosso. A mediação institucional é captada no interior da família (cultura familiar) e também em suas conexões com outras instituições das quais seus membros participam (escola, igreja, trabalho). A forma de cobrir essas conexões não foi a de acompanhar as pessoas nesses cenários, mas de captá-las através das internalizações de seus valores expressas no cotidiano familiar.

A mediação *subjetividade* tem sido pouco trabalhada nos estudos de recepção em comunicação, a despeito das referências feitas ao *sujeito*, necessitando de um refinamento de categorias interpretativas que possa favorecer um diálogo transdisciplinar entre a psicologia e as teorias da comunicação. Esta mediação possibilita captar os processos de construção de identidades e sensibilidades que operam na interação indivíduo-pequena tela. Permite ainda individualizar as relações entre as histórias de vida de cada membro da família na sua interação com a telenovela. Trata-se de uma mediação que atua dentro das práticas sociais como organizadora cognoscitiva (interpretativa) da atividade consciente do indivíduo (*agency*, para Giddens, 1987) e de construção do *self* (Winnicott, 1990).

A mediação *gênero ficcional* realiza a análise considerando a telenovela como narrativa de matriz popular, portanto cultural, de produção/reconhecimento de sentidos e, ainda, como dispositivo ativador de competência cultural e produtor de *repertório compartilhado* entre produção e recepção. Nesse sentido, a telenovela brasileira é modelo de narrativa híbrida que transgride fronteiras de gênero.

Finalmente, a mediação *videotécnica* concebe a telenovela como um produto televisivo submetido a condições específicas de produção organizativa e técnica, buscando reconhecer os dispositivos videotécnicos na recepção. Assim como no caso da mediação gênero ficcional, a mediação videotécnica coloca-se como participante da construção do *repertório compartilhado*.

Resta concluir nesta leitura do *quadro 1* que as mediações escolhidas no presente estudo têm por *cenário* o espaço familiar, e a denominada "comunidade de interpretação" é a família como instituição de socialização básica e também como fonte de expressão de outras comunidades de interpretação das quais seus membros participam (escola, igreja, clubes etc.).

A estratégia metodológica para articular as mediações selecionadas segue o seguinte esquema:

Cotidiano e Subjetividade: mediações localizadas na *recepção* e reapropriadas no gênero e na videotécnica.

Gênero: mediação localizada no *produto* e reapropriada no cotidiano, na subjetividade e na videotécnica.

Videotécnica: mediação localizada na *produção* e reapropriada no gênero, no cotidiano e na subjetividade.

Protocolo metodológico das mediações: criação e uso

Um dos eixos centrais da presente pesquisa é a elaboração e aplicação de um protocolo metodológico que pudesse sintetizar os avanços da teoria das mediações numa pesquisa empírica. Daí o caráter eminentemente *técnico* que preside a sua exposição e o seu endereçamento específico aos pesquisadores da comunicação.

Uma estratégia multimetodológica que correspondesse à abordagem multidisciplinar das mediações levou-nos a combinar várias modalidades de técnicas de pesquisa, de modo que cada uma das mediações pudesse ser explorada, ou melhor, *saturada* por dados empíricos de variada angulação. Sabemos que os dados colhidos são uma construção do investigador que a realiza com instrumentos teóricos e conceituais *tanto quanto* através dos instrumentos técnicos que escolhe. A *conformação técnica dos dados* é uma questão epistemológica dentro da pesquisa e assim foi tratada (Bourdieu et al., 1975).

A pluralidade de nossos instrumentos técnicos pode ser entendida por analogia às variações de enquadramentos e angulações realizadas pelas câmeras na produção de uma imagem, conotando-lhe múltiplos sentidos. Por exemplo, fizemos entrevistas individuais e de grupo, temáticas focalizando cada mediação e também histórias de vida. É claro que houve redundância de dados, mas percebemos que o sentido de um mesmo dado ia se completando de acordo com o instrumento utilizado. É privilégio da pesquisa qualitativa promover a convergência de técnicas, inclusive quantitativas, no trabalho de campo e no tratamento dos dados, o que nos permitiu fazer uma verdadeira *exploração metodológica* para a pesquisa de recepção.

48

O resultado está sintetizado no quadro abaixo:

Quadro 2 Protocolo multimetodológico das mediações

Mediações	Cotidiano familiar	Subjeti-vidade	Gênero ficcional	Video-técnica
Coleta dos dados *1. Trabalho de campo: 4 famílias*				
Técnica Quantitativa	QC	QC	QC	
Técnica Qualitativa	OE – EC	ES	EG	EV
	HV	HV	HV	EP
	HC	HC	HC	
	GD	GD	GD	GD
2. Corpus: TVN gravação completa				
Deslocamento	TVN-R	TVN-R	TVN-R	TVN-R
			Sinopse	Sinopse
			Clipping	Clipping
Tratamento dos dados				
1. Transcrição instrumentos	Todos	Todos	Todos	Todos
2. Tabulação por mediação	WinMax Catego-rização	WinMax Catego-rização	WinMax Catego-rização	Decupagem Digitali-zação
3. Análise	Estudos de caso	Análise interpre-tativa	Análise gênero ficcional	Análise de fluxo

Legenda:
QC: Questionário do Consumo
OE: Observação Etnográfica
EC: Entrevista do Cotidiano
ES: Entrevista da Subjetividade
EG: Entrevista do Gênero Ficcional
EV: Entrevista da Videotécnica

HV: História de Vida
EP: Entrevista da Produção
HC: História de Vida Cultural
GD: Grupo de Discussão
TVN-R: Telenovela Reeditada

49

O protocolo metodológico apresentado acima foi organizado com a intenção de desenvolver estratégias que permitissem a aproximação à recepção da telenovela vista como *experiência cultural* das pessoas, além de, como já dissemos, partir de uma crítica às insuficiências metodológicas quando se busca compreender as formas de apropriação do discurso da telenovela. Ele mostra, fundamentalmente, que a armação metodológica da pesquisa foi equacionada *a partir das mediações* que operam na recepção de uma telenovela e aponta o desenho metodológico em dois momentos da pesquisa: a coleta e o tratamento dos dados.

O momento da coleta dos dados se deu através do trabalho de campo realizado com quatro famílias e sobre o *corpus* de uma telenovela. Nas famílias exploraram-se as quatro mediações: o cotidiano familiar, a subjetividade, o gênero ficcional e a videotécnica.

O trabalho de campo com as quatro famílias combinou um conjunto de onze técnicas, sendo uma quantitativa, o questionário do consumo (QC) e dez qualitativas, assim distribuídas: observação etnográfica (OE); entrevistas individuais semi-estruturadas: do cotidiano (EC), da subjetividade (ES), do gênero ficcional (EG), da videotécnica (EV) e da produção (EP); entrevistas individuais não-estruturadas: história de vida (HV), história de vida cultural (HC); entrevista coletiva não-estruturada: grupo de discussão (GD), com telenovela reeditada (TVN-R).

O *corpus* da pesquisa foi constituído pela gravação completa em vídeo da telenovela *A Indomada* e dele foi extraído um *corpus* menor formado por seqüências escolhidas pelas famílias, o qual constituiu a telenovela reeditada (TVN-R). Esta foi estrategicamente usada no grupo de discussão. O trabalho de campo estendeu-se por oito meses (maio a dezembro de 1997), enquanto a telenovela estava no ar, a qual foi sistematicamente assistida junto com as famílias. O trabalho de campo também recolheu a sinopse produzida pela TV Globo e o *clipping* (matérias da mídia sobre essa telenovela).

O segundo momento da pesquisa, o tratamento dos dados, foi desenvolvido através das seguintes etapas: 1) a transcrição dos dados constantes em todos os instrumentos de coleta; 2) a tabulação desses dados de acordo com cada uma das mediações, através do programa de computador *WinMax* (*software* para pesquisa qualitativa), utilizado na análise de todas as mediações, à exceção da videotécnica. Esta última foi trabalhada através das técnicas de decupagem e de digitalização; 3) a análise específica de cada mediação por meio da comparação entre as famílias, do que resultou um estudo descritivo e interpretativo.

Neste ponto, parece-nos importante aprofundar a compreensão desse protocolo através da reflexão sobre os aspectos que mais marcaram a experiência do trabalho de campo e o uso concreto de uma multimetodologia de observação, além das soluções encontradas para o tratamento posterior dos dados.

A metodologia do trabalho de campo

A experiência de campo como situação de interação

A experiência de campo traduziu-se na convivência com quatro famílias enquanto a novela *A Indomada* esteve no ar, de fevereiro a outubro de 1997. A *situação de interação* que se cria na pesquisa qualitativa entre o investigador e os sujeitos da investigação, antes de ser considerada como fonte de erro, deve ser vista como fonte de informação (Alasuutari, 1995). É ela a responsável pela *cultura da pesquisa* que se estabelece em cada contexto empírico. É o que diz também González (1993) ao notar que não são algumas "visitas turísticas" que nos permitirão entender o cotidiano de uma família em suas relações com a televisão e o mundo da telenovela. Um resultado importante deste trabalho é poder afirmar que a situação de interação que se criou nessas visitas sistemáticas foi diferenciada e específica em cada família e acabou por constituir-se no *esquema* invocado pelos pesquisadores para interpretar ou organizar sua situação de interação, sentir até onde podia avançar nas conversas ou participar de um jantar diante da televisão. Situações espontâneas ocorreram, esperadas ou não. Esse esquema foi sendo consolidado através da situação de interação, em que estavam em jogo desde características de personalidade de todos os agentes envolvidos (inclusive os pesquisadores) até a *cultura familiar* encontrada, aquela que se realiza concretamente através de um sistema de normas e valores e de uma dinâmica social determinada.

Podemos dizer que ficamos no campo o tempo suficiente que permitiu às equipes de pesquisa alcançarem o grau necessário de proximidade/distanciamento de forma a facilitar a relação entre investigador e informante, e a permitir comportamentos mais espontâneos e recíprocos. Esta relação variou de família para família. Foi bastante densa nas famílias de classe popular (*famílias 1 e 2*), principalmente na *família 2*; de menor intensidade na de classe média (*família 3*) e bastante difícil na de classe média alta (*família 4*). Arriscamos algumas pistas sobre as possíveis causas, e associamos isto ao que já foi bastante analisado no campo das ciências sociais, ou seja, a defesa que as camadas médias e altas fazem de sua privacidade.

Dois exemplos são suficientes. O primeiro é que o marido da família de classe média alta, apesar de permitir a realização da pesquisa em sua casa, nunca chegou realmente a participar dela; e o segundo é que certas questões familiares e de negócios da empresa nessa mesma família não foram discutidas de forma aprofundada porque mantidas, ao longo de toda a pesquisa, como questões de ordem eminentemente privada, sobre as quais todos os membros da casa *impuseram* silêncio. Por tais razões, essas duas questões ficaram fora da agenda das entrevistas. Em total contraste, nas entrevistas de história de vida dos membros das duas famílias de classe popular foi muito comum a ocorrência de *conversas confidenciais* e mesmo o clima de uma verdadeira *terapia de grupo* que marcou os grupos de discussão. Já nas duas famílias de classe popular encontramos o traço cultural do *acolhimento*, do prazer em receber que se manifestava numa grande disposição de entrega e de oferecimento, nos permanentes atos que convidavam a ficar à vontade. Traço cultural ademais também notado nas relações sociais estendidas (alargadas) que essas duas famílias mantinham com um grande número de parentes e vizinhos.

Enfim, o que queremos destacar é que na pesquisa *os diferentes tipos de situação de interação produzem diferentes tipos de material*. Esta afirmação tem implicações epistemológicas porque derruba alguns mitos, como o da objetividade da relação sujeito–objeto nas pesquisas e, principalmente, do caráter *natural* dos dados que se colhem. O que, para nós, confirma a necessidade da crítica epistemológica (ou reflexiva) a ser exercida, de modo particular, no nível técnico da pesquisa (Thiollent, 1980).

A combinação de técnicas no trabalho de campo

É importante lembrar que o desenho multimetodológico desta pesquisa tem por base uma estratégia de integração/combinação que se realiza em todos os níveis da pesquisa: desde o epistemológico-teórico, através da perspectiva multidisciplinar das mediações, até o nível técnico-empírico, por meio de um modelo multimetodológico das mediações. Este modelo emerge da integração de técnicas de observação/coleta das mediações na recepção de telenovela por um grupo de famílias e tem por princípio metodológico o recurso de "saturação de sentido" que explicamos a seguir.

Uma das maneiras de a metodologia qualitativa enfrentar a questão da subjetividade dos dados é tentar *objetivá-los*, ou seja, levá-los à condição de *dados de confiança* e de afirmação através de um *processo de saturação de sentido* de um fato, não apenas fazendo o informante voltar a ele por meio da *repetição*, mas pelo *preenchimento* de sentido ao fazê-lo retornar ao fato através de outro ponto de vista. É o que fizemos na nossa pesquisa ao combinarmos um conjunto diversificado de técnicas em que cada qual, a partir de seu ponto de vista, de sua anulação específica, passou a *saturar* o sentido da recepção de uma telenovela em cada família. O resultado dessa combinação permitiu obter um vasto material empírico, denso e multifacetado, concretamente refletido pelas orientações de vida e pelos discursos dos sujeitos.

Como todas as técnicas foram combinadas para *saturar de sentido* a recepção, vamos expor, sumariamente, como cada uma foi pensada e usada no trabalho de campo.

1) Observação etnográfica (OE)

Esta técnica foi utilizada para realizar o que se convencionou chamar "etnografia de audiência". O seu sentido está em apresentar com alternativa às técnicas tradicionais de levantamento quantitativo-estatístico das audiências, e em orientar a pesquisa do consumo dos meios, principalmente da televisão, para o seu contexto natural, ou seja, o cenário doméstico. Entretanto, como bem alerta Silverstone (1996), esse consumo não deve ser visto apenas em seu aspecto material, mas também como sendo eminentemente simbólico (cultural), além de ser uma prática contextualizada. Desta maneira, o consumo resulta numa prática muito complexa, porque inevitavelmente aparece misturada a outras práticas domésticas, e é somente nessa complexidade que pode ser entendida. Para nós, resultou útil adotar a perspectiva antropológica e etnográfica, em sentido lato, no trabalho de campo, a fim de conseguirmos uma "descrição densa" (Geertz, 1989), suficiente para dar conta da complexidade dessa prática de consumo nas quatro famílias.

Assim sendo, através da *observação etnográfica* foram feitos registros em *fichas de descrição* que orientaram a observação para os aspectos: 1) *espacial:* lugares funcionais da casa, bem como a distribuição de objetos; 2) *temporal:* tempos da rotina familiar; 3) *das práticas:* atividades dos membros da família (cozinhar, estudar etc.) e, principalmente, como se dá a assistência de televisão e telenovela (quando, onde, como se dão os modos de negociar a assistência). Esses registros foram feitos sobretudo no início do trabalho de campo, mas permanentemente havia novas anotações. O observador também foi instado à prática disciplinada de objetivar no registro escrito suas impressões e reflexões sobre o campo como *situação de interação*. Pretendíamos a princípio reconstruir etnograficamente o cotidiano de uma semana em cada família, o que se verificou impossível, contudo, em função das exigências dos múltiplos e extensos horários de observação que isto demandava. Mesmo assim, sempre que possível, as duplas de pesquisadores estiveram com essas famílias em períodos alternados do dia (manhã, tarde e noite), porém o grosso da observação etnográfica concentrou-se por volta do período de assistência à telenovela (geralmente, das 19 às 22 horas). Com a freqüência das visitas, ao longo de oito meses de duração da telenovela, a figura do observador participante em cada família (no nosso caso, sempre uma mesma dupla) foi se tornando *invisível*, como apontamos acima, e as *situações de interação* fizeram com que os observadores vivessem relações diferenciadas de empatia tanto no grupo familiar, quanto com cada um de seus membros.

2) Questionário do consumo e das práticas familiares (QC)

A finalidade desta técnica é a de complementar a Observação Empírica (OE), através de um instrumento mais *objetivo* e inclusive quantitativo, como é o questionário, com a finalidade de reconstruir o *mapa do consumo doméstico* por meio de um conjunto de indicadores empíricos. As premissas teóricas dizem respeito a novas abordagens sobre a *lógica dos usos* em que o consumo e os usos dos meios são vistos como processos sociais de apropriação de bens materiais e simbólicos que contribuem para a estruturação das características subjetivas e coletivas das pessoas (Bourdieu, 1991; Certeau, 1994; García Canclini, 1995). Queremos enfatizar a complementaridade entre a OE, técnica qualitativa, e o QC, técnica quantitativa, pensada especialmente para o aspecto do consumo familiar. Geralmente os estudos de consumo cultural utilizam apenas a OE, no sentido já apontado de etnografia da audiência.

A inspiração metodológica do QC foi gerada a partir do estudo seminal sobre a "distinção social" feito por Bourdieu (1991), que utilizou o questionário para colher dados capazes de subsidiar uma teoria dos usos dos aparatos. Em outros termos, os dados sobre os *usos* permitem, do ponto de vista quantitativo, fundamentar a *lógica dos usos e do consumo dos aparatos de comunicação* inserida nas práticas cotidianas. Essa lógica dos usos está na base de importantes transformações ocorridas nas concepções do *espaço-tempo* no cotidiano das pessoas, expressas nas temporalidades das rotinas e rituais domésticos e na virtualidade espacial em que se converteu o ócio doméstico (Martín-Barbero, 1998). Ainda, e talvez mais importante, a lógica dos usos revela como que uma *racionalidade da recepção* em organizar o seu tempo livre. Aqui, a idéia é ver o quadro do consumo doméstico como um "palimpsesto do receptor"[4] construído pelas pessoas, que revela a *programação* montada num *continuum* de meios consumidos, horas e horário de consumo, preferência de gêneros e de programas etc., reunidos num arranjo híbrido, por vezes inesperado e surpreendente. Nele, o receptor inscreve os *sentidos dos usos* dos meios.

Baseados nessas premissas, estruturamos o QC com os seguintes tópicos: 1) descrição da moradia; 2) caracterização da família; 3) itens de consumo familiar, com destaque para os aparatos de comunicação; 4) mapa individual de assistência de televisão; 5) caracterização individual do cotidiano: momentos de convivência, trabalho, estudo, transporte, lazer; 6) freqüência e assistência de meios e gêneros (TV, cinema, teatro, vídeo, revistas, jornais, internet, livros, rádio, música); 7) assistência de telenovela e de veículos que fornecem informações sobre telenovela.

Como se percebe, o QC foi utilizado para objetivar em cada família dados sobre o consumo cultural e algumas práticas cotidianas que deverão ser incorporados à análise das mediações, sempre orientada por nossa estratégia de combinação metodológica e pelo princípio da *saturação de sentidos*, apontado acima. Porém, deixamos claro que os dados do QC não terão tratamento estatístico (o que não teria sentido em nossa amostra qualitativa), antes os indicadores quantitativos serão tratados como repertórios pelos quais os usuários organizam e dão sentido ao seu consumo.

O QC foi aplicado individualmente a cada membro da família e preenchido pelo pesquisador nas primeiras semanas do trabalho de campo.

3) Entrevistas

Retomando a idéia de que diferentes tipos de situação interativa entre pesquisador e informante produzem diferentes tipos de materiais, queremos expor a tática adotada em combinar diversas modalidades de entrevistas, semi-estruturadas e não-estruturadas, individuais e coletivas, distribuídas numa espécie de *continuum* de *aquecimento* das relações entre o entrevistador e o entrevistado. Ou seja, tal como nas sessões de terapia leva um bom tempo antes que a relação entre o analista e o paciente atinja um grau de identificação em que os conflitos possam ser trazidos à tona, assim também a situação de entrevista é marcada por um crescimento na inter-relação que permite o acercamento a questões de maior privacidade. Assim, após um reconhecimento inicial do ambiente familiar, começamos com técnicas mais *frias* como o questionário do consumo e mesmo com a observação direta que não pede *testemunhos* ao informante. Passamos, em seguida, às entrevistas temáticas que já pediam às pessoas que falassem sobre a telenovela. Foi importante esse acercamento *gradativo* porque, paralelamente, também ia crescendo a compreensão das pessoas sobre o que realmente pretendíamos com a pesquisa, ou seja, que queríamos saber como elas viam a telenovela e se esta tratava de questões importantes para suas vidas.

As entrevistas semi-estruturadas, com seu roteiro fixo de questões, preparou caminho para a realização das histórias de vida, que são entrevistas não-estruturadas, de caráter mais pessoal e que costumam ser uma versão adaptada de uma *conversa confidencial* entre amigos. E, quase ao final do trabalho de campo, coincidindo com o fim da telenovela, realizamos o grupo de discussão, que vem a ser uma entrevista coletiva na qual o objetivo presupõe o pesquisador *sair de cena* e deixar o grupo debater e refletir sobre suas próprias interpretações. Cada uma dessas entrevistas é particularmente importante como fonte de informação, e sua combinação resulta extremamente valiosa: a informação mais dirigida, a mais livre e associativa, a produzida individualmente e a de grupo, cada uma revelando ângulos específicos e que só uma longa convivência no campo permite aglutinar.

Sabíamos, desde o início, que a coleta dos dados poderia ser múltipla porque se estenderia pelo tempo de duração de uma novela, ou seja, no mínimo por oito meses. Uma observação de caráter técnico é que usamos o gravador multidirecional nas sessões de entrevistas, tanto individuais como coletivas, e seu uso não chegou a causar constrangimento. O material gravado de todos os tipos de entrevistas realizadas somou um total de 170 fitas cassetes. Tratemos, agora, resumidamente, de cada tipo de entrevista realizada.

a) Entrevistas temáticas: cotidiano (EC), subjetividade (ES), gênero ficcional (EG), videotécnica (EV) e produção (EP)

São entrevistas semi-estruturadas focalizadas em determinadas temáticas, que são as próprias mediações. O roteiro de assuntos

57

tratados na entrevista foi pensado para informar, de forma mais direta, as relações entre a realidade vivida e a realidade construída na telenovela. Em outros termos, esses assuntos funcionaram como *campos de sentido* e foram sendo definidos na medida em que se revelaram significativos na trama da telenovela e *também* no cotidiano de cada família. Realizamos as seguintes entrevistas temáticas:

- *Entrevista do cotidiano (EC)*: focalizou um conjunto de práticas e sentidos cotidianos dentro da família e dentro da telenovela, tais como o trabalho, o lazer, a religião, a política, a sexualidade, e os *dramas*.

- *Entrevista da subjetividade (ES)*: procurou extrair conteúdos sobre o modo como o entrevistado transita entre a sua realidade e a realidade da telenovela, com ênfase nas questões ligadas à idade, gênero, posição na família, afeto etc.

- *Entrevista do gênero ficcional (EG)*: focalizou as interpretações sobre os personagens da telenovela e suas tramas, além de explorar a *competência textual narrativa* capaz de articular a narrativa do melodrama e dos diferentes territórios de ficcionalidade com as narrativas dos receptores. Procurou encontrar nas falas dos sujeitos as marcas de reconhecimento da matriz popular da telenovela.

- *Entrevista de videotécnica (EV)*: buscou elementos da linguagem audiovisual tal como são lidos pelos receptores, tentando avaliar a *competência técnica* dos sujeitos quanto à linguagem da telenovela e identificar indicadores de linguagem sintática na construção do que chamamos de "repertório compartilhado" entre a produção e a recepção da telenovela.

- *Entrevista da produção (EP)*: realizada com produtores da Rede Globo e da telenovela *A Indomada* para obter dados sobre aspectos relativos à produção das telenovelas em geral e de *A Indomada* em particular. As questões formuladas dizem respeito à *competitividade industrial* do produto telenovela (graus de desenvolvimento tecnológico, de inovação e de especialização profissional); aos *níveis e fases de decisão* (em termos de momentos cruciais e critérios de decisão no processo produtivo, de que resultou o organograma da produção); e às *rotinas produtivas* (pelas quais se traçou o fluxograma da produção). Como já apontamos, trata-se aqui de recolhermos dados sobre as *lógicas da produção*.

b) História de vida (HV)

É uma técnica de entrevista não-estruturada, em que se pede ao entrevistado que conte ou descreva sua história de vida. É também entrevista em profundidade por captar, da perspectiva do sujeito, as conexões de sentido que dão lugar às respostas. Permite aflorar a dimensão afetiva e valorativa do sujeito, assim como os contextos pessoais que deram origem às suas respostas. É utilizada na pesquisa qualitativa como reveladora, no plano simbólico, de um percurso vivido. Normalmente, a história de vida de uma pessoa implica uma série sucessiva de entrevistas, em que o papel do entrevistador é apenas orientar a narração em termos cronológicos (família de origem, infância, adolescência, maturidade) e ajudar no trabalho de memorização voluntária. Outro ponto a destacar é que o tom confidencial da narração leva o entrevistado a pontuar *marcas* e *marcos* de sua vida.

Optamos por realizar histórias de vida individuais de cada membro da família no lugar de resgatar uma história de família narrada, por exemplo, pela mãe. Isto para nós teve duas vantagens: a de recuperar a história da família vista a partir das diferentes posições familiares (mãe, pai, filha e filho, de diferentes idades) e a de particularizar as trajetórias de cada membro. Com isso, tentamos evitar que se apagassem as variações individuais e que se ocultasse o aspecto autobiográfico das histórias recolhidas (Poirier et al., 1995). Esta escolha foi demandada pela própria construção teórica da pesquisa, que fixou a subjetividade como uma das mediações produtoras de sentido sobre a telenovela no cotidiano. A dinâmica familiar, como intersubjetividade da família, passa fundamentalmente pelo caráter de sujeito de cada um de seus membros.

Porém, além de assegurarmos a individualidade das histórias de vida em cada família, reconhecemos dentre elas uma *história de vida principal*, por ser da pessoa que demonstrou mais envolvimento com a telenovela e com a pesquisa – a figura da *mãe* (que consideramos como *ego*), em todas as quatro famílias. A ela coube o papel de maior contato com os pesquisadores e era ela quem efetivamente mais assistia e mais gostava de telenovela.

As histórias de vida, no seu conjunto, permitiram-nos recuperar, de maneira multifacetada, os seguintes aspectos: a mobilidade espacial, a trajetória socioeconômica (dada pelo trabalho e pela educação), a vida religiosa, social, política e, com maior inflexão, a vida cultural. Importante também foi identificar a vida familiar através do que chamamos de "marcos e marcas familiares", tais como: nascimentos, casamentos, mortes, viagens, situações ou figuras marcantes.

c) História de vida cultural (HC)

A história de vida cultural[5] visou recuperar a história da pessoa com os diferentes meios, isto é, de que forma estes entraram e marcaram a sua trajetória de vida. Ao fazer isso, lembra-nos que as práticas de consumo são fundamentalmente uma experiência cultural e, como tal, marcam seu sentido através dos diferentes usos, hábitos, tempos e espaços vividos pelas pessoas. De um modo específico, para esta pesquisa, permitiu demonstrar que a relação do sujeito com a telenovela implica diretamente a relação que ele mantém com a televisão e que esta procede da relação entretida com outros meios. A história cultural permite identificar os lugares de onde procedem as inscrições do "palimpsesto do receptor". E mais, permite pensar esse emaranhado de meios que se replicam e reenviam uns aos outros, ao longo dos tempos vividos pelos sujeitos, como expressão de uma estética na qual, segundo Benjamin, torna-se *"possível aquele* senso*rium ou experiência cultural do novo público, que nasce com as massas"* (Martín-Barbero, 1987:296).

Através da história de vida cultural, cada pessoa da família foi estimulada a rememorar como se deu o processo de formação, desenvolvimento e as formas atuais dos hábitos de consumo cultural, enfocados nos seguintes gêneros: cultura letrada (ler, escrever), cultura oral (conversar, contar), cultura musical (cantar, ouvir), cultura artística (assistir, praticar), cultura midiática (entreter, informar), cultura tecnológica (dos novos aparatos: computadores, *games*, objetos eletrônicos, internet) e cultura do lazer (festas, excursões, viagens, clubes, jogos).

d) Grupo de discussão (GD) e telenovela reeditada (TVN-R)

Conforme dissemos, esta técnica foi a última a ser utilizada no campo. O grupo de discussão é uma entrevista coletiva não-estruturada e consiste em provocar um debate que se alimenta da convergência e do conflito de opiniões dos participantes. No nosso caso, reunimos todos os membros da família para assistir-mos, conjuntamente, a um vídeo que continha, na ordem, as seqüências da telenovela A Indomada que os próprios membros da família haviam indicado como as mais marcantes. A novela, então, já havia terminado, de maneira que quaisquer de suas seqüências puderam ser escolhidas. O grupo de discussão sobre a telenovela reeditada foi usado estrategicamente no sentido de não ter sido diretamente estimulado pelos pesquisadores, mas pela telenovela que o próprio grupo havia refeito de memória. Aqui, cabe a observação de que este recurso também permitiu que não ficássemos no *efeito imediato* da telenovela, na reação que se segue à cena no ar, e que é normalmente enfocado nas pesquisas de recepção quando há assistência conjunta da tele-novela pelo pesquisador e pelo pesquisado. O nosso recurso permitiu que a repercussão da telenovela fosse filtrada pela memória da pessoa, o que possivelmente nos tenha dado algum tipo de *efeito de maior alcance*, como sugere Mauro Wolf (1987). Isso também nos remete à hipótese da telenovela como *agenda setting*.

Os debates em cada família foram muito ricos (porém, lem-bramos, sempre diferenciados), caracterizados pelo uso de ter-mos e conceitos *de dentro*, típicos da realidade de cada uma delas. Tanto que revelaram conflitos internos do grupo familiar, contrariando o que alguns pesquisadores dizem sobre "o grupo querer mostrar-se harmonioso". Na dinâmica do grupo de discussão, posições hierárquicas de pais e filhos entram em confronto, a autoridade é *desrespeitada* através da defesa de opiniões expostas na telenovela. Principalmente, as pessoas pareciam falar no grupo sobre coisas de que normalmente não falavam. Como disse uma filha numa das famílias: *se eles (os que fizeram a novela) queriam provocar uma discussão que não é normal se fazer, eles conseguiram.* Na observação de um autor (Alasuutari, 1995), o grupo de discussão é uma técnica de coleta de dados muito útil, na medida em que o assunto em foco é coberto de diferentes ângulos e a discussão produz diversos tipos de discursos sobre o mesmo assunto.

A metodologia de tratamento dos dados

Combinação do relato único e do computador

Havia plena consciência de que a estratégia multimetodológica – de integração/combinação de técnicas – aplicada ao trabalho de campo produziria um riquíssimo material, atendendo à complexidade do modelo teórico das mediações. Por outro lado, sabíamos que isso geraria um material volumoso que exigiria grandes esforços para racionalizar o processo de seu preparo para análise. Resolvemos equacionar esse processo através de dois procedimentos: transcrição de todos os instrumentos aplicados no trabalho de campo e categorização do material coletado através do *software WinMax.*

1) Transcrição dos dados

Para não perder a especificidade do material conseguida através de diferentes instrumentos de coleta, realizamos a transcrição literal de todas as entrevistas e observações etnográficas. Isto nos permitiu recuperar a *unicidade,* tanto do discurso de cada sujeito (história de vida e entrevistas), como do discurso de cada técnica (todas as histórias de vida cultural, todas as entrevistas de gênero etc.) para que pudesse ser utilizada em qualquer momento da análise.

2) Uso do software WinMax

a) O uso do WinMax no tratamento de dados

A necessidade de fazer avançar a integração metodológica entre as técnicas de observação e as técnicas de descrição dos dados (Fernandes, 1980), e também o objetivo de fazer nesta pesquisa de recepção uma *exploração metodológica*, fez com que nos voltássemos para uma nova tendência que tem se firmado nos anos 1990: o uso do computador na pesquisa qualitativa. Trata-se de uma importante tendência, que toca na questão tradicionalmente espinhosa nas ciências sociais da dicotomia entre o quantitativo e o qualitativo. A nosso ver, essa tendência vem oferecer uma nova tentativa de superar esse impasse trabalhando sobre o princípio da *complementaridade* entre dados quantitativos e qualitativos. Após o teste com alguns *softwares* para pesquisa qualitativa, decidimos adotar o programa *WinMax 97 Professional* para fazer uma exploração metodológica no tratamento dos dados[6].

O uso de programas computacionais para auxiliar a análise de dados qualitativos nas ciências sociais e em campos afins insere-se numa etapa iniciada no final da década de 1980, quando começam a aparecer *softwares* especialmente desenhados para esta finalidade, marcando o fim da era em que os programas de computação eram território exclusivo da pesquisa quantitativa.

Na visão de Mangabeira (1992), a utilização de programas de computação na análise de dados qualitativos, desde que acompanhada de uma reflexão sobre o significado dos pressupostos incorporados na técnica, representa uma abertura importante na pesquisa sociológica[7]. Estes programas aumentam a velocidade e a eficiência da análise, eliminando os aspectos mecânicos e enfadonhos da mesma; permitem experimentar e explorar diferentes interpretações do material e aperfeiçoar o exercício comparativo, em função do seu sistema de classificação e recuperação de dados; e facilitam o trabalho simultâneo com uma variedade de dados.

Os programas desenhados especialmente para o tratamento de dados qualitativos, aqui entendidos como não-numéricos, podem ser agrupados em duas classes:

- *Softwares* criados para categorização de dados qualitativos e busca de códigos. Ainda que apresentem variações em relação aos recursos oferecidos, todos os programas desta categoria substituem a atividade manual básica da análise de dados qualitativos de cortar e colar segmentos de texto.

- *Softwares* pertencentes ao ramo dos *expert systems* da inteligência artificial, capazes de atribuir significados a um texto, fazer simulações ou previsões de acordo com regras especificadas previamente.

Para esta pesquisa, a escolha recaiu sobre um programa pertencente ao primeiro grupo, mais adequado ao tipo de análise proposto, que requer a interpretação do pesquisador na classificação dos dados. O *WinMax 97 Professional* foi desenvolvido por Udo Kuckartz, na Alemanha. Os motivos que levaram à escolha do *WinMax* foram a adequação do programa aos requerimentos da pesquisa e o maior ajustamento dos recursos oferecidos ao trabalho do pesquisador, em relação aos seguintes pontos:

1. O programa permite o contato do pesquisador com o texto no momento de assignação dos códigos.
2. É possível trabalhar com um esquema estruturado em categorias e subcategorias para a codificação. É possível também ajustar, se necessário, e progressivamente, as categorias durante a codificação, seja por mudanças de denominação ou reordenamentos, sem perda do trabalho já realizado.
3. Podem ser feitas anotações durante o processo de codificação e categorização dos dados, funcionando como uma espécie de *lembrete* que pode ser colado à linha ou à categoria desejada. Estas anotações – teóricas, metodológicas, registros de dúvidas – podem ser posteriormente recuperadas e categorizadas.
4. O *WinMax* apresenta pouca ou nenhuma restrição em relação ao número de textos, de linhas em cada texto ou de categoria, quando comparado a outros programas.

5. Facilita arranjos grupais de trabalho, ao possibilitar a exportação e recuperação de materiais na sua estrutura original em outros computadores.

De acordo com Kuckartz, idealizador do programa, o pressuposto metodológico que fundamenta o seu desenvolvimento é a construção de *tipos sociais empíricos*. O modelo de análise que orientou a construção do programa – denominado pelo autor como *case-oriented quantification approach* –, fundamentado no trabalho de Max Weber e de Alfred Schütz, visa à *construção de tipologias controladas metodologicamente*. O principal objetivo do método é classificar e, caso haja necessidade, quantificar dados qualitativos ou parte deles. O programa congrega, portanto, a possibilidade de combinar operações qualitativas e quantitativas durante a análise de dados qualitativos. O modelo foi desenvolvido para ser utilizado em estudos que empregavam entrevistas qualitativas; dessa forma, a tipificação tem por base o indivíduo.

Em linhas gerais, o modelo que fundamentou a construção do programa permite que se faça *mais de uma etapa de codificação*. A primeira delas parte dos textos transcritos, são desenvolvidas as *categorias temáticas* e o material é codificado de acordo com estas categorias. A segunda se apóia sobre os textos gerados na codificação da primeira etapa; os textos de cada categoria são objeto de recodificação, com o propósito de atribuir nuanças às categorias temáticas iniciais ou de desenvolver escalas. O resultado pode ser expresso em freqüências de aparecimento das categorias e subcategorias nos dados. No modelo, a construção das categorias pode ser informada por processos indutivos e/ou dedutivos, dependendo dos pressupostos que orientam a pesquisa.

Ainda que o programa tenha sido informado por um modelo específico na sua concepção, é uma ferramenta que permite a adaptação a outros desenhos metodológicos. Neste sentido, foi apropriada no âmbito desta pesquisa a partir de pressupostos teóricos e metodológicos específicos da mesma.

b) O uso do WinMax na pesquisa

A seguir descrevemos o processo de utilização do *WinMax*. A descrição é organizada em etapas, na ordem de sua realização.

Etapa 1: Preparação dos dados para análise

Transcrição dos dados
Nesta etapa foi transcrito todo o material gravado procedente da aplicação dos vários instrumentos de coleta de dados: questionário de usos e consumos; entrevistas de cotidiano, de gênero ficcional, de subjetividade e de videotécnica; história cultural e história de vida; grupos de discussão.

Preparação dos arquivos
O programa utilizado trabalha sobre textos convertidos para formato equivalente ao "somente texto" nas opções do *Windows*. Outra exigência é relativa à formatação do texto, com especificações de fonte e número de caracteres por linha. Nesta etapa foram realizados estes procedimentos e uniformizados os nomes dos arquivos de trabalho.

Etapa 2: Organização da análise

A etapa de categorização foi organizada nas suas dimensões teóricas, metodológicas e técnicas. Seus procedimentos principais são descritos a seguir.

Estruturação da equipe
Tratando-se de uma pesquisa conduzida por um grupo, tornou-se necessário definir o esquema de trabalho nesta etapa. Neste sentido, foi mantida a estrutura em grupos de trabalho organizados por mediações (quatro grupos/quatro mediações).

Organização dos dados no programa
O *WinMax* oferece uma estrutura de organização dos dados sustentada pelas definições de *projeto* e *grupo de textos*.
O *projeto* representa no programa uma unidade de estudo. Inicialmente é constituído pelo conjunto de textos, entrevistas, histórias de vida, anotações de campo etc. No decorrer da análise, comporta também as categorias, os segmentos codificados e todos os resultados decorrentes da análise. Cada projeto tem uma denominação própria na estrutura organizacional do pro-

grama. No caso desta pesquisa, cada mediação (correspondente a um grupo de trabalho na estrutura da equipe) foi tomada como um projeto para a utilização do programa. Cada mediação, correspondente a um projeto no *WinMax*, debruçou-se sobre os instrumentos mais adequados para a sua análise e desenvolveu um conjunto específico de categorias, relativo às especificidades da mediação.

No programa, os textos (os instrumentos utilizados em cada projeto/mediação) foram organizados em *grupos de textos*, de forma semelhante a caixas de arquivo. No caso de nossa pesquisa, o princípio de reunião dos grupos de texto é a *família*, unidade que organizou o estudo. Entretanto, sentiu-se a necessidade de se levar em consideração o conjunto de arquivos relativos a cada pessoa da família. Além disso, verificou-se a limitação do programa em relação à possibilidade de criar subpastas dentro do grupo de textos. Estas razões acabaram por levar à organização dos grupos de textos por pessoa.

Organizado o esquema anterior, procedeu-se à importação dos textos relativos a cada pessoa dentro dos respectivos grupos de texto.

Etapa 3: Categorização dos dados

O uso do programa prescinde das definições metodológicas em relação ao tipo de análise dos dados. Funcionou como uma ferramenta de auxílio para a classificação dos dados em categorias analíticas. Ou seja, permitiu a organização de um conjunto volumoso de dados, dentro de um esquema de categorias construído de acordo com as mediações estudadas. O objetivo não foi quantificar[8], mas processar a grande quantidade de dados para facilitar a análise.

O processo de construção das categorias para a codificação foi informado pelos pressupostos teóricos que fundamentaram a pesquisa, obedecendo aos requerimentos das mediações e aos próprios dados (processo lógico dedutivo/indutivo). Para cada mediação foi desenvolvido e testado um conjunto de categorias, acompanhado da definição de critérios de inclusão e de exclusão para o trabalho de categorização.

Após a construção das categorias foi realizado o treinamento das equipes para o uso do programa. O treinamento consistiu no exercício com as categorias e com os critérios de inclusão e de exclusão numa amostra do material.

Neste processo, o recurso que permite fazer anotações facilitou o funcionamento do trabalho. Foi empregado para anotar dúvidas, discutidas posteriormente com os coordenadores das mediações. Além disso, as ferramentas de exportação dos dados facilitaram a troca dos mesmos pelos integrantes dos grupos. Ainda durante a codificação foi possível o ajuste de categorias cujo amadurecimento deu-se durante a análise.

c) Material produzido com o uso do programa

O trabalho de categorização realizado no *WinMax* produziu os seguintes materiais:

- Relatório sintético dos resultados da categorização: para cada categoria e subcategoria tem-se indicado o número de segmentos codificados e o número total de linhas correspondentes.

- Relatórios com os segmentos codificados para cada categoria específica, produzidos a partir de comandos de busca seletiva dos resultados da codificação.

d) Um exemplo do processo de categorização: a mediação cotidiano familiar

No caso da mediação cotidiano familiar, o processo integral de categorização envolveu os seguintes passos metodológicos:

1. Foram desenvolvidas, testadas e aplicadas aos instrumentos dezesseis categorias, desdobradas em 144 subcategorias.

2. Após a categorização, o material produzido foi reexaminado para análise de adequação das categorias e identificação das mais relevantes para a referida mediação.

3. A partir do reexame do material, as categorias iniciais foram reordenadas em categorias de maior alcance (pro-

cesso lógico-indutivo). Neste processo, as dezesseis categorias iniciais foram reagrupadas em dez categorias, a saber:

1) Trabalho.
2) Lazer.
3) Consumo dos meios.
4) Assistência de TVN.
5) Educação.

6) Política.
7) Religião.
8) Sexualidade.
9) Dramaticidade.
10) Refeições.

Os resultados da análise realizada pelo *WinMax* podem ser expressos quantitativamente em termos de números de segmentos codificados e de número total de linhas por categoria, como mostra o quadro a seguir:

Quadro 3 Resultados da análise realizada pelo *WinMax*

Famílias	1		2		3		4	
Categorias	Seg-mentos	Linhas	Seg-mentos	Linhas	Seg-mentos	Linhas	Seg-mentos	Linhas
Trabalho	54	1.775	90	4.389	45	1.517	31	839
Consumo MC e Assistência da telenovela	114	4.314	194	5.451	108	2.733	85	1.719
Não-trabalho (lazer+descanso)	50	1.440	211	5.984	133	1.915	91	1.537
Educação	80	4.858	90	4.691	67	1.239	91	1.917
Política	15	684	54	2.972	18	590	15	261
Religião	28	639	124	6.190	39	565	30	958
Sexualidade	14	552	30	1.832	15	225	8	482
Dramaticidade	98	4.314	107	5.803	58	1.125	53	1.108
Refeições	16	261	58	1.395	51	545	30	528

Famílias	Total	
Categorias	Freqüências	Linhas
Consumo MC e assistência da telenovela	501	14.217
Trabalho	220	8.520
Sexualidade	67	2.991
Dramaticidade	316	12.350
Política	102	4.507
Religião	221	8.352
Refeições	155	2.729
Educação .	328	12.705
Não-trabalho (lazer+descanso)	485	10.876

A metodologia de trabalho com a telenovela

A ênfase na experimentação metodológica imprimida à presente pesquisa derivou do objetivo de buscar uma metodologia suficientemente complexa para integrar um estudo *compreensivc* da recepção, com base na perspectiva teórica das mediações.

1) Gravação completa da telenovela

A Indomada, telenovela do horário nobre da Rede Globo, que esteve no ar entre 17 de fevereiro e 10 de outubro de 1997, constituiu o material principal do *corpus* da pesquisa. Foi realizada a gravação completa de seus 203 capítulos. Essa gravação serviu a vários propósitos: para os pesquisadores assistirem a capítulos perdidos, uma vez que as seqüências eram objeto de referência constante nas visitas às famílias e os pesquisadores não podiam mostrar desconhecimento; como acervo, para a consulta sistemática de cenas e referências feitas durante as entrevistas; e, principalmente, para possibilitar a feitura de um vídeo composto das seqüências escolhidas pelas famílias como as mais marcantes, o que constituiu a telenovela reeditada.

2) *Telenovela reeditada* (TVN-R)

Após o término da telenovela, os membros das famílias foram solicitados a apontar as seqüências mais marcantes e de que mais lembravam. O resultado foi a constituição de quatro *telenovelas*, cada uma *produzida* por uma família e que serviu como material básico dos grupos de discussão. Cada uma das TVN-R apresenta número variado de seqüências, e suas interpretações, conteúdos narrativos e composição técnica serão objeto de análise mais adiante.

A metodologia de análise das mediações

Anteriormente explicamos as razões que nos levaram a escolher, entre as *múltiplas mediações* que atuam no processo de recepção da telenovela, as seguintes: cotidiano familiar, subjetividade, gênero ficcional e videotécnica. Aqui, faremos uma breve exposição destinada a delimitar teórica e metodologicamente cada uma delas.

A mediação cotidiano familiar na recepção

O cotidiano familiar é, sem dúvida, a primeira mediação a atuar no processo de recepção da telenovela e foi delimitada teoricamente através de proposições que conectam a família ao consumo de meios.

O desenvolvimento teórico da noção de cotidiano está ligado à rediscussão mais geral dos meios de comunicação de massa, como vistos tradicionalmente, ou de uma perspectiva "integrada", atualizada através do "*media*centrismo" e do "paradigma informacional", ou de uma perspectiva "apocalíptica", que se mantém atualizada através do modelo "ideológico-discursivo". Nessa rediscussão, privilegiamos as propostas que estão nos atuais estudos de recepção, que entendemos como um dos esforços teóricos mais férteis no sentido de estabelecer nuanças na análise da comunicação contemporânea. Tentamos, assim, perceber os diferentes graus de dependência ou de interdependência entre os sistemas audiovisuais, além dos mecanismos de sedução e cum-

71

plicidade que unem produtores e receptores. Buscamos encontrar as mediações, e não um sistema impositivo, de mão única, em que só existe lugar para uma seqüência de determinações.

O cotidiano familiar é uma dimensão explorada analiticamente para mostrar como as práticas cotidianas relacionam-se à recepção da telenovela, conferindo-lhe novos sentidos ou influindo na maneira que estes mesmos sentidos são *lidos*, isto é, entendidos e apreendidos. Os diferentes *modos de ler* estão muito ligados às tradições, preocupações e expectativas da vida prática, que tentamos apreender através da cultura da família, nas suas expressões materiais e simbólicas e que traduzimos, seja em condições socioeconômicas e de habitação, seja em trajetórias e marcas da história da família.

Em termos de referências teóricas, interessa-nos particularmente a convergência das tradições estruturalista, culturalista e praxiológica na noção de cotidiano, respectivamente: pelos aportes de Bourdieu (1983; 1991) sobre a teoria da prática através do conceito de *habitus*; pelos "estudos culturais" sobre os usos domésticos dos meios através da chamada etnografia de audiência (Morley, 1996; Silverstone, 1996); pela tradição aberta por Certeau (1994) sobre as lógicas dos usos e do consumo nas práticas cotidianas; e, de particular interesse, pelos trabalhos sobre reflexividade dos sujeitos na ação, traduzidos nos estudos de Giddens (1987) sobre a estruturação. Há que enfatizar que a remessa à vida cotidiana familiar nos permite verificar que as utilizações da cultura transbordam os sentidos e extrapolam a lógica da produção industrial da cultura. O estudo de caso de quatro famílias e de uma telenovela pretende mostrar como, através das mediações entre produção e recepção, as fronteiras entre esses pólos não são rígidas, antes se interpenetram, na produção social do sentido.

O objetivo metodológico foi o de reconstruir empiricamente a inserção da telenovela no cotidiano de quatro famílias de condições sociais diferentes. Isso foi feito em três planos. Primeiro, através da observação etnográfica e do questionário de consumo identificamos, por assim dizer, as características da *vida material*, incluindo aí não apenas objetos (capital familiar), mas também a forma de sua distribuição dentro da casa. Mereceram atenção especial os *lugares* e *usos* dos *meios de comunicação*, principalmente a televisão e rotinas de assistência. O segundo plano foi o da dinâmica familiar, recuperada através da observação participante e também das histórias de vida. Deste modo, a visão temporal da vida da família, que nos deu acesso ao que chamamos de "marcas da família", foi complementada através de uma visão sistêmica das relações familiares atuais: papéis, hierarquia, autoridade. Também dentro deste plano, a dinâmica familiar foi vista em suas relações externas, com outros grupos de referência ou instituições de que seus membros participam. Como nossa opção foi trabalhar o cotidiano dentro da família, os outros e "muitos cotidianos" (Souza Santos, 1989) foram relatados ou vividos na domesticidade. É o caso, como se verá, da análise que faremos das *categorias* trabalho, educação, religião e política no cotidiano familiar, especialmente em suas conexões com a telenovela.

Finalmente, o terceiro plano diz respeito à relação da família com a telenovela, à qual nos acercamos através de vários ângulos: dos relatos individuais e grupais em entrevista e grupos de discussão, passando pela observação e pela assistência conjunta aos capítulos no ar e aos capítulos reeditados, formando uma gama de procedimentos que inclui a verbalização espontânea e induzida sobre a telenovela, a subjetividade aí captada, a observação da assistência no seu cenário natural etc. De acordo com nossa noção de "palimpsesto da recepção", o contexto imediato da assistência da telenovela é o do tempo livre, ou do não-trabalho, em que se situa o consumo de meios de comunicação, principalmente a televisão. Lembramos que já fizemos reflexões de natureza epistemológica sobre o trabalho de campo e as diferentes situações de interação que se formaram em cada família, e sobre o caráter multimetodológico do protocolo de investigação pensado para saturar o sentido da recepção da telenovela.

O conjunto do material recolhido no âmbito da recepção (as quatro famílias) foi transcrito e processado através do programa computacional *WinMax*. Os relatórios codificados emitidos por este programa foram submetidos a uma análise categorial que nos permitiu, através de um movimento indutivo, construir um conjunto de categorias abrangentes que funcionam, enfim, como indicadores empíricos da mediação cotidiano familiar. São eles: 1) trabalho; 2) lazer; 3) consumo de meios; e 4) assistência de telenovela. Em outros termos, a organização teórico-metodológica desta mediação foi necessária para conseguirmos operacionalizar a mediação cotidiano familiar em indicadores observáveis numa pesquisa empírica de recepção. Este foi o percurso realizado[9].

A mediação subjetividade na recepção

A partir da teoria das mediações, extraímos as categorias que se articulam com o processo subjetivo desencadeado na recepção, ou seja, aquelas que nos parecem próximas de um referencial psicológico como as de sujeito e seu oposto, o objeto, na perspectiva de Galindo (1988). Este procedimento serviu de abertura para a abordagem da relação entre receptor e produtos culturais de modo análogo às relações objetais de Winnicott (1975; 1990).

O conceito de subjetividade e as noções de *self*, inconsciente, imaginário, emoção, sentimento e pensamento também foram incorporados a essa trama teórica, com o apoio de Freud e Lacan, que sustentam as noções básicas das categorias psicanalíticas. Buscamos soluções epistemológicas em Morin (1989; 1996), Foucault (1977; 1982) e Certeau (1996), nesta ordem. García Canclini (1991), González (1991a) e Galindo (1988) são os autores que respaldam a entrada da psicologia nos estudos da recepção.

A via de abordagem da mediação da subjetividade é o comportamento do receptor, que se revela nas entrevistas, nas suas experiências e ações, no seu modo de perceber o mundo e os objetos. De seu repertório extraímos indicadores de análise e interpretação, sentimentos, emoções e manifestação de desejos que não aparecem de forma explícita e são encontrados nas entrelinhas, nas reticências, nos lapsos de memória e nas interrupções verbais.

A leitura deste conteúdo teve como foco principal o processo comunicacional da família, em suas duas vertentes: a primeira se refere à dinâmica das relações que o grupo estabelece entre si e com o seu entorno. Sua principal característica é o mapeamento dos arranjos internos da família, em função de crenças e valores que norteiam as práticas e a construção de identidade individual e familiar. Ela se constitui na abertura e na restrição para o que é exterior ao grupo familiar, orientada pelo padrão hierárquico em funcionamento. Este determina a lógica da estrutura e organização da família, desde a distribuição de tarefas e papéis no dia-a-dia, até o modo como os membros formam vínculos e alianças entre si, e lidam com a informação e com os segredos familiares.

A segunda vertente trata da relação da família com os produtos culturais, especificamente a televisão e seu principal produto, a telenovela. O núcleo da análise é o modo como a vida das pessoas perpassa e é perpassada pela telenovela e demais produções televisuais. O tema se desdobra desenhando hábitos de rotina e de lazer da família, antes e depois de ter incorporado a telenovela ao seu cotidiano; a relação que a família estabelece com o aparelho de televisão. Vários aspectos são alvo de atenção: a hierarquia de valores dos objetos que determina a distribuição do espaço doméstico, o consumo do tempo, a localização do aparelho na casa e a dimensão do tempo em que as pessoas permanecem diante do aparelho ligado, a renegociação das relações familiares com base nas parcerias para ver a programação etc.

A pauta de aspectos subjetivos implicados na relação da família com telenovela abrange: gratificações obtidas no seu acompanhamento da telenovela; auto-reconhecimento ou luta para se fazer reconhecer; a percepção crítica que têm dos espaços de realidade e de ficcionalidade; reprodução dos discursos internalizados através de sua hierarquia de valores; o envolvimento que se permitem com a trama; distanciamento ou proximidade da realidade; a avaliação de conteúdo no que diz respeito a aplicabilidade à realidade mais próxima do entrevistado; e representações identitárias do mundo do trabalho, da religião e do convívio comunitário.

A mediação gênero ficcional na recepção

O campo teórico da mediação de gênero ficcional pode ser firmado através do seguinte roteiro de questões teóricas:

1) O diálogo entre os campos literário e audiovisual sobre a noção de gênero ficcional. Destacamos aqui a noção de *territórios de ficcionalidade* cobrindo imagens, oralidades e escrituras (Calvino, 1993); a noção de horizontes de

espera para os receptores e modelos de escrita para autores (Todorov, 1975; 1981); a associação e simultaneidade entre modos de ficção (Frye, 1973); a noção de gêneros híbridos (Campos, 1977).

2) Os gêneros como mediação, estratégias de comunicabilidade e matriz cultural (Martín-Barbero, 1987).

3) Os gêneros como constitutivos do imaginário contemporâneo e da mitologia moderna e como modelos de cultura (Morin, 1969) e mitos no audiovisual contemporâneo (Gubern, 1994).

4) O gênero como um conjunto de signos presentes no inconsciente e de identificação com o público receptor (Schatz, 1981).

5) O gênero como propriedades textuais e intertextuais e como sistema de relações entre conteúdos, formas e papéis (Wolf, 1984).

6) O gênero como sistema de relações entre produção, texto e sujeitos (Neale, 1980).

7) A noção de tradição seletiva, residual (Williams, 1975).

8) As noções de lógica do produto e lógica dos usos (Certeau, 1994).

Dialogando com essas referências teóricas, a metodologia organizou-se partindo do princípio de que detectar os territórios de ficcionalidade na telenovela *A Indomada* supõe concebê-los, teoricamente, na fronteira das relações que se estabelecem entre os mecanismos de produção, os produtores culturais – autores, diretores, atores, cenógrafos, músicos, iluminadores, estilistas e muitos outros – envolvidos no processo de produção e os receptores. É assumir, efetivamente, o gênero ficcional como mediação (Martín-Barbero, 1987): como matriz cultural e estratégia de comunicabilidade ele é, ao mesmo tempo, parte constitutiva do meio – a televisão – e elemento essencial de expressão do cotidiano vivido pelos receptores. Além disso, a concepção de gêneros ficcionais como modelos dinâmicos, capazes de assimilar as variações que historicamente se impõem, tornou-se fundamental para o entendimento das telenovelas brasileiras e, em especial, para a compreensão de *A Indomada*. Nela, variados gêneros se interpenetram, possibilitando a existência de deslocamentos na textualidade do gênero (Mazziotti, 1994); ou, em outras palavras, o que se procura não são mais características puras deste ou daquele território de ficcionalidade, no interior do modelo. O princípio é o de trabalhar com a perspectiva da configuração de hibridismos genéricos (Campos, 1977), contraponto e confluência para uma concepção de cultura como "culturas híbridas" (García Canclini, 1990). Assim, o conceito de gênero é entendido como mediação, matriz cultural, estratégia de comunicabilidade, e a cultura é concebida como dimensão híbrida.

A organização metodológica para a mediação gênero ficcional assumiu, como objetivo prioritário, a articulação permanente entre duas narrativas:

1) A da telenovela, contida na gravação completa de todos os seus 203 capítulos, e que foi constantemente consultada como acervo de imagens, bem como na telenovela remontada (TVN-R), a partir da leitura das principais cenas selecionadas por cada uma das quatro famílias pesquisadas. Também foram utilizados como fonte de consulta a *sinopse* da telenovela *A Indomada* produzida pela Rede Globo e o *clipping* formado por matérias sobre esta telenovela, arquivadas no decorrer deste trabalho. Todo este material permitiu a construção de *quadros de territórios de ficcionalidade*[10] que apresentam graficamente a localização espacial dos personagens e seus entrecruzamentos ou relações de parentesco no interior da narrativa da telenovela.

2) A dos receptores, recolhida no campo, durante o período de realização da pesquisa. Vale a pena ressaltar que, apesar de esta mediação contar com um instrumento especialmente construído para dar conta das particularidades da análise de gênero ficcional – entrevistas individuais de gêneros ficcionais (EG) –, também os outros foram utilizados como fontes de informação, constituindo-se num rico referencial para a análise dos dados; ressaltam-se, nesse sentido, os resultados dos grupos de discussão (GD)

a partir da telenovela reeditada (TVN-R), e as informações resultantes da história de vida (HV), história de vida cultural (HC) e do questionário de consumo (QC).

A mediação videotécnica na recepção

A mediação videotécnica foi construída teoricamente a partir de duas dimensões: a primeira busca identificar a telenovela como produto de entretenimento realizado por determinada "matriz industrial" (Mattelart, 1989). Nesse sentido, buscamos identificar como as condições de produção e os fatores organizacionais estão articulados à realização do produto e à construção do formato telenovela.

Ainda dentro desta primeira dimensão buscamos identificar, sob o ponto de vista dos produtores da Rede Globo, o papel da telenovela na construção de uma viabilidade econômica para a empresa, a sua importância no faturamento e o seu papel na definição de um posicionamento no mercado. Por outro lado, foi nossa preocupação identificar como estes fatores interferem na realização e construção do produto, ou seja, como os fatores de organização e as condições de produção estão articulados à fabricação do produto, desde sua concepção até sua veiculação. Em outras palavras, buscamos indagar em que medida esses fatores econômicos e organizacionais liberam ou constrangem a atividade de criação e produção da telenovela.

A segunda dimensão dentro desta mediação tem por objetivo identificar *modelos de análise do texto audiovisual* e verificar como as técnicas presentes na construção do produto estabelecem pontes entre a produção da telenovela e o repertório dos receptores. O que buscamos revelar é que há uma *sintaxe* que viabiliza um *contrato de recepção* entre produtor e consumidor. A especificidade em se estudar o texto a partir das características técnicas televisuais busca destacar como a construção dos gêneros narrativos está articulada à concepção de determinado formato. Formato, ou "forma cultural" (Williams, 1975), diz respeito às especificidades do produto como estrutura formal que se diferencia no todo da programação.

Sob o ponto de vista desta mediação, a telenovela é um produto, um programa, um formato. Sendo assim, com a mediação videotécnica estamos preocupados em identificar a forma cultural e os recursos de linguagem utilizados na construção dos gêneros presentes em sua narrativa. Conforme dissemos, o estudo da mediação videotécnica parte de duas dimensões que, articuladas uma à outra, dão origem a determinadas operações sintáticas nas quais ocorrem as negociações na construção do sentido. Apontamos, a seguir, essas operações:

1) *Produção de televisão: estrutura e organização.* O objetivo é identificar os fatores organizacionais que definem as condições de produção da telenovela: a) o papel que a telenovela desempenha no panorama mercadológico da produção audiovisual; b) os recursos técnicos utilizados na fabricação do produto; c) o ritmo e as rotinas de trabalho.

2) *Sintaxe do produto televisual/telenovela.* A partir deste enfoque buscamos identificar as operações e manobras técnicas disponibilizadas pela indústria e utilizadas pelos produtores na construção das representações. Esta análise utiliza as seguintes categorias: a) no plano da imagem: cenários, figurino, efeitos especiais (mecânicos e visuais), interpretação/atores, uso da câmera; b) no plano de texto verbal: bilingüismo e regionalismo; c) no plano da sonoridade: música, apelo emotivo e identificação dos personagens, efeitos sonoros/ruídos e onomatopéias.

3) *Operações de sentido.* Nesta etapa verificamos, através da fala dos produtores e receptores, a articulação das duas dimensões anteriores, e como estas definem a construção das seguintes operações de sentido: a) naturalização e realismo; b) metáforas, metonímias e hipérboles; c) tempo da ação (diegese); d) apelo emotivo; e) verossimilhança e falsidade.

O modelo metodológico usado para a mediação videotécnica nos possibilitou construir um *corpus* que foi posteriormente estudado a partir do uso de diferentes técnicas. Além da gravação da telenovela e da telenovela reeditada, do uso de um *clipping* das matérias de jornais e revistas, dos grupos de discussão, das entrevistas com os produtores e das entrevistas específicas da mediação videotécnica – técnicas utilizadas por todas as mediações –, realizamos especificamente para esta mediação videotécnica os seguintes procedimentos:

1) Tabelas de decupagem: a telenovela reeditada (TVN-R) passou por um processo de desconstrução viabilizado com as tabelas de decupagem. O objetivo foi identificar o produto a partir do uso dos cenários, interpretação e desenvolvimento da ação dramática. Também foram identificados, nos níveis paradigmáticos e sintagmáticos, a articulação dos planos que constituem o domínio das imagens, o texto verbal, os efeitos especiais/computação gráfica, os efeitos sonoros e a trilha musical. Este instrumento foi o que mais nos aproximou de uma análise sintática da obra.

2) Análise do fluxo do capítulo: o objetivo do uso desta técnica foi o de verificar como, ao longo dos meses de exibição da telenovela, o esmero técnico dos capítulos iniciais vai cedendo espaço para o uso de técnicas mais modestas e econômicas, e como a realização técnica da obra ganha um ritmo diferenciado em função do período de veiculação do produto. Selecionamos então o primeiro capítulo da novela (17 de fevereiro de 1997) e o comparamos ao capítulo central (nº 107, veiculado em 17 de junho de 1997) e ao último capítulo (nº 203, que foi ao ar em 10 de outubro de 1997). Para analisar o encadeamento das ações utilizamos o "modelo de fluxo de programação", proposto por Williams (1975), e o aplicamos à análise dos capítulos.

3) Análise das quatro seqüências mais citadas na telenovela reeditada: foi feita uma análise quantitativa de todas as seqüências mencionadas pelas diferentes famílias. Chegamos às seqüências mais mencionadas, que são em número de quatro: 1) Scarlet e Carolaine conversam sobre sexualidade entre os jovens; 2) Ypiranga e Scarlet superam as grades da

cela na cadeia; 3) a revelação da identidade do Cadeirudo; 4) a morte de Altiva. Analisamos o encadeamento dos planos na composição das seqüências, explicitando como a mediação videotécnica se processa. Para tanto, digitalizamos as cenas quadro a quadro a fim de ilustrar com imagens o que acontece ao longo da seqüência.

1. Ver este conceito nos diferentes trabalhos de Williams.

2. Orozco parte da necessidade de tornar a conceituação de Martín-Barbero mais concreta e, para isso, vem trabalhando numa tipologia de mediações que se encontra em construção e que, como toda proposta, exige aperfeiçoamento na definição e na delimitação de cada uma das mediações envolvidas. É certo que isso só se consegue através de sua utilização crítica em pesquisas empíricas. Na sua mais atual reelaboração, o autor propõe o seguinte conjunto de mediações: 1) individuais: "são as que provêm de nossa individualidade como sujeitos cognoscentes e comunicativos (...) são esquemas mentais mediante os quais as pessoas percebem, prestam atenção, assimilam, processam, avaliam, memorizam ou, inclusive, se expressam"; 2) institucionais: a produção de significados também resulta da participação do indivíduo nas diversas instituições: família, escola, empresa, grupos de amigos, vizinhança etc.; 3) massmediáticas (no caso da TV é chamada de videotécnica): distintas tecnologias, linguagens e gêneros de cada meio; 4) situacionais: dizem respeito à situação, espaços e modos da recepção; 5) de referência: "características que se situam em um contexto ou ambiente determinado: a idade, o gênero, a etnia, a raça ou a classe social (...) e dessa forma de estar interage com os meios de comunicação" (Orozco, 1997). Na presente tipologia, Orozco distribui o conteúdo da antiga mediação individual em duas – individual e de referência. Como ferramenta metodológica, essa tipologia nos foi muito útil, tendo servido como ponto de partida para a construção metodológica específica da presente pesquisa.

3. Em comentário metodológico à sua análise ideológica da imprensa que se tornou clássica, Verón resumidamente diz que há dois momentos na investigação em que a intervenção do que chama de "informação externa" ao material de investigação é fundamental,

sendo que o primeiro é o momento de fixação dos critérios de seleção do *corpus*. Diz ele: "Esses critérios são externos ao método e dependem da teoria sociológica do investigador: se este maneja um modelo de classes, provavelmente considerará significativo selecionar os subconjuntos de seu *corpus* tomando em conta relações entre variáveis de classe social e alguns dos processos de comunicação (emissão, transmissão ou recepção)" (Verón, 1971:188).

4. Com este termo queremos fazer uma analogia com o palimpsesto televisivo, isto é, a grade de programação pela qual se expressa a *oferta* variada de programas e de formatos (incluídos os intervalos comerciais). Consideramos sugestivo usar a idéia de "palimpsesto do receptor" para indicar as *escolhas* feitas dentro das grades oferecidas pelas emissoras. Esta idéia está hoje revigorada diante da superoferta segmentada trazida pelas novas tecnologias de comunicação audiovisual: a internet, o cabo, o sistema *pay-per-view* etc. Apesar das sugestivas pistas de análise trazidas por esta concepção de consumo como "palimpsesto do receptor", lamentavelmente ainda não existem pesquisas a respeito. Martín-Barbero é dos poucos que tem chamado a atenção para a idéia de palimpsesto (1998).

5. Agradecemos a sugestão da história de vida cultural que nos foi dada por Jesús Martín-Barbero num colóquio em que discutiu conosco este projeto. Tal como ele bem descobrira, numa de suas experiências de pesquisa, esta técnica acabou sendo das mais bem-sucedidas no nosso trabalho de campo. Fica aqui registrada a importância estratégica da história de vida cultural para os estudos de recepção e estimulado o seu uso.

6. O uso deste programa de computação foi bastante experimental, ou seja, dado o fato de se constituir num procedimento novo, não tivemos condições de utilizá-lo em todos os seus recursos.

7. Em artigo publicado na revista BIB, Mangabeira faz uma apreciação do uso de um programa para análise qualitativa dos dados, o *Ethnograph*, com base na utilização do mesmo em sua pesquisa de doutorado.

8. Entretanto, reconhecemos que a quantificação foi um aspecto que acabou por não ser devidamente explorado no programa, dado que optamos por enfatizar a já referida estratégia de *saturação de sentidos*.

9. Os indicadores empíricos ou categorias desta mediação serão descritos na parte II.

10. Ver esses quadros na mediação gênero ficcional.

PARTE II

VIVENDO COM A TELENOVELA

Inicialmente, queremos advertir que nossa análise não foi de modo algum exaustiva. O que fizemos foi um primeiro acercamento aos dados empíricos. Acabamos por selecionar alguns parâmetros de análise congruentes com nossas premissas teóricas, o que significou deixar de lado muitas incitações feitas pela riqueza do material recolhido. Em segundo lugar, sempre que possível, tentamos interpretar os dados, porém sem a pretensão de fazermos elaborações teóricas de grande alcance. Lembramos que nossos objetivos foram menos realizar testes de hipóteses sobre a teoria das mediações do que mostrar as formas como operam empiricamente as mediações no processo de recepção.

3

O universo da pesquisa

A tele-realidade das famílias

A seguir damos uma visão de conjunto das quatro famílias pesquisadas através do *quadro 4*, contendo o que são as principais fontes (variáveis) da mediação individual em cada família (posição familiar, sexo, idade, escolaridade, etnia, religião e renda). Também divulgamos aqui as fotos autorizadas pelas famílias.

Quadro 4 As mediações individuais nas famílias

Famílias	Idade	Local de Nascimento	Escolaridade	Etnia	Religião	Renda	Renda Familiar
FAMÍLIA 1							
Lurdinha (mãe)	45	Goiânia (GO)	1º Grau incompleto	Branca	Católica	R$130,00	
Fernanda (filha)	11	São Paulo (SP)	4ª Série – 1º Grau	Branca	Católica		
Sheila (filha adotiva)	10	São Paulo (SP)	3ª Série – 1º Grau	Negra	Católica		R$130,00

Quadro 4 As mediações individuais nas famílias (continuação)

Famílias	Idade	Local de Nascimento	Escolaridade	Etnia	Religião	Renda	Renda Familiar
FAMÍLIA 2							
Xarlote (mãe)	51	Avaré (SP)	1º Grau incompleto	Negra	Católica	R$120,00	
João (pai)	58	Juazeiro (BA)	1º Grau incompleto	Negra	Católica	R$952,00	
Juliana (filha)	20	São Paulo (SP)	2º Grau completo	Negra	Católica	R$300,00	
Joana (filha)	16	São Paulo (SP)	2º Colegial	Negra	Católica		
João Paulo (filho)	12	São Paulo (SP)	6ª Série – 1º Grau	Negra	Católica		R$1.372,00
FAMÍLIA 3							
Cristiane (mãe)	32	São Paulo (SP)	2º Grau completo	Branca	Espírita	R$ 800,00	
Dantas (pai)	45	Fortaleza (CE)	Superior incompleto	Branca	Espírita	R$3.200,00	
Tatiane (filha)	14	São Paulo (SP)	7ª Série – 1º Grau	Branca	Espírita		
Maurício (filho)	12	São Paulo (SP)	4ª Série – 1º Grau	Branca	Espírita		R$4.000,00

Quadro 4 As mediações individuais nas famílias (*continuação*)

Famílias	Idade	Local de Nascimento	Escolaridade	Etnia	Religião	Renda	Renda Familiar
FAMÍLIA 4							
Maria Cristina	49	Campinas (SP)	Superior incompleto	Branca	Católica	R$1.500,00	
Paula (adotiva)	18	Porto Alegre (RS)	3º Colegial e cursinho	Branca	Católica		
Beatriz (adotiva)	18	Porto Alegre (RS)	3º Colegial e cursinho	Branca	Católica		
Flávio (adotivo)	20	Porto Alegre (RS)	Superior – cursando	Branca	Católica		
Paulo (pai)	52	São Paulo (SP)	Superior completo	Branca	Católica	R$6.000,00	R$7.500,00

A descrição do universo das famílias pesquisadas obedecerá a este roteiro:

I)   Composição da família.
II) Descrição do domicílio e padrão do consumo familiar.
III) Condições socioeconômicas.
IV) Trajetória e marcas da família.

FAMÍLIA 1: CASA EM FAVELA DE SÃO PAULO

I) Composição da família

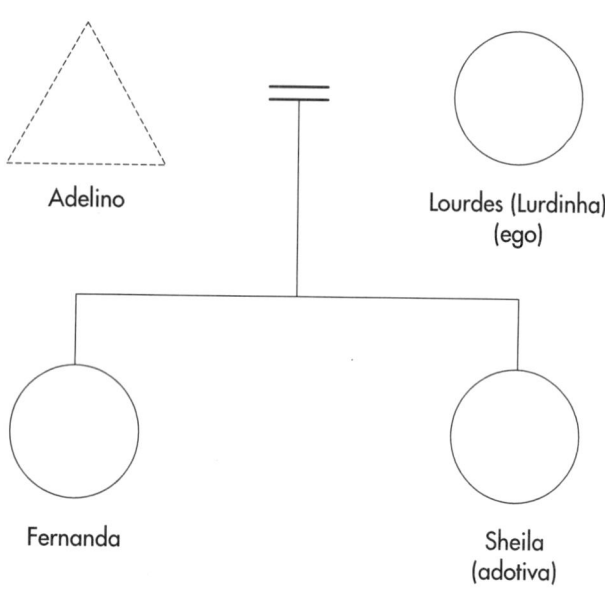

Legenda:

= aliança

| filiação

— consangüinidade

○ mulheres

△ homens

△ ausentes

Na casa residem Lurdinha, 45 anos, e suas duas filhas, Fernanda, de 11 anos, e Sheila, de 10, adotiva. Lurdinha mora há pelo menos vinte anos no bairro, e as meninas nasceram e sempre moraram na região. Estão lá há quatro anos. Lurdinha e Fernanda são brancas e Sheila é negra.

Sheila chegou à família quando tinha 6 anos de idade, após a morte precoce de sua mãe, que era amiga de Lurdinha e também morava na favela.

A família declara-se católica e freqüenta regularmente a missa no fim de semana. Sheila e Fernanda participam, ainda, da catequese. Lurdinha toma parte de algumas atividades da igreja, mas não das que ocorrem no meio da semana, no horário noturno, em função do seu hábito de assistir às telenovelas.

II) Descrição da moradia e padrão do consumo familiar

A casa de Lurdinha fica numa favela na periferia da Zona Oeste de São Paulo (SP), numa rua larga e sem asfalto. É construída em alvenaria e mede cerca de 28m², distribuídos em três cômodos: uma área que divide a sala e a cozinha, um quarto e um banheiro. Há, também, uma pequena área de serviço. A construção é bastante irregular, as paredes não possuem alinhamento e estão fora de esquadro, o que demonstra que foi feita de maneira bastante precária. A pintura está desgastada pelo tempo. O material utilizado na construção provém de sobras, como é o caso de vários retalhos de pisos emendados no chão. Algumas partes das paredes apresentam rachaduras ou buracos e, ainda, pontos de infiltração.

Os móveis são bastante simples, grande parte doados, estão desgastados pelo tempo ou mal consertados. Há poucos objetos de adorno. Tanto na sala como no quarto existem aparelhos de TV, um deles, em cores, é novo, destoando do precário padrão de consumo da família.

No quarto há um beliche e uma cama de solteiro e entre as camas fica um armário, onde a TV nova foi colocada. Nesse pequeno espaço ficam, ainda, dois guarda-roupas pequenos e uma cômoda cheia de esmaltes, vidrinhos de perfume e pequenos enfeites.

Na sala/cozinha há duas poltronas velhas, bastante rasgadas, uma pequena estante e um armário onde fica o velho aparelho de TV. Uma geladeira azul, bem antiga, um fogão com a porta do forno quebrada, um armário de cozinha e uma mesa de fórmica azul com quatro cadeiras. No banheiro fica uma máquina de lavar roupas e há um pequeno espaço para estendê-las (veja foto 1).

Há poucos aparelhos eletroeletrônicos: um aparelho de som "3 em 1", funcionando parcialmente, um rádio de pilha e dois televisores – um deles foi comprado a prazo, recentemente.

A sala/cozinha é o único espaço de sociabilidade ampliada, onde são recebidas as visitas, ficando o quarto como espaço privado da família e usado também para a assistência conjunta da televisão (veja foto 2).

III) Trabalho e escolaridade

Lurdinha trabalha duas vezes por semana, como diarista, e recebe um salário mínimo mensal. Suas condições de saúde a impedem de aumentar esta carga de trabalho. Complementa a renda revendendo cosméticos e produtos de limpeza na própria casa. A família recebe uma cesta básica da prefeitura e também, com certa freqüência, alimentos e roupas doados por vizinhos e pela igreja católica do bairro.

As meninas Sheila e Fernanda fazem grande parte das atividades domésticas. Nas últimas semanas da pesquisa, Fernanda começou a trabalhar como ambulante, vendendo iogurte, e Lurdinha estava pensando em trabalhar também, como lavadeira.

Lurdinha sabe ler e escrever, mas não possui nenhum certificado de escolaridade. Fernanda estuda na 4ª série do 1º grau e Sheila na 3ª série, ambas na mesma escola pública, próxima de casa.

IV) Trajetória e marcas da família

Lurdinha é natural de Goiânia (GO), onde passou sua infância. Pelo seu relato, foi adotada por um casal de idosos logo após ter sido abandonada pela mãe na curva de um rio. Os pais adotivos eram muito pobres e Lurdinha diz que era maltratada pela mãe de criação, que a espancava por qualquer motivo. Por isso, ela conseguiu, através de um pedido a um vereador de Goiânia, ir para um orfanato. No entanto, segundo ela, lá também foi submetida, pelas freiras, a muitos castigos. Retornou para a casa dos pais adotivos e, por volta dos 10 anos, a mãe verdadeira reapareceu e Lurdinha teve que decidir com quem ficar. Desejosa de melhorar de vida, escolheu a mãe verdadeira, mas as coisas, conforme relata, foram *de mal a pior* (Lurdinha, família 1, HV). A mãe, além de prostituir-se, bebia muito e obrigava Lurdinha a beber também, originando daí seu problema com o alcoolismo que a acompanharia até a idade adulta. Ela tinha duas irmãs, mais velhas, que como ela não sabiam quem era o pai. Seu pai teria sido um negro, mas Lurdinha lamenta nunca ter perguntado à mãe nada sobre ele.

De acordo com seu relato, aos 11 anos saiu da casa, após ser violentada por um dos amantes da mãe, com a anuência dela. Deu à luz um menino, que foi doado a uma família. Foi então para um orfanato, de onde saiu para trabalhar como empregada doméstica, em Goiânia (GO). Perdeu totalmente o contato com a mãe, com o filho doado e com os pais de criação; em outros termos, perdeu todos os laços com sua origem. Diz ter saudades de todas essas pessoas, gostaria de saber de seu filho e, paradoxalmente, não deseja rever a mãe e as irmãs.

Com base em seus depoimentos, uma marca fundamental de sua vida foi o intenso deslocamento geográfico e a instabilidade ocupacional. Foi empregada doméstica em Belo Horizonte (MG); mudou-se para Joinville (SC), onde trabalhou cerca de quatro anos numa creche pública; deslocou-se para o Rio Grande do Sul, onde, em poucos meses, morou em Passo Fundo e Pelotas. Aí trabalhou em várias fábricas e seu nível de vida foi superior ao de antes. Reconhece esta fase como *feliz e próspera* (Lurdinha, família 1, HV), freqüentava clubes, salões de baile e restaurantes, e o salário que recebia permitiu mudar significativamente seus hábitos de consumo. Teve curtas passagens por Londrina e Curitiba (PR), quando trabalhou como doméstica e babá. Decidiu mudar para São Paulo (SP) para obter mais possibilidades de trabalho. Tinha, então, 20 anos. Em São Paulo, trabalhou como doméstica, operária em diversas fábricas, lanterninha em cinemas e anotadora de jogo do bicho. No início dos anos 1980, quando trabalhava numa fábrica, conheceu o taxista Adelino, quinze anos mais velho do que ela, com quem passou a viver no bairro do Rio Pequeno, Zona Oeste da cidade, numa casa que montaram em conjunto. Nas suas lembranças esta foi outra época de grande estabilidade financeira e afetiva. Tempo em que namorava o pai de sua filha e contava, portanto, com ajuda extra para sua sobrevivência (veja foto 3).

Após o nascimento de Fernanda, Lurdinha teve um câncer ginecológico e retirou útero, ovários e trompas. Esse foi o motivo, segundo ela, que levou Adelino a abandoná-la, por não querer viver com uma mulher incapaz de gerar filhos. Depois de quatro anos de convivência Lurdinha foi obrigada a mudar-se para um barraco com a filha. Passaram, então, muitas dificuldades e receberam ajuda de várias pessoas do bairro, principalmente da madrinha de Fernanda. Foi a partir daí, conforme relata, que se tornou alcoólatra. Por essa razão adoeceu, e Fernanda teve que viver com outras pessoas.

Lembra que várias pessoas tentaram ajudá-la a deixar o vício, e que o superou com o auxílio de uma freira que a ensinou a fazer tricô. Diz que hoje bebe apenas socialmente, e que sua vida mudou para melhor, pois conseguiu de novo trabalhar e fazer novas amizades. Abandonou as antigas amigas, que também eram alcoólatras, e mudou-se para a casa onde mora atualmente. Acredita que deixou o vício através da força de vontade, por perceber que estava perdendo a moral e o respeito, e pela vergonha e sofrimento que causava à filha. Quando parou de beber, adotou Sheila, filha de uma amiga que faleceu.

Lurdinha afirma que não faz nenhuma distinção entre Sheila e Fernanda, pelo fato de esta ser negra, e a trata igualmente como filha. Ela conta que nessa época passou a aproximar-se da religião católica. Até então sentia aversão por ela, em função dos maus-tratos recebidos no orfanato de freiras. Atualmente faz parte de um conjunto que canta e toca na igreja e participa com prazer de encontros religiosos que acontecem no interior do Estado, o que lhe dá oportunidade de *fazer excursão* (Lurdinha, família 1, HV). Salienta, entretanto, que não participa das atividades noturnas da igreja, porque coincidem com o horário das telenovelas, a que prefere assistir.

Lurdinha afirma que sente o preconceito das pessoas por morar numa favela, razão pela qual costuma esconder esse fato. Ela acha que a favela é violenta, por isso, não freqüenta as festas que lá ocorrem. Sabe da existência do tráfico de drogas que funciona com a presença de um *chefe*, que não permite roubos no lugar. Entretanto, uma vez apelou a ele quando sua televisão foi roubada e teve o caso resolvido. Ela declara que quer manter-se longe dessas pessoas, porém reconhece que esta é a única alternativa, dado que a polícia não resolve os problemas da favela.

O período em que viveu com Adelino é lembrado no relato como uma época de grande estabilidade econômica e emocional, pois teve oportunidade de organizar a casa, cuidar da filha e diz ter conseguido *um pouco de juízo* (Lurdinha, família 1, HV). Lembra dos bons momentos, como os passeios que faziam juntos, mas por outro lado revela a existência de problemas que marcaram a relação: ambos bebiam e agrediam-se, mutuamente, por ciúmes.

Sente falta de uma figura masculina, de apoio financeiro, mas teme os problemas que podem surgir de um novo envolvimento. Tanto por se sentir sexualmente desvalorizada por causa da cirurgia, como pelo medo da presença de um homem estranho numa casa com duas adolescentes.

Analisando o percurso de Lurdinha, verificamos que é marcado por uma intensa instabilidade no trabalho, ao mesmo tempo que demonstra um caráter forte e corajoso diante das adversidades. Por outro lado, sua vida não se pautou por experiências políticas nem participação em sindicatos ou movimentos sociais, tampouco por atividades de bairro. A única exceção notável está em suas práticas religiosas, que passam a ter peso em virtude de problemas de saúde e de alcoolismo.

Fernanda é a filha mais velha de Lurdinha. Diz que suas lembranças remontam ao tempo em que sua mãe bebia, enfatizando o quanto sofreu, chegando até a passar fome. Nos períodos em que viveu na casa da madrinha foi maltratada por seus filhos, porque tinham que dividir com ela a pouca comida que tinham. Para Fernanda, sua mãe parou de beber quando estava com 7 anos e lhe pareceu fruto de uma decisão repentina. Ela praticamente não conheceu o pai, pois tinha cerca de 2 anos quando ele as abandonou. Afirma que sente falta da figura paterna, e gostaria que o pai voltasse para a família ou que pelo menos pagasse uma pensão. Ressalta que aos 8 anos, acompanhada da mãe, foi visitar o pai. Entretanto, a experiência foi frustrante e a marcou muito porque Adelino recusou-se a recebê-las. Lembra também que não gostou quando Sheila foi adotada, pois preferia *um bebezinho* (Fernanda, família 1, HV), mas hoje se relacionam bem: vêem televisão, conversam sobre o dia-a-dia e têm pequenas brigas sobre, por exemplo, qual delas tem mais medo de baratas e de ratos. Quando ocorreu um tiroteio próximo à escola em que as duas estudam, Fernanda diz ter ficado muito preocupada com a irmã.

Do mesmo modo que a mãe, ela sente o preconceito das pessoas quando é chamada de *favelada* por colegas da escola. Defende-se, argumentando levar uma vida honesta, trabalhar e não ficar na rua. Percebe a diferença entre ricos e pobres. Quanto ao futuro, Fernanda gostaria de deixar a favela, que considera muito violenta, e *morar numa casa de verdade* (Fernanda, família 1, HV). Apesar de tudo, ela se considera uma criança feliz e acredita que quando crescer tudo será melhor.

Sheila é a filha adotiva de Lurdinha. Conta que desconhece o pai e tem lembranças de sua família de origem: mãe e duas irmãs mais velhas que passavam muita dificuldade, inclusive fome. A mãe passava a maior parte do tempo embriagada, o que a fez adoecer. Após sua morte, as irmãs foram separadas, ficando cada uma com uma família diferente. Dessa época recorda-se de uma enchente que fez desabar o barraco, e que perderam tudo. Lurdinha confirma as lembranças de Sheila e afirma que sua mãe era uma mulher atormentada, que utilizava drogas em excesso, envolvia-se em atividades ilegais, como tráfico de drogas, prostituição e roubo, ao mesmo tempo que tinha sérios problemas de saúde.

Outro fato marcante citado por Sheila é ter sabido da morte da mãe por uma vizinha e não ter participado de seus últimos momentos. Tem pesadelos e outros sonhos com a mãe e tenta recompor sua imagem através de um desenho em que ela aparece como um anjo iluminado; em seguida, com raiva rabisca e rasga o desenho. Este sentimento reaparece relacionado à sua festa de aniversário, de 6 anos, que terminou com a presença da polícia, chamada a intervir numa briga entre convidados, embriagados, amigos de sua mãe. Sheila afirma que gostaria de voltar ao passado para fazer 6 anos de novo e poder dar uma festa de aniversário sem conflitos.

Com Lurdinha, a nova mãe, Sheila passou a estudar. Assim como Fernanda, associa o estudo à conquista de uma boa profissão. Em casa ajuda nos trabalhos domésticos; suas atividades preferidas são lavar a louça e limpar a casa. Começou a freqüentar a Igreja católica e seu lazer habitual consiste em assistir à televisão, jogar cartas e dançar com a mãe e a irmã. Costuma participar de excursões realizadas pela escola e viajar com a família. Diz que, com o tempo, passou a gostar de Lurdinha, chama-a de *mãe* e as duas têm hoje uma boa relação.

FAMÍLIA 2: CASA AUTOCONSTRUÍDA NA PERIFERIA DE SÃO PAULO

I) Composição da família

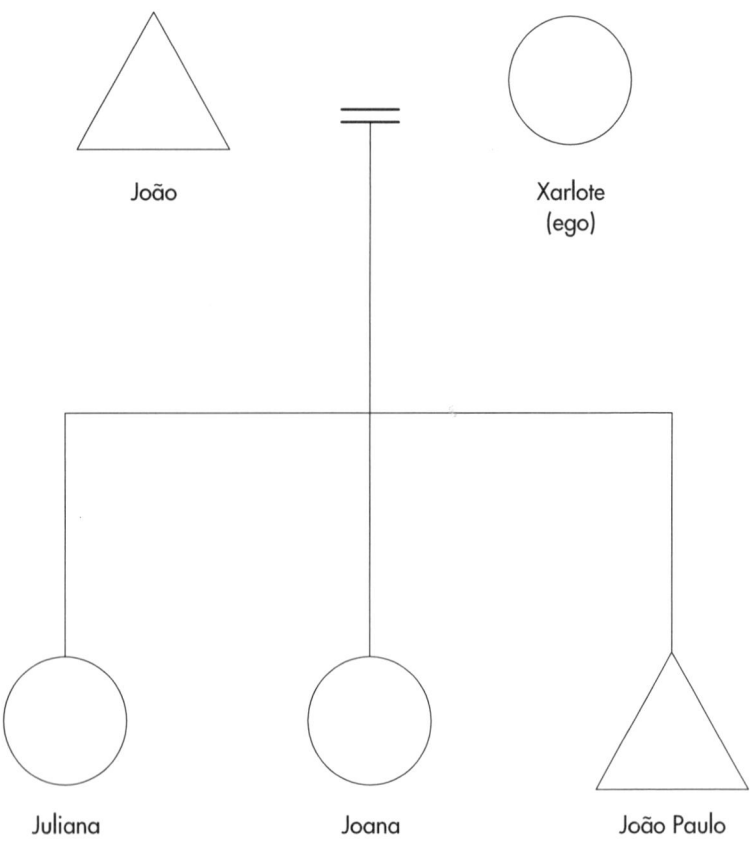

Esta é uma família negra, composta pelo casal Xarlote, 51 anos, João, 58 anos, e três filhos: Joana e Juliana, de 16 e 20 anos, respectivamente, e João Paulo, de 12 anos. João nasceu em Juazeiro (BA) e Xarlote em Avaré (interior de SP). O casal reside no bairro há mais de trinta anos e os filhos nasceram na casa em que moram (veja foto 4).

II) Descrição da moradia e padrão de consumo familiar

A família mora na periferia, Zona Oeste de São Paulo (SP). A casa é simples, com estrutura e acabamento realizados com uma base técnica mínima e material de construção de certa qualidade. Como é usual neste contexto, a casa vem sendo construída pelo sistema de mutirão, envolvendo, ao longo de vários anos, a família, parentes e amigos.

A casa está situada num terreno de aproximadamente 250 m², em declive acentuado. É recuada alguns metros da rua e situa-se abaixo desta, já que o terreno foi nivelado de forma a evitar que a edificação se fizesse em declive. Pintada em branco, a casa possui 80 m² de área construída em alvenaria, com esquadrias de alumínio (veja foto 5).

É subdividida internamente em cinco cômodos, de espaço modesto: sala, cozinha, dois dormitórios e banheiro. Numa de suas laterais liga-se ao muro que limita o terreno, de modo que na outra lateral tem-se uma área livre. Durante a pesquisa foi construída uma varanda em parte desta área. Além disso, a casa sofreu pequenas reformas.

O acesso é feito por uma escadaria de alvenaria. Debaixo da escada, como forma de aproveitamento do declive, foi construído um pequeno depósito, onde estão guardadas as taças conquistadas pelo time do bairro, o Flamengo local.

Na área lateral livre tem-se um pequeno quintal cimentado, seguido de uma varanda. A área do quintal, onde se encontra a casa dos cachorros, é utilizada para secar roupas, sendo também um espaço de circulação e de convivência social que se estende à varanda, construída para abrigar reuniões e festas familiares, e do time de futebol. Na varanda são exibidas as taças mais significativas do time, assim como algumas plantas; uma mesa grande e bancos de madeira completam este ambiente.

A cozinha, cômodo ao qual se tem acesso pela varanda, tem acabamento em cerâmica de cores diferentes para o chão, e as paredes são em tons de bege e marrom. Ao lado da pia encontra-se um fogão de quatro bocas, já antigo, na cor bege, e um pequeno tanque branco. Do outro lado encontramos armários de parede, em alumínio, de cor bege, um *freezer* vertical também bege e uma máquina de lavar roupas, também antiga. No fundo da cozinha observamos uma velha geladeira, vermelha. Em cima dos armários estão dispostas várias caixas com os eletrodomésticos que a família possui: batedeira, liquidificador e espremedor de frutas. Como podemos perceber por esta descrição, a decoração não segue um padrão de cores; os objetos têm diferentes idades, sinal de que foram comprados ao longo dos anos. Adesivos colorem os armários e falam do gosto popular. A cozinha funciona como espaço de preparação das refeições familiares e sobretudo de uma grande sociabilidade.

A sala, cômodo próximo à cozinha e ao quarto do casal, abriga dois jogos de sofás, um mais antigo, que foi reformado, e outro novo, de estilo simples, grená, dispostos em torno da estante com a TV. O segundo jogo de sofás foi comprado durante a pesquisa. A estante, peça central da sala, é de madeira simples, padrão mogno. Abriga vários objetos, entre eles os aparelhos eletroeletrônicos, de grande valor simbólico para a família: a TV, que fica na parte mais alta, o videocassete e o aparelho de som, mais abaixo. A TV tem sistema a cabo (Multicanal) (veja foto 6).

Há também nessa estante alguns CDs, livros, fitas cassete e louças. Encontram-se ainda distribuídos em cima da TV e na estante santos de gesso e bichos de porcelana, em cujos pescoços penduram-se medalhas conquistadas pelo time de futebol.

Numa lateral da sala há uma pequena prateleira, com um telefone que, por ser vermelho, se sobressai no conjunto do recinto. Na parede onde fica a estante encontra-se um quadro com a flâmula do Corinthians, time da família. Numa das paredes vêem-se também fotos de familiares, um crucifixo e um quadro de uma criança com um gato. Também aqui se observam móveis de estilo bastante simples, misturados a objetos que revelam uma estética popular. A sala é outro dos espaços de sociabilidade ampliada e lugar onde se dá a recepção da telenovela.

O quarto do casal abriga uma cama estilo tubular branca, uma cômoda de madeira simples, em cerejeira, e um guarda-roupa padrão mogno; também aqui as peças não obedecem a um único estilo. Dispostos em cima da cômoda encontram-se uma TV preto-e-branco de 14 polegadas, porta-retratos com familiares e santos, além de objetos de uso pessoal. O quarto é o espaço da intimidade do casal, apesar de ser usado, também, pelos filhos em certos momentos em que há disputa pela assistência da TV colorida da sala (veja foto 7).

O quarto dos filhos é o mais apinhado de móveis e objetos: dividem espaço um beliche, uma cama de solteiro, dois guarda-roupas antigos e uma cômoda, todos simples, de madeira, alguns em padrão cerejeira e outros em mogno. Na parte interior das portas estão afixados vários pôsteres de personagens masculinos das telenovelas, que as meninas colecionaram durante o tempo em que assinavam a revista *Capricho* (veja foto 8).

Convivem no mesmo espaço bichos de pelúcia e outros objetos, como taças, bolas de futebol, pipas, colocados sobre as camas e os guarda-roupas. Em cima da cômoda estão dispostos objetos de uso pessoal, como perfumes, batons, pentes e outros. Encontramos, ainda, em uma das paredes, um espelho grande com moldura de madeira. Este quarto é um espaço íntimo, de convivência dos filhos, mas também de sociabilidade deles, que aí recebem seus amigos para conversar.

A casa possui um banheiro, simples e pequeno, com poucas peças, e não possui *box*. No fundo da casa há uma edícula, com sala/cozinha, quarto e um banheiro inacabado, que serve de moradia provisória aos parentes enquanto estes estão construindo as suas próprias casas. Durante a realização da pesquisa esse espaço estava ocupado pela família do irmão de Xarlote. A casa e a edícula estão separadas por uma área livre, que se transforma em espaço comum das duas famílias.

III) Trabalho e escolaridade

Dos cincos membros da família, três exercem atividades remuneradas, o pai, a mãe e a filha mais velha. João, o pai, é aposentado mas continua trabalhando informalmente: já foi sócio com um amigo em um negócio de peixes, que não deu certo; trabalha num trailer, que funciona como lanchonete. Xarlote, a mãe, contribui para a renda familiar lavando o uniforme do time de futebol de várzea, do qual o marido é um dos diretores; esporadicamente faz sorvetes, que são vendidos num bar das proximidades, e *geladinhos*, que são vendidos em casa. Juliana, a filha mais velha, trabalha como assistente de dentista num consultório (veja foto 9).

João e Xarlote possuem o 1º grau incompleto. Juliana já concluiu o 2º grau e gostaria de fazer faculdade de administração de empresas, ainda que reconheça as dificuldades financeiras da família. Para melhorar suas condições de trabalho, pretende fazer um curso de prótese. Ao mesmo tempo, acalenta outro desejo, o de ser modelo, tendo já freqüentado um curso na área. Reconhece, porém, que o campo é altamente competitivo. Joana, a filha do meio, cursa a 2ª série do 2º grau e também pretende fazer faculdade, na área de jornalismo. Valoriza os estudos e acha importante continuar aprendendo. João Paulo, o filho menor, está na 6ª série do 1º grau. Os dois irmãos estudam em escola pública, no mesmo bairro em que residem. O casal lamenta não ter condições de pagar uma faculdade para os filhos e afirma que, se fosse necessário, cortaria todos os supérfluos para poder pagá-la.

IV) Trajetórias e marcas da família

Xarlote, a mãe, faz reiteradamente alusão àquilo que considera a grande marca de sua história de vida: seu pai abandonou a mãe para viver com sua tia materna. Xarlote acredita que isto tenha causado a morte precoce de sua mãe, em 1968. Depois disso, ela fica sozinha para cuidar de doze irmãos. Passado algum tempo, seu pai, que ficou sem ter onde morar, volta com a madrasta para a casa dos filhos. A lembrança dessa época é a de um cotidiano insuportável, feito de brigas e tensões na relação com a madrasta.

Durante toda a vida de solteira, Xarlote trabalhou como calandrista, passadeira de toalhas e lençóis, em lavanderias. Trabalhava muito, dia e noite, para ganhar hora extra.

Xarlote casou com João em 1976, depois de um longo noivado de catorze anos durante o qual o casamento foi adiado inúmeras vezes em função de dificuldades semelhantes passadas por João, que também perdeu a mãe e teve que cuidar de todos os irmãos.

De sua história conjugal, Xarlote destaca o fato de o nascimento de cada um dos filhos ter sido planejado através do uso de métodos contraceptivos. Abortou uma vez. Boatos de que o filho não seria de seu marido provocaram uma grave crise no casamento, quando ficaram sem se falar por cerca de cinco meses. Quando estava disposta a sair de casa com as filhas, foram convidados a participar de uma reunião de casais na igreja do bairro. A partir desse momento, diz Xarlote, as relações entre eles melhoraram e com isto inicia-se um envolvimento com a igreja que marca decisivamente sua vida, até hoje. Participa, ativamente, de quase todos os eventos eclesiais na comunidade: encontro de casais, grupo de orações, círculos bíblicos, trabalho assistencial de distribuição de alimentos; fez curso de teologia e deu aulas de catequese, organizou encontros de casais e colabora na liturgia.

Xarlote assume posições definidas dentro das tendências políticas da Igreja católica; não gosta da Renovação Carismática. Afirma que algumas pessoas dizem que ela é *da libertação* (Xarlote, família 2, QC), ao que ela contra-argumenta dizendo que *gosta de ajudar quem necessita* (Xarlote, família 2, QC). Utiliza na catequese livros de frei Betto, identificado com a teologia da libertação. Ela tem um trabalho assistencial muito intenso junto à paróquia: distribui alimentos, em forma de cestas básicas, para a comunidade; arrecada fundos para a construção de uma igreja local, através de bingos e quermesses; distribui remédios, entre outras atividades.

Xarlote tem uma forte ligação com o PT. Sempre procura votar em candidatos desse partido. Admira Luiza Erundina, Lula e Eduardo Suplicy, entre outros, e contribui na elaboração do "Mapa da exclusão" do seu bairro.

Outro marco da história de vida de Xarlote é a forte relação que teve com a irmã Celeste, que faleceu prematuramente. Associa, numa seqüência temporal de imagens, o Natal que passaram juntas, em 1995, como se algo lhes dissesse ser este o último:

> Antes do almoço do dia 25, a família inteira se deu as mãos em volta da mesa para rezar e agradecer por mais um ano. No final, um meu cunhado colocou a música de Roberto Carlos, "Nossa Senhora", e, enquanto ela tocava, Celeste não tirou os olhos de mim. Quando a música acabou nós duas nos abraçamos e começamos a chorar. No Natal seguinte, senti que a ausência de minha irmã era maior que a da minha mãe, e a comida tinha um sabor amargo. (Xarlote, família 2, HV)

Lembra, também, em seguida, da excursão que fizeram juntas a Aparecida do Norte, em outubro de 1996, em que permaneceram uma ao lado da outra, o tempo todo. Xarlote afirma que não tem palavras para dizer o que Celeste significava para ela: *Eu dei uma parte do meu coração para o marido, para os filhos e a outra parte para ela. Éramos tão unidas que Celeste sempre afirmava que, entre um marido e eu, sempre optaria por mim* (Xarlote, família 2, HV).

A família mantém relações constantes com parentes que residem também na região. Visitam e recebem uns aos outros e realizam reuniões com muita freqüência. Trata-se de uma família extensa, com tios, tias, primos, primas, vizinhos, convivendo e circulando no espaço familiar. Festas como Natal, Ano Novo e Páscoa costumam ser celebradas na casa de Xarlote, com a presença de todos os familiares. Festas e aniversários são, também, motivos de encontros constantes. E reuniões do time do bairro, o Flamengo local, do qual João é um dos diretores.

João, o marido, também viveu uma trajetória de dissolução familiar: foi abandonado temporariamente pela mãe, ainda na Bahia, com 11 anos de idade, e retomaram contato cerca de dois anos depois, quando ela já estava com outro marido.

Quanto ao pai, o último contato foi em 1959, e este morava no Rio de Janeiro.

João vem com 13 anos para São Paulo (SP) com a mãe, e sua vida passa a ser marcada, desde então, pelo trabalho. Primeiro num bar, depois num pastifício e, finalmente, foi por mais de vinte anos operário em uma fábrica de papel, onde ficou até se aposentar. Fez muitas horas extras para conseguir construir a casa que mora com Xarlote, desde o casamento. Na memória sobre o trabalho, o que mais o marcou foram as relações que construiu com os colegas no cotidiano da fábrica. Lembra das *táticas* utilizadas pelos empregados para conseguir um ambiente de trabalho melhor, dentro das condições impostas pela empresa. Ressalta, também, a importância da cooperação e da ajuda aos recém-chegados e a convivência que se estendia para além do trabalho na fábrica.

Esse período foi também marcado pela participação política em greves, paralisações e negociações, nas quais exerceu liderança, o que o faz ter certeza de que será sempre lembrado pelos operários da fábrica.

Assim como a esposa, João nutre certa simpatia pelo PT. Afirma que vota em pessoas e não em candidatos e gosta dos políticos que compõem o quadro do PT. Às vezes, nas eleições para vereador, vota em algum candidato do bairro. Quando foi convidado a trabalhar na candidatura de um deputado de outro partido, recusou. Hoje, apesar de aposentado, João continua com uma intensa jornada de trabalho no trailer/lanchonete, o que revela a importância sempre renovada de um *ethos* do trabalho em sua vida.

Outra marca forte em sua vida é o time de futebol do seu bairro, o Flamengo. Oficialmente, é um dos diretores, porém acumula as tarefas que vão de relações-públicas, tesoureiro, técnico, jogador e árbitro. Normalmente, as reuniões do time acontecem em sua casa. Seu telefone serve, também, como contato comercial do Flamengo, e toda a família se envolve neste processo colaborando, inclusive, com doações em dinheiro para as excursões da equipe (veja foto 10).

FAMÍLIA 3: CASA EM BAIRRO DE CLASSE MÉDIA

I) Composição da família

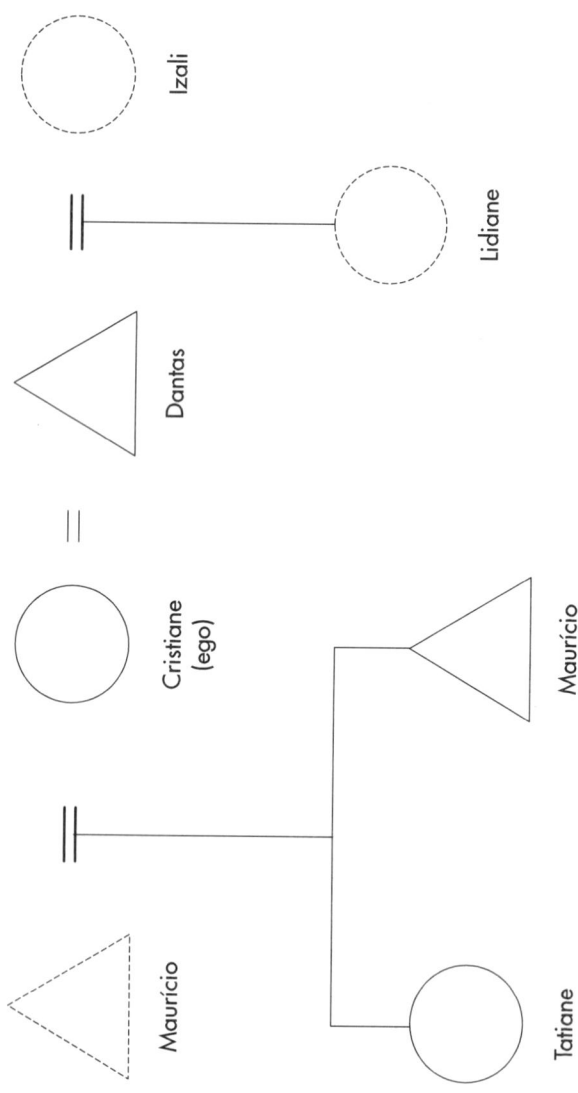

A família 3 é composta pelo casal Cristiane, de 32 anos, e Dantas, de 45 anos, e pelos dois filhos do primeiro casamento de Cristiane: Tatiane, de 15 anos, e Maurício, de 12 anos. Cristiane e seus filhos são paulistanos e sempre moraram em São Paulo (SP). Dantas nasceu em Fortaleza (CE) e mora em São Paulo desde 1990. Ambos são divorciados e tiveram filhos no primeiro casamento. O ex-marido de Cristiane mora atualmente no interior de São Paulo e Dantas tem uma filha adolescente de 16 anos, que mora no Rio de Janeiro com a mãe.

II) Descrição da moradia e padrão do consumo familiar

A família reside em bairro de classe média, na Zona Sul da cidade, em apartamento próprio. A residência tem cerca de 60 m² distribuídos em sala, dois dormitórios, sendo uma suíte, cozinha, banheiro, área de serviço e dependência de empregada, convertida recentemente num escritório pessoal de Dantas.

A sala tem dois ambientes: a sala de jantar possui uma mesa com tampo de vidro, seis cadeiras com assento e encosto em tecido verde-musgo e um carrinho de bebidas, tudo em modelo tubular preto. Na sala de estar, de mobília em cerejeira, há uma estante cujas prateleiras são ocupadas por jogos de copos, um aparelho de som, discos em vinil, CDs, fitas e vários livros, a maioria romances espíritas e alguns dicionários. Uma das prateleiras expõe um número grande de porta-retratos arrumados em seqüência com fotos da família. Há também um sofá de três lugares e uma poltrona em tecido com estampa floral em tons pastel, além de um banco em cerejeira com assento em palha. A mesa de centro é em vidro, disposta em dois patamares, em modelo tubular preto, onde estão vasos com plantas e cinzeiros. Há duas mesinhas de canto com abajur, vasinhos de plantas, telefone, porta-retratos e listas telefônicas.

No dormitório do casal há uma cama e dois criados-mudos em modelo tubular preto, um armário de quatro portas com maleiros, uma TV 14 polegadas e um videocassete. Há também um mancebo com diversas roupas penduradas.

No quarto dos filhos há uma cama-beliche em cerejeira, uma cômoda com seis gavetas, um armário de três portas em cerejeira, uma escrivaninha e uma cadeira tubular preta. Há muitos brinquedos enfeitando os móveis. Continuando o padrão classe média, a cozinha dispõe de mesa e armários em fórmica, pia em granito preto, fogão, geladeira e microondas. Notam-se diversos acessórios de decoração, como uma cuia de chimarrão na mesa e vários potinhos de vidro com tampa de madeira contendo cereais.

Na área de serviço há uma secadora, uma pequena máquina de lavar, tanque, dois varais e um aparelho de ginástica. O banheiro de empregada é usado como depósito e o quarto de empregada como escritório de Dantas. Aqui estão uma mesa estilo colonial, com porta-retrato de Cristiane, duas cadeiras, computador, fax, telefone e arquivo de aço para pastas suspensas.

Tal como nas duas famílias anteriores, nesta também a sala e a cozinha são espaços de sociabilidade ampliada, onde circulam indistintamente a família e os amigos.

III) Trabalho e escolaridade

Cristiane e Dantas têm origem humilde, tendo progredido à base de seus empregos. Cristiane trabalha como telefonista numa empresa pública de telecomunicações, mas estava afastada, na época da pesquisa, devido a uma tendinite, provocada por digitação. Ali teve pequenas promoções e lamenta não ter progredido mais na empresa, onde *sou considerada apenas uma telefonista* (Cristiane, família 3, HV). Interrompeu o 2º grau para ter a primeira filha, retornando mais tarde, quando o concluiu através de curso supletivo.

Dantas é gerente financeiro em um banco privado, no qual trabalha há vários anos. Transferiu-se de local de trabalho diversas vezes. Começou, mas não concluiu, a faculdade de Administração de Empresas. Tatiane, a filha mais velha, cursa a 7ª série do 1º grau e Maurício a 3ª série do 1º grau. Ambos estudam em escola pública.

IV) Trajetória e marcas da família[1]

Cristiane conta que seu pai nasceu no Ceará, tendo posteriormente se transferido para o Rio de Janeiro e São Paulo. Trabalhou como caminhoneiro e taxista. Suas lembranças estão marcadas por problemas de relacionamento entre os pais, que Cristiane atribui ao alcoolismo do pai.

Cristiane casou-se com seu primeiro marido, Maurício, quando tinha 15 anos. Estava grávida de Tatiane, e foram morar, por pouco tempo, com a mãe de Maurício, pois Cristiane não se adaptou à vida na Cohab, no bairro de Carapicuíba, periferia da Grande São Paulo. Mudaram para a Zona Norte e, aos 18 anos, teve Maurício, seu segundo filho. Durante a licença-maternidade ela conseguiu este emprego na Companhia Telefônica, onde está até hoje. Separaram-se e ela voltou com os filhos para a casa dos pais. Ela conta que o ex-marido, então desempregado, foi morar por certo tempo junto com eles. Desse período de reestruturação da vida, Cristiane ressalta a importância da figura de seu pai e diz que *a morte dele foi a coisa que mais me abalou na vida* (Cristiane, família 3, HV).

Quatro anos depois Cristiane conheceu Dantas, namoraram durante dois anos e decidiram morar juntos. Ela se muda para o apartamento dele na Zona Sul, deixando os filhos com a mãe, pois eles estudavam na Zona Norte. Cristiane se detém na dificuldade em adaptar-se ao novo bairro, comparável, segundo ela, a mudar de cidade. Lamenta ter conseguido fazer apenas duas amizades, pessoas que eram amigas de Dantas e com as quais ela diz que realmente *pode contar* (Cristiane, família 3, HV).

Cristiane diz possuir agora *uma família estruturada, com papai, mamãe e filhinhos, que me deu uma segurança emocional, coisa que eu preciso* (Cristiane, família 3, HV). Nota também que o seu padrão de vida atual é melhor. Moram num apartamento próprio, que estão pagando, e afirma que consomem mais. Não tem muitos problemas com Lidiane, filha de Dantas, a quem vê duas vezes por ano. Considera bom seu relacionamento com Dantas. *É uma relação de amizade, de carinho, de afeto, discute-se, conversa-se, brinca-se, é uma relação legal, é gratificante* (Cristiane, família 3, HV).

Dantas narra ter boas lembranças de sua infância no Ceará, principalmente dos períodos de férias, que passava num engenho de amigos. Atribui o gosto pela terra: *Afinal meus ancestrais foram senhores de engenho* (Dantas, família 3, HV). Seu avô paterno possuía alguns barracões de engenho, mas o pai de Dantas trabalhava como caixeiro-viajante. Ele se refere aos pais como figuras que o marcaram muito: *Meu pai era um homem culto e fechado. Mas ele bebia e por isso minha mãe era o homem e a mulher da casa; mas não deixava a gente perceber, ela preservava a imagem dele. Quando ele estava bom, ela era a mulher dócil, delicada, e ele era o homem da casa* (Dantas, família 3, HV).

O pai de Dantas morreu quando ele estava com 17 anos e trabalhava numa empresa gráfica; mudou-se então com a mãe para o Rio de Janeiro. Conheceu sua primeira mulher, Izali, em Sepetiba (RJ), durante um carnaval, logo foram morar juntos e, depois de sete anos, casaram-se. Izali era oito anos mais velha que Dantas, e o relacionamento dos dois foi sempre marcado por *muito ciúmes: chegava a ir armado à praia, para que não mexessem com ela. E ela tinha ciúme das mulheres que trabalhavam comigo no banco* (Dantas, família 3, HV). Como o casamento entrou em crise, Dantas estava disposto a separar-se quando Izali engravidou. Ele diz que a partir do nascimento da filha tentou manter a relação.

Aceita ser transferido para Manaus (AM) com a família, e lá conheceu um *montão de mulher,* e manteve uma *paixão, paralela ao casamento, por quatro anos* (Dantas, família 3, HV). Dantas detalha o quanto Manaus foi significativo em sua vida: *Ainda que eu trabalhasse muito, meu cargo dava direito a várias mordomias que me garantiam um padrão de vida que nunca mais atingi* (Dantas, família 3, HV).

Devido a promoções no trabalho, transferiu-se para Curitiba (PR) e, em 1990, para São Paulo (SP). Segundo ele, aqui houve *a grande virada em sua vida* (Dantas, família 3, HV), pois, aos 40 anos, separou-se da mulher, seu trabalho mudou, conheceu Cristiane e foi morar com ela e seus filhos. Além disso, foi aqui em São Paulo, onde diz ter chegado *muito fragilizado* (Dantas, família 3, HV), que se converteu ao espiritismo, abandonando a religião católica. É interessante observar que a família, hoje, é praticante da religião espírita kardecista. Cristiane e Dantas freqüentam, uma vez por semana, à noite, um centro espírita, no qual os filhos vão aos sábados de manhã.

Dantas afirma ter encontrado em Cristiane sua *cara metade* (Dantas, família 3, HV), quis ter com ela um *moleque macho* (Dantas, família 3, HV), porém entendeu sua recusa, *ela diz que não teve infância, nem adolescência, e que agora tem chance de sair e divertir-se e essa não seria uma boa idéia* (Dantas, família 3, HV). Comenta também que teve oportunidade de se casar com uma mulher rica, que estava interessada nele, mas preferiu Cristiane, relaciona-se muito bem com os filhos dela e não vê problemas na diferença de catorze anos entre eles.

O casal sai muito para dançar, vai a restaurantes e bares. No final de semana, costumam ir até o sítio de um amigo, assistem às competições de judô, praticado pelas crianças, fazem e recebem visitas. Algumas vezes passam o Natal no interior de São Paulo, na casa da ex-sogra de Cristiane.

Dantas freqüenta há cerca de um ano, com outros amigos, o Clube do Bola. Lá cozinham pratos diferentes uns para os outros e as mulheres não participam. Foi no Clube do Bola que Dantas declara ter parado de tomar bebidas alcoólicas, com exceção de vinho.

Dantas declara praticar *jardinagem, paisagismo* e *minhocultura*, por aquilo que denomina *apreço à terra e desejo de ser empresário* (Dantas, família 3, HV). Além disso, tem planos de fazer uma pousada num sítio pequeno. *Isso vai me colocar onde eu quero. Vou ter a minha mesinha, vou ter pessoas trabalhando para aprimorar o produto e vou ter pessoas vendendo esse produto para o mercado. Vou ter condições de ter no meu local de trabalho minha mulher, minha propriedade, minhas coisas, eu faço como quero* (Dantas, família 3, HV).

Tatiane, filha mais velha de Cristiane, tinha cerca de 4 anos quando seus pais se separaram. Declara não ter sentido muito a falta do pai, pois ele sempre morou próximo à casa em que vivia. Manifesta não ter gostado *de ficar em creches, para que a mãe pudesse trabalhar* (Tatiane, família 3, HV). Saltam na lembrança momentos em que ficava sozinha no apartamento que era próximo da casa da sua avó, mas não podia sair dele para que ninguém soubesse que estava sozinha. Só podia brincar quando alguém da família estava em casa. Uma das marcas da infância associada à *dificuldade para aprender na 1ª série* refere-se a *um problema no ouvido*. Passou por uma cirurgia, *mas não melhorou totalmente*. Os médicos recomendaram uma nova intervenção, mas a mãe não concordou, preferindo que a filha fizesse uma cirurgia espiritual; Tatiana acredita que melhorou, embora permaneça fazendo um tratamento homeopático, *para que o problema não retorne* (Tatiane, família 3, HV).

Assim como a mãe, Tatiana reclama de não ter conseguido fazer muitas amizades depois da mudança para o bairro em que reside atualmente. Ela namora um rapaz que mora no seu prédio, costuma sair com ele e amigos para ir ao shopping, atividade que diz apreciar, e *não vou mais porque minha mãe não deixa*. Festas também são limitadas porque terminam tarde, *e minha mãe não quer que eu durma fora* (Tatiane, família 3, HV).

Tatiane afirma ter um bom relacionamento com Dantas: *gosto dele como se fosse meu pai*. Diz ter uma boa relação com a mãe, porém, quando há desentendimentos, *fico sem falar com ela* (Tatiane, família 3, HV).

As principais viagens que Tatiane faz são para o interior de São Paulo: duas vezes por ano vai para a casa do pai e da avó paterna. Gosta das excursões com a escola, informa ir a clubes, ao Playcenter, ao Sítio do Pica-Pau Amarelo. Estudou inglês num curso particular, mas não concluiu; faz questão de enfatizar ter aprendido matemática pelo método japonês Kumon. No que diz respeito às relações com as novas tecnologias, declara não gostar de computadores, embora reconheça sua importância para uma futura vida profissional; não aprecia jogos do tipo videogame, mas gostaria de poder ter um bichinho virtual.

Maurício era um bebê quando ocorreu a separação entre seus pais, e uma das coisas que marca sua lembrança é a mudança do pai para o interior. Hoje o vê de seis em seis meses, nas férias, e declara manter com ele uma boa relação: *Passeamos, ele me leva ao cinema do shopping, e ganho presentes* (Maurício, família 3, HV). Relaciona-se bem com os novos irmãos, filhos do segundo casamento do pai. Da mesma forma, afirma ter uma relação normal com Dantas e sua filha, a quem encontra apenas nas férias: *Dantas é meio fechadão, mas ele é legal; às vezes vai para o quarto e ninguém fala com ele, e ele tá na dele, fica quieto no quarto. E fica até a noite, e dorme lá, mas, em outras ocasiões, senta aí na sala, conversa, bate papo, bebe o vinho dele, aí é legal* (Maurício, família 3, HV).

Maurício também faz referências à mudança para a zona sul e reconhece que sua vida mudou bastante, que conheceu outras pessoas e fez mais amigos do que antes. Observa ter havido, após o casamento da mãe com Dantas, uma melhora financeira.

Diz que não gosta da escola, só dos amigos que lá estão, mas reconhece que *se eu não aprender não vou ser nada na vida* (Maurício, família 3, HV). Da escola diz apreciar aulas de informática e de esportes: natação, futebol, basquete, vôlei e judô.

Diferentemente de Tatiane, tem interesse por computadores e pelos jogos eletrônicos, como videogame, por exemplo, mas nunca acessou a internet. Costuma jogar videogame também com seus colegas da escola ou amigos do colégio, com quem para se divertir também ouve música, e gasta nessas atividades cerca de quatro horas semanais.

Gosta de ouvir músicas e ir a festas, faz referência ao sítio que freqüentam familiarmente, em alguns finais de semana, assim como ao Playcenter, ao Parque do Gugu, e à predileção por ir ao shopping com os amigos: *Não vou mais por conta do dinheiro* (Maurício, família 3, HV).

Um dos episódios que Maurício declara ter marcado muito sua vida diz respeito a uma briga entre sua mãe e Dantas: ela ameaçou descer do carro em movimento e Dantas puxou-a para dentro e fechou a porta.

FAMÍLIA 4: CASA EM BAIRRO DE CLASSE MÉDIA ALTA

I) Composição da família

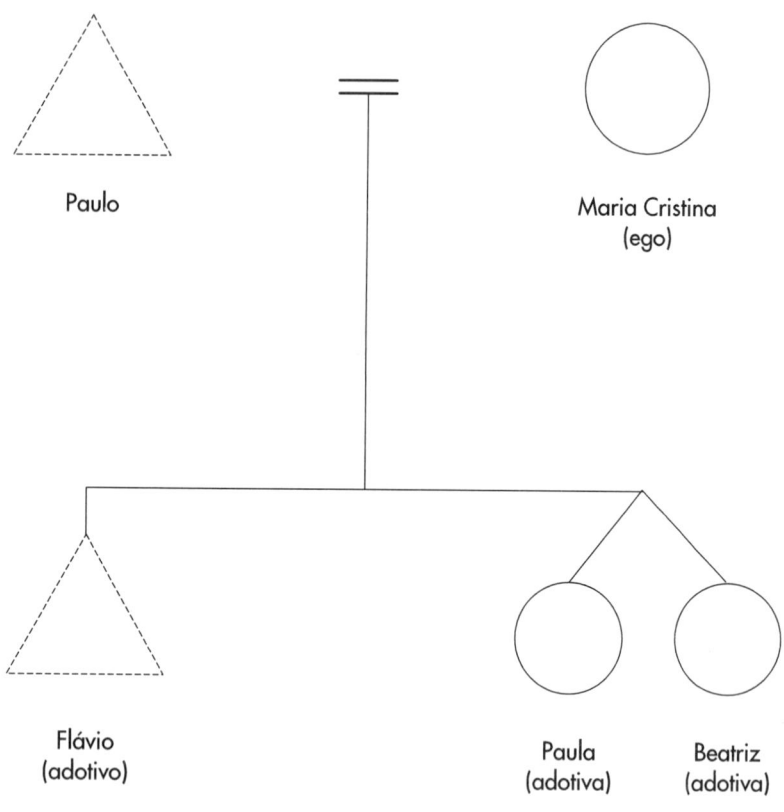

Paulo

Maria Cristina
(ego)

Flávio
(adotivo)

Paula
(adotiva)

Beatriz
(adotiva)

Nesta unidade familiar moram o casal Maria Cristina (conhecida como Cristina), 49 anos, Paulo Sérgio, 52 anos, e seus três filhos adotivos: as gêmeas Beatriz e Paula, de 17 anos, e Flávio, de 20 anos.

A família reside na casa há dois anos e meio e o casal mora no bairro há vinte. Cristina nasceu em Campinas, interior de São Paulo, e Paulo Sérgio, na capital; já os filhos são naturais de Porto Alegre, no Rio Grande do Sul. São de descendência italiana e brancos. São católicos praticantes, principalmente Cristina, que envolveu-se em atividades da paróquia local.

Paulo Sérgio e Flávio não participaram da pesquisa, por não assistirem à novela *A Indomada* e por estarem fora de casa o dia todo.

II) Descrição da moradia e padrão do consumo familiar

A casa de alto padrão localiza-se na Zona Sul de São Paulo (SP), dentro de condomínio fechado que dispõe de segurança privada.

A residência, em dois pisos, é bastante espaçosa, com área de cerca de 205 m². Possui quatro dormitórios, quatro salas, cinco banheiros, área de serviço, sauna, duas áreas verdes e garagem.

Seu acabamento revela materiais finos no revestimento das paredes, como massa fina de boa qualidade e tijolos aparentes, além de janelas de formatos personalizados. Na entrada há um pequeno jardim que divide o espaço com a garagem para dois automóveis.

A mobília que compõe a decoração da casa apresenta dois estilos. Os ambientes de uso social têm o aspecto formal, com móveis tradicionais, e demonstram não ser utilizados com freqüência. A sala de jantar possui uma mesa para oito pessoas. Os ambientes mais íntimos não apresentam o mesmo cuidado com a decoração, a exemplo da sala de TV e de estudos, espaços bastante freqüentados pela família, de sociabilidade privada.

No piso superior há um mezanino e mais quatro dormitórios, com três suítes, dispostos ao longo de um corredor, que desemboca na escada de madeira que conduz ao térreo.

O piso inferior aproveita o declive acentuado do terreno. Na sala de estudos, cuja parede externa é inteira de vidro, pode-se visualizar o jardim ao redor de uma piscina retangular. Há nesse espaço, ainda, um banheiro onde foi adaptada uma sauna. A família possui um alto padrão de consumo, observado na diversidade de aparelhos eletrodomésticos, eletroeletrônicos, equipamentos de informática e três automóveis ainda novos.

III) Trabalho e escolaridade

Cristina começou a cursar a faculdade de história, em Porto Alegre (RS), onde a família viveu certo tempo, mas não concluiu o curso. Quando voltou a São Paulo optou por trabalhar e hoje é professora aposentada. Nas horas vagas, dá aulas de catecismo na igreja próxima e de jardinagem, ambas atividades voluntárias. Afirma que, caso as filhas consigam passar no vestibular para o curso de medicina, pretende voltar a trabalhar, para ajudar no orçamento doméstico; por este motivo, tem enviado alguns currículos para escolas.

Paulo Sérgio ocupa o cargo executivo de gerente de vendas na empresa da família, de propriedade da mãe de Cristina. Os rendimentos familiares provêm do casal e garantem um padrão de vida estável, permitindo aos filhos a dedicação exclusiva aos estudos.

Flávio, o mais velho, cursa engenharia na Universidade de São Paulo. As filhas Paula e Beatriz fazem o 3º colegial e, ao mesmo tempo, cursinho preparatório para o vestibular. Ambas estudam no mesmo colégio particular e pretendem fazer medicina.

IV) Trajetória e marcas da família

Cristina, a mãe, mudou-se para São Paulo (SP) aos 3 anos de idade, junto com a mãe, por motivo de trabalho desta. Seu pai continuou em Campinas (SP), dirigindo a fábrica da família, e ela passou a morar com os avós. Seu avô era funcionário de carreira da prefeitura. Quando ela estava com 8 anos de idade, seu pai mudou-se definitivamente para São Paulo e foram morar próximo à avenida Paulista. Dois anos mais tarde, ele faleceu de câncer. Sua mãe passou, então, a administrar a empresa, onde permanece até hoje, com 74 anos de idade.

Cristina estudou em colégio de freiras e seu primeiro trabalho foi como professora numa escola pública. Passou também por outras escolas até se aposentar, quando foi trabalhar na empresa da família: *Mas fiquei só três anos, porque meu marido não gostava que eu trabalhasse lá* (Cristina, família 4, HV). Ela diz que atuou, nesse período, como mediadora nos conflitos entre o marido e a mãe. Diz, também, que exerce o mesmo papel na relação entre o marido e os filhos: *Porque do jeito que ele foi educado, meu marido não tem o hábito de conversar com os filhos* (Cristina, família 4, HV).

Conheceu o marido quando tinha 15 anos e morava com uma tia. Ela comenta manter, até hoje, contato com os amigos que fez nessa idade.

Quando se casaram, Cristina e Paulo foram morar na zona oeste de São Paulo (SP), de onde saíram, quatro anos depois, com a transferência dele para Porto Alegre. Nessa cidade, adotaram o primeiro filho e, segundo o relato de Cristina, as duas meninas também foram ali adotadas[2].

Antes de ter os filhos, o casal viajava bastante e Cristina menciona ter conhecido lugares da Europa, Ásia, Caribe, América do Norte e do Sul. Quando as meninas tinham 8 anos de idade, a família inteira foi para a Disney, nos Estados Unidos. Quando fizeram bodas de prata, o casal foi comemorar a data num cruzeiro marítimo, em Aruba.

A família costuma reunir-se às quintas-feiras para jantar na casa da mãe de Cristina. E aos domingos ela recebe a família em sua casa.

Cristina tem uma participação religiosa mais efetiva do que o restante da família. Dá aulas de catequese há mais de catorze anos, participa de atividades filantrópicas organizadas pela igreja e vai à missa freqüentemente. Seu interesse pela catequese começou depois de ter participado de *reuniões de casais*. Cristina tem aulas de violão dois dias por semana, e diz que o instrumento ajuda-a nas atividades religiosas.

A família resolveu se mudar para este condomínio fechado em função da proximidade da escola dos filhos. Cristina enfatiza que o casal atribui muita importância à educação dos filhos e demonstra orgulho por Flávio estudar na Escola Politécnica da USP.

Beatriz, uma das filhas gêmeas, cursa o 3º colegial e decidiu prestar medicina após passar por vários testes vocacionais. Ela nunca trabalhou e, às vezes, recebe dinheiro da sua avó. Declara não receber mesada. Um dos fatos que considera marcantes foi a mudança de escola e o amadurecimento que disso resultou: *Eu, minha mãe e minha irmã conversamos mais e passamos a discutir mais assuntos políticos* (Beatriz, família 4, HV).

Um momento marcante na sua vida foi a morte de um tio, irmão do seu pai, quando estava com 16 anos de idade, tendo sido esta primeira vez em que foi a um velório.

Paula, a outra filha gêmea, nunca trabalhou, com exceção de uma época em que ajudou na empresa da família, realizando atividades na parte administrativa. Não continuou porque seus pais não gostavam que ela trabalhasse lá. Trabalhou ocasionalmente quando convidada, por um fotógrafo amigo, a fazer algumas fotos que fariam parte de um CD-ROM. Paula comenta que *Beatriz ficou com ciúmes dela, por não ter também sido convidada* (Paula, família 4, HV).

Paula acredita que os momentos mais marcantes da sua vida estejam ligados a eventos familiares e cita: ter sido dama de honra, no casamento de uma prima, aos 7 anos de idade; as bodas de ouro de seus avós; a morte do seu tio, quando, pela primeira vez, viu seu pai chorar; e quando, ainda pequena, teve uma infecção hospitalar e *todo mundo achou que eu poderia morrer* (Paula, família 4, HV).

Paula e Beatriz mostram-se contrariadas com a excessiva pressão da mãe quanto à manutenção de valores e práticas religiosos. Paula diz que a mãe *fica com tromba* (Paula, família 4, HV) quando as duas não vão à missa e não confessam.

Ambas já praticaram diversas atividades características da formação de jovens de classe média alta, como piano, balé e dança de salão, além de hipismo, futebol, patinação e musculação.

Uma das marcas da trajetória que as gêmeas ressaltam como comum diz respeito à perseguição que sofreram por parte de alguns professoras quando a mãe era auxiliar de direção na escola em que elas estudavam. Beatriz lembra vivamente de um episódio, *o banheiro da escola foi pichado contra a nossa mãe* (Beatriz, família 4, HV), e o muito que sofreram por isso.

A telenovela *A Indomada*

O produto

No dia 17 de fevereiro de 1997, às 20h30, a Rede Globo de Televisão estreou a telenovela *A Indomada*. A partir desta data, foram veiculados, ao longo de oito meses, 203 capítulos de um roteiro original de Aguinaldo Silva[3] e Ricardo Linhares, autores também das telenovelas *Tieta* (1990), *Pedra sobre Pedra* (1992) e *Fera Ferida* (1994), todas para a mesma emissora. O desenvolvimento do roteiro de *A Indomada* contou com a colaboração de Nelson Nadotti, Márcia Prattes e Maria Elisa Barreto.

A Indomada é um produto audiovisual delineado especialmente para o chamado "horário nobre" da televisão brasileira. Teve como diretor-geral Paulo Ubiratan, outro nome de destaque nos projetos de teledramaturgia da emissora, que dividiu a tarefa de direção com Marcos Paulo, Roberto Naar e Luiz Henrique Rios.

Com um custo variando entre R$ 60 mil e R$ 100 mil reais por capítulo[4], a novela foi gravada quase inteiramente no Projac[5]. Ali foi construída uma cidade cenográfica de 35 mil m², a fictícia Greenville, que faz parte de uma nova proposta de ambientação que prevê cenários construídos com frente e verso, e não mais com fundo inacabado. O objetivo deste investimento foi possibilitar a realização de planos panorâmicos feitos com grua de 20 metros. Desta forma, o visual da cidade pôde ser amplamente explorado, com aproximadamente 40% das cenas gravadas em externas.

117

Além de Jacarepaguá, algumas seqüências foram gravadas em Maragogi, pequena cidade a 130 km ao norte de Maceió, no Estado de Alagoas. O cenário natural de praias, águas limpas, jangadas, e também campos e canaviais, foi intercalado com seqüências realizadas no Projac, permitindo que Greenville aparecesse como uma cidade litorânea, do Nordeste do Brasil.

Segundo informações da mídia impressa[6], os índices de audiência alcançados por esta telenovela foram altos. Ela atingiu uma média de 53 pontos de Ibope, o que motivou a emissora a estender a telenovela de 173 para 203 capítulos. O último foi ao ar em 10 de outubro de 1997.

O elenco

A equipe de atores e atrizes da telenovela *A Indomada* reuniu nomes reconhecidos da teledramaturgia brasileira. No elenco principal: Eva Wilma, Betty Faria, Cláudio Marzo, Renata Sorrah, Ary Fontoura, Paulo Betti, Eliane Giardini, José Mayer, Adriana Esteves, Neuza Borges, Carlos Alberto Ricceli, Luíza Tomé, Marcos Winter, Marcos Frota, Selton Melo, Flávio Galvão, José de Abreu e Pedro Paulo Rangel.

O elenco de apoio contou com: Ana Lúcia Torre, Nívea Stelmann, Licurgo Spíndola, Leandra Leal, Matheus Rocha, Catarina Abdala, Flávia Alessandra, Isabel Fillardis, Carla Marins, Ingra Liberato, Carla Muga, Daniela Faria, Rodrigo Faro, Cassio Gabus Mendes, entre outros. O elenco fixo (principal e de apoio) contou com 61 profissionais, dos quais 32 são mulheres e 30, homens.

A trama

Aguinaldo Silva é conhecido por seu *universo ficcional*. Seguindo na mesma linha do realismo fantástico proposta em trabalhos anteriores, inventou uma cidade, no litoral nordestino, denominada "Greenville".

Nessa cidade *"o sol é sempre escaldante, as praias são belíssimas, o vento sopra em extensos canaviais, e a população vive os mesmos problemas de todos os brasileiros"* (Sinopse *A Indomada*, 1997:1).

Mas Greenville tem algo peculiar e inusitado. O lugar foi fundado por ingleses, um tipo de colonização muito rara, se não inexistente na história brasileira. Os ingleses teriam vindo a Greenville no século passado para construir a ferrovia Great Western Railway, e quando foram embora deixaram suas raízes culturais plantadas naquele local, e elas persistem até os dias atuais. Além da estrada de ferro, a economia greenvillense era também movida pelo cultivo de cana e pela produção de açúcar. Aí temos um dos elementos centrais da trama: a usina Monguaba, uma das mais prósperas da região. Seu proprietário, Pedro Afonso Mendonça e Albuquerque (Cláudio Marzo), é um dos grandes representantes da burguesia local.

Porém, a inesperada explosão da usina Monguaba coloca um fim na prosperidade de Greenville. Sem os ingleses e sem o açúcar, a cidade entra em decadência. Mas a burguesia local insiste em não perder a pose nem o comportamento esnobe, o que fica evidente com o uso de palavras em inglês associadas à língua portuguesa. Um jeito muito peculiar de falar: sotaque nordestino com inserções idiomáticas inglesas. Algumas das expressões usadas na telenovela foram incorporadas à fala dos brasileiros, como, por exemplo, o positivo: "É um *must*!".

A narrativa de *A Indomada* foi desenvolvida em três fases cronológicas:

1ª Fase/1º capítulo

A narrativa tem início com a história de um grande amor proibido por causa do preconceito social. Eulália (Adriana Esteves) é irmã de Pedro Afonso, o proprietário da usina Monguaba. São herdeiros da tradicional família Mendonça e Albuquerque. Ela se apaixona por um dos cortadores de cana que trabalha para seu irmão, Zé Leandro (Carlos Alberto Ricceli). Os encontros dos dois acontecem sempre em lugares agrestes e escondidos. O irmão de Eulália não pode saber que ela está envolvida com um simples empregado do canavial, pois isso apareceria como uma desonra para a tradicional família.

Entretanto, Pedro Afonso descobre o romance e manda matar Zé Leandro. Antes que a tragédia aconteça, Eulália, desesperada, ajuda seu amante a fugir. Nesse momento, ele promete voltar para buscá-la, e sai da cidade deixando Eulália grávida. Uma menina nasce, meses após a sua fuga, e recebe o nome de Lúcia Helena (Leandra Leal, quando jovem; Adriana Esteves, quando adulta).

Mesmo só, Eulália divide com Lúcia Helena o sonho de reencontrar seu amado. Passa os seus dias excluída e vitimada pelo rancor do irmão e pelo ódio de sua cunhada Altiva (Eva Wilma). Altiva é a grande vilã da trama. É mesquinha, má, avarenta e falsa carola. Como a família perde tudo com a explosão da usina, e com as dívidas que o marido Pedro Afonso faz no jogo de pôquer, Altiva passa todo o tempo maquinando planos terríveis para recuperar o poder e as posses da família.

A partir desse núcleo inicial, os autores pretendem tematizar o falso moralismo burguês e, sobretudo, religioso. Altiva representa o preconceito e a intolerância locais.

2ª Fase/1ª semana

Lúcia Helena já tem 15 anos. Certo dia chega à cidade um forasteiro, descendente de egípcios, chamado Teobaldo Faruk (José Mayer). Em sua entrada triunfal ele resgata Eulália e Helena de um *vendaval assustador*. A imagem daquele forasteiro montado em um cavalo negro jamais se apagaria da memória de Helena.

Teobaldo se apaixona por Eulália e insiste em casar-se com ela, mas Zé Leandro volta e o tão sonhado plano de fuga do casal finalmente se concretiza. Os dois amantes fogem com a filha em uma jangada. Só que durante a fuga acontece um trágico acidente e Zé Leandro morre afogado. Eulália, em seguida, morre de tristeza. A menina Lúcia Helena, mais uma vez, é salva pelo misterioso Teobaldo. E agora, sem os pais, ela passa a viver em companhia do tio, Pedro Afonso, e da tia, a rancorosa Altiva.

Com a morte de Eulália, o poderoso Teobaldo, que havia muito vinha concedendo empréstimos aos Mendonça e Albuquerque, decide fazer um último acordo: ele se propõe ajudar a família financeiramente em troca de um futuro casamento com a menina Helena. Ele também financiará os estudos de Helena na Inglaterra, mas com o compromisso de que no seu retorno case-se com ele.

O universo ficcional de Aguinaldo Silva possui a característica de apresentar personagens femininas fortes. Lúcia Helena reitera esta proposta. O fato de ter sido comprada como uma mercadoria não impede, porém, que ela se rebele, numa evidente problematização do poder masculino e do patriarcado.

3ª Fase/3ª semana em diante

Passam-se sete anos e Helena retorna a Greenville. Ela se tornou uma mulher forte, culta e atraente, e volta à cidade com um objetivo muito claro: colocar a usina Monguaba em funcionamento.

A partir dessa fase, todos os demais *núcleos de ficcionalidade* já estão estabelecidos. Como por exemplo: a casa dos Mackenzie, o fórum, a Prefeitura, a Casa de Campo, a igreja, a delegacia e o British Club, cada um reproduzindo o microcosmo de uma instituição social local.

A casa da família de Pitágoras William Mackenzie (Ary Fontoura) é a de um político corrupto, que chegou a ser ministro de Estado, mas que foi exonerado do cargo por malversação de verbas públicas. Segundo o próprio ator, *"Pitágoras é um político à moda antiga, desses que não deveriam mais existir no país"* (Sinopse *A Indomada*, 1997:19). É casado com Cleonice (Ana Lúcia Torre), a quem ele dirige as mais absurdas agressões. Pitágoras tem duas filhas: Scarlet (Luíza Tomé) e Dorothy (Flávia Alessandra). Apaixonado por Altiva, torna-se um seu aliado e, ao longo de toda a trama, dá apoio aos mais inesperados golpes da vilã.

Pitágoras investe toda a sua experiência político-partidária no genro Ypiranga Pitiguari (Paulo Betti), que se torna prefeito de Greenville. Ele é *pau-mandado* do sogro Pitágoras, do tipo que governa em benefício próprio, privilegia seus correligionários e só investe em obras faraônicas. Outra característica deste personagem é criar *factóides*, ou seja, fatos cujo objetivo é desviar

121

a atenção da população, deixando o caminho livre para suas falcatruas.

É importante destacar que o personagem Ypiranga propõe-se a ser uma síntese de vários políticos, perfeitamente reconhecíveis, como o então prefeito do Rio de Janeiro, César Maia, o ex-prefeito de São Paulo, Paulo Maluf, o ex-presidente Fernando Collor, entre outros.

Ypiranga é casado com Scarlet Mackenzie. A primeira-dama é sofisticada, veste-se de forma exuberante e é sexualmente insaciável. Leva o marido à loucura sempre que é noite de lua cheia, quando é capaz de vagar pelas ruas levitando de desejo e *uivando como uma loba*.

Scarlet foi outra personagem que catalisou as atenções do público por ser atraente, sensual e absolutamente determinada. Um exemplo de mulher bonita e *não-burra* e também responsável pela alta erotização da narrativa.

As relações de poder na novela se contrapõem com a personagem da juíza dona Mirandinha de Sá Maciel (Betty Faria), opositora do prefeito Ypiranga. Ela é viúva, protótipo da mulher de carreira, competente e honesta, e mãe do jovem Felipe (Matheus Rocha), que também vive um amor proibido com Carolaine Pitiguari (Nívea Stelmann), a filha do prefeito. Dona Mirandinha é a figura que representa os interesses dos oprimidos, excluídos e necessitados, e faz da luta contra a corrupção sua principal atividade. Esta contraposição de poder dá equilíbrio à trama e provoca uma série de pequenos fatos e eventos que alimentam a narrativa diária da telenovela.

Outro *núcleo de ficcionalidade* na composição da narrativa é a família de Teobaldo Faruk, o forasteiro egípcio. O misterioso homem que chegou à cidade montado em cavalo negro durante a tempestade de areia torna-se um poderoso comerciante, responsável por levar Pedro Afonso à falência, tomando todo o seu patrimônio. Desse modo, a família Mendonça e Albuquerque passa a depender dele, inclusive a sobrinha Helena.

Depois de se estabelecer financeiramente na cidade, Teobaldo traz sua mãe, dona Veneranda Faruk (Amélia Bittencourt), e o filho Emanuel (Selton Melo) – misto de autista e paranormal – para morarem com ele. Quando Helena volta da Inglaterra e se casa com Teobaldo, cumprindo assim o acordo de família, ela também vai morar nessa residência.

Helena, entretanto, se nega, depois de casada, a ter vida íntima com o marido, razão pela qual Teobaldo a devolve à família e ela passa a sofrer agressões contínuas de Altiva. Mas, de caráter determinado, Helena não volta atrás, permanece na casa dos tios e busca o apoio de outros familiares, como Santinha (Eliane Giardini), uma espécie de *tia maluca* que todos têm na família. É alcoólatra, sempre envolvida em relacionamentos inadequados com homens casados.

Outra pessoa importante na vida de Helena é Florência (Neuza Borges), uma empregada negra, filha de escravos dos Mendonça e Albuquerque que tudo sabe sobre a família. Como adorava Eulália, transferiu este amor para a menina Helena desde quando sua mãe morreu. Ainda no ambiente familiar, Helena tem um outro grande aliado e admirador: Artêmio (Marcos Frota), um *menino abandonado* na família Mendonça e Albuquerque. É humilde, trabalhador do campo e profundo conhecedor do plantio da cana e do funcionamento da usina Monguaba. Helena se alia a Artêmio para poder colocar a usina novamente em funcionamento, e assim realizar o seu grande projeto de vida. A presença na trama do personagem Artêmio expressa a situação concreta do triângulo amoroso e do desconhecimento da paternidade.

Helena tem também um primo, Hércules (Marcos Winter), que é filho de Altiva e Pedro Afonso. Ao contrário dos pais, ele não tem preconceitos sociais ou raciais. Casou-se, para o desespero de sua mãe, Altiva, com Inês (Isabel Fillardis), uma negra, sobrinha de Florência. Hércules é um viciado em jogo como seu pai, Pedro Afonso, e vive permanentemente ameaçado por questões de dívidas e envolvimento com quadrilhas.

A Casa de Campo é outro núcleo ficcional da narrativa. É o bordel do lugar, com um cenário bastante glamourizado, com muitas plumas e rendas: *"É tudo tão chique e bem cuidado que jamais um homem poderia se sentir em um bordel nordestino ali dentro"*, afirma o cenógrafo da telenovela, Raul Travassos (Sinopse *A Indomada*, 1997:8).

123

A proprietária do lugar é Zenilda (Renata Sorrah), uma mulher de caráter forte que vive num bordel dirigindo suas *camélias*. Porém, nas ruas de Greenville, enfrenta todo tipo de provocação, perseguição e preconceito *do bando de carolas* liderado por Altiva. A relação entre a *carola-mor* e a prostituta provoca vários conflitos que são acentuados com a postura progressista do padre José (Pedro Paulo Rangel), que defende as prostitutas. O bordel também tematiza a questão do lesbianismo, na medida em que Zenilda e sua melhor amiga, Vieira (Catarina Abdala), uma mulher com características masculinizadas, protagonizam uma relação ambígua.

Por fim, o British Club, que é o local de domínio masculino. Seu proprietário é Richard da Silva Taylor (Flávio Galvão), neto de um inglês. O clube é o espaço onde os homens se reúnem para jogar e beber. Dois de seus freqüentadores assíduos são o popular padre José e o atrapalhado delegado Motinha (José de Abreu).

O fantástico, na trama, é alimentado por um misterioso personagem chamado Cadeirudo que, nas noites de lua cheia, persegue as mulheres da cidade, gerando o suspense e contribuindo para assegurar a atenção do público. Quem é o Cadeirudo? Dúvida-padrão, que assegura a atenção do público, sempre cultivada pela mídia especializada.

Essa é a síntese que fazemos e que acreditamos definir os argumentos e o desenrolar da narrativa de *A Indomada*. Consideramos que as informações citadas são suficientes para a compreensão das linhas mestras da telenovela analisada, uma vez que tratar de todo o seu desenvolvimento seria, neste momento, excessivo. Como diz Pallottini:

> Se é certo que uma telenovela brasileira tem por volta de 160 capítulos, e que cada capítulo tem em média 45 minutos de história, tem-se que a imagem gravada da novela padrão possui hoje, em média 120 horas de duração. Se pensarmos em termos de papel escrito, podemos dizer que um capítulo é escrito em aproximadamente 30 páginas, portanto a telenovela consome 4.800 páginas de texto, uma pilha de papel de um metro e meio de altura. (Pallottini, 1998:62)

As considerações a respeito das políticas de significação e de produção subjacentes à telenovela serão apresentadas adiante em tópicos específicos das *mediações de gênero e videotécnica*. Por ora, apresentamos essas informações com o objetivo de situar o leitor a respeito da telenovela selecionada para estudo e que estava sendo veiculada durante a realização das etnografias de audiência com as quatro famílias anteriormente apresentadas.

A telenovela reeditada

No tópico "A metodologia de trabalho com a telenovela" já ficou esclarecido que uma das técnicas utilizadas no trabalho de campo foi a seleção de *cenas preferidas* pelas quatro famílias e que se transformaram em material para os grupos de discussão (GD). Apresentamos, agora, o *corpus* daquilo que denominamos "telenovela reeditada" (TVN-R) e que será incorporado, posteriormente, à análise das mediações. Ele está constituído por 26 seqüências, com quatro repetições, e apresenta-se assim distribuído.

Quadro 5 Relação das seqüências escolhidas pela família

Família 1
1. Cleonice e Pitágoras (falam sobre a expulsão de Altiva).
2. Scarlet e Ypiranga (superam as grades da cela na cadeia).
3. A revelação do Cadeirudo.
4. Altiva descobre que Pedro Afonso tem um caso com Zenilda.
5. O comício de Ypiranga.
6. A explosão da Usina.
7. O assassinato de Hércules.
8. Ypiranga assistindo ao vídeo de sua campanha.
9. Scarlet e Carolaine (falam sobre sexualidade nos jovens).

Quadro 5 Relação das seqüências escolhidas pela família
(*continuação*)

Família 2
1. A morte de Altiva.
2. Scarlet e Carolaine.
3. A revelação do Cadeirudo.
4. Emanuel vira anjo.
5. Altiva conhece Inês (sua nora negra).
6. Helena com o pai (o valor da terra).

Família 3
1. A revelação que Artêmio é filho de Altiva.
2. A expulsão de Altiva.
3. Artêmio e Dorothy (primeira relação sexual/lua).
4. Teobaldo e Helena (primeira relação sexual/velas).
5. Scarlet e Ypiranga.
6. Scarlet e Carolaine.

Família 4
1. A briga entre Pedro Afonso e Richard.
2. A morte de Altiva.
3. Felipe e Carolaine (conversam sobre o momento certo de ter relações sexuais).
4. A reabertura da Usina (Helena critica o trabalho infantil).
5. Scarlet e Carolaine.

Número de seqüências escolhidas por família
Família 1: 9 seqüências
Família 2: 6 seqüências
Família 3: 6 seqüências
Família 4: 5 seqüências

As seqüências repetidas

1) Scarlet e Carolaine	4 (famílias 1, 2, 3 e 4 – *todas as famílias*)
2) A revelação do Cadeirudo	2 (famílias 1 e 2)
3) A morte de Altiva	2 (famílias 2 e 4)
4) Scarlet e Ypiranga	2 (famílias 1 e 3)

Quadro 5 Relação das seqüências escolhidas pela família
(*continuação*)

Uma leitura das seqüências

1)	Scarlet e Carolaine	narrativa pedagógica / naturalista
2)	Revelação do Cadeirudo	narrativa mistério / fantástica
3)	Morte da Altiva	narrativa moral / fantástica
4)	Scarlet e Ypiranga	narrativa erótica / fantástica

Quanto às personagens principais dessas seqüências, Scarlet e Altiva foram as mais marcantes para as famílias e, sintomaticamente, não *a indomada* Helena, que na proposta original deveria ser a grande heroína dessa história.

Notas

1. Diferentemente das famílias anteriores em que se sobressaíram as duas mulheres, Lurdinha e Xarlote, como responsáveis pela narrativa familiar, na família 3 o casal assumiu este papel.

2. As adoções dos filhos constituíram um tema tabu no decorrer da pesquisa e, por esta razão, dispomos dessas poucas informações. Essa situação pode ser identificada como um *segredo de família*.

3. Vale lembrar que Aguinaldo Silva é um dos mais conhecidos autores de telenovela da Rede Globo. Foi roteirista de importantes trabalhos, como *Vale Tudo* (em parceria com Gilberto Braga) e *Roque Santeiro* (sinopse original de Dias Gomes). Esta última atingiu um recorde de audiência até hoje não superado: 100 pontos de Ibope nos capítulos finais.

4. Jornal *Folha de S. Paulo*, Caderno TV Folha, 16/2/1997.

5. Projac (Projeto Jacarepaguá). É a Central de Produção da Rede Globo, localizada em Jacarepaguá, Rio de Janeiro.

6. *Jornal do Brasil*, 11/6/1997.

Foto 1

Foto 3

Foto 4

Foto 5

Foto 6

Foto 7

Foto 8

Foto 9

Foto 10

Foto 11

Foto 12

Foto 13

Foto 14

Foto 15

Foto 16

Foto 17

136

4

As mediações na recepção de
A Indomada

O cotidiano familiar

Enfocando os aspectos sociais e principalmente culturais da família, Silverstone (1996) caracteriza-a fundamentalmente como uma unidade de reprodução sexual, um grupo de ação e de solidariedade, fonte de ajuda material e de identidades e coordenadas sociais básicas. A dinâmica familiar aparece mais ressaltada do que a composição familiar, uma vez que a família é um sistema de relações que se modifica ao longo do tempo. Dentre os aspectos ressaltados por Silverstone está a idéia de *"paradigma familiar como organizador central de construtos, disposições, expectativas e fantasias que a família partilha sobre o seu mundo social"* (Silverstone, 1996:67).

Essa idéia é importante porque se aproxima do nosso conceito de *cultura familiar*, responsável por *dotar* os seus membros de uma matriz de *identidade* e de *reconhecimento*, o que não exclui ser também *locus* de crises e de tensões. A cultura da família se constrói através da dialética da interação intragrupal e do grupo familiar com a sociedade maior. E é dentro dela que se assiste à formação das identidades culturais básicas que vão constituir as principais mediações dentro da família. São elas: a posição familiar, o sexo e a idade. Assinale-se que, até agora, tudo isso tem sido insuficiente para a análise crítica da família no

137

sentido de superar a visão redutora desta como espaço de reprodução social e passar a pensar a mediação social que ela constitui.

O prolongamento natural desta discussão leva-nos a tocar na questão do *doméstico* como uma categoria abrangente, política e expressão da relação entre as esferas pública e privada. Numa sociedade capitalista em que a mercantilização global produz relações sociais cada vez mais privatizadas e uma esfera pública cada vez mais reduzida, por mais paradoxal que possa parecer, é o doméstico que se torna lugar e fonte das atividades que desenvolvemos como consumidores e também como cidadãos (García Canclini, 1995). E nesse cenário a televisão se firma como forte dispositivo sociotécnico de (re)conexão entre o público e o privado, em particular por sua capacidade estrutural para mesclar esses espaços.

Para Certeau (1994), o consumo está no coração mesmo da política da vida cotidiana. Porém, trata-se de uma categoria inescrutável, porque a maior parte dos atos de consumo é invisível (anônimo), essencialmente indeterminado (perecível) e potencialmente transformador (reapropriação, uso desviante). Consumo e vida cotidiana são termos coextensivos porque têm na prática e na atividade produtiva o seu ponto de fusão. O consumo implica produção: comprar, usar, ler, cozinhar, assistir televisão são atos de criação, de cultura. A cultura da vida cotidiana é uma espécie de campo de batalha entre os poderosos e os subalternos, em que estes, ao contrário da visão fatalista frankfurtiana, desenvolvem táticas de resistência e descobrem brechas para a criação e a subversão da ordem estabelecida. A cultura é fundamentalmente política e a política é cultural.

Outro autor que teoriza o consumo na sociedade atual é Bourdieu (1991). Nele, o consumo aparece como uma atividade material que tem conseqüências concretas. Supõe uma discriminação através da compra, do uso e da valoração dos objetos. A capacidade para consumir está condicionada pelas posições sociais e a disponibilidade de recursos. Porém, mais importante é a caracterização do consumo como produção simbólica dentro do campo cultural visto como campo de distinção. Essas distinções são, em última instância, expressão de posições de classe que se constroem no consumo, mais que determinada pela inserção dos sujeitos nas relações de produção. O consumo expressa o gosto que está na base dos estilos de vida. Todos, por sua vez, revelam o *habitus* – matriz que organiza valores de práticas que legitimam socialmente os grupos. A noção de cultura preconizada por Certeau aproxima-se da de Bourdieu como campo de forças desiguais. As posições desses dois autores são geralmente lidas como opostas. Pensamos, entretanto, que, numa análise dialética do consumo, elas podem se completar: enquanto Certeau enfatiza as variações, as oposições e as transformações que se dão dentro da cultura em particular, na cultura popular, Bourdieu como que vacina a análise da primazia dada ao *receptor ativo* certeauniano que prevalece nos atuais estudos de recepção.

Faltaria ainda incorporar ao estudo da dimensão política da cultura do cotidiano os trabalhos que alguns autores empreenderam sobre ideologia a partir do enfoque da recepção e dos estudos culturais. É o caso de Hall, Giddens e Thompson. O que esses três autores trazem em comum é a renovação de categorias clássicas de análise. A partir da descoberta de que há produção de sentido nas leituras que a audiência faz dos textos massivos, passa-se a falar mais em *estruturação* e em *textualidade*, enfatizando-se o caráter processual e polissêmico do texto, e não mais a sua autonomia e determinação. Afasta-se a compulsiva reificação do textual e reconhece-se que cada "codificação exige uma decodificação" (Hall, 1981). Nessa mesma linha, Giddens (1987) argumenta que relacionar cotidiano e mídia significa procurar entender de que forma as determinações estruturais são mediadas pelas indústrias produtoras de bens simbólicos e reaproriadas pelos agentes em seus respectivos contextos de interação. Nestes tempos de modernidade radicalizada, afastamo-nos, de modo inédito, de todas as formas tradicionais de organização social. O desaparecimento da "confiança em sistemas abstratos" e a conseqüente perda de "segurança ontológica" passa a exigir dos agentes uma *reflexividade* nas suas práticas cotidianas que são menos práticas sociais estruturadas do que de estruturação do social. Thompson (1998), por sua vez, desenvolve uma crítica às teorias da ideologia por terem sido incapazes de incorporar de forma satisfatória os meios de comunicação de massa. De um lado, por não haver reconhecido nesses meios a sua condição formativa para as sociedade modernas, e de outro, por não identificar os limites com que se depara a ideologia para dominar os indivíduos e incorporá-los à ordem social.

Para nós, sobretudo numa articulação de conjunto, esses autores nos oferecem um marco teórico forte para repensar a audiência da telenovela como um problema de consumo, de mediação e de ação, capaz de equacionar a dialética entre processos e estruturas, entre os fatores micro e macrodimensionais que atuam na relação da televisão/telenovela com a vida cotidiana. Permitem, finalmente, definir o problema da audiência como uma questão socioantropológica, além de proporem metodologias possíveis para sua abordagem.

Família e televisão

Entendemos a família com um espaço social (sistema de posições e relações de parentesco), um espaço cultural (história e dinâmica familiares) e como um *espaço de mediação* das mensagens da telenovela de fundamental importância para esta pesquisa.

Esses pressupostos teóricos e metodológicos levaram-nos a uma concepção operacional de família que contempla suas múltiplas dimensões e que serviu de roteiro para nossa análise dos dados da mediação *cotidiano familiar*:

1. como comunidade de consumo inserida no mercado de trabalho e de consumo, na qual se gera o sentido *do que se tem e do que falta*;
2. como comunidade estética, em que se acomodam as sensações, os impulsos e os desejos;
3. como comunidade afetiva, espaço em que se constrói a primeira experiência de alteridade e dos sentidos que aproximam e afastam;
4. como comunidade de poder, em que a autoridade, papéis e funções estão em luta constante;
5. como comunidade de interpretação (ou hermenêutica) que funda juízos e valores para as práticas sociais.

No outro pólo da inter-relação, a televisão é hoje parte integrante da vida familiar, tal a *familiarização* desse meio de comunicação dentro da vida cotidiana, tal a incorporação que a família faz da televisão na sua rotina de atividades diárias.

A pesquisa confirmou que a família é não só o modelo de assistência da telenovela, como a telenovela é um texto melodramático televisivo para ser *lido* e fruído de forma coletiva, especificamente em contato com outros, em grupo, em família.

A leitura que a família faz da telenovela é uma experiência cultural ativa e complexa, sujeita a uma série de *disposições culturais habilitadas*, produto tanto do *habitus* de cada família quanto das trajetórias específicas de seus membros.

Destacamos *três categorias de análise* na relação família–telenovela. São elas: a *espacialidade familiar*, a *temporalidade familiar* e a *competência cultural*. É em torno dessas três dimensões que o cotidiano familiar se realiza como uma mediação fundamental para entender a importância que nele tem a telenovela.

Espacialidade familiar

A cultura espacial da família expressa-se nas formas como as famílias estabelecem e mantêm os limites entre seus membros e o mundo exterior. Essa delimitação de territorialidade também se manifesta na regulação do espaço interno da casa, tanto em termos de sua distribuição física e de disposição estética do mobiliário e dos bens de consumo, quanto em termos pessoais, de organização dos espaços de circulação, de reunião familiar e de privacidade de cada membro. Aqui entram os acordos físicos e emocionais pelos quais se estabelecem as fronteiras do mundo social da família e do mundo particular de cada membro. Nas famílias de classe média, que são as que dispõem de mais espaço e um número maior de televisores, uma pessoa geralmente não tem que disputar com o resto da família o uso da televisão, porque dispõem de maior mobilidade doméstica. Nesses casos há menos conflito, já que a falta de acordo nos horários pessoais e nas preferências por programas pode ser resolvida se cada membro da família estiver num lugar diferente da casa. Nas famílias de classes populares, que dispõem de menos espaço, há necessidade de usar a mesma dependência para diversos propósitos. Essas situações exigem uma permanente negociação interpessoal, uma realocação constante dos móveis, que as tarefas diárias sejam reorganizadas e as orientações dos diferentes membros da família harmonizadas constantemente.

A espacialidade familiar permite revelar não apenas os espaços domésticos de assistência da televisão, mas também *os espaços de circulação da telenovela*. Tivemos oportunidade de observar esses lugares de sociabilidade, onde a telenovela é (re)contada, discutida, avaliada, como num verdadeiro trabalho de *semiose social*: na sala, na cozinha, no quintal, na churrasqueira, na piscina. Reconstruímos, também, através dos relatos, o circuito extradoméstico de circulação da telenovela: na casa de parentes (família extensa), na escola, no trabalho, nas bancas de jornais.

Temporalidade familiar

A cultura temporal ou os tempos familiares fornecem pontos de orientação e de programação que a família usa para conduzir seus assuntos. Pudemos identificar, por exemplo, que as famílias estudadas têm orientações temporais dominantes, seja para o passado, reveladas na preocupação com a história ou a tradição familiar; seja para o presente, na relação com o aqui e agora, com as experiências do momento; ou seja para o futuro, que se caracteriza pela ênfase no planejamento, nas expectativas ou nas representações do que está por vir. A orientação temporal também se explicita no que se escolhe guardar e preservar ou então abrir mão e interromper, e pode aparecer revelada no mobiliário da casa, nas relações entre os próprios membros da família e com os parentes e, ainda, nas interações com a televisão e outras tecnologias de comunicação no espaço doméstico.

A programação temporal implica a regulação do tempo em termos de seqüência, freqüência, ritmo, duração e horário das atividades familiares. Ela se corporifica em rotinas diárias da família e de seus membros, e atende às exigências de organização da vida cotidiana, seja dentro de casa ou mundo exterior. Talvez, e principalmente, em função das transformações que têm atingido as esferas pública e privada, a administração do tempo e do espaço passa a constituir um dos fatores básicos de enfrentamento entre o "humano-individual" e o "humano-genérico" (Heller, 1970) no mundo contemporâneo. Isso porque enquanto em nossa sociedade o tempo produtivo é aquele que *transcorre* no mercado e é medido, o tempo da cotidianidade é um tempo repetitivo, feito não de unidades contáveis e, sim, de repetições e fragmentos.

É dentro desse tempo familiar rotinizado e ritualizado que a televisão inscreve o mercado. O tempo com que a televisão organiza a sua programação contém a forma do "palimpsesto", um emaranhado de gêneros, em que cada qual remete seu sentido ao cruzamento de outros gêneros e seus tempos (programas, horários e dias) dentro da grade de programação. Temos, então, por um lado, a temporalidade da televisão que se impõe e conforma o cotidiano da família. Porém essa temporalidade não é exclusiva, pois necessariamente vai ter que ser *negociada* com a temporalidade interna, específica, da família. Isso ficará claro adiante ao mostrarmos que cada uma das famílias tem uma temporalidade específica, fruto de sua *dinâmica inter e transfamiliar*, ou seja, tanto das relações entre seus integrantes (horários pessoais), como das relações externas com outras instituições (o horário da escola, do trabalho, das atividades fora de casa).

É importante notar que essas temporalidades internas e externas da família nunca são lineares nem definitivamente equacionadas, mas estão sempre sendo *redefinidas*. Observamos, por exemplo, que enquanto uma pessoa tem compromissos diários com a escola no mesmo horário da telenovela, isto a obriga a assisti-la apenas aos sábados; este hábito se altera assim que têm início as férias escolares. Outra pessoa que estava acompanhando regularmente determinada telenovela não aceitou um compromisso com a igreja por ser no mesmo horário; entretanto, resolveu assumi-lo quando uma outra telenovela começou a ser veiculada e não foi do seu agrado.

Nessa perspectiva, a lógica da temporalidade imposta pela televisão deve ser equacionada com a *temporalidade lógica dos usos*, aquela que vai ser expressa no que chamamos de "palimpsesto da recepção", compreendido como tempo ocupado e seqüência horária daquilo que se assiste.

A competência cultural familiar

Entendemos o *habitus* familiar como uma série de disposições culturais internalizadas ao longo do tempo que permitem *gostar da e entender a* telenovela. Por isso, antes de público de telenovelas, a família já era público de outras formas narrativas. Isto nos foi mostrado, principalmente, por meio das histórias de vida cultural (HC) que realizamos com os membros de cada família. Em outros termos, trata-se da presença de uma "matriz cultural" (Martín-Barbero) e da construção de um "*sensorium*" (Benjamin) que torna possível a telenovela como experiência cultural. Esta perspectiva está na base da crítica de Martín-Barbero ao tratamento unidimensional que tem sido dado à relação televisão–cultura que, situada fora do sentido social das diferenças culturais, permite que a televisão seja vista somente como dispositivo que desativa as diferenças sociais e que a cultura por ela produzida apareça como ideologicamente integrada. Entretanto, diz o autor: "*É a própria noção de cultura, sua significação social, o que está sendo transformado pelo que a televisão produz e em seu modo de reprodução*" (Martín-Barbero, 1997:298).

Lançando no debate mais algumas pistas para a compreensão da especificidade cultural do massivo, Martín-Barbero usa uma citação-chave de Paulo Fabri:

Pode-se afirmar que o gênero é justamente a unidade mínima do conteúdo da comunicação de massa (pelo menos no nível da ficção, mas não apenas) e que a demanda de mercados por parte do público (e do meio) aos produtores se faz no nível de gênero. Para os investigadores, é através da percepção do gênero que se alcança o sentido latente dos textos dos *mass media*. (Martín-Barbero, 1997:298)

Segue-se a definição de cultura popular como *cultura grama-ticalizada*, aquela que remete à intelecção e à fruição de uma obra às regras explícitas da gramática de sua produção, para concluir que a dinâmica cultural da televisão atua pelos seus gêneros. A partir deles, a televisão ativa a competência cultural e a seu modo dá conta das diferenças sociais que a atravessam. Daí serem os gêneros uma mediação fundamental entre a lógica da produção, isto é, do formato, e a lógica do consumo, dos modos de ler e de usar.

Nas famílias estudadas, a noção de competência cultural transformou-se num rico filão que permitiu explorar tanto as especificidades quanto as semelhanças de interpretações da telenovela, através da remessa à matriz popular do melodrama e também do que chamamos de "repertório compartilhado" entre a produção e o público de telenovela, expressão do "pacto de recepção" que entre eles implicitamente se constrói.

Análise descritiva do cotidiano familiar

No tratamento da mediação cotidiano familiar analisamos um bloco central de categorias: *1) consumo dos meios; 2) assistência de TV e de telenovela;* e *3) contexto da recepção.* Na análise, dialogamos com as demais categorias que compõem o quadro analítico desta mediação, quando se expressam no consumo cultural e particularmente no consumo de telenovela.

Consumo dos meios

Esta sessão é dedicada à análise do consumo dos meios nas quatro famílias estudadas. Exploraremos o consumo de jornais, revistas, rádio, CDs, discos e fitas. Esta análise nos leva ao "palimpsesto da recepção", que remete ao uso efetivo que os membros das famílias fazem dos meios e às intertextualidades e matrizes que, configuradas nestes usos, dialogam com o gênero telenovela.

Jornais

Se considerarmos a posse de assinatura de jornal entre as famílias estudadas, sua presença pode ser vista como um signo de distinção da família de classe média alta. Mais importante, entretanto, é observarmos as distinções que se expressam nos usos, já que, como iremos ver, ocorrem também outras formas de acesso a este meio. Passemos agora a examinar a configuração do consumo de jornais entre as famílias pesquisadas.

A *família de favela* apresenta um consumo pouco significativo de jornal. Atualmente nenhum de seus membros lê jornais sistematicamente. Lurdinha (mãe) chegou a ler jornais no passado, mas seu consumo restringia-se à leitura das manchetes e à observação das fotos. Sheila (filha) teve algum contato com jornais na escola: a professora utilizava-o no ensino da leitura, mas ela revela que apenas olhava as fotografias, fazendo também um uso particular delas: pintava cabelos e barbas, satirizando e subvertendo as personagens. Atualmente, quando vai à banca, olha os jornais para ver os resumos das telenovelas. Podemos ver o papel que o jornal assume, ao lado de outros meios como as revistas e o rádio[1], um papel no sentido de antecipar a resolução dos conflitos da telenovela. Devemos lembrar que estas informações, ao entrarem no universo popular, acabam sendo repassadas para os demais membros da família e discutidas entre eles.

A história da relação dos membros da *família de periferia* com o jornal apresenta certas diferenças em relação à família de favela. Esta família chegou a assinar o jornal *Folha de S. Paulo* no período de janeiro a junho de 1997, quando todos relatam ter cultivado o hábito de leitura do mesmo, embora os tipos de conteúdos consumidos fossem diversos. Para João (pai) e João Paulo (filho), a despeito da diferença geracional que os separa, a leitura do jornal significava o consumo de informações sobre futebol. Podemos ver nesse uso uma matriz semelhante de gosto, um *habitus* que se conforma e se atualiza nas diversas práticas relativas ao futebol. Outro uso que o filho encontrava no jornal está relacionado à diversão: gostava de resolver palavras cruzadas. No caso de Juliana (filha), a leitura do jornal direcionava-se principalmente para matérias sobre saúde, gosto revelador de um estilo de vida que ela busca cultivar, alimentando o desejo de ser modelo. Atualmente apenas João e Xarlote (pais) conservam o hábito de ler jornal: ele lê um jornal especializado em futebol de várzea, de tiragem mensal; ela o *Boletim da Igreja*, de tiragem também mensal, uso certamente mediado pelas suas práticas religiosas e comunitárias, de grande dimensão no seu cotidiano.

Na *família de classe média*, Dantas (pai) é quem mantém uma leitura mais sistemática de jornal. Lê diariamente três jornais no banco onde trabalha: *Folha de S. Paulo*, *Diário do Comércio* e *O Estado de S. Paulo*. Realiza a leitura desses jornais para estar informado, segundo ele uma necessidade advinda da sua profissão. Nos fins de semana também costuma ler o jornal local, para situar-se em relação aos fatos da região em que mora. Já Cristiane (mãe), assim como Tatiane e Maurício (filhos), diferentemente do pai, não lêem jornal. Essa distinção entre os membros da família deve estar também relacionada a diferenças de capital escolar. Tomando-se a titulação como indicador deste capital, vemos que Dantas tem curso superior incompleto, enquanto Cristiane tem apenas o segundo grau incompleto. Os filhos Tatiane e Maurício freqüentam a escola, cursando respectivamente a 7ª e a 4ª séries.

Consideremos agora o consumo de jornais na *família de classe média alta*. A família tem assinatura dos jornais *Folha de S. Paulo* e *O Estado de S. Paulo*. Cristina (mãe) lê diariamente estes jornais. As filhas Paula e Beatriz liam pouco jornal, mas atualmente vêm cultivando o hábito da leitura diária dos mesmos, como forma de preparação para o vestibular.

Os dados permitem ver que atualmente o consumo mais significativo de jornais dá-se entre certos membros das classes média (pai) e média alta (mãe e filhas). Entretanto, os demais membros da classe média não consomem jornal (mãe e filhos); neste caso, os membros da família de periferia diferenciam-se por apresentar um consumo de jornal significativo em certo período. Assim, podemos ver que o consumo de jornal não apresenta um ordenamento rígido em termos de classes sociais. Somente a família de favela apresenta um consumo menos significativo, distinguindo-se também porque as ocorrências de consumo desse meio (no caso de Sheila, que acessa o jornal na banca de revistas para ler o resumo das telenovelas) são eminentemente direcionadas para a telenovela.

Revistas

Passemos agora a examinar as distinções que se apresentam em relação ao consumo de revistas entre as famílias pesquisadas, começando pela *família de favela*. O consumo de revistas desta família é limitado ao manuseio na banca de jornal e, no caso das filhas, na escola. Na banca, Lurdinha (mãe) e Sheila (filha) lêem principalmente a revista *Contigo*, relacionando-se por meio dela ao universo das telenovelas; Sheila também olha e lê partes de gibis e revistas esportivas. Na sua juventude, Lurdinha (mãe) teve um consumo mais significativo de revistas, que traziam fotonovelas policiais. Seu relato mostra um domínio da matriz destas histórias, competência que se expressa na relação atual com as telenovelas.

Na *família de periferia*, João (pai) é o que menos lê revistas. Na infância chegou a ler gibis e revistas femininas. Atualmente apenas folheia a revista *Cláudia,* que a filha Juliana assina. Xarlote (mãe) começou a ler revistas na infância e seu gosto foi se direcionando já nessa época para as fotonovelas. O hábito de ler revistas prosseguiu na adolescência e na juventude, ampliando-se para revistas de moda. O acesso às revistas na infância deve ter sido bastante restrito, por conta do escasso capital econômico da família dos pais. Na adolescência e na juventude, depois que começou a trabalhar fora, Xarlote passou a ter um consumo mensal de revistas. Além disso, ela e as amigas praticavam formas táticas de ampliação do acesso a este meio, a troca e o empréstimo. É importante considerar na constituição do gosto por fotonovelas de Xarlote a conformação de uma competência em relação à matriz e às regras de gênero, que depois encontra continuidade no seu hábito de escutar radionovelas e finalmente de assistir telenovelas. Seus relatos sobre as histórias das fotonovelas demonstram como a matriz deste gênero foi aprendida; certamente esta matriz, presente em sua memória, atua como mediação na relação com as telenovelas. O consumo de fotonovelas parece ter sido abandonado a partir do casamento, quando ela passou a utilizar outros meios, principalmente o rádio e a TV, encontrando nesses a continuidade de um gosto consolidado a partir da infância. Atualmente o consumo de revistas é menor (menos de uma vez por mês) e distinto: Xarlote afirma que apenas folheia as revistas *Cláudia*, que a filha assina, e a do Multicanal, referente à sua programação da TV. No período em que a filha assinou a revista *Capricho*, Xarlote diz que também folheava a revista.

O consumo de revistas das filhas Juliana e Joana consolidou-se na adolescência. Ambas liam as seguintes revistas, direcionadas a seu segmento de idade: *Carícia*, *Guia Astral* e *Capricho*, cujo acesso era facilitado por táticas de empréstimo entre amigas. A *Capricho* foi assinada por Juliana durante dois anos, o que permitiu o acesso dos demais membros da família à mesma. O consumo de revistas de adolescentes permitia a Juliana e Joana relacionarem-se com o universo dos artistas da televisão. Esta relação se expressa no hábito que Joana cultivou de colecionar pôsteres de artistas e de colá-los nas portas dos guarda-roupas. No início de 1997 Juliana passou a assinar *Cláudia*, que considera uma revista que *fala sobre a mulher, que tem conteúdo* (Juliana, família 2, HC). Podemos perceber como, nesse caso, a modificação do hábito de consumo em relação ao tipo de revista relaciona-se à idade. Juliana lê também a revista *Veja*, disponível no seu local de trabalho. No caso de Joana (filha), a revista *Carícia* também já não era atraente. A *Capricho* ainda lhe despertava o interesse, mas parou de ler porque a irmã suspendeu a assinatura. Atualmente lê a revista *Cláudia*, assinada pela irmã, uma leitura restrita, pois a considera uma revista *para mulher*, que tem pouco a ver com *adolescente* (Joana, família 2, HC). Também neste caso podemos observar a mediação da idade na conformação das preferências. João Paulo (filho) lê gibis desde a infância, e o acesso aos mesmos é ampliado através de empréstimos junto à prima. Ele também lia a revista *Capricho*, assinada por Juliana. Atualmente lê *Cláudia* cerca de uma vez por mês. João Paulo expressa uma preferência por revistas com fotos, gosto que revela a mediação fundamental da imagem.

Na *família de classe média* o consumo de revistas está presente de maneira diversa entre os membros. Dantas lê as revistas

Cláudia, Nova, Marie Claire, Contigo e *Caras* no trabalho, através do empréstimo de colegas, com freqüência de pelo menos uma vez por mês. Esse consumo revela certa ruptura com o direcionamento informativo que perpassa a relação dele com o jornal, como vimos anteriormente. Cristiane (mãe) tinha o hábito de ler as revistas *Amiga* e *Cláudia*, mas atualmente afirma que não lê mais. O consumo de Tatiane (filha) é direcionado às revistas para adolescentes *Carícia* e *Capricho*. Maurício (filho) não lê revistas.

Na *família de classe média alta*, Cristina (mãe) lê a revista *Veja*. Paula e Beatriz (filhas) costumam ler a *Super Interessante*, mas Beatriz também afirma gostar de revistas de moda.

Os dados apresentados permitem ver que o hábito da leitura de revistas com conteúdos relacionados à telenovela encontra-se presente em três famílias pesquisadas (de favela, de periferia e média), embora com diferentes graus de amplitude, de intensidade e de significação em relação aos membros de cada família. Como mencionamos anteriormente, a revista *Contigo* é lida por Dantas (pai da família de classe média), Lurdinha e Sheila (respectivamente mãe e filha da família de favela); *Capricho* e *Carícia* são consumidas por Tatiane (filha da família de classe média) e, no passado recente, pelas filhas Juliana e Joana, da família de periferia, sendo que a *Capricho* era lida também por Xarlote (mãe) e João Paulo (filho) nesta família. Vemos assim que o consumo de revistas cujos conteúdos possuem intertextualidades com a telenovela apresenta-se disseminado entre sujeitos de classes, gênero e idades diferenciados.

Outro aspecto importante que os dados permitem ver é que, no caso das mães das famílias de favela e de periferia, a constituição de um domínio das regras e da matriz do gênero telenovela tem antecedentes na relação histórica delas com revistas de fotonovelas.

Rádio

Consideremos agora o consumo de rádio nas famílias pesquisadas, tratando inicialmente da sua configuração na *família de favela*. A ligação de Lurdinha (mãe) com a música é muito significativa, perpassando também o seu gosto pela dança. Essa matriz ajuda a compreender a relação com a telenovela, já que esta incorpora a música em suas trilhas sonoras. Recuperando a relação histórica de Lurdinha com o rádio, vemos que ela ouviu radionovelas desde menina. Na infância driblava a censura da mãe, que não gostava que escutasse radionovelas, ouvindo-as clandestinamente. Lurdinha lembra de personagens e de tramas marcantes, particularmente de *Mamãe Dolores* e de *Albertinho Limonta*, da clássica telenovela *O Direito de Nascer*. A história do consumo de rádio de Lurdinha permite ver que a competência em relação à telenovela foi historicamente constituída, passando pela escuta de radionovela.

Os programas de rádio ouvidos por Lurdinha e pelas filhas atualmente caracterizam-se por apresentar relações com o universo da telenovela. São eles: os programas do *Nelson Rubens* e do *Paulo Barboza*, que trazem informações sobre as telenovelas e programas musicais das rádios *América, Capital* e *Cidade*, que tocam músicas das telenovelas em geral e da telenovela estudada. É interessante notar que Lurdinha confronta as informações fornecidas pelos programas do *Nelson Rubens* e do *Paulo Barboza* com o desenvolvimento da trama, avaliando a credibilidade das mesmas; neste sentido, o programa do *Nelson Rubens* é visto com desconfiança, pois muitas vezes fornece informações e resoluções de conflitos que não se efetivam na trama televisiva. O rádio é um referente importante para os membros desta família, servindo para antecipar acontecimentos, para controlar a trama e para compartilhar os segredos da telenovela, usos dos quais extraem prazer.

Fernanda (filha) lembra ouvir programas como o de *Paulo Barboza* desde a infância no rádio. Com a ajuda do rádio aprendeu a dançar principalmente samba e lambada, ensinada pela mãe. Gosta de ouvir música, sobretudo pela rádio *Cidade*, preferindo a sertaneja. Nessa estação ouve músicas tocadas nas telenovelas. Lembra principalmente das músicas-tema de Grampola e de Hércules; enquanto escuta esta última, lembra *que ele [Hércules] é muito frio, que namora por dinheiro* (Fernanda, família 1, QC). É interessante perceber como as músicas da telenovela, ouvidas através do rádio, acionam a memória dos personagens, associação que a telenovela explora através das músicas-tema. Sheila também gosta de ouvir música no rádio, preferindo samba e pagode. Gosta especialmente dos grupos *Exaltasamba e Molejo*. Notamos como é importante para os membros dessa família controlar o andamento da trama da telenovela. Para isso, o consumo de meios como o rádio e as revistas é fundamental. Sheila (filha) afirma que se informa sobre as telenovelas por esses meios e desse modo não precisa acompanhar sempre a telenovela. Lembra também ter ouvido entrevistas com atores e atrizes, e de músicas das telenovelas no rádio. Uma entrevista que considera marcante foi feita com o ator que interpreta o papel de Emanuel (Selton Mello). Também ouve no rádio opiniões e informações das telenovelas em geral e de *A Indomada*, estabelecendo um debate com elas e manifestando formar sua própria opinião sobre os assuntos. Nesse contexto, os temas da telenovela funcionam como uma *agenda* e constituem um *espaço público* do qual se sente participante. Sheila já ouviu também o humorístico *Café com Bobagem*, que faz paródias das telenovelas.

Consideremos agora o consumo de rádio na *família de periferia*. As preferências de João (pai) giram em torno do esporte. Nesse sentido, prefere ouvir os programas das rádios *Bandeirantes*, *Globo* e *Iguatemi*. Podemos observar aqui novamente a mediação das práticas do cotidiano relativas ao futebol, conformadas nos 23 anos de participação no time do bairro, o Flamengo local. João também escuta diariamente música no rádio, consumo que resulta de sua inserção no grupo familiar. O hábito de ligar o rádio para escutar música da filha Joana acaba impondo-se aos demais; como lembra Morley (1986), o consumo no seu contexto "natural", o doméstico, não é necessariamente orientado pelas preferências individuais; estas são objeto de negociação, de conflito e muitas vezes alguns membros consomem o que outros elegem.

No caso de Xarlote (mãe), o consumo de rádio iniciou-se na juventude, na casa de vizinhos, pois o escasso capital econômico da família impedia o acesso ao aparelho. O uso do rádio inseria-se no universo popular e em sua lógica: não era objeto de um consumo apenas da casa, mas estendia-se às redes da família extensa e da vizinhança. As preferências foram se conformando em torno de programas de auditório, de música caipira e principalmente de radionovelas. O consumo da radionovela implicava um envolvimento emocional dos sujeitos. Se a escuta do relato era silenciosa, a recepção não terminava com o final do capítulo: prosseguia nos debates e troca de opiniões dos ouvintes, num processo de negociação de sentidos semelhante ao que se dá atualmente com a telenovela. A relação de Xarlote com a radionovela, quando considerada juntamente com o consumo de outros meios, permite visualizar a conformação de uma competência, de um domínio da matriz de gênero que passa pela fotonovela, pelos romances populares e pela radionovela. Competência que é acionada e media a sua relação com a telenovela. O relato de Xarlote aponta para as modificações que acarretam o rádio e a TV na organização do tempo livre, na casa dos pais e também na sua família: estes equipamentos culturais colaboraram para inserir o lazer no espaço doméstico, tendência apontada e discutida atualmente por autores como Silverstone (1996). Xarlote também relata a perda de espaço do rádio para a televisão, tanto na casa dos pais quanto na família atual, o que para ela também se deve às mudanças na programação do rádio. Atualmente seu consumo direciona-se à música, preferindo ouvir samba e pagode. Para Xarlote, o rádio também cumpre o papel de antecipar os conflitos da telenovela: ela gosta de escutar o programa do Nelson Rubens, que relata antecipadamente os acontecimentos da trama, informações que são depois intercambiadas dentro da família.

Os filhos Juliana, Joana e João Paulo ouviram rádio desde a infância, acompanhando os programas que a mãe escutava. Ouvem rádio diariamente, Juliana na maior parte do tempo fora do âmbito doméstico, no espaço do trabalho. As escolhas em relação à programação do rádio, embora feitas por ela, são marcadas pela situação de escuta, pelas convenções do ambiente de trabalho, já que a música é parte deste ambiente, um consultório odontológico freqüentado por pessoas de classe média e média alta. Juliana diferencia-se dos demais membros da casa em sua escuta musical de rádio, voltada fundamentalmente para a música popular brasileira. Joana (filha) é a que mais ouve rádio na casa.

Este meio acompanha todas as atividades que realiza no contexto doméstico, inclusive tomar banho. Sua significativa relação com ele pode ser percebida também na iniciativa de telefonar para programas e solicitar a execução de músicas de sua preferência. Como sua escuta dá-se no espaço doméstico, que é limitado, acaba impondo seu hábito e suas seleções aos demais membros da casa. Atualmente, assim como o irmão João Paulo, tem preferência por programas que tocam samba e pagode. Joana já ouviu também *dance music* e lambada em certa época. Também ouve música sertaneja, gosto que diz ter aprendido com a mãe. A similaridade dos gostos de Joana, João Paulo e Xarlote[2] expressa um *habitus* consolidado na socialização familiar, o que não significa imobilidade da matriz apreendida: como comenta Joana em relação à música sertaneja, o gosto aprendeu com a mãe, que escutava a música tradicional, mas ela redefiniu este gosto para a música sertaneja moderna[3]. João Paulo também afirma escutar o programa do Nelson Rubens, que atualiza o relato das telenovelas.

Na *família de classe média*, o rádio é consumido diariamente, mas o tipo de programação ouvida é distinto. Para Dantas (pai), o uso do rádio é direcionado pelo interesse por informação, que define também o consumo dos jornais. Ele gosta de ouvir a rádio *Cidade*. Os tempos de escuta parecem ser predominantemente os de deslocamento entre a casa e o trabalho, no carro.

No caso dos filhos Tatiane e Maurício, o consumo de rádio é predominantemente musical, mas Maurício também ouve programas humorísticos. Nos programas musicais e humorísticos que ouvem, os filhos relacionam-se com o universo da telenovela, por meio das músicas que compõem suas trilhas sonoras e do humor em programas de rádio que satirizam os personagens.

Na *família de classe média alta* podem ser observadas distinções na escuta de rádio de Cristina (mãe), a única que ouve música instrumental enquanto se locomove de carro, pela rádio *Escala*. Cristina também escuta um programa religioso apresentado pelo padre Marcelo. As filhas ouvem outro tipo de música no rádio. Beatriz (filha) gosta de pagode e de *dance music*, Paula (filha) de pagode, axé, sertaneja e *reggae*. Muitos destes estilos musicais, principalmente o pagode, mas também o *reggae* e a música sertaneja, atravessam gostos de membros das famílias de classes, gêneros e idades diferentes. Os dados apresentados permitem ver que, ainda que de diversas formas, o consumo de rádio nas diferentes famílias estabelece relações com a telenovela. As relações mais significativas dão-se nas famílias da favela e da periferia, onde se escutam programas de rádio que antecipam os acontecimentos da trama. No caso das mães destas famílias, também se observa uma relação histórica com a radionovela, organizadora de uma competência que encontra expressão e continuidade na atual relação com as telenovelas. Além disso, na programação de rádio consumida entre os membros das quatro famílias pesquisadas estabelecem-se relações com a telenovela através da música.

CDs, discos e fitas

Consideremos agora o consumo de CDs, discos e fitas nas famílias pesquisadas. A *família de favela* possui aparelho de som para discos e fitas. Lurdinha (mãe) conserva discos antigos de música sertaneja tradicional, como os de *Tonico e Tinoco*. Tem discos de *Roberto Carlos*. Sua paixão pela dança explica o fato de possuir discos de forró, de samba e de lambada, todos eles de sua *época de ouro* (Lurdinha, família 1, HC), modo como se refere ao tempo da sua juventude, quando saía para dançar e, apesar da escassez de recursos, conseguia adquirir discos. O significado da música em sua vida expressa-se nos relatos sobre as épocas e momentos mais felizes. Desde jovem, quando teve a oportunidade de reunir um pouco de dinheiro, tem aparelho para escutar discos: o primeiro foi uma vitrola, que comprou quando morava em Joinville, aquisição que lhe proporcionou muita alegria: *Parecia que eu estava rica, foi uma bênção, nossa senhora!* (Lurdinha, família 1, HC). Na elaboração de sua história de vida cultural, pediu discos emprestados de música sertaneja tradicional de seu patrão para escutar junto com o pesquisador.

Devido à profunda crise econômica da última década, não teve mais possibilidade de comprar discos ou CDs; se pudesse,

Lurdinha afirma que compraria os CDs das trilhas sonoras das telenovelas, o que indica que sua relação com esse gênero estabelece-se também valendo-se de sua cultura musical. A filha Fernanda demonstra conhecer os temas musicais da telenovela estudada, gosta das músicas porque são *bonitas e românticas* (Fernanda, filha da família 1, QC). Entre as preferidas está *Rosa vermelha*, música-tema do romance de Grampola e de Emanuel, uma das tramas prediletas dela. O caso de Fernanda é revelador de como a música reforça o envolvimento do receptor com a trama, quando por meio dela a telenovela logra conectar-se ao gosto musical do receptor. Para Sheila (filha), as músicas das telenovelas não têm a importância que vemos expressa por Fernanda. Atualmente o consumo musical dessa família realiza-se de modo mais significativo com auxílio do rádio, que permite sua atualização aos ritmos, bandas e trilhas de moda. A família tem acesso a músicas da telenovela estudada também por meio da escuta dos vizinhos que possuem o CD – o volume alto e a contiguidade das casas na favela permite ouvir as músicas tocadas nas casas vizinhas.

Na *família de periferia*, Xarlote (mãe) tem o costume de escutar fitas de cânticos religiosos, hábito que expressa o seu envolvimento com a religião. O orçamento apertado da família dificulta o acesso a CDs, discos e fitas. Juliana (filha) é a única que compra CDs na casa, pois trabalha fora e utiliza o dinheiro que ganha para si. Ela tem CDs de MPB (*Marisa Monte*), samba, pagode (*Fundo de Quintal, Sem Compromisso, Exaltasamba*) e *reggae* (*Bob Marley* e os contemporâneos), que expressam seu gosto musical e são ouvidos por todos na família. Joana (filha) escuta música no rádio e nos CDs da irmã, preferindo samba e pagode. João Paulo (filho) gosta dos CDs de *Bob Marley, Ziggy Marley, Fundo de Quintal* e *Negritude Júnior*.

Nessa família todos conhecem e escutam o CD de músicas nacionais da telenovela *A Indomada*. Mãe e filhos demonstram apreciar as músicas, ouvidas por intermédio da escuta dos parentes que moram na edícula da casa e possuem o CD. Também neste caso, a telenovela consegue conectar-se com os receptores pela intervenção da sua trilha sonora, que remete à cultura musical da família.

A *família de classe média* possui discos de trilhas sonoras de telenovelas. De *A Indomada*, Dantas prefere a música-tema de Hércules, de Sandra de Sá. Cristiane (mãe) diz que gostaria de comprar mais CDs das telenovelas, mas considera-os muito caros. Gosta também de dança e faz referência a um restaurante que freqüenta, o *Gouveia*, que aprecia porque apresenta um *show* de tango e de bolero. Cristiane lembra que na infância ouvia músicas tocadas pelo avô no *acordeom* para ela e outros netos. Sua mãe sintonizava em casa a rádio *Globo* AM, que ela também escutava. O irmão mais velho gostava de escutar MPB e ela revela ter sido influenciada por ele. Essa cultura musical também explica sua relação com a telenovela. Cristiane revela gostar em particular das músicas-tema do casal Dorothy e Artêmio (José Augusto), do Hércules (Sandra de Sá), da Zenilda (Maria Bethânia) e a que tematiza as paisagens da telenovela (Zé Ramalho). Considera a música-tema da personagem Zenilda maravilhosa, por ter *certo magnetismo* (Cristiane, família 3, QC), e das outras gosta porque são românticas. Cristiane é um exemplo interessante de como os enunciados formais estão longe dos significados profundos: embora tenha afirmado durante a pesquisa que não se envolve muito com telenovela, esse gênero está presente nos seus sonhos, na sua sensibilidade, no seu lazer, na sua dimensão erótica, no seu consumo cultural. Ela conhece as músicas da telenovela estudada, classifica-as e também as relaciona com situações e personagens. Novamente o caráter reiterativo do gênero demonstra sua força: para ela é suficiente assistir três vezes por semana para ter um consumo alto dos produtos da mídia relacionados à telenovela.

Tatiane, a filha, costuma ouvir música todos os dias; gosta de ouvir *rock* e aponta como cantores e bandas preferidos *Bon Jovi*, *Alanis Morissetti* e *Spice Girls*. Quando era pequena, escutava muita MPB por influência da mãe. Sempre ouviu muito samba; entretanto, a partir da mudança para a residência atual, passou a conviver com novos grupos, com os quais aprendeu a ouvir *rock*, *pop* e *rap*. Tatiane também escuta e afirma gostar muito das fitas e dos discos de telenovelas disponíveis na casa. Maurício (filho) também costuma ouvir música todos os dias. Gosta de *rock*, *pop* e de *dance music*. Cita como grupos preferidos o *Aerosmith* e os *Raimundos*. Maurício também afirma estar aprendendo a ouvir as músicas que tocam na MTV com os amigos que fez no prédio. Ele lembra de músicas das minisséries *Anos Rebeldes* e *Anos Dourados*, que lhe marcaram. Na *família de classe média alta*, Cristina (mãe) escuta música no rádio. Ela não informou sobre seu consumo de CDs, que deve ser mínimo. Beatriz (filha) tem preferência por CDs de música romântica, de pagode e de *dance music*. Paula prefere CDs de *rock*, especialmente os do grupo *Sepultura*.

Os dados mostram que o consumo de CDs entre as famílias pesquisadas é limitado e não apresenta uma diferenciação distintiva em termos de classe. O altíssimo custo do CD no Brasil explica por que na maioria dessas famílias não existe um consumo mais intenso desse produto.

As donas-de-casa das famílias de periferia e de classe média alta são as que menos conhecimento têm de nomes de bandas e de classificação de estilos musicais. Jovens e adolescentes manifestam um domínio amplo em relação a nomes de cantores, de bandas, de estilos musicais e dos meios de comunicação onde se pode ouvi-los. Lurdinha, a mãe da favela, é a exceção da geração adulta da pesquisa: demonstra conhecimento de estilos musicais, de bandas e de músicos; tem esquemas de apreciação, de classificação e de uso bem definidos; é professora de dança das filhas e só não realiza maiores ações musicais em razão de sua doença e de sua condição econômica. Sua competência musical é similar à sua competência cinematográfica: seus dispositivos de classificação, seus princípios estéticos e suas práticas de consumo demonstram um conhecimento, uma amplitude e uma lógica depurados. Se compararmos sua cultura musical com a das mães das famílias de classe média e média alta, observamos uma sensibilidade e um domínio musical mais amplos.

A música brasileira (samba, pagode, sertaneja, axé) tem forte presença nas quatro famílias pesquisadas. Essa matriz certamente contribui para explicar a relação das famílias com a telenovela, na medida em que o gênero utiliza a música brasileira em suas trilhas sonoras. É importante registrar que os adolescentes e jovens das famílias populares escutam e dançam música brasileira tanto quanto as jovens da família de classe média alta; comprovamos uma matriz de gostos musicais similar entre eles. Os filhos da família de classe média apresentam um perfil diferenciado de gosto em relação aos demais. Entretanto, ainda que não tenham expressado preferência por ritmos como samba, pagode ou axé, são os que têm mais discos de músicas das telenovelas e os que mais lembram dessas músicas, aproximando-se neste sentido dos demais em termos do consumo e do gosto por músicas do gênero que estamos estudando. O *reggae*, música negra do Caribe, é apreciado por jovens da família de periferia (negra) e igualmente da família de classe média alta.

Outro aspecto importante do consumo de música por meio de discos, fitas, CDs e mesmo do rádio é que ocupa um tempo significativo do lazer dos jovens e adolescentes. Em todas as famílias, a música aparece como parte fundamental do cotidiano dessa geração, que escuta música diariamente. Nas famílias populares e na de classe média alta a dança é também um modo de comunicação e de lazer importantíssimo. Paula e Beatriz (filhas da família de classe média alta) dançam em bares, clubes e discotecas; Juliana e Joana (filhas da família de periferia) em festas da família extensa ou de vizinhos, e poucas vezes em discotecas; Lurdinha, Fernanda e Sheila (mãe e filhas da família de favela) dançam em casa e em festas de vizinhos. Escutar música e dançar é parte fundamental do *espaço musical* transclassista. A indústria cultural explora essa matriz cultural brasileira estruturando um mercado musical paralelo à produção da telenovela, que gera importantes lucros para os empresários dessas mídias.

O aumento significativo do número de ouvintes de uma emissora é um fator importante para ampliar sua publicidade; do mesmo modo, uma audiência alta para um programa musical na TV, com temas das telenovelas, é um elemento importante para a expansão dos seus lucros. A racionalidade consumidora contemporânea, baseada na disputa dos bens de consumo[4], confirma nas famílias estudadas o jogo entre *desejos* e *estruturas*: as demandas sociais de consumo têm uma afinidade geral com a oferta da grande mídia, que retoma matrizes culturais seculares (Martín-Barbero, 1987) e forma um mercado cultural forte. Lembremos que no Brasil, a partir de 1992, as indústrias de discos, CDs e fitas reformularam suas estratégias privilegiando a edição de música brasileira, que hoje ocupa mais de três quartos do mercado nacional, terminando assim com a hegemonia da música norte-americana presente até o início da década.

Assistência de televisão e de telenovela

Consideremos agora o consumo de televisão e de telenovelas em cada uma das famílias pesquisadas, começando pela *família de favela*. Esta família tem um altíssimo consumo de programas de TV. Na casa, pelo menos um dos dois aparelhos permanecem ligados das 10 da manhã até às 2 da madrugada. Lurdinha (mãe) necessita da companhia da TV durante as tarefas domésticas, que realiza cuidadosamente. Parece que o café, o cigarro, a TV e o rádio são companheiros inseparáveis no cotidiano dessa mãe popular, que sai pouco em virtude da doença e da pobreza. Seu cotidiano está profundamente marcado pelo consumo dos meios que, como diria sua filha Sheila, *permite ficar desligada, sonhando* (Sheila, família 1, QC). As hipóteses da *teoria das mediações* acerca da necessidade de tornar poético o cotidiano humilhante das classes *populares* confirmam-se nessa família. Para dar um sentido transcendente à rotina de tarefas diárias, o rádio e a TV são fundamentais. O espírito de aventura, de romance, de luta de Lurdinha é encaminhado por meio desse vínculo, dessa vivência compartilhada com a mídia eletrônica.

Durante a pesquisa, Lurdinha assistia as telenovelas da Rede Globo *O Amor Está no Ar* (18 h), *Zazá* (19 h), *A Indomada* (20h40); na Rede Manchete assistia *Xica da Silva* (22 h). Acompanhava regularmente estas telenovelas. Lurdinha demonstra uma capacidade de qualificar as personagens, estabelece valorizações éticas a respeito das ações desenvolvidas por elas e elabora reflexões sobre os acontecimentos. Afirma que não conseguiria viver sem as telenovelas na sua vida atual. Lembremos que nos últimos cinco anos ela teve que superar o alcoolismo e as piores situações de crise econômica de sua vida em São Paulo.

As personagens admiradas por ela na telenovela estudada são Mirandinha, Florência e Zenilda, porque *brigavam quando viam algo errado e eram pessoas fortes* (Lurdinha, família 1, OE).

160

Critica Teobaldo por ser prepotente, Helena por ser egoísta e Felipe por ser mimado. De Scarlet incomoda-a sua ousadia sexual. Gosta das cenas de realismo mágico e de identificação familiar, como a de Eulália saindo do mar depois da súplica de sua filha Helena.

A novela que mais gostou durante a pesquisa foi *Xica da Silva*, em razão da trama, da atuação dos atores e da representação de realidades de conflito e de injustiça. Esta telenovela era proibida para as filhas, que assistiam outros programas no dormitório. Lurdinha conta que assistiu muitas telenovelas na sua vida. Refletindo sobre a sua experiência no gênero, qualificou *A Indomada* como uma novela regular, lembrando que já houver melhores.

Fernanda e Sheila (filhas) assistiam *Maria do Bairro* e *Chiquititas*, do SBT, *Anjo Mau*, *Zazá*, *Por Amor* e *A Indomada*, da Rede Globo. A telenovela de que mais gostavam era *Chiquititas*, por tratar da vida de crianças abandonadas; nas palavras de Fernanda, *Chiquititas tem bastante criança, é muito engraçada e os meninos implicam com as meninas* (Fernanda, família 1, HV). Sheila gosta do modo de falar, do jeito que eles se vestem nesta telenovela, *eles colocam uma roupa bonitinha*. Porém não gosta dos meninos da telenovela, porque são *atrapalhados e piolhentos* (Sheila, família 1, HC).

A família de favela apresenta um alto consumo de telenovelas. Suas opções de lazer e sua relação com o macromundo social estão mediadas de forma significativa pela TV e pelo rádio. A atividade de assistir telenovela é motivada pela possibilidade de observar, de sentir e de opinar sobre casos, cenas, seqüências, situações e comportamentos transmitidos de acordo com o planejamento da emissora e a produção singular do autor, dos roteiristas, do diretor, dos atores, técnicos e artistas. A telenovela coloca uma *agenda* de temas, relações, conflitos, condutas e pensamentos que as redes e os produtores consideram importantes divulgar. Independentemente das opiniões de Lurdinha, Fernanda e Sheila, observamos que o rádio, a música, a TV e as telenovelas são parte importante do seu cotidiano. O consumo cultural de telenovelas não está restrito à assistência, mas tem um campo de produção de sentido maior, que inclui ouvir programas de rádio, ler revistas e conversar com colegas e vizinhos a respeito do que acontece na telenovela.

Para Lurdinha as telenovelas permitem um distanciamento de seus problemas de saúde, moradia, trabalho e marcas psíquicas negativas. A música, as telenovelas e os filmes estabelecem *dimensões* de recepção que tornam possível viver (sentir, pensar) aventuras, romances, situações humorísticas, conflitos, momentos mágicos que na rotina do dia-a-dia não são permitidos ou resultam muito perigosos.

O alto consumo de TV na família de favela expressa as limitações de entretenimento, de lazer, de cultura e de participação política que sua situação condiciona. Por outro lado, manifesta a necessidade de ter um espaço público de encontro de temáticas, tramas e conflitos, que as formas políticas vigentes não facilitam. A família discute sobre o governo de Ypiranga e Pitágoras e compara sua gestão com a administração do prefeito de São Paulo.

Os intercâmbios e as misturas entre ficção e realidade são constantes e têm limites muito ambíguos. O caráter ético, filosófico e político da assistência à telenovela, na família de favela, é significativo. Os comentários, risos, xingamentos, caretas e críticas manifestam *ideologias*, valores, rejeições e projeções que estabelecem com as personagens, com a trama, com as situações, com os modelos de vida e com dimensões similares que identificam na vida real. Para as crianças e a mãe da família de favela, a telenovela é importante porque permite desmascarar vilões, descobrir segredos e resolver conflitos numa posição privilegiada de *observadores-especialistas-críticos*. Os anos de assistência demonstram a existência de práticas de consumo estruturadas, de matrizes de gosto e de esquemas de apreciação que o contato cotidiano com a telenovela permitiu construir.

A circulação imaginária por cenários de outras classes sociais provoca demandas de superação das condições atuais de vida na favela. A apresentação de mansões, apartamentos de luxo, clubes e escritórios nos quais os pobres só poderiam estar como serventes provoca pensamentos e sentimentos de revolta contra a situação vigente. Sem pretender inferir que isso construa uma consciência política crítica, básica, não é menos verdade que a revolta existe;

o sonho de ascensão social está presente e nem sempre é manifestação de arrivismo (Martín-Barbero, 1997).

A assistência à telenovela é um ritual cotidiano na família de favela. São várias telenovelas, num mesmo dia, que configuram uma dimensão simbólica importante no inconsciente e no imaginário da mãe e das crianças. Devemos considerar que os horários das telenovelas coincidem com a noite. Na favela, durante a realização da pesquisa, a violência foi um fator constante: tiroteios, assassinatos, confrontos de gangues são parte do dia-a-dia dos moradores do lugar, portanto a circulação da mãe e das meninas era muito restringida. A TV permite romper esse cerco espacial e circular por espaços televisivos que se tornam muito concretos na vida dessas pessoas.

A inserção das telenovelas no cotidiano da família colabora no controle da neurose da mãe, na repressão de suas marcas alcoólatras, na criação de momentos de relaxamento e no estabelecimento de situações de contato familiar: Lurdinha, Fernanda e Sheila transformam-se em telespectadoras e compartilham alegrias, raivas, tristezas, segredos, críticas, opiniões, vários tipos de sentimentos e emoções que configuram uma dimensão psíquica-comunicacional significativa em suas vidas.

A *família de periferia* também apresenta um consumo significativo de programas de TV. É produtivo analisar este consumo, resgatando sua configuração histórica. Xarlote (mãe) assiste televisão desde a juventude; primeiro, na casa dos vizinhos, depois ela e os irmãos compraram uma TV. A família assistia televisão muitas vezes em companhia de parentes e vizinhos. Já nessa época se constituiu o hábito de assistir telenovelas. Nos finais de semana acompanhavam os programas do *Chacrinha*, do *Moacir Franco* e do *Bolinha*. O programa do *Chacrinha* e as telenovelas eram os preferidos. Depois do casamento, Xarlote continuou sintonizando esses programas, mas o contexto da recepção mudou: assistia televisão sozinha na época, na maior parte das vezes, pois João trabalhava fora.

A família só possuía uma televisão. Xarlote relata os conflitos pela definição da programação a ser assistida, divididos entre preferências marcadas por distinções de gênero e de idade. Com duas televisões, atualmente, estas preferências acomodam-se mais facilmente. Segundo Xarlote, a família vê bastante televisão em grupo, havendo concessões nas preferências individuais em favor do encontro familiar. Durante a pesquisa, assistiam juntos a telenovela *Xica da Silva*, quando todos já estavam em casa. Nos finais de semana assistiam televisão juntos, no sábado e no domingo à noite – neste último o programa do *Silvio Santos*. As telenovelas ocupavam o primeiro lugar nas preferências de Xarlote, que assistia *A Viagem* e *A Indomada* exibidas pela Rede Globo, *Maria do Bairro* pelo SBT e *Xica da Silva* pela Manchete. As telenovelas noturnas só não eram assistidas quando ela tinha compromissos na igreja. Outros programas que acompanhava eram o de *Ana Maria Braga*, exibido pela Record, o de *Wagner Montes*, pela CNT, e o *Zorro*, pela Record. Nos finais de semana assistia o *Domingão do Faustão*, *Você Decide* e *Silvio Santos*, particularmente no período da noite de domingo. Todos esses programas ampliavam a relação de Xarlote com a telenovela, ao explorarem seu universo por meio de entrevistas com atores e atrizes, valendo-se da tematização de assuntos e da apresentação de músicas. Xarlote possui uma memória do gênero bastante significativa. Cita como marcantes as telenovelas *Sol Amarelo* e *Cabocla*. Sua forte relação com a TV pode ser vista, também, na sua iniciativa de ligar para programas como *Você Decide* e outros que permitem a participação dos telespectadores, inclusive aqueles que tem sorteio.

João (pai) prefere os programas esportivos na TV, uso que expressa a importância do assunto no seu cotidiano. Durante a pesquisa, assistia o *Globo Esporte* todo dia, e o programa de notícias esportivas da Gazeta. Aos domingos à noite acompanhava o *Mesa Redonda*, na Gazeta, e o *Cartão Verde*, na Cultura. Também assistia desenhos animados em companhia do filho João Paulo (Multicanal) e principalmente jogos de futebol. Sua assistência de telenovelas era limitada: às vezes assistia parcialmente *A Indomada* e *Xica da Silva*. Além destes programas, acompanha outros de forma menos sistemática, como os programas do *Faustão*, do *Gugu*, do *Silvio Santos* e o *Vídeo Show*, que apresentam conteúdos relacionados às telenovelas. Neste sentido, apesar de dizer que não se interessa por telenovelas, João acompanha-as e participa do universo que as cerca.

Juliana (filha) diz que assistia muita TV desde a infância. Lembra de programas infantis, como o *Bambalalão* e o *Sítio do Pica-Pau Amarelo*. Também via desenhos, dos quais gosta até hoje. Sua relação com as telenovelas vem da infância. No período da pesquisa assistia os seguintes programas de TV: durante a semana a telenovela *Xica da Silva*, da Manchete; nas sextas-feiras à noite filmes no Multicanal; no sábado a telenovela *A Indomada* e filmes no Multicanal; no domingo o programa do *Gugu* e o *Em Nome do Amor*, no SBT. Apesar de assistir a telenovela *A Indomada* apenas no sábado, acompanhava os acontecimentos da trama valendo-se do relato da mãe. Juliana possui uma memória ampla de telenovelas. Como marcantes, cita: *Fera Radical, Vereda Tropical, Mulheres de Areia, Sassaricando, Meu Bem Meu Mal, Cara e Coroa, O Dono do Mundo, Pantanal* e *Renascer*. Das duas últimas gostou mais, apesar de ter assistido pouco.

Joana (filha) também assistiu TV desde a infância; preferia desenhos e telenovelas. Mantém o gosto e o hábito de acompanhar esses programas, mas atualmente gosta também de filmes e de seriados. Diz que a partir dos 13 anos passou a consumir menos TV: *Acho que cresci* (Joana, família 2, HC). O consumo de rádio passou a substituir parte do consumo televisivo. Joana já foi assídua assistente de *Malhação*, mas diz que agora só o assiste de vez em quando; gostava mais do programa antes, quando os personagens falavam gírias e apareciam os significados na tela. Joana já foi ao *Programa Livre* com a turma da escola, experiência que ela considera marcante e que lhe possibilitou conhecer aspectos da produção desse programa.

A rotina de assistência de TV de Joana no período da pesquisa era a seguinte: durante a semana a telenovela da sessão *Vale a Pena Ver de Novo* (*A Viagem* e depois *Fera Ferida*); às vezes os filmes da *Sessão da Tarde*, depois assistia a série *SOS Malibu*, na TV a cabo, e às vezes o *TV Cruj*, programa de desenhos exibido pelo SBT; no final da noite, quando chegava da academia, assistia a telenovela *Xica da Silva*. Nas sextas-feiras à noite gostava de assistir filmes no Multicanal; no sábado a telenovela *A Indomada* e filmes no Multicanal, e no domingo assistia, às vezes, o programa do *Gugu* e o *Em Nome do Amor*, no SBT. Esse último programa era objeto de conversa com as colegas da escola e da academia.

Às vezes, no domingo, o *Sai de Baixo*, na Globo. Embora Joana assistisse a telenovela *A Indomada* apenas no sábado, acompanhava o desenrolar da trama com auxílio do relato da mãe e das informações proporcionadas pelas amigas da escola, advindas da revista *Contigo*. Joana apresenta uma memória ampla de telenovelas. Das que viu, marcaram personagens como Sassá Mutema (*O Salvador da Pátria*) e Malu (*Mulheres de Areia*), e as telenovelas *Pantanal*, *Felicidade* e *A Viagem*.

João Paulo (filho) assistia o *Cartoon Network* todo dia de manhã no Multicanal e alguns desenhos do *Angel Mix* na Globo; à tarde o *Disney Club*, no SBT. Assistia todas as telenovelas da Globo, *Chiquititas*, do SBT e *Xica da Silva*, da Manchete.

Pode-se perceber que a televisão ocupa historicamente um espaço importante no lazer dessa família. Apesar de dispor de mais opções que a família de favela, sua condição econômica é restritiva em relação às opções disponíveis nas famílias de classe média e média alta. A telenovela assume uma importância histórica bastante significativa no lazer da família, principalmente no caso da mãe e dos filhos. A telenovela também está presente na família por intermédio do consumo de programas de TV, de rádio e de revistas que exploram o seu universo. Está presente em debates e conversas familiares, nos relatos da história e de informações que os membros, especialmente Xarlote, fazem aos demais. A telenovela também circula por outros espaços, onde seu sentido é negociado: na família extensa e na igreja, no caso de Xarlote; nos grupos de colegas de escola, nos casos de Joana e João Paulo.

Passemos agora a considerar o consumo de TV e de telenovela na *família de classe média*. Durante a pesquisa, Dantas (pai) assistia TV quase todos os dias; preferia filmes, mas também as telenovelas *Xica da Silva*, a que mais gostava, e *A Indomada*. Esta última assistia um pouco menos por considerá-la *muito fraca* (Dantas, família 3, HC). Às vezes, aos sábados, o *Vídeo Show* e os noticiários da Manchete. Dantas conta que não teve muito tempo para ficar viciado em TV, pois trabalhou desde muito jovem. Suas funções de gerente administrativo exigem horários e vida social que não permitem uma relação muito extensa com a televisão. Freqüenta bares, restaurantes e danceterias; às terças-feiras reúne-se com a turma de amigos, um grupo exclusivo de homens, que se autodefine como *Clube do Bola*. Sua assistência de TV é, portanto, menor que a das *famílias populares*, mas é a pessoa que possui mais discos de telenovela e lê mais revistas relacionadas ao universo desse gênero nas quatro famílias. Cristiane (mãe) relata que, quando criança, era obrigada a ficar em casa assistindo TV; lembra que preferia ficar na rua brincando. Começou a assistir jornal por volta de 12 anos. Sua família *sempre foi noveleira* (Cristiane, família 3, HC), sobretudo a mãe, que continuamente assistiu telenovelas, principalmente as da Globo. No período da pesquisa, Cristiane via as telenovelas *Xica da Silva* e *A Indomada*. Tinha preferência pela telenovela *Xica da Silva*. Conhecia as tramas, as personagens e as principais características das duas telenovelas. Sua relação com o gênero é, entretanto, mais fraca que a apresentada pelas *famílias populares*, já que tem mais alternativas de lazer e de vida social. Lembremos que ela freqüenta o centro espírita e sai com o marido para visitas, bares e restaurantes. As suas novelas marcantes foram *Dancin' Days, Fera Ferida, Que Rei Sou Eu?, O Dono do Mundo* e *Roque Santeiro*. De *A Indomada*, gostou da cena na qual Cleonice resolveu passar todos os bens do seu esposo, Pitágoras, para o seu nome. Comenta que as novelas atuais estão muito chatas e lentas, porém continua assistindo nos dias em que está em casa nesses horários.

Tatiane (filha) chegava em casa entre 18 e 19 horas e ligava a TV para descansar. Às vezes assistia *A Indomada,* mas só parcialmente, pois costumava dormir às 21 horas. Conhecia os segredos, a trama, as personagens e os principais conflitos da telenovela, apesar de não assisti-la todos os dias. Nesse sentido, apresentava um comportamento similar ao de seu padrasto, que acompanhava pouco *A Indomada,* mas sabia muito sobre ela. Tatiane assistia, também, programas relacionados ao universo das telenovelas: lembra de ter visto muitas entrevistas com atores e atrizes em diversos programas. Entre as telenovelas que guarda na memória, fala especialmente de *A Próxima Vítima*, que a marcou muito em função da trama de suspense e segredo. Ela lembra ter assistido no programa *Vídeo Show* muitas entrevistas feitas com o público nas ruas, perguntando sobre a possível identidade do assassino e sobre quem seria a próxima vítima.

Maurício (filho) assistia os programas da MTV e o *Disney Club*, do SBT; acompanhava regularmente *A Indomada*, da qual gostava por seus efeitos especiais. Pensando em programas que trazem assuntos relacionados ao universo das telenovelas, lembra do *Casseta e Planeta*, onde assistiu uma sátira de Adriana Esteves. Maurício recordava-se de outras telenovelas, como *Zazá*, *Anjo Mau* e *Pedra sobre Pedra*, esta última a que mais o marcou *porque o cara morre e vira uma árvore, as mulheres colocam um monte de coisas em cima dela, sutiã, calcinha e aí é muito estranho. Elas se hipnotizavam naquela árvore, por isso eu achei estranho e aí me marcou* (Maurício, família 3, HC). O realismo mágico do autor demonstra-se forte no pensamento desse adolescente; o inverossímil resulta marcante pela sua distinção e poesia. Por outro lado, o fato de a seqüência trabalhar imagens de um homem desejado por muitas mulheres expressa a afinidade dele com essa situação. Maurício pensa que as novelas não trazem nenhum assunto interessante para adolescentes: não viu muitas novelas que trataram de sexo e de drogas e, quando abordaram esses temas, não o faziam de uma maneira que ele considerasse interessante.

O consumo de televisão e de telenovelas na *família de classe média alta* ocorre da seguinte maneira: seus membros só assistem telenovela quando não têm outros compromissos. Paulo Sérgio (pai) é empresário e seus compromissos de negócios o impedem de ter um contato significativo com o gênero. Ele não colaborou, sistematicamente, com os pesquisadores durante o trabalho, limitando-se a formas *fáticas* de comunicação (contato social). São uma incógnita suas práticas televisivas, se assistia ou não telenovela quando estava em casa, no seu quarto. Um dado importante acerca dessa família é que a programação das visitas teve que ser constantemente alterada por conta da vida social do casal; isso demonstra como a telenovela compete com outras formas de lazer disponíveis para esse tipo de família.

Cristina (mãe) é a que mais assistia telenovela na família; apresentava, entretanto, uma assistência limitada, já que, no seu cotidiano, realizava outros tipos de atividades no horário das telenovelas: nas terças e quintas fazia aula de violão, nas sextas e sábados participava de atividades sociais. Telenovela, com regularidade, só às segundas e quartas. Contudo, inclusive nesses dias, os pesquisadores tiveram dificuldade para realizar a observação. Normalmente assistia televisão sozinha, já que o marido preferia assistir filmes ou noticiários (por informações informais). Assistia *A Indomada* e também *Xica da Silva*, que considerava *uma pouca vergonha... só tem mulher pelada* (Cristina, família 4, HC). Comentando sobre *A Indomada*, relatou que a única coisa boa nesta telenovela era a menina que não queria ser camélia e o casal Carolaine e Felipe. Cristina nunca gostou que seus filhos assistissem telenovelas; quando eram pequenos ela só as via depois que eles dormissem. Afirma que já se acostumou a ver telenovela, que faz parte do seu cotidiano, como assistir ao *Jornal Nacional*: ela tem o costume de jantar e ver a telenovela para relaxar. Seus depoimentos são contraditórios, simultaneamente rejeita a telenovela como uma programação que só tem *mesmice* e afirma ser *viciada* em telenovela por hábito.

Da observação do cotidiano, sabemos que seu grau de exposição é menor que no caso das mães de famílias populares, mas, como no caso da família de classe média, tem muita informação sobre as telenovelas e elabora juízos negativos sobre elas. Foi significativo como, em determinado momento da primeira entrevista com gravador, presenciada pelo marido, afirmou que Marcos Frota, ator que representou o personagem Artêmio, é muito bonito. As telenovelas que mais a marcaram foram *A Escrava Isaura* e *Nino, o Italianinho*. Acha que falta romance nas novelas atuais.

Na infância a filha Paula gostava de assistir desenhos na TV, preferindo a TV Cultura. Ela lembra que seus pais sempre viram muito a Rede Globo e que na hora das telenovelas desligavam a televisão. Em certa época via televisão o dia inteiro, porque sua mãe trabalhava fora. Os programas que mais gosta de assistir são documentários, filmes e programas esportivos. No período da pesquisa, assistia muito a TV a cabo e a Rede Globo. Na TV a cabo, via seriados, principalmente no canal Sony. Os que mais gostava eram: *Um Amor de Família, E. R.* (Plantão Médico) e *Party of Five* (O Quinteto). Paula também revelou gostar das telenovelas da Globo. Só assistia *A Indomada* quando o horário permitia; gostava da telenovela *Perdidos de Amor*, da Bandeirantes. Outros programas televisivos que assistia eram *Planeta Xuxa*, *Domingão do Faustão*, *Sai de Baixo* e *Vídeo Show*, todos com conteúdos que se relacionam ao universo da telenovela. Beatriz (filha), por causa do curso pré-vestibular, não estava assistindo muita TV. Preferia programas que abordavam a ciência, como *O Mundo de Beakman* e o *Discovery Channel*. Assistia a MTV, que às vezes tocava músicas das trilhas sonoras das telenovelas. Outros programas que acompanhava eram o *Programa Livre*, *Gugu* e *Faustão*. A telenovela que mais a marcou foi *A Viagem*.

Os dados sobre o consumo de telenovela permitem dizer que existe uma relação importante entre cotidiano altamente dependente de vivências no âmbito familiar (poucas possibilidades de lazer, violência, limitações econômicas) e vínculos fortes com as telenovelas. Essa proposição, por exemplo, é comprovada na análise da família de favela; observamos que a família de periferia, que tem uma renda cinco vezes superior à da favela, realizava atividades sociais mais complexas: catequese, organização esportiva, participação política, circulação pelo setor e, por conseguinte, diminuía sua exposição e dependência das telenovelas.

As observações sistematizadas permitem dizer que não existe uma relação simples e mecânica entre consumo de telenovela e configuração ideológica. Xarlote, a pessoa mais crítica e militante de todas as famílias, gosta e assiste telenovela. Sheila, a criança mais nova (10 anos), órfã, negra, pobre e filha adotiva, realiza as análises mais aprofundadas do significado da telenovela na vida social, é sistematicamente analítica, crítica e, contudo, gosta de telenovela. Não observamos, portanto, uma relação *causa-efeito* entre consumo de telenovela e baixo nível de reflexão.

As competências culturais são diferenciadas entre as donas-de-casa das quatro famílias. Os esquemas de pensamento, de percepção, de apreciação e de ação das mães das famílias populares demonstram maior domínio de práticas sociais de sobrevivência; competências culturais diferenciadas; uma capacidade ampla de combinações lúdicas e criatividade aguda para sobreviver (Certeau, 1996).

Contexto de recepção da telenovela

Nesta sessão buscamos reconstruir o momento da assistência, explorando as dimensões que configuram o ver telenovela: o *espaço da recepção* – disposição dos objetos, usos do espaço que se entretecem com o ver telenovela; as *relações do receptor com a narrativa* da telenovela – atenção, interesse, emoção, comentários e expressões dirigidos à narrativa; as *relações dos receptores entre si* – os comentários, os debates em situação familiar, *a mediação da família no momento da recepção* e a relação dos receptores com os pesquisadores.

Comecemos por considerar o contexto da recepção na *família de favela*, atentando primeiramente para o espaço da recepção. A casa da favela possui três cômodos: um dormitório, um ambiente que serve de sala, copa, cozinha e um banheiro pequeno. Os materiais da construção são misturados e demonstram uma coleção de peças muito diferentes, talvez sobras de outras construções ou material comprado em liquidações. O teto é de lâminas de lata, as paredes de tijolos simples, a estrutura das janelas de madeira rústica, a estrutura de madeira combinada com tijolo e o chão de restos de azulejos de várias cores. A construção pouco técnica permite a passagem de muito vento, fumaça, bichos e ratos, mas a casa é muito limpa e organizada, de acordo com o estilo da Lurdinha.

O espaço da recepção de TV é duplo e constitui-se pelo dormitório das três (Lurdinha, Fernanda e Sheila) e pelo canto da sala. No quarto elas assistem televisão deitadas nas camas; na sala sentadas em duas poltronas grandes, recolhidas na rua (veja foto 11).

Os dois espaços permitiam uma recepção diferenciada, principalmente quando as filhas assistiam *Chiquititas,* uma telenovela infantil que não cativava Lurdinha, e também quando a mãe assistia *Xica da Silva,* proibida para as filhas. A disposição das poltronas na sala permitia o controle do que as meninas assistem

171

no quarto. A assistência da telenovela *A Indomada* ocorria na sala e geralmente coincidia com o horário do jantar. Deste modo, era observada da mesa ou das poltronas.

A TV da sala é antiga, mas a recepção dos canais de telenovela é muito boa. Durante a pesquisa o aparelho apresentava um problema no áudio e, para fazê-lo funcionar, Lurdinha batia nele até conseguir o volume desejado. Gostavam de assistir a telenovela num nível de 18 a 20 pontos de volume, olhando diretamente para a tela quando estavam nas poltronas. Já na assistência a partir da mesa de jantar, a telenovela era ouvida e apenas olhavam para a tela quando o texto indicava algum assunto de muito interesse.

Quem determina os horários para assistir televisão é a mãe, que cobra, exige que as filhas cumpram em primeiro lugar o trabalho doméstico e as tarefas escolares. O fato de Lurdinha gostar muito de TV e de as meninas estudarem numa escola estadual, onde os professores faltam muito e quase não dão tarefas para casa, permitia que as crianças pudessem assistir muita televisão.

Durante a pesquisa, foram realizadas várias melhorias no espaço da recepção: a localização da pia e da torneira da cozinha foi alterada, o que permitiu um aproveitamento melhor do espaço; Lurdinha terminou de pagar a TV nova e começou a pagar mensalidades de um novo fogão. Planejava também comprar uma geladeira, que serviria para colocar mais iogurtes e possibilitar o aumento das vendas, que na época rendia R$ 60,00 por mês.

A decoração dos espaços sociais expressa uma estética popular, que mistura objetos, cores e modelos, de acordo com os ganhos da sorte, dos brindes e de doações. As televisões ocupam um lugar de destaque nos dois cômodos onde estão situadas e sua exibição converte-se em elemento de distinção para a família. Na sala o aparelho é rodeado por fotos, relógios, figuras, bichos de louça, pelo ventilador e por reproduções de pinturas clássicas; no quarto pelo beliche e pela cama (veja foto 12).

Os espaços da recepção são ampliados durante a realização das tarefas domésticas. A TV da sala, como apontamos anteriormente, pode ser observada de todos os ângulos do cômodo social (sala, cozinha, sala de jantar). A TV fica sobre uma cômoda, onde Lurdinha guarda importantes receitas médicas, recibos, álbuns de fotografia, discos, lembranças, cadernos e canetas. As filhas devem pedir autorização à mãe para abrir as gavetas.

O posicionamento das três mulheres durante a recepção era rotineiro, cada uma ocupava seu lugar nas poltronas: a mãe ficava na da direita, situada um pouco mais próxima da TV e com visão mais linear da tela; a cadeira da mãe na mesa de jantar também permitia assistir diretamente a telenovela; no dormitório, o eixo transversal da tela correspondia à cama da mãe. Estas observações demonstram uma hierarquia forte na distribuição de privilégios na recepção, centrada na figura da mãe (veja foto 13).

Durante a assistência, os corpos das meninas e da mãe ficavam mais relaxados, facilitando a mudança de atitudes com respeito às diferentes cenas: caretas e braços na face em momentos de perigo, suspense ou mistério; risos, gritos, gargalhadas, exclamações e gingas quando um objetivo foi alcançado ou um vilão foi castigado; choro, tristeza e dor quando as cenas eram violentas ou acontecia algo ruim com uma personagem querida. O contato físico entre as irmãs adotivas era forte e terno. Lurdinha rejeitava sistematicamente as carícias de Fernanda, sua filha de sangue, e Sheila nem tentava se aproximar. As meninas foram muito carinhosas com os pesquisadores, cumprimentando sempre com abraços fortes e beijos. A mãe, muito gentil, aceitava os abraços e beijos rigidamente.

A assistência à telenovela era acompanhada de comentários críticos, de exclamações. A atenção era significativa e as emoções fluíam. A narrativa, os efeitos técnicos, a representação dos atores e o desenvolvimento da trama mereciam opiniões, às vezes divergentes, outras consensuais. As três mulheres torciam pelos heróis e juntavam energias para evitar as sacanagens dos malvados, envolviam-se fortemente com o desenvolvimento da trama. Faziam comentários sobre a realização de uma cena, confrontando o que aconteceu com as previsões do rádio e das revistas. Desta forma, classificavam os bons e os maus *profetas* do enredo.

O momento da recepção permitia observar a competência cultural da Lurdinha, que comparava atuações, imagens, situações com o palimpsesto de telenovelas do passado e atuais, analisando a telenovela no seu contexto televisivo. Lurdinha também comparava as situações da telenovela com sua experiência de vida. Pitágoras e Ypiranga provocavam discursos revoltados contra Celso Pitta. Altiva, sempre forte e presente, cativava, produzia temor, riso e reflexão. Era uma personagem que provocava juízos éticos contra o racismo, a exploração, a politicagem e a humilhação do próximo. As personagens lutadoras e fortes, como Zenilda, Mirandinha e Florência, eram admiradas por Lurdinha por serem mulheres justas e trabalhadoras. As filhas gostavam mais das personagens crianças femininas da telenovela *Chiquititas*.

Consideremos agora o contexto de recepção na *família de periferia*. A casa desta família tem cinco cômodos: dois quartos, um dos pais e outro dos filhos, uma sala, uma cozinha e um banheiro. A família possui dois televisores, um localizado no quarto do casal, colorido, de 14 polegadas, e o outro na sala, colorido, 21 polegadas, com controle remoto.

A recepção da telenovela durante a pesquisa ocorria na sala, como de hábito da família. A TV do quarto do casal era utilizada às vezes neste horário pelo pai, que gostava de assistir programas esportivos. Xarlote relatou que já tiveram só uma TV, mas ocorriam conflitos na definição do que seria assistido, em razão das preferências distintas dos membros da família. O pai acabava fazendo valer sua escolha por programas esportivos. Com as duas televisões, abriu-se a possibilidade de acomodar demandas distintas, mais nitidamente marcadas pelo gênero. Atualmente a TV da sala é reservada às telenovelas "da Xarlote" à noite. Nos demais horários, as preferências acomodam-se entre uma TV e outra (veja foto 14).

No início da pesquisa, a mobília da sala de TV era composta por um jogo de sofás e uma estante velhos. Na segunda visita observamos uma mudança marcante no espaço, uma alteração certamente relacionada à presença dos pesquisadores na casa: a estante foi trocada por uma nova, o velho conjunto de sofás foi reformado e novas poltronas foram compradas. Os quatro sofás foram então dispostos ao redor da TV, formando uma espécie de círculo.

A decoração da sala expressa a presença de uma estética popular: nas poltronas de cores vivas, na estante repleta de bichos de louça, de medalhas do time de futebol do bairro, de objetos religiosos; nas paredes, onde reproduções misturam-se às fotografias dos filhos, a um crucifixo e a um relógio. A televisão ocupa uma posição de destaque, no topo da estante, enfeitada com bichos de louça e objetos religiosos, lembrando um altar. Outros meios de comunicação também estão colocados aí: o aparelho de som e o telefone (veja foto 15).

Devemos lembrar, ao reconstruir uma recepção típica da telenovela estudada nesta família, que havia variações durante a semana entre os membros participantes. Xarlote (mãe) assistia a telenovela com mais freqüência, normalmente nas segundas, terças, quartas e sábados. João (pai) e João Paulo (filho) também ficavam em casa nas segundas, quartas, sextas e sábados: o filho muitas vezes acompanhava a telenovela com a mãe, dividindo-se em outras ocasiões entre a assistência de programas esportivos no quarto e da telenovela na sala. O pai passava pela sala e às vezes assistia um ou outro segmento da telenovela. Juliana e Joana (filhas) assistiam A Indomada somente aos sábados, pois nos outros dias faziam ginástica numa academia no horário da telenovela. Em algumas ocasiões da pesquisa estavam presentes, pois haviam faltado à ginástica. A telenovela era assistida num volume bastante alto. Em geral, após o Jornal Nacional, Xarlote (mãe) pedia que aumentassem o volume da televisão (veja foto 16).

Durante as várias visitas observamos a recorrência de comportamentos na assistência em relação à posição corporal, ao lugar de sentar-se e ao modo de assistir. Xarlote sentava-se sempre numa poltrona em frente à TV, com visão privilegiada da tela. Sua posição corporal era sempre sentada, voltada para a tela, na maioria das vezes de braços cruzados. Em algumas ocasiões levantava as pernas, apoiando-as na poltrona do lado, assumindo uma posição de maior relaxamento. João Paulo (filho) não tinha lugar nem posição fixos; variava o lugar que ocupava nos sofás da sala. Durante as visitas, foi observado em várias posições: deitado no sofá, recostado numa das irmãs, sentado brincando com seu bichinho virtual. As filhas, quando presentes, ocupavam em geral a poltrona direita: Juliana, a mais velha, normalmente sentava-se mais próxima à mãe e Joana ficava sentada, deitada ou escorada no corpo da irmã. O contato físico entre os irmãos era parte da recepção (veja foto 17).

A recepção da telenovela era permeada de falas, gestos, risos e emoções dirigidos à narrativa, ou à comunidade de assistência na sala. Certas situações provocavam emoção intensa nos membros da família, como as cenas de drama. Uma cena marcante foi a revelação da paternidade de Artêmio, desconhecida por ele, feita pelo próprio pai, Richard. Xarlote ficou visivelmente emocionada, com os olhos úmidos. Nos dias seguintes a cena ainda era relembrada pela filha Joana. As cenas da festa de casamento de Egídio e Mirandinha foram recebidas com semblantes alegres e comentários de satisfação. Xarlote, Juliana e Joana demonstravam um sentimento de participação nos eventos da narrativa.

Em várias situações de assistência, quando as filhas participavam, Xarlote relatava as ocorrências dos capítulos anteriores a pedido delas. A mãe, a pessoa mais apta a falar sobre os acontecimentos da trama, assumia o papel de atualizar a narrativa para as filhas. Em muitas ocasiões, Xarlote também revelava aos demais membros da família e aos pesquisadores como seria o desfecho de certas situações. Essas informações eram obtidas valendo-se da escuta do programa de rádio do *Nelson Rubens*. Eram ouvidas algumas vezes pela própria Xarlote e outras vezes pela cunhada ou por sua irmã, que relatavam depois para ela. Esta circulação de informações sobre a telenovela, do rádio para membros da família extensa, desta para Xarlote e dela para os filhos (e às vezes para o marido) corrobora a noção de que a recepção é um processo que antecede a assistência e dá prosseguimento a ela. Aqui, as formas com que a indústria cultural organiza um universo expandido da telenovela servindo-se do rádio conectam-se com competências de uma cultura oral. E a narrativa se entrecruza com esses diversos relatos.

Uma característica importante da assistência da telenovela nesta família era o riso, a gargalhada, em situações cômicas da narrativa. A matriz cômica da telenovela conectava-se a uma cultura familiar em que o cômico se faz presente: é comum nessa família rirem das situações, parodiarem, imitarem. O uso da fotografia tem para João (pai) e para João Paulo (filho) um sentido cômico, que se caracteriza pelo hábito de flagrar as pessoas em situações engraçadas. Era característico da assistência de João Paulo (filho) a imitação de certos personagens; da telenovela estudada, imitava as falas, os modos de andar e certas expressões de Altiva e de Emanuel.

Em várias situações, a telenovela foi utilizada como material de reflexão. Xarlote, principalmente, utilizava situações apresentadas na narrativa para refletir sobre a realidade, apropriando-se criticamente destas: o casamento da Mirandinha com Egídio, devido à diferença de idade, servia de lição; comportamentos do padre da telenovela serviam para criticar e realçar os comportamentos julgados indevidos do padre da comunidade. O momento da recepção revelava a competência dos membros da família em relação à telenovela: o domínio de regras do gênero, o conhecimento e a apreciação dos recursos técnicos utilizados na produção e a apreciação da atuação dos atores.

Durante a recepção, era comum que membros da família assumissem uma atitude de defesa em relação às personagens oprimidas, vítimas das ações da vilã Altiva (Santinha, Florência, Artêmio e Inês). Nas personagens negras Inês e Florência essa atitude encontra sentido na etnia da família. Xarlote esperava com ansiedade durante o desenrolar da trama o momento em que Altiva, a vilã da história, que manifestava ter preconceitos raciais, iria saber que tinha nora e neto negros. Essa atitude expressava um reconhecimento da situação de discriminação vivenciada pelos negros. O confronto de Altiva com a nora era esperado como uma espécie de *revanche* contra a situação de opressão.

A vilã Altiva foi objeto de atenção, de comentários e de críticas constantes durante a pesquisa. Os membros da família condenavam suas atitudes, Xarlote esperava que morresse no final. O capítulo em que Altiva foi atingida por um raio foi visto com satisfação.

Vejamos agora como se configura o contexto da recepção na *família de classe média*. A família mora num apartamento com cinco cômodos: dois quartos, um do casal e um dos filhos, sala, cozinha e área de serviço. Possui dois televisores, um de 21 polegadas na sala e outro de 14 polegadas no quarto do casal. A assistência da telenovela acontecia na sala.

A TV localiza-se numa estante de cerejeira, que abriga também um aparelho de som, alguns discos de vinil, CDs, fitas, vários livros, entre eles dicionários e romances espíritas, e vários porta-retratos com fotos da família. A sala possui um sofá de três lugares, uma poltrona, uma namoradeira, mesa de centro em vidro, duas mesinhas de canto, uma com vasos de flores e outra com o telefone.

A assistência da telenovela também era coletiva, mas durante a semana variavam as pessoas presentes. Quando não tinham outros compromissos, Dantas e Cristina (pais) assistiam a telenovela *A Indomada*. Dantas às vezes chegava mais tarde do banco devido a compromissos de trabalho e perdia parte da novela. O casal também freqüentava a igreja às quintas. Aos sábados tinha outras atividades sociais que competiam com a telenovela. A assistência dos filhos era menor, em geral ficavam na sala até o horário das 21 horas e depois iam para o quarto dormir ou assistir outros programas.

Dantas costumava sentar-se na poltrona para ver a novela; os demais membros da família sentavam-se no sofá. No início da telenovela, as conversas entre os membros da família e com os pesquisadores era intensa e adentrava muitas vezes o começo da mesma, quando ia diminuindo até que a atenção se voltava para a narrativa. Durante a assistência, Cristina (mãe) e Tatiane (filha) costumavam comentar sobre as cenas e julgar os personagens, manifestando uma atitude mais distante da trama do que a observada nas famílias populares. No intervalo conversavam sobre a novela e sobre os compromissos de cada um.

A *família de classe média alta* possui quatro televisores, localizados em quatro ambientes distintos: um na sala de TV, colorido, com controle remoto, 14 polegadas; um no quarto do casal, colorido, com controle remoto, 21 polegadas; um na sala de estudos, colorido, com controle remoto, 21 polegadas; e um preto-e-branco, 8 polegadas, sem controle remoto, na cozinha. A casa da família de classe média alta possui três pisos, uma divisão que organiza usos distintos do espaço. No andar térreo estão a garagem, a piscina e a sala de estudos. O piso intermediário abriga as salas de jantar, de estar e de TV, ambientes onde, junto com a cozinha, realizam-se atividades sociais. No piso superior situam-se os quartos, os ambientes mais íntimos da casa. Em todas as visitas dos pesquisadores a recepção da telenovela acontecia na sala de TV. Esta sala é mobiliada com peças antigas misturadas a objetos simples e populares. Possui dois sofás. O fato de a televisão ser das menores da casa talvez seja um indício de que outros ambientes são normalmente mais usados para o consumo televisivo.

Na maioria das visitas dos pesquisadores, a telenovela *A Indomada* era assistida apenas por Cristina, a mãe. Paulo (pai) chegou a receber os pesquisadores nas primeiras visitas, mas no desenrolar da pesquisa permanecia no quarto, assistindo TV a cabo, como de hábito. Cristina informou que alternava a assistência entre a TV a cabo no quarto com o marido e a telenovela na sala de estar, nos dias em que assistia televisão neste horário. Dos filhos, Flávio fazia faculdade à noite, Beatriz e Paula freqüentavam o curso pré-vestibular, chegando em casa normalmente no final da telenovela. Dessa forma, sua assistência era insignificante – as filhas acompanhavam esporadicamente. A recepção típica envolvia apenas Cristina – e o(s) pesquisador(es). Em algumas das visitas as filhas chegavam do cursinho no segmento final da telenovela, cumprimentavam os pesquisadores e a mãe, e somente às vezes permaneciam na sala.

Essa assistência predominantemente individualizada de Cristina é um traço *distintivo* em relação às outras famílias estudadas. A disponibilidade de outros aparelhos de TV, possibilitada por uma condição de classe, em que o capital econômico é maior, permite aos sujeitos exercitarem suas preferências com mais liberdade. Além disso, a condição de classe marca um uso diferencial do tempo em outras atividades, que competem com a TV.

A assistência de telenovela com a presença do(s) pesquisador(es) dava ao contexto uma marca diferente da assistência individual. Cristina via a telenovela sentada. Durante a assistência, fazia comentários, procurando marcar uma posição crítica e de distanciamento da narrativa diante do(s) pesquisador(es). Avaliações de Cristina sobre as telenovelas eram do tipo *só assisto devido ao hábito que já adquiri, as novelas atuais são chatas e não saem da mesmice* (Cristina, família 4, HC). As críticas eram muitas vezes relacionadas a uma moral sexual: a novela *Xica da Silva* foi comentada da seguinte forma: *Uma pouca vergonha. Coloquei lá outro dia e só tinha mulher pelada*; em relação à telenovela *A Indomada* considerou *um mau exemplo para as pessoas. A única coisa boa é a menina que não queria ser camélia e o casal Felipe e Carolaine* (Cristina, família 4, HC).

Em algumas ocasiões, Cristina pedia informações aos pesquisadores sobre acontecimentos de capítulos anteriores que não tinha assistido. Essas ocorrências indicam uma assistência não-sistemática. Outras atividades competiam com a telenovela nesse horário: às terças e quintas Cristina fazia aulas de violão; às sextas e sábados tinha outras atividades sociais e de lazer. Sua condição de classe, que a distancia das urgências do trabalho, proporciona-lhe o tempo e os recursos necessários para práticas distintivas em relação àquelas que encontramos entre os membros das famílias populares.

A subjetividade

Estudo da recepção: nova questão para a psicologia

O enfoque da mediação da subjetividade no estudo da recepção da telenovela introduz nova perspectiva de investigação ao campo das ciências psicológicas. A exemplo das demais ciências, a psicologia está em busca de novos paradigmas que possam dar conta de questões desafiadoras, que emergem do cotidiano da sociedade, marcada por constantes e rápidas transformações, para as quais o atual sistema de comunicações muito tem contribuído.

A dimensão mais íntima e pessoal da existência cotidiana, sendo atingida, deixa, em muitas pessoas, a sensação de terem sido lançadas em um mundo desconhecido, onde os acontecimentos lhes escapam ao controle (Giddens, 1996). A entrada na esfera da intimidade é a face invisível deste processo de mudança, que resulta em recomposição ou até em ruptura das formas de vida individual e coletiva. O desencadeamento de tal processo subjetivo tende a alterar a relação do homem com o meio ambiente, seu meio cultural.

A televisão, veículo dos mais significativos, intervém de modo decisivo no processo de interação entre indivíduo e grupo social, seja através de imagens, seja através de enunciados discursivos e não-discursivos. Dentre suas produções, a telenovela é opção privilegiada entre telespectadores, ainda que não tenha merecido a atenção adequada como objeto de análise nos meios acadêmicos. Nas últimas décadas, sua presença no cotidiano de milhares de pessoas revela o fenômeno cuja principal característica é a de desencadear o processo simultâneo de representação e incorporação das relações sociais. Ao transformar-se em objeto de estudo, o tema tende a integrar discussões sobre o alcance e a influência dos meios de comunicação nas mudanças socioculturais, tendo como eixo as implicações do conteúdo ideológico de suas produções e as relações de poder aí presentes. Questionar os efeitos dessa relação é indagar sobre a reapropriação dos produtos culturais e criar espaço de investigação, favorecendo o diálogo entre a psicologia e o campo de estudos culturais. Assumir a tarefa de tornar inteligíveis as interações subjetivas, que operam neste tipo específico de troca entre o sujeito e sua cultura, significa delinear tanto o diagrama desenhado pela incorporação da telenovela ao cotidiano familiar como o traçado subjetivo que o aparelho televisivo introduz no espaço doméstico.

A contribuição da psicologia consiste em reconhecer e estabelecer os passos iniciais que conduzem à integração multidisciplinar, aliando seu instrumental teórico-metodológico a instrumentos e procedimentos de estudos da comunicação, seguindo pistas para adentrar o universo do receptor sem abordá-lo na perspectiva tradicional do método psicológico[5].

Pensar a mediação com categorias psicológicas implica a construção de arcabouço teórico, com parâmetros de interpretação pouco extensivos, cujas conclusões não se podem universalizar, nem esperar que ofereçam todas as respostas para a ampla gama de indagações que a relação receptor/televisão suscita. Os processos através dos quais as produções culturais interpelam o espectador e o modo como se dá a incorporação de seus elementos às práticas cotidianas são profundamente subjetivos. A leitura deste material, que é também subjetiva, reivindica instrumental que permita acesso a esta vertente da experiência cultural, de forma a flagrar processos que atuam na consciência, no pensamento, sentimentos e desejos. A experiência subjetiva implícita no ato de ver telenovela pode ser resgatada na imitação ou recriação de discursos e imagens; pode ser produzida na captura de mecanismos de apropriação e reapropriação deste produto; e pode, também, ser reelaborada a partir, por exemplo, da representação melodramática da vida social.

A pauta que vai conduzir este estudo é retirada de duas hipóteses teóricas originais do projeto: a primeira delas, a da *modernização tardia*, que afirma a telenovela como gênero representativo por combinar o arcaico e o moderno (produto cultural híbrido).

A coexistência de experiências culturais atreladas a valores tradicionais a contrapelo de valores modernos proclama mudança de mentalidades. Questionar efeitos subjetivos da recepção resgata a questão da representação psíquica do processo de modernização em andamento dentro e fora da telenovela.

A segunda hipótese, a do *consenso de sentido*, afirma que repertório compartilhado não significa consenso de sentido, mas antes luta pela interpretação mais legítima do sentido. A experiência compartilhada dá sentido à existência. Restam, porém, indagações de natureza metodológica: como delimitar o campo de investigação, sem perder de vista a interdisciplinaridade e sem fechar o objeto em fronteiras intransponíveis, em nome de territórios específicos, do conhecimento? Como a psicologia pode contribuir, e como é possível se valer de seu método?

Estabelecemos um percurso orientado pelo eixo triplo de problemas:

- Mapeamento de interfaces conceituais entre a noção de subjetividade e a de mediação.
- Identificação de categorias psicológicas, que permitam pensar a mediação na recepção.

- Análise explicativa de nexos existentes entre o estudo de processos subjetivos e o estudo da comunicação, com base em dados empíricos.

Em torno das dificuldades metodológicas no estudo da mediação

Das interfaces conceituais à mediação da subjetividade

O conceito de mediação trata de uma dimensão da experiência cultural enquanto abertura para o entendimento da interação entre duas instâncias: uma que produz e outra que recebe produtos culturais. Essa dupla operação dinâmica articula, de um lado, as produções dos meios com o universo de referência do receptor e seu repertório cultural e, de outro lado, estratégias de apropriação e de reapropriação, ou seja, a produção de sentido por parte do receptor (Martín-Barbero, 1990). A mediação subjetiva deve, então, ser assumida no âmbito da ação do sujeito, no modo como ele investe em um tipo específico de produto cultural e utiliza recursos intelectuais, cognitivos e afetivos; mediação é também uma forma de engendramento de subjetividade.

A ênfase nas trocas entre indivíduo e ambiente resgata a função primordial da cultura enquanto instauradora da condição de humanidade. Sinaliza interfaces com a psicanálise, no sentido de reconhecimento da cultura como lugar privilegiado no qual coexistem fonte de prazer ou sofrimento e fonte de recursos de superação do limite humano (Freud, 1973; 1929[1930]).

> Existe uma ordem real operando a cada dia, em cada momento da vida social, dentro e fora dos âmbitos do cotidiano, no imediato e no mediato. A norma social opera sobre a vida, lhe dá forma, a organiza e os atores sociais a apreendem, a atualizam, a modificam parcialmente, a usam, se submetem a ela e dela escapam. O mundo está em ordem, o acordo se estabelece, sua ruptura traz conseqüências danosas, vivemos sempre a bordo da ruptura e da inauguração de uma nova ordem (...). (Galindo, 1988:105-6)

A necessidade humana de manter vínculos com a realidade externa é a forma como cada um constrói a imagem de si. O estágio de unidade central, que implica o sentimento de ser humano individual e singular, só será alcançado a partir da interação primária com o ambiente, ou seja, iniciada em fase bastante precoce da vida, ainda nos primeiros cuidados maternos:

> (...) desta interação emerge o indivíduo que procura fazer valer seus direitos, tornando-se capaz de existir num mundo, por ele, não desejado. O self se fortalece como entidade, continuidade do ser onde, e de onde, o self pode emergir como entidade, como unidade, como algo ligado ao corpo e dependente dos cuidados físicos. Este amadurecimento passa por um processo em que o primeiro passo é a consciência da dependência. (Winnicott, 1990:26)

O *self*, que emerge do vínculo que o indivíduo estabelece com o ambiente, não é concepção restrita ao campo da psicologia. Teoricamente, é postura assumida também em outras áreas do conhecimento, como na formulação do construcionismo social de Pearce, em que *"o self é quem provê as bases de nossos juízos morais, a respeito de quem somos e do que fazemos"*:

> Consideremos, antes de tudo, a noção de indivíduo ou de self. Refiro-me a esse mim-mesmo/si-mesmo ou self que nós mesmos sabemos que somos, no sentido em que nós nos reconhecemos a nós mesmos e assumimos responsabilidades por atos particulares. (...) Creio que desenvolvemos essa noção – a de que eu sou algo único – em razão de que participamos de uma variedade de pautas de interação social semelhantes a jogos que nos permitem ter certas identidades. (Pearce, 1996:179)

Na perspectiva de Gilberto Velho (1986), a concepção de *self* está prevista na relação do homem com o mundo cultural, e é analisada nas dimensões externa e interna. A dimensão externa se refere à *cultura objetiva,* área com a qual ele permanece em constante interação; a dimensão interna contempla a cultura *subjetiva*: esta área vai se configurando ao longo da existência, conforme o potencial que cada um tem para desenvolver o *self*. Uma área não existe sem a outra, e, entre si, estabelecem uma relação dinâmica: a sociedade comporta uma cultura objetiva de caráter complexo e heterogêneo, enquanto seus membros, portadores de cultura subjetiva, podem ter características opostas. A qualidade da relação se subordina mais às condições de criação e cultivo dos objetos, e menos ao elenco de objetos oferecidos pelo ambiente. Segundo Simmel, o desenvolvimento e a condição de sujeito é dada pela cultura, na medida em que forem criados objetos *cultivados* para fins culturais. O paradoxo na sociedade atual que privilegia o desenvolvimento tecnológico e as condições materiais de existência produz uma vida social complexa, porém fragmentada e incapaz de gerar nos indivíduos uma cultura subjetiva mais elaborada[6].

Nas sociedades em que o mercado e a tecnologia têm lugar privilegiado, este sujeito é apenas *suporte de valor*; alcança o *sentimento de ser alguém* quem for capaz de apropriar-se de produtos e bens de consumo, em quantidades cada vez maiores. O reconhecimento é obtido na proporção do poder de aquisição e acumulação de quantidades crescentes de objetos, de *instrumentos tecnológicos*, de bens culturais e de informação. Este modelo de sociedade utiliza dispositivos disciplinares ou, de modo mais sofisticado, dispositivos de controle para moldar o sujeito da produção e do consumo, e assim codificá-lo em esferas sociais diferenciadas (Foucault, 1977).

Retomando a relação de troca e de dependência, a construção do sujeito e da cultura, Morin (1996) fundamenta esta relação a partir da noção de auto-organização, que significa autonomia[7]: numa organização vivente, a autonomia está ligada à noção de dependência, reafirmando a troca com o exterior, sem equivalência com a noção de liberdade. Para ser autônomo, um organismo depende do mundo exterior, de onde extrai energia e informação a fim de sobreviver e organizar seu comportamento. A noção de indivíduo-sujeito surge devidamente articulada à noção de autonomia e dependência. *"(...) A noção de sujeito supõe a autonomia-dependência do indivíduo, ainda que não se reduza a isto. Significa algo mais, que para ser compreendido requer a compreensão da organização viva"* (Morin, 1996:274).

A experiência integra esta mediação.

Em Raymond Williams encontramos uma outra interface conceitual entre recepção e subjetividade. Ele afirma o sistema de programação televisual como um *complexo de significação*, através do qual a sociedade se faz representar. Esse sistema, formado a partir da fusão do conjunto de *textos individuais*, envolve vivências cotidianas e histórias de vida reinterpretadas que, por sua vez, vão gerar novos contextos. No conjunto das experiências culturais ao qual se refere Williams, explicita-se a capacidade humana de perceber e sentir o mundo à sua volta; de se ver e de se pensar visto; de contatar o outro; de se fazer e de ser contatado; de fazer valer seu modo próprio de interpretar e articular suas experiências a outras; de formular e integrar-se a sua própria história, à de sua cultura e a outros contextos. *"A mediação é um processo estruturante, que configura e reconfigura tanto a interação da audiência com os meios, como a criação, pela audiência, de sentido dessa interação"* (Orozco, 1993:7-8).

Produção de sentido implica o modo especial de cada um interpretar e articular suas próprias experiências com outras. Engendra um processo subjetivo, de busca de sentido e de significado da experiência de ser alguém inteiro e, ao mesmo tempo, ser parte da trama do tecido cultural ao qual pertence.

O visível e a invisibilidade no estudo cultural

Após o mapeamento das interfaces conceituais, o passo seguinte é levantar alguns critérios para pensar a experiência subjetiva no contexto da recepção. A proximidade entre mediação e subjetividade, embora esteja evidente, não é suficiente para oferecer elementos de análise a partir de um método de investigação que concilie o sujeito e seu modo singular de apropriar-se dos objetos culturais.

Pelo critério epistemológico, o pensamento complexo, postulado por Morin (1996), impulsiona o desafio teórico-metodológico de disjunção entre aspectos observáveis da existência humana e aspectos não-observáveis, que fazem parte da interioridade do sujeito. Esta concepção é básica para o entendimento dos processos subjetivos na recepção, em que operam duas dimensões do sujeito: a *dimensão evidente* que está no modo através do qual ele próprio se apresenta na primeira pessoa, o eu, pronome pessoal, figura gramatical de todos os idiomas, que todos reconhecem; e a *dimensão não evidente* suposta que está na abertura para indagações sobre seu lugar e sua consistência.

Esta perspectiva permite pensar a mediação tendo como critério a noção de sujeito. Para Morin, quando se interpela o sujeito desloca-se o *eu* para o centro do mundo, considerando as contradições que lhe são pertinentes. Assim, o pesquisador suporta conviver com idéias antagônicas de exclusão e inclusão, certeza e dúvida, porque quando diz *eu*, exclui os demais; e os inclui quando diz *nós*. Ele e o outro são concretude e ilusão de certeza: o *si* implica a certeza do reconhecimento do *outro*, mas pode introduzir a dúvida condicionando o *se*. O princípio segundo o qual o sujeito emerge a partir das trocas que efetua com o meio comporta, em essência, a mesma pauta teórica, extraída da psicanálise. Pensamos o sujeito adulto, autônomo, como alguém que adquiriu a condição necessária para sua *socialização,* capaz de pertencer a um grupo social, a um partido político, de exercer uma profissão e contribuir para sua cultura.

Em Foucault, o sujeito se constitui e se transforma como resultante da interação entre *técnicas de dominação* e *tecnologias do eu*. O *hábitat* das técnicas de dominação é constituído por asilos, prisões, instituições familiares, militares, religiosas e de ensino. As tecnologias do *eu* têm como fundamento a crença na verdade e naqueles que dizem deter a verdade, como forma de garantir a existência daqueles que buscam esta verdade e dos que a ela se submetem. O funcionamento da tecnologia do *eu* consiste em dispositivos que implicam uma série de obrigações com a verdade, como dizer a verdade, portar a verdade, ou ser iluminado por ela.

Guattari e Rolnik (1986) descrevem o sujeito dotado de uma subjetividade de natureza industrial, essencialmente fabricada, e que pode ser modelada e consumida[8]. No lugar da subjetividade hegemônica, universal, deve-se pensá-la como matéria-prima da evolução das forças produtivas, em suas formas mais desenvolvidas, onde a fabricação é molecular. Quer dizer que, do mesmo modo que se fabrica o leite, por exemplo, com todas as moléculas que lhe dão consistência, injetam-se representações nas pessoas.

Assim, não existem, por exemplo, mães como algo dado. Ninguém tem a identidade de mãe colada à sua subjetividade. São necessárias muitas *partículas* de mães para construir uma subjetividade materna. Nessa interpretação, a produção de subjetividade é efeito do funcionamento integrado de diferentes *máquinas sociais e tecnológicas,* que, por seu turno, disparam o funcionamento das *máquinas de signos.* Elas produzem e veiculam códigos culturais de subjetividade, segmentando e fixando os indivíduos segundo o poder de adquirir e acumular objetos. A sociedade detém o modo de produção e de circulação de instrumentos, é poderosa fábrica de *subjetividade serializada*: apropria-se do desejo e dá em troca uma subjetividade capitalista, baseada na ilusão de poder predatório e de domínio da natureza.

Assim, introduzimos aqui a noção de subjetividade. Com a nuclearização da família e a conseqüente valorização da intimidade, a subjetividade passou a ser vista como se tivesse caráter único e universal. Mas a experiência íntima não é universal: ela se desenvolve segundo características específicas de cada sociedade e se condiciona às situações de crise e de mudança social (Costa, 1989:27-28). A crise da experiência subjetiva, vivenciada por todos os povos em vários momentos históricos, atualiza-se constantemente, desagrega tradições e faz proliferar novas alternativas. A revisão de valores, de normas e de costumes tende a gerar instabilidade e insegurança, porque intervém no referencial de vida.

A perda de referências sobre o que é certo ou o que é errado deixa nas pessoas a sensação de perda de controle sobre as coisas e elas desenvolvem a tendência para agir segundo seus próprios critérios.

Os meios de comunicação funcionam como se tivessem critérios definidos para diferentes situações, exibindo amplo universo de opções. Desse modo, ampliam o espaço para a experiência subjetiva, não compartilhada, em que surgem questões do tipo: quem sou? O "que" sinto e o "que" posso sentir? O que desejo? Insinuam-se respostas sobre quem eu posso ou devo ser, como devo me sentir, apresentar-me ou amar, o que devo desejar, odiar ou consumir... (Figueiredo, 1991).

Este universo de opções estimula o debate sobre os efeitos da relação que cada um de nós estabelece com os meios de comunicação, e como isto repercute na família, na transformação dos códigos de valores, nos modos de pensar e ver o mundo. É de suma importância pensar o papel da tela televisiva na vida doméstica e na sensibilidade moderna. O sujeito é dotado de capacidade para transitar entre as esferas do virtual e do real. O requisito para penetrar na tessitura da rede de relações que ele estabelece com a cultura é entender os modos de construção e reinterpretação de sua experiência, e os esquemas que utiliza para perceber, atuar e valorizar a realidade na qual ele vive.

As relações com o meio e o sentido de realidade: consciência e experiência cultural

Uma das formas de se pensar a intricada relação entre o espectador e a televisão consiste em vê-la carregada das marcas do que é construído na relação com o *outro*. Como categoria deslocada do contexto específico da psicanálise, o *outro* representa mais do que uma pessoa ou um objeto: é princípio instaurador da personalidade humana, base da diferenciação *eu/não-eu*. O estágio inicial de reconhecimento do *não-eu* significa distinguir-se entre pessoas e coisas, reconhecer a existência de um mundo exterior. Nos estágios seguintes, diferencia-se o familiar do estranho para, em seguida, simbolizar o *não*, ou seja, internalizar as regras sociais (Spitz, 1979). O "outro", para Lacan (1992), é o lugar simbólico da lei e da interdição. Está relacionado à identidade e à autonomia, por ser o único lugar de onde é possível dizer *sou quem sou*. O reconhecimento da mãe, como *outro* ser humano, leva ao reconhecimento de *si* como ser autônomo, que vai gradualmente alcançando a independência até que, no processo contínuo de trocas ambientais, atinge a socialização (Winnicott, 1975).

O modo como distinguimos realidade psíquica e realidade externa é decisivo na relação que estabelecemos com pessoas e objetos. A televisão, como equipamento tecnológico de informação e de comunicação, diferencia-se dos demais objetos de utilidades domésticas por ocupar um espaço significativo no cotidiano dos receptores. Não se pode estabelecer, com ela, assim como com nenhum outro meio de comunicação, uma relação unilateral. Ela expõe modelos, reproduz a realidade, sem deixar muito claro o limite de suas intervenções, operando em esferas importantes da sensibilidade humana, como a percepção e a emoção. Funciona como *um outro*, uma vez que qualifica intercâmbios sociais, embora o nível semântico de seu discurso, seu significado imediato, não seja o mesmo para todas as pessoas: depende do repertório de cada um, de suas experiências e história de vida. Sua linguagem é uma combinação técnica de formas audiovisuais e conteúdos psicossociais, com imagens conhecidas do grande público. O recurso agiliza a ligação com o meio ambiente, torna as imagens inteligíveis; elas prescindem da força da argumentação e da explicação, ao mesmo tempo que atraem a curiosidade do telespectador; despertam desejo de participação, cumplicidade e intimismo.

Contudo, a noção de subjetividade está além dos processos do pensamento e da consciência. Não se pode pressupor uma subjetividade vazia, a ser preenchida por conteúdos externos, o sujeito passivo, depositário de conteúdos. Os dados da consciência são lacunares, sujeitos a conteúdos latentes. Todos nós somos portadores de uma instância que nos foge ao controle, desconhecida, que, eventualmente, vem à tona, segundo determinadas condições. O psiquismo não se restringe ao consciente. A vida psíquica é plena de pensamentos, que podem permanecer inconscientes e tornar-se inacessíveis.

O inconsciente ora é assumido como lugar fora do alcance do observador, que não pode, portanto, ser atingido, controlado e observado; ora é assumido como condição oposta ao consciente, de alguém que se desligou da realidade através do coma, do delírio ou do desmaio. Quando se diz que alguém age de modo inconsciente está se pressupondo que, subjacente à ação da pessoa, estão interesses e desejos ocultos, dos quais ela não tem conhecimento.

Inconsciente é uma categoria psicanalítica, que brotou da experiência de Freud no tratamento das psiconeuroses. Há conteúdos que só se tornam acessíveis à consciência depois de superadas as resistências; logo, a dimensão subjetiva do estudo da recepção não é proposta de análise do inconsciente do receptor, mas do domínio que ele tem do conteúdo mínimo que sua consciência é capaz de suportar.

Domínio do imaginário e da fantasia

O processo de construção do imaginário supõe a capacidade de captação de informações do meio através dos órgãos receptores. Cada um fará o registro simbólico da imagem captada, conforme experiências vividas e seu padrão de inserção cultural. Imagem é a primeira dimensão do imaginário. O olho é órgão vital para o estabelecimento das relações com o meio, é aparelho de coordenação do espaço, de conexão e contato com o chamado mundo exterior, embora não seja ele que exerça controle direto sobre a realidade. A visão é a primeira experiência sensorial significativa na construção da imagem. Toda imagem tem efeito ilusório, que tanto pode se manter, como também pode se pulverizar. Através da relação com o *outro*, certificamo-nos se a imagem que construímos do objeto corresponde ou não à realidade. Há um campo intermediário entre registro, imaginário e imagem denominado campo da ilusão.

Toda referência à ilusão ou à fantasia remete à relação com o *outro* e está articulada ao desejo. Fantasia é faculdade criadora, pela qual o homem inventa ou evoca imagens: é obra de imaginação, idéias, devaneios. Seu produto é o fantasma – restos, reminiscências de seu conteúdo (Cabas, 1982).

Ilusão e fantasia fazem parte do processo de elaboração da experiência de lidar com o *eu* e com o *não-eu*, com o que está fora dos limites do corpo, e pertence, portanto, ao universo de experiências compartilhadas. Fantasia não é experiência individual. Por excelência, ela tem apoio no outro. O lugar de fluxo e elaboração da ilusão e da fantasia se dá no espaço virtual. Esse espaço, em potência, lugar da criatividade, das produções e das trocas do indivíduo com o meio, depende não só do quanto cada um se permite lidar com tais experiências, mas também do quanto o meio cultural lhe fornece meios e condições. Sua função é permitir ao ser humano lidar com frustrações, organizar sua realidade e exercitar potencialidades. É importante, por ser o limite do interjogo entre realidade psíquica pessoal e experiências de controle de objetos reais (Winnicott, 1975:79).

A apropriação e o uso de emblemas culturais fazem parte da atividade lúdica, cuja gratificação vai depender da capacidade que cada um tem para sustentar a ilusão – como forma de mediar a realidade – e dos meios de que dispõe para sustentá-la. A variedade de situações é determinada pelas condições socioculturais e pela experiência de vida: o indivíduo anônimo, inserido numa realidade que o aliena e rechaça, sente-se desqualificado e impossibilitado de ocupar lugar de destaque na corrente dos acontecimentos. A telenovela oferece-lhe rara oportunidade para sentir-se e atuar como protagonista; pode identificar-se com os atores ou com personagens; experimentar sensações de uma situação-limite, sem se expor a dores, sofrimentos ou a prazeres implícitos que posteriormente lhe trarão culpa. Poderá mitigar a raiva ou o ódio sem correr o risco de perder a vida na primeira ou nas múltiplas batalhas que o protagonista deve enfrentar; seu sofrimento é atenuado pela certeza de que, em primeiro lugar, é o *outro* e não ele quem atua e sofre na cena. Em segundo lugar, trata-se de ficção, que nunca poderia chegar a ameaçar sua segurança pessoal. A expectativa é a de que o drama promova avanço nas possibilidades emocionais, e consiga transformar sombrias ameaças em algo desfrutável. O drama mantém relação com a dor e com o sofrimento, provoca ansiedade, mas logo em seguida consegue aplacá-la (Freud, 1973).

A experiência desencadeada, quase sempre, pela figura do galã da novela tende a substituir, ou adiar, a dolorosa experiência do espectador de solucionar suas próprias dúvidas. Não é o telespectador, em sua existência concreta, quem terá de enfrentar a escolha: é um personagem que ganhou existência de dentro do vídeo para fora. Nesse sentido, a televisão funciona como o *outro*, a referência na qual é possível espelhar-se, buscar modelos e parâmetros para conformar ações, escolhas e condutas; não é o *outro* qualquer, como pessoas, animais ou objetos que se colocam ao alcance imediato, com os quais é possível jogar dentro dos limites de regras claras e definidas. É o *outro* cuja intervenção na realidade ora cria, ora destrói modelos.

O domínio do real e a relação tempo–espaço

O domínio da realidade, no limite de um raciocínio simplista, consiste na dominação dos fluxos de fantasia e de ilusão. O limite do território da ilusão é a presença do *outro*; o limite do território da realidade é garantido pela lógica da organização da rede de relações bem concretas, supondo objetos, temporalidades etc. O mundo é nomeado e segmentado em pares opostos, porém articulados, em que se localizam o fora e o dentro, o sim e o não. A experiência humana parece, portanto, reduzida a duas esferas: a esfera do real, concreto, delimitada pelo espaço da experiência compartilhada, e a esfera subjetiva, delimitada pelo espaço exclusivo das sensações privadas.

A crença em nossa capacidade de manter esses dois mundos separados tem sido fonte de angústia e de conflitos. Há um lugar específico que permite o trânsito de fluxos da relação do sujeito com o meio que não está nem na área pessoal, interna da realidade psíquica, nem na área da realidade externa, que compartilhamos com o outro: é o terceiro espaço, onde é possível criar. É o espaço da ilusão, necessária como mediadora da experiência de existir e de fazer parte de uma sociedade. A habilidade para reconhecer e aceitar a realidade é gradualmente adquirida. Começa ludicamente na infância. Na vida adulta encontra seu equivalente nas artes, na religião, no lazer e no ato criativo. A capacidade de criar, de brincar, de jogar e de imaginar está além das tendências instintivas básicas. Ela tem função de promover a integração entre a personalidade (subjetividade) e a realidade exterior. O espaço em potência e a realidade virtual não estão nem *dentro*, nem *fora*. Variam segundo experiências de vida. A continuidade espaciotemporal situa-se no limite do interjogo entre realidade psíquica pessoal e a experiência de controle de objetos reais. A sensação de estar no mundo e de poder dividi-lo com o outro, de orientar-se nas dimensões de tempo e de espaço é fonte segura de domínio e controle sobre os elementos.

A relação que o homem estabelece com equipamentos de comunicação pode colocar em crise a noção de dimensão espaciotemporal porque forja-se outra superfície no limite do espaço físico: a tela é lugar de passagem de conteúdos, do trânsito incessante de atividades de trocas; funciona como membrana que a tudo absorve e dissimula; perde a condição de terminal e de fronteira entre os dois espaços, e constitui-se em via de acesso a uma entidade imperceptível; deste modo, permite a entrada a novos espaços, e à realidade mais ampla de produção social da subjetividade. Nesse processo, em face de novas unidades eletrônicas de medida, conceitos de tempo e espaço, se transformam, alteram o controle da realidade e a sensação de segurança garantidos pelo domínio dessas duas dimensões.

Virilio (1993:13) atribui a esse conjunto de operações acima referido a responsabilidade pela distorção nas referências históricas e nas referências simbólicas, pela perda de significado dos monumentos e dos equipamentos urbanos e industriais. Não seria, portanto, uma programação específica de televisão a responsável direta por tais mudanças.

Em perspectiva mais ampla, Giddens (1996) problematiza a relação entre modernidade e transformação espaciotemporal. O deslocamento de referências, através dos tempos, promove descontinuidades que marcam o diferencial entre períodos históricos. Essa transição tem dois aspectos, um extensivo e outro intensivo. O extensivo define formas de interligação social com abrangência em escala mundial. O intensivo atinge aspectos íntimos da existência cotidiana, e faz dessas transformações a experiência mais significativa da sociedade humana. A interpretação descontínua da experiência histórica das sociedades não rompe com as continuidades entre o tradicional e o moderno. Apenas ressalta o caráter particular do conjunto de descontinuidades da época atual, em que novos modos de vida nos separaram de tipos tradicionais de ordem social:

As culturas pré-modernas possuíam métodos para calcular o tempo. O calendário, por exemplo, foi característica tão distintiva dos estados agrários quanto a invenção da escrita. Mas o cálculo do tempo, que constituía a base da vida quotidiana para a maior parte da população, ligava sempre tempo e lugar – e era geralmente impreciso e variável. Ninguém podia falar da hora do dia sem se referir a outros marcos sócio-espaciais: o "quando" ou era ligado de forma quase universal ao "onde" ou era identificado por ocorrências naturais regulares. A invenção do relógio mecânico, e a sua difusão a virtualmente todos os membros da população (um fenômeno que remonta no máximo ao fim do século XVIII) tiveram importância fundamental para separar o tempo do espaço. O relógio exprimia uma dimensão uniforme de tempo "vazio", quantificado de uma maneira que permitia a designação exata das "zonas" do dia (isto é, do dia de trabalho). O tempo continuou a estar ligado ao espaço (e ao lugar), até que a uniformidade da mediação do tempo pelo relógio mecânico foi igualada pela uniformidade na organização social do tempo. (Giddens, 1996:12)

O elo com a realidade se faz pela rotina cotidiana. Determinada pela constância e periodicidade dos episódios, ela constrói referências individuais e imprime consistência ao modo de vida de cada um. (García Canclini, 1991:63-85). A mudança de cenário, ou de trajetos, forma ciclos de experiências conectados entre si, esboça caminhos que levam as pessoas a se relacionar entre si e com seu entorno, a compreender o que na vida se transforma e as causas das mudanças progressivas. O ciclo vital é a primeira dimensão da mudança: o trânsito entre nascimento e morte. Desde o nascimento, o indivíduo vai se socializando: interioriza normas e padrões de conduta de acordo com a idade, o sexo e o segmento social ao qual pertence. Ganha maturidade na medida em que articula sua experiência à organização espaciotemporal das situações vividas.

Recepção: reapropriação e efeitos

A abordagem dos efeitos subjetivos da recepção tende a colocar em debate a capacidade de os meios de comunicação e informação subverterem a realidade do receptor e levá-lo a abandonar crenças, valores e a adotar comportamentos ditados pela televisão. Essa questão está sujeita a múltiplas interpretações; o enfoque da subjetividade traz luz à representação psíquica do processo de modernização em andamento dentro e fora da telenovela. Certeau descreve a construção de uma rede antidisciplinar, um tipo de criação anônima, nascida do exercício de adequação do uso dos produtos culturais à realidade mais concreta do sujeito. Esse modo de apropriar-se produz movimento através da proliferação disseminada de criações que são anônimas e perecíveis por estarem devidamente articuladas ao modo de vida próprio dos envolvidos. O processo de transformação das sociedades não está subordinado a qualquer gênero cultural, porém a telenovela aglutina em sua trama a representação do movimento dos objetos:

A trama do mundo social é formada pelas uniões e desuniões, motivadas pela aparição e desaparição de objetos de ação ou de imaginação. (...) Todos os objetos estão carregados de referência a união ou desunião: pelos objetos as pessoas se unem ou desunem; por eles as sociedades se compõem ou decompõem. Desaparecem e aparecem objetos no mundo, objetos que estão no centro do desejo e da ação das pessoas. Olhando outras épocas pode-se observar como a história é uma trama de aparições e desaparições; as instituições, os lugares do poder são e têm sido promotores das imagens dos objetos e dos mesmos objetos; têm intervindo em seu desenho e sua divulgação, os têm vendido, ou trocado por algum tipo de valor, os têm hierarquizado, os têm criado e os tem enfatizado... (Galindo, 1988:96).

Mesmo se propondo ser fictícia, a telenovela não se separa da planície familiar que se estende em torno do análogo: retrata a visão íntima da sociedade, nos aspectos em que as pessoas estão, na realidade, preocupadas com as histórias de suas próprias vidas e com suas emoções particulares. A exposição da intimidade, na tela, cria um imaginário comum, catalisador e unificador de sonhos, desejos e fantasias; autoriza a revelação, metáfora da confissão; restitui a possibilidade de lidar com as expectativas mútuas, que se criam através da exposição do *eu*. Traços do narcisismo social enunciam o desejo de acompanhar cenas em que nada acontece. A rotina de ver alguém tomando café, almoçando, fazendo ginástica, conversando, estabelece elos de dependência, restaura a sensação de vazio interior, como se esta visão do *outro* propiciasse a reparação de sentimentos reprimidos e a satisfação de desejos insatisfeitos.

Cada momento, cada episódio pode encontrar sentido e ser mais significativo para um grupo específico de família, ou para uma pessoa, segundo o que for visto como próximo de suas experiências. A variedade de elos que compõem o significado da trama não impede a unificação de interesses e obtém a sujeição insubstituível a seu horário de apresentação.

Cenário e narrativa se entrecruzam e se convertem em cenário e narrativa doméstica[10]; colocam em paralelas trajetórias de vidas distintas – de pessoas e de personagens; oferecem modelos de modos de ser, conhecimentos que podem ou não ser aplicáveis ao cotidiano da família, possibilidades de aprender a comportar-se (como homem ou mulher, jovem ou criança, profissional ou estudante etc.).

A discursividade contida no interior das cenas e do texto é vista na perspectiva de um processo de produção de subjetividade: há conteúdos discursivos e conteúdos não-discursivos. O discursivo, enquanto enunciado, revela-se no que é visto e no que é dito, embora os significados da linguagem e do comportamento apresentados numa cena não se ofereçam como alvo direto de atenção em si mesmos. O discurso inclui a narrativa (enredo), o que a novela diz, ou a história que o autor está interessado em contar, mas não se constrói apenas nos diálogos dos personagens: a semântica e o significado imediato das várias linguagens dependem também do repertório do receptor. O não-discursivo *está no não dito*. Não é enunciado e não tem visibilidade. Pode revelar a produção e a natureza de outro tipo de discurso, e fornecer os indicadores que surgem da combinação de práticas discursivas e de práticas não-discursivas. Tanto o discursivo como o não-discursivo expressam subjetividade, são elementos integrantes da reprodução e da transformação da vida simbólica. Os conteúdos discursivos e não-discursivos são irredutíveis entre si. Foucault (1991), ao analisar o quadro *As meninas*, evita a "linguagem fatalmente inadequada ao visível": Velázquez, ao compor o quadro, auto-representou-se.

> Por mais que se tente dizer o que se vê, o que se vê jamais reside no que se diz; por mais que se tente fazer ver por imagens, por metáforas, comparações, o que se diz, o lugar em que estas resplandecem, não é aquele que os olhos projetam, mas sim aquele que *as* seqüências sintáticas definem. (Foucault, 1991:65)

Telenovela e legitimidade do eu

Em sociedade que trocou a preocupação pública pela preocupação privada, os dispositivos de produção de subjetividade mobilizam questões de legitimidade do *eu* e da supervalorização da personalidade; espelham uma realidade sócio-historicamente datada e culturalmente circunscrita. Neste processo, o telespectador pode ser chamado a rever e a atualizar seus valores diante de diferentes dimensões: normas morais da sexualidade, do casamento, do pudor, da autoridade, da hierarquia enquanto mitos constitutivos do modelo de cultura vigente. Ele se permite hesitar, na hesitação de um personagem, entre dois empregos, entre duas paixões, ou entre dois estilos de vida.

A análise de Virilio contribui para a reflexão sobre a presença da tecnologia e da informação nas relações do homem com o meio: revela a possibilidade de que novas sensibilidades sejam produzidas e que se altere a percepção dos objetos e a dimensão do mundo:

> A partir de agora, assistimos (ao vivo ou não) a uma CO-PRODUÇÃO da realidade sensível na qual as percepções diretas e mediatizadas se confundem, para construir uma representação instantânea do espaço-ambiente. Termina a separação entre a realidade das distâncias (de tempo, de espaço) e o distanciamento das diversas representações (videográficas, infográficas). A observação direta dos fenômenos visíveis é substituída por uma teleobservação, na qual o observador não tem mais contato imediato com a realidade observada. Se este súbito distanciamento oferece possibilidade de abranger as mais vastas extensões, jamais percebidas (geográficas ou planetárias), ao mesmo tempo revela-se arriscado, já que a ausência da percepção imediata da realidade concreta engendra um desequilíbrio perigoso entre o sensível e o inteligível, que só pode provocar erros de interpretação, tanto mais fatais quanto mais os meios de teledetecção e telecomunicação forem performativos, ou melhor: videoformativos. (Virilio, 1993:23)

Não se trata de pôr fim à capacidade humana de perceber as dimensões de tempo e espaço, mas sim de redefini-la; afinal, explicar a realidade é função do pensamento. É isto o que protege o sujeito: ele pode ser vulnerável, mas não é passivo. Ele próprio escolhe os critérios para transitar entre a história da novela e sua própria história, segundo a percepção crítica que tem dos espaços de realidade e de ficcionalidade.

A família tem sido abordada nos diferentes aspectos que compõem sua história, organização, dinâmica, constelação geracional etc., dos quais a subjetividade é elemento de composição.

A parceria família/televisão tem uma face visível que se mostra nos índices de audiência, no *marketing* de produtos industriais cujo perfil varia segundo o contexto social, econômico e cultural no qual se inserem. Contudo, há uma face invisível nesta relação enunciada na configuração das relações internas e externas do grupo familiar e, também, na sua organização emocional. O encolhimento no espaço privado, que (re)ordenou o cotidiano familiar e suas regras de convivência, possibilitou que a família, inicialmente refratária a intervenções externas, contasse agora com esse novo episódio atravessando as interações sociais, que até então se mantinham restritas a espaços e circunstâncias especiais.

Há uma família subjetiva, que faz parte do imaginário comum, núcleo protetor e de refúgio seguro, que tem como principal tarefa suprir as necessidades e carências de seus membros e garantir-lhes relações de amor e lealdade. Para dar conta de compromissos tão elevados é necessário um sistema organizado e forte, que conte com apoio de ampla rede social. Esta família se organiza em torno de um par heterossexual, com papéis sexual e sociocultural predefinidos; segue o padrão hierarquizado, no qual cabe ao homem exercer poder e domínio sobre mulher e filhos, e ao casal diferenciar-se da criança, exercendo com segurança o poder disciplinar. O foco de conflito é a transição desse modelo mesclado ao padrão atualizado de família igualitária, no qual homem e mulher se percebem iguais como indivíduos.

O desenvolvimento tecnológico, ao estimular níveis mais elevados de consumo, produziu efeitos também no espaço doméstico, a começar pela adoção de novos hábitos de lazer, pelo reconhecimento de novas necessidades e, conseqüentemente, pela conformação de novas estratégias de relacionamento. Na mesma proporção em que se agravam disputas e dificuldades sociais, aumenta a tendência de as pessoas se refugiarem na vida privada, nas relações pessoais e, sobretudo, na família. Com apoio externo enfraquecido e com o aumento das pressões internas, a família tornou-se mais vulnerável; viu reproduzirem-se, em seu interior, as condições sociais de sobrevivência. Sua vocação para oferecer segurança afetiva e material, e promover ações de solidariedade entre seus membros, tem servido tanto para sustentá-la como também para desintegrá-la. Mas é essa mesma vocação que alimenta as conexões existentes entre sociedade e família, entre público e privado.

O sistema de relações familiares tem se modificado ao longo do tempo, e novos arranjos se estabelecem. Mudanças na extensão, na estrutura e na organização emocional abalam sua base de segurança, por operarem na dimensão íntima, objeto de seu domínio exclusivo. Primeiro espaço da socialização infantil, responsável pela formação da personalidade e estrutura do caráter de jovens e crianças, a família surpreende-se dividindo com outros a tarefa de transmitir as primeiras regras sociais. O que a diferencia é o contexto fortemente carregado de experiências emocionais. Mudanças subjetivas são lentas. A família é uma instituição que tem grande dificuldade para aceitar e promover mudanças. Através dela e de seus modelos ideais cada um constrói seu campo de referências e, através dele, orienta-se, identifica-se, conforma e planifica seu universo de valores. A crise de identidade individual e familiar é expoente do conflito estrutural que a família está vivendo atualmente. São transformações que, diretamente, incidem sobre o sujeito.

A família fora da novela

O modelo de família que está no imaginário comum é alimentado pelos meios de comunicação, tanto para oferecer novos produtos, como também para formular temas de programação televisual. Concretamente, a família atravessa um período de profundas alterações, como resultado das transformações políticas e sociais que corromperam o padrão tradicional. Ela tenta adequar-se e sobreviver ao processo de modernização da sociedade, convivendo de modo oscilante entre o arcaico e o moderno.

A compreensão da crise da família depara-se com um modelo em que prevalece o ideal de organização com base na hierarquia, cujo princípio é o estabelecimento de regras claras e rígidas (Figueira, 1987). Porém a clareza e a minúcia das regras não servem, por si mesmas, como garantia da hierarquia familiar. A dificuldade para entender, fixar e manter regras no cotidiano tem levado algumas famílias a valorizar determinadas atitudes, fazendo-as incidir sobre o menor comportamento do jovem e da criança, conforme mostra o exemplo:

Na infância a gente aprende a não falar palavrão. Acho que é uma coisa que até hoje [se mantém]. Aqui em casa, nunca (se fala palavrão). O João Paulo que é mais terrível, às vezes fala um palavrão. Mas aqui em casa a gente nunca falou palavrão. Não chupar chiclete [é outra regra]. Meu pai não queria, por causa dos dentes. Então, na frente dele a gente não chupava chiclete. Na frente dele a gente não chupa até hoje. Quando a gente estava mastigando alguma coisa, aí vinha meu pai: o que você está mastigando, chiclete? A gente engolia o chiclete. Deixa ver o que mais. Não pintar as unhas de vermelho. Não furar a orelha: fui furar a orelha com quantos anos? Acho que com 15 anos. Tentei, mas não deu certo e não posso furar a orelha até hoje. Só posso usar brinco de pressão. Não desrespeitar os mais velhos, não responder, quando uma pessoa falar e nunca falar que é mentira. Esse tipo de coisa. Quando a gente era pequena tinha o arroz, o feijão e a mistura. A regra era não comer a mistura antes do arroz e o feijão. Tinha que comer tudo junto. Até hoje. Umas coisas assim, bem banais de proibição. Acho que era só. (Juliana, família 2, HC)

A dificuldade existe porque há um ideal igualitário subjacente, em torno do qual se estabelecem pontos de convergência dos conflitos. Esses surgem porque não é apenas o modelo familiar que está em questão, mas todos os referenciais de identidade individual aos quais cada um se moldou. O princípio de hierarquia supõe que a identidade individual se fixe de acordo com a posição estabelecida por sexo e idade, e estes dados não se modificam por estarem grudados na identidade biológica. Por outro lado, o princípio da igualdade supõe uma identidade idiossincrática; respeitar as características individuais significa abrir-se para o singular e para o individual, implica mudanças de visão de mundo e, conseqüentemente, nas formas de interação. Embora as identidades possam se manifestar em estado puro, elas ficarão vulneráveis a alterações significativas: identidades individuais são moldadas aos padrões da família e se articulam, de modo complexo e variável, aos novos ideais, sobrepondo-se às antigas identidades sem, contudo, alterá-las substancialmente. Não há, também, em qualquer família, a vigência de modelos homogêneos. Contingências sociais, econômicas e culturais articulam-se aos fatores individuais e emocionais, reorientando a organização e o funcionamento das famílias, redefinindo suas relações internas e externas: *"(...) todo ideal modernizador tem um discurso interpretativo que ataca e desfaz um determinado conjunto de posições e preconceitos tidos como arcaicos"* (Figueira, 1987:20).

As pessoas passam a se comportar ou expressar posições ditas *liberadas* que às vezes não condizem com aquilo que realmente pensam ou sentem. É o que se observa, por exemplo, nos discursos *modernos* de pais que são repressores ou ambíguos no exercício da autoridade quanto à educação dos filhos; nas posturas e discursos de parceiros conjugais quando se referem ao casamento *democrático*, ou até na relutância de alguns adultos em assumir papéis parentais, preferindo exercer o papel do amigo eventual, das horas de lazer, sem compromisso com a educação e formação do jovem.

As famílias participantes desta pesquisa se organizam com base no modelo hierárquico, mononuclear. Os membros dessas famílias agem e se expressam de forma identificada com a hierarquia sexual e etária, em que a distribuição da rotina de vida, ou seja, o modo como o grupo se organiza para o dia-a-dia, sustenta aspectos do modelo tradicional: tarefas domésticas são assumidas de acordo com o lugar que cada um ocupa e o papel que desempenha no grupo: educar filhos, acompanhar tarefas escolares, são ainda atividades femininas. *A Xarlote que pega mais no pé das crianças: fica mais para ela* (João, família 2, HC).

A desigualdade pressuposta no sistema hierárquico é, de alguma forma, questionada ainda nem sempre de modo explícito. Escolhe diferentes vias de expressão. No exemplo a seguir, ela pode ser detectada como quebra e revisão do padrão de relações:

Gosto de viajar com a família. Acho que todas as viagens que a gente faz para a praia são marcantes. Sempre vai alguém de uma família diferente, que nunca foi com a gente. É bom, sei lá, acho que quando a gente muda de lugar parece que a convivência muda (...) acho que a gente fica mais reunida. Sei lá. É diferente. Não é a mesma coisa do que estar todo dia em casa. O cotidiano muda muito e acho que renova a união. (Juliana, família 2, HC)

A rotina sustenta papéis definidos. Tanto o cenário da praia como situações de futebol oferecem oportunidades para outras formas de relacionamento, que podem propiciar o afrouxamento das regras:

É a educação que você está vendo. Não falar palavrão. Só quando escapa. Eu já ouvi o meu pai falando palavrão e eu até brincava com ele. Ele falava que eu não podia falar palavrão, mas eu falava que tinha ouvido ele falar, no campo. Eu começava a brincar: "Eu ouvi e vou falar tudo para a mãe, você ficou falando palavrão no campo". (João Paulo, família 2, HV).

Dentro de uma mesma família se conformam diferentes tipos de redes de distribuição e exercício de poder, que se estendem sobre os membros e monitoram as interações. A crise nas relações tanto pode refletir-se na tentativa de alternar poderes, como na disputa por lugares afetivos. A ascendência de um irmão sobre outro é veementemente rejeitada: *Ela queria mandar em mim (risos), porque eu era folgada, não é? Eu era igual a minha mãe, era não, sou muito folgada; e ela era cheia de querer, igual a minha mãe também; cheia de querer ser muito folgada também; duas folgadas juntas!* (Joana, família 2, HV).

A *família 1* tem estrutura monoparental, a mãe é a figura central, exerce poder e controle sobre as duas filhas; uma delas é adotiva. Sua autoridade é reconhecida e respeitada, a despeito de sua história conturbada, descontínua, plena de episódios constrangedores, com claras referências ao sentimento de exclusão e à experiência de discriminação. Mesmo reconhecendo a exclusão social, elas não anulam o profundo desejo de mudança de sua condição como forma de fugir à discriminação. Valorizam o aspecto mais forte de sua identidade individual como mão-de-obra: o trabalho, com ênfase no que sabem fazer – limpeza –, parece ser o modo de afirmação de uma existência precária. A *família* 2 tem estrutura semelhante à da família extensa. O respeito à hierarquia de nascimentos faz da irmã mais velha a conselheira; o convívio com agregados, aceitos como membros da família, faz parte de sua rotina. O auxílio financeiro entre irmãos com dificuldades é bastante comum:

> Sim. Porque eu fiquei como uma espécie de pai e mãe deles, não é? Hoje está todo mundo casado, só tenho uma irmã de 50 anos que está solteira. Os outros estão cada um com a sua família então, eu e a minha irmã, ficamos como pai e mãe. Eu mais para pai, porque eu trabalhava para pôr dinheiro dentro de casa. E ela mais mãe porque ficava mais dentro de casa. Eles sentem saudades e passam aqui para me ver e depois passam por lá. É assim que fazem. Ou então, no Natal e Ano-Novo, eles sempre passam aqui para ver a gente. É difícil eles não virem. Aquele que não vem, liga. Quando não, você recebe pelo correio um cartão, alguma coisa. Tem um tipo de comunicação. (Xarlote, família 2, HV)

A ênfase dessa família é a solidariedade: *Como é bom a gente ser bom para as pessoas. Não por interesse, porque eu não tenho interesse em nada* (Xarlote, família 2, HV).

Ela se distingue das demais famílias na espontaneidade. Esse fator favoreceu o trabalho da equipe e fez fluir a comunicação. A informalidade é a marca de suas relações: há lugar para manifestação de afeto e de trocas que envolvem contato físico e carinho entre os membros, como é possível depreender das relações mãe/filhos e pai/filho.

> Hoje eu sento com os meus filhos e converso com eles, converso e muito; meus filhos deitam no sofá e deitam a cabeça no meu colo; meus filhos, esses marmanjões, essas duas meninas e o menino vão todos para a nossa cama, tudo debaixo da coberta com a gente. Eu nunca tive essa oportunidade com a minha mãe: contar um segredinho, contar com um ombro amigo, uma mão amiga, do tipo "vem minha filha, vem chorar nos meus braços": não, isso eu sinto assim por dentro não é, mãe não é. Sei lá. (Xarlote, família 2, HV)

Agora, depois que eu aposentei, nós estamos sempre juntos. Quando eu vou jogar bola, ele vai comigo; quando ele vai, eu vou com ele; porque eu jogo bola domingo de manhã. Então, nós estamos sempre juntos, dificilmente ele não está comigo, até o pessoal fala que ele é o meu umbigo, onde ele está, eu estou junto. Eu não sei se eu vou viver daqui a um ano, dez anos, quinze anos, então, a gente tem que aproveitar. (João, família, 2 HV)

A *família* 3 é reconstituída. Ambos os parceiros saíram de casamento anterior para formar novo grupo familiar. Mesmo assim, a hierarquia sexual e etária sustenta seu modelo de organização, com privilégio do masculino sobre o feminino. Um exemplo que elucida este modelo pode ser detectado pelo primeiro contato que estabelecemos com a família: ele se deu através de Cristiane, que se mostrou disposta a *ajudar*, mas não deu uma resposta definitiva sem antes consultar o marido. É interessante a informação que Cristiane fornece sobre os hábitos do marido:

(...) ele freqüenta o Clube do Bola. Tal clube consiste num encontro semanal de sete amigos na casa de um deles, o Marcão, um médico bem-sucedido, que tem uma casa bastante grande e com vários ambientes, onde cada semana um deles deve fazer o jantar; lá comem e bebem vinho. Nestes encontros as mulheres não podem participar. Nem mesmo à esposa do Marcão é permitida a participação. Ela deve ficar em outro espaço da casa, sem sequer experimentar a comida preparada diletantemente. (Cristiane, família 3, HV)

O contato dessa família com a comunidade é precariamente estimulado e o convívio bastante restrito. Há certo esforço para manter o equilíbrio e este passa pelo controle das ameaças externas representadas pelas demandas alheias ao grupo familiar:

Não fiz muitos amigos aqui; amigos que eu conto, tem apenas duas pessoas, que eu posso dizer que, num momento de dificuldades, eu procuro e eles me apóiam. Acho que aqui as pessoas são mais distantes, não sei por quê. (...) Mas essas amizades não foram feitas através de vizinhança, e sim através do Dantas, que já morava aqui e já tinha uma certa amizade de barzinho, de sair, tomar cerveja com elas; e a amizade foi se aprofundando, passou do boteco e foi para a sala de visitas e de jantar. (Cristiane, família 3, HV)

Esta família deixou clara sua indisposição para manter contatos freqüentes com os entrevistadores, através de atitudes como, por exemplo, desmarcar visitas combinadas. Entre outras coisas, a observação participante permitiu que percebêssemos que Dantas é reticente à entrada de pessoas estranhas em sua casa, alegando que *chega extremamente cansado do trabalho, sofre de stress quase que permanente por conta do cargo que ocupa*, e não quer *nesses dias ter de conviver com pessoas que não sejam da família*. A partir disso, estabelecemos que as visitas seriam feitas uma ou duas vezes por semana, de acordo com a disponibilidade da família, com o dia e o horário acertados uma semana antes e sempre confirmados com antecedência, por telefone.

Nesse caso, o pai se posiciona de modo acentuado como alguém disposto a proteger os contatos da família, e a criança, por sua vez, encontra maior dificuldade para investir fora dos limites domésticos. Por estar em fase de desenvolvimento social, ela tenta quebrar a rigidez do grupo familiar através dos grupos de amizade:

> Eu gosto de conversar mais com meus amigos, a minha família... Às vezes eu converso com outras pessoas também... assim, na rua... por exemplo, quando eu vou à padaria comprar alguma coisa, eu começo a conversar com o padeiro, com o cara que está no caixa... estas coisas. (Maurício, família 3, ES)
> (...) em casa a gente sempre está conversando qualquer assunto. Os assuntos em casa são liberados. Não sei se ela falou, mas minha mãe vive no telefone, né?, mas eu também estou sempre no telefone conversando com as minhas amigas, mas eu não sou muito de ligar, eu não fico ligando, elas que ligam entendeu, aí quando ligam ficam uma hora conversando. (Maurício, família 3, ES)

Na *família 4* há ainda restrições maiores. A autoridade do pai influenciou a interação do grupo com a pesquisa e com os pesquisadores. Não foi possível completar informações sobre a organização e a dinâmica familiar. A hierarquia sexual é rígida e a mãe funciona como mediadora das relações entre o pai e os filhos:

> Eu converso sim. Bem aberto... eu procurei me abrir mais do que a minha mãe que nunca se abriu comigo. Eu acho que faz falta, mesmo

com menino, que meu marido é muito quieto, então eu que tenho que conversar com ele. Ele me conta tudo. Em todos os aspectos. Eu precisei fazer as vezes de pai com o menino e com as meninas também. Agora, o pai sabe tudo que eu converso com eles. Quer saber, inclusive. Mas ele não teve a educação, né... (...) Ele não se sente à vontade, ele não consegue conversar com as crianças. Ele dá só bronca, ou escuta, mas ele não sabe dialogar. Ele aprendeu com o pai dele assim e acha que os pais não têm que... é uma questão de educação, não é? (Cristina, família 4, ES)

Nas quatro famílias não houve manifestação explícita de possível desconforto ou insatisfação gerado pela configuração familiar, nem contestação das regras estabelecidas internamente. Porém este silêncio não significa que as famílias estejam perfeitamente alocadas a modelos ideais. O padrão familiar está sempre sujeito a reformulações e em constante relação com um campo de conflitos entre o novo e o arcaico: o padrão hierarquizado mescla-se ao padrão de família igualitária, e a igualdade é apenas um discurso subjacente a uma realidade que preserva os sinais estereotipados de diferenciação entre homem e mulher. Igualdade pressupõe que homem e mulher se percebem iguais como indivíduos. A pluralidade de escolhas nem sempre se restringe aos limites do respeito à individualidade do outro; pulverizam-se as fronteiras entre o certo e o errado, e pensamento e desejo se confundem.

Padrão comunicacional e interação social

A abordagem da família como espaço de mediação das mensagens midiáticas não pode prescindir do caráter singular de seu padrão de comunicação que, por sua vez, não se subordina ao uso que ela faz da televisão. A comunicação no interior da família, vista a partir de processo dinâmico que opera sobre espaços, pessoas, objetos e situações cotidianas, tanto pode se enriquecer como se empobrecer através do contato que efetua com o meio. Ela constrói seu próprio padrão comunicacional através da abertura, ou da restrição, para o que é exterior ao grupo e da disposição de seus integrantes para promover o relacionamento entre si e com o entorno social. O padrão interno de comunicação significa mais que trânsito e controle do fluxo de informações: ele confirma e mantém a qualidade das relações que seus integrantes estabelecem entre si e com o exterior.

A rede de relações se tece na multiplicidade de realidades conjugal, ocupacional e espacial, que cada membro experimenta como indivíduo, como representante de gênero no papel de irmãos, pais, esposos. A complexidade desta rede de relações não é gerada como efeito único do uso e apropriação dos meios tecnológicos de comunicação e informação.

A incorporação da televisão ao cotidiano modifica o cenário, espontaneamente criado em cada família, captura e amplia suas necessidades, reproduz e estetiza seus conflitos; apropria-se de seus desejos e os redefine. Integra a dimensão externa de seu padrão de comunicação, transmuda o processo de subjetivação pelo intercurso da produção de uma imagem de pai, mãe, criança e convívio familiar.

Há que considerar, também, pelo menos três formas de saberes se produzindo e atravessando a dinâmica familiar: a primeira, a que se produz através do simples contato com esse meio de comunicação, na relação com o aparelho propriamente dito: uma outra localização no espaço doméstico. Pode-se presumir, ainda, a adoção de uma nova linguagem na descoberta de outras formas de comunicar a qualidade própria da relação, transformada pelo uso do aparelho. A terceira forma de saber é produzida através do conteúdo veiculado pelos discursos e imagens. Uma espécie de janela se abre para o mundo, de onde é possível contatar outros tipos de organização familiar.

A dimensão externa do processo de comunicação das famílias entrevistadas revelou-se articulada a investimentos nas relações sociofamiliares. Consiste na variedade e na freqüência de contatos mantidos com amigos, na participação social na comunidade, na promoção ou envolvimento em atividades culturais e religiosas no bairro. Depende do estilo de vida adotado segundo seu padrão socioeconômico e cultural, porém é sujeita a redefinições:

Aí, acabou o negócio da rua. A nossa vizinha de baixo, que a gente ia escutar rádio, não tinha televisão, então ela subia e vinha ver televisão

208

com a gente. A sala era grande, a gente punha uns bancos e enchia de gente, os bancos. Era legal. O pessoal se reunia, sempre de noite. De dia eu trabalhava. Tinha uma novela *Sol Amarelo*, muito bonita, boa. Vixe! Dava 7 horas [da noite] e a casa estava lotada. Vamos lá para o cinema. Vamos ligar o cinema [risos]. Todos assistiam quietos. Mais ninguém respirava. Quando dava intervalo, quem queria beber água, quem queria ir para o banheiro, ia todo mundo correndo. Era muito bom. (Xarlote, família 2, HC)

O interjogo de relações está subordinado tanto à rotina, que é determinada pelos compromissos de seus membros, como pelas possibilidades emocionais de se permitirem trocas afetivas através do contato:

Durante a semana quase a gente não se vê. Minha mãe sempre sai, vou para a ginástica; meu irmão vai para a educação física, minha irmã para a escola; meu pai está dormindo. Quando a minha mãe volta, às vezes, a gente conversa, mas é coisa bem rápida. À noite, quando eu volto do serviço, também é rápido porque eu logo saio para a academia. Quando eu volto da academia, a gente tem um contato maior, a gente conversa um pouquinho mais. Tenho contato e converso com todo mundo. A minha mãe já voltou da igreja e conversa também com todo mundo. No final de semana a gente se fala mais. No sábado a minha mãe vai para a igreja, na missa das crianças. Mas, durante o dia a gente conversa, brinca. É... meu pai, também. Às vezes, vai levar meu irmão para o futebol. Mas dá tempo para a gente conversar. Com minha irmã, todo dia. Às vezes, eu ligo do serviço para falar com ela. Durante a semana falo com ela pelo telefone. (Juliana, família 2, HC)

A televisão se inclui no contexto com um papel específico: preencher o vazio ampliado pelo cotidiano da vida urbana. Nesse papel, ela se torna recurso a ser utilizado no desencadeamento da comunicação interna, caso esteja prejudicada pela exaustiva rotina de trabalho. Mobiliza o surgimento de temas de conversação durante e depois de determinada programação:

Meu pai é assim: às vezes está passando filme, ele pergunta quem é o mocinho, quem é o bandido, quem é o bom, quem é o mau; quem vai ganhar a briga, para quem é que vocês estão torcendo. Sempre assim.

Na novela ele é igual... olhava... aí começava a perguntar muito. A gente não gostava de explicar, porque assistir novela com alguém perguntando o que está acontecendo, atrapalha. (Juliana, família 2, HC)

É possível, ainda, localizar outras funções da televisão na dinâmica familiar: promover a redução da distância entre gerações, aliviar diferenças, facilitar o entendimento entre as pessoas envolvidas, caso estejam abertas para isto:

Meu pai sempre foi assim brincalhão. Em pouco tempo que a gente ficava em casa, sempre via televisão junto, conversava, brincava com a gente. Ele era bem prosa. Até hoje ele é. Não tem assim pensamento diferente. Tudo é diferente (entre nós), mas a gente se entende bem (Joana, família 2, HC).

Há um *continuum* entre as tarefas da televisão, sensivelmente verificado nas possibilidades de reencontro, na reativação de lembranças familiares de momentos especiais, significativos, de pessoas que possuem poucas coisas que valem ser lembradas. Lurdinha recorda a melhor fase de sua vida, aquela em que viveu um período mais tranqüilo ao lado do homem que depois a abandonou, convivência que lhe permitia contar com algum tipo de apoio material e afetivo, única fase em que lhe foi permitido sentir-se, de alguma forma, segura:

(...) a gente assistia filmes... o Moacir Franco tinha um programa quase igual a *A Praça é Nossa*... não me lembro o nome do programa... Tem bastante coisa boa na televisão que eu assistia (Lurdinha, família 1, HC).

Lembrança ou aconchego, cada entrevistado, jovem ou adulto, encontra razão especial para aproximar-se de alguém e dividir com ele a experiência de ver televisão. Por exemplo, Joana tem um elenco de programas de sua predileção, que sugere não depender de companhia para apreciá-los. No entanto, abre mão de suas escolhas para permanecer junto à irmã e assistir a programação por ela escolhida. Ao privilegiar a companhia, acaba por assimilar como sua a escolha feita pela irmã. (...) *para ela não assistir sozinha, eu assisto junto. A programação às vezes é boa, às vezes não é* (Joana, família 2, HC).

Xarlote também revela o hábito de ver televisão quando está sem companhia, sugerindo a criação de situação atrativa e propícia ao favorecimento de aproximação. Recorda o irmão ausente que a visitava, conseguiam ficar juntos durante o tempo em que viam televisão, como se este fosse o elo que lhes assegurava algum tipo de troca afetiva, como se esta concessão especial não fosse plausível sem a tela, ao fundo:

> (...) eu via televisão mais sozinha. O meu irmão vinha, de vez em quando, mas era durante o dia. Mas nem ficava a tarde toda. Às vezes, no sábado e no domingo... (Xarlote, família 2, HC).

Reunir a família em um único espaço físico, com certa freqüência, talvez seja o maior ganho revelado pela interação família/televisão:

> (...) todos os dias da semana, eu, João e meus filhos costumamos assistir a novela *Xica da Silva* e ficamos conversando. No sábado à tarde Joana e Juliana costumam sair, e também o João Paulo, que muitas vezes está com o João. Só depois das 6 ou 7 horas da noite é que começa a chegar todo mundo, a gente costuma jantar juntos. Depois, quando a Juliana e a Joana não vão para alguma festa, nós ficamos todos juntos assistindo algum programa na TV. No domingo, João, o João Paulo, a Juliana e a Joana saem para o futebol. Eu costumo visitar meus parentes, aqui perto. E lá por volta das 8 horas eles estão de volta, e costumamos ficar assistindo televisão, vendo o *Topa Tudo por Dinheiro*. (Xarlote, família 2, HC)

Os mais jovens também percebem mudanças que o hábito de ver televisão introduziu na interação familiar:

> (...) houve um momento em minha vida que não faltava companhia para ver televisão (...) Atualmente eu assisto também quando estou só (Joana, família 2, HC).

Nesse caso, a televisão funcionou como motivo para reunir amigos e, quando estes se ausentaram, ela mesma passou a ser companhia, ocupando o lugar destes mesmos amigos. Quando a família tinha um único aparelho, o tempo destinado à audiência era menor, mas havia possibilidade de reunir um número maior de pessoas, com mais freqüência. A aquisição de mais um apare-

211

lho levou ao aumento do número de horas diante das programações e reduziu a possibilidade de reunir o grupo:

> (...) é difícil a gente se reunir, a gente se reúne para comer (...) se reúne sim, na frente da televisão. Acaba com o diálogo. Eu acho. E a gente não tem hora para nada (Joana, família 2, HC).

A separação entre os membros de uma família se deve mais ao fato de ter mais de um aparelho; nesse caso, quando se reúnem, encontram dificuldade para chegar a um acordo e escolher uma programação que satisfaça a todos. Nesse momento, a parceria para ver determinados programas vai depender da qualidade da interação entre as pessoas envolvidas e da capacidade que possuem para negociar interesses e privilégios. O que se verifica é que se estabelecem elos por afinidade: quando há futebol, por exemplo, a prioridade é masculina, pai e filho se aliam:

> Bom, se não tem jogo, está todo mundo na sala. O dia que tem jogo está todo mundo dividido. Se tiver visita, primo, irmão dele, a gente tem que ir para o quarto. Não tem jeito. Já teve época de eu mandar ele para o quarto, porque quem chegou primeiro tem prioridade. Aí, eles vão lá para o quarto. Mas lá não dá. Pois não cabe todo mundo. (Xarlote, família 2, HC)

Em resumo, o uso da televisão tem uma face favorável na rede de relações familiares, se assumirmos as dificuldades interacionais típicas da sociedade atual, em que as pessoas, de certa forma, sabem, ou sentem, que dependem de condições sociais e de influências ambientais para nutrir a vida psíquica que não são garantidas pela realidade vivida. Porém, ao vê-la transformada na figura de um novo interlocutor, representando ameaça ao papel que, antes, era desempenhado pelo círculo de amigos, em resposta, ou como resistência, o receptor se esforça por preservar as relações de amizade. Valor plenamente defendido na solidariedade constante dos grupos familiares de baixa renda. Embora a sedução desse veículo seja forte, há critérios de aproximação ou distanciamento:

> Televisão não me prende, pois acho que todo cristão, ou toda pessoa, ser humano, deve fazer visita normal, ou por motivo de doença, ou porque a pessoa está aniversariando; não tem presente, dê um abraço. A pessoa sabe que você não esqueceu dela. Eu não me prendo; quando

eu tenho que ir, a novela pode estar boa, maravilhosa, que eu desligo e vou. Não me prendo. A novela não tem problema, é uma coisa que vai com o tempo. Se você perde um ou dois capítulos, não tem problema, depois você pergunta para alguém. Você já sabe qual é o roteiro da novela, então já sabe o que vai acontecer. Você assistiu ontem e hoje não vai assistir, você já sabe, mais ou menos, o que vai acontecer. (Xarlote, família 2, HC)

A esse cotidiano familiar atravessado pelo uso da televisão incluem-se ainda, de modo quase indissociável, várias telenovelas exibidas em diferentes horários através de várias emissoras, cruzando temas impregnados de experiências plenas de encontros e desencontros afetivos semelhantes às vividas pelo receptor.

Por outro lado, telenovela é, também, a ponte entre outros gêneros culturais: a música preferida, por exemplo, geralmente faz parte da trilha sonora de alguma novela e é associada a emoções experimentadas em situações já perdidas no tempo, serve para despertar sentimentos. Através da televisão aprende-se também a gostar da música hoje considerada clássica; Pavarotti é o mais lembrado.

A inserção da tecnologia

A permeabilidade que o grupo familiar tem para assimilar a televisão não é a mesma para o amplo espectro de novas tecnologias. Ou seja, a entrada de outros veículos de comunicação e de outros equipamentos eletrônicos não tem força suficiente para produzir interferência significativa no padrão de comunicação. O alto custo dos equipamentos, a falta de recursos financeiros para adqui-ri-los ou fazer manutenção, além da falta de informação e de habilidade para manuseá-los, frustram o relacionamento com a nova tecnologia. A frustração se expressa de outra forma, perturba a qualidade das relações entre as pessoas, principalmente nas famílias de renda mais baixa. Se, por um lado, o aparelho de televisão promove encontros, alimenta conversas e faz companhia a quem se sente só, por outro lado, outros equipamentos eletrônicos se impõem numa relação quase cerimoniosa, de sedução e repulsa, como se pertencessem a um mundo à parte. Desconhecer que existem pode parecer alienante, então é preciso informar-se para não ficar fora deste *novo mundo*. Porém, a entrada nesse arsenal tecnológico parece sofisticação dispensável, daí a repulsa, ao mesmo tempo necessária e sedutora.

Como sempre, o que é novo atrai primeiro os mais jovens. Estes não escondem o fascínio que sentem pela tecnologia e até revelam alguma familiaridade com a informática. Mesmo sem recursos, buscam de alguma forma obter contato com computador. As oportunidades esporádicas oferecidas pela escola pública despertam interesse pelo conhecimento e os levam a crer em novas possibilidades profissionais. Entretanto, os adultos, ao contrário, evitam fazer qualquer referência a esse tipo de experiência: não expressam interesse por informática, sequer chegaram perto de um computador, não se sentem compelidos a manuseá-lo, sugerem que este é um campo inexplorado e inatingível. É como se não tivessem direito de ter acesso às facilidades e benefícios dos novos meios de comunicação. O adulto revela dificuldade até para assumir a necessidade e o direito que tem ao lazer. No exemplo escolhido, nas referências aos canais de televisão a cabo, na *família 2*, aparece subjacente a idéia de que a TV paga seja um modismo adotado pelos mais jovens, assim como o uso dos computadores; em contrapartida, a aquisição do aparelho de televisão é necessidade que só se satisfaz com boa recepção dos sinais transmissores, o que se obtém com TV a cabo:

> Não costumo ver essa TV por assinatura com freqüência. É difícil assistir. Eu nem lembro. Só quando elas (as filhas) estão assistindo a algum filme, eu fico junto e vejo. Eu mesmo procurar a Multicanal para assistir, não. Eu tenho Multicanal aqui em casa, por causa da imagem (dos canais comerciais) que fica mais nítida. Às vezes, quando tem algum jogo, que os canais convencionais não pegam, você é obrigado a usar ela. (João, família 2, HC)

> Não gosto de filme, eu só dou uma olhada, mas eu não ligo. Às vezes, eu nem olho a programação da Multicanal porque eu não acompanho nada, não é? (Xarlote, família 2, HC)

É como se o adulto não se sentisse com direito de ter acesso a esses bens. E quando eles são incorporados, esta incorporação vem associada a um conjunto de regras de uso dos aparelhos, por parte dos filhos, como no exemplo do bichinho virtual:

> (...) a gente não tem sossego. As meninas não faziam as coisas direito. Não estudavam mais direito por causa dos bichinhos virtuais. Ninguém queria saber de estudar... estavam estudando e tinham que correr para cuidar dele, e aí eu desliguei. Se estragar, estragou. Ficava muito preocupada com os bichinhos virtuais. E já chega a casa que a gente tem que cuidar, cuidar dos filhos e ainda cuidar dos bichos... (Lurdinha, família 1, HC)

A idéia de posse, uso e manuseio de um equipamento supérfluo como o bichinho virtual está aqui associada a direito conquistado por quem cumpriu tarefas diárias, como as escolares e as domésticas. Nota-se o estabelecimento de uma regra interna da família, ou seja, a incorporação do novo supõe também alguma regra para se relacionar com ele: Lurdinha desligou o bichinho virtual das filhas, alegando a necessidade de ter mais tempo para se dedicar às obrigações; buscou aconselhar-se com um padrinho da menina como se estivesse em busca de parâmetros para reafirmar sua decisão. A filha adotiva não recrimina o gesto normativo da mãe, mas seu questionamento incide no modo como ela, sem habilidade para lidar com as novas tecnologias, inviabilizou o brinquedo:

> Eu acabava de estudar e podia brincar com ele. Mas acho que a bateria do bichinho virtual deve ter derretido, por causa do modo como foi *desligado* (Sheila, família 1, HC).

Fernanda também revela a prioridade que aprendeu a dar às normas estabelecidas pela mãe, e assume a dificuldade que tem para lidar com esse brinquedo e outros eletrônicos movidos a pilha, e que estariam desativados:

> (...) um deles é um gravadorzinho, só que ele não grava nada [*riem*] e uma motocicleta que tem uma Barbie que anda nela. Tem também um [brinquedo] de maquiagem, só que a minha mãe escondeu (o bicho virtual) porque pensa que eu não faço o serviço direito com ele ligado (Fernanda, família 1, HC).

A reposição e a manutenção que oneram os recursos financeiros das famílias de baixa renda limitam o desejo de consumo mais diversificado, como a posse de um videogame, com o qual revela ter tido contato apenas na casa de uma amiga. Importante mesmo é assimilar limites impostos pela mãe: *(...) só jogaria videogame depois que eu fizesse minha lição de casa, aí eu podia brincar* (Fernanda, família 1, HC). O mesmo tipo de relação se verifica na *família 2*. Joana ganhou um bichinho virtual de sua mãe:

Esse ano, quando a gente foi à Aparecida do Norte, ganhei um (bichinho virtual), está ali, sem bateria [risos]. O bichinho está guardado, sem bateria. Eu não criei muitos bichinhos, foi assim: eu criei um, meu primo catou o bichinho, apertou o aparelho, o bichinho sumiu, nasceu de novo, aí eu não quis mais cuidar. Fiquei com raiva, porque eu já tinha carinho pelo bicho, ele estava, acho, com quatro ou cinco dias, estava para morrer, já estava grande, meu primo, por brincadeira, cata o bicho e aperta, aí como apertou a bateria, falhou, morreu. (Joana, família 2, HC)

Não são observadas situações que expressem algum tipo de lamento pela perda de tais objetos; uma espécie de sentimento de impotência por não conseguir mantê-los funcionando se explicita, por exemplo, na impaciência de Joana, quando descreve sua relação com o bichinho:

(...) enche tanto o saco, você cuida tanto dele, que você cria o maior carinho, um certo carinho, não é? [risos] Aí, quando ele morreu eu fiquei triste; é criancice não é? se apegar... Por isso é que eu peguei raiva porque ele morreu, porque sempre morria, aí eu fiquei com raiva. Quando ele morria, se iniciava outra vida; na maioria dos jogos ele virou anjinho, se ele perder a maioria dos jogos ele vira um morcego. (Joana, família 2, HC)

Vale deter nossa atenção no aspecto específico da relação estabelecida com o bichinho virtual. Implicitamente está associado o investimento de um tipo de afeto no manuseio do objeto, semelhante ao que deve ser investido nos cuidados dedicados à manutenção da vida frágil de qualquer ser vivo, não-virtual: uma sobrevivência garantida por um conjunto de regras e condições específicas. A atenção se diferencia pelo toque no botão existente para desligá-lo quando não se quer suprir suas necessidades: um gesto que o transforma em objeto inútil e devolve o cuidador às suas atividades. O desligamento tanto pode causar alívio como também frustração, porque a existência do *tamagushi* – nome dado ao bichinho virtual –, por si só, sugere nova modalidade de sentimento – o amor virtual. Porém este não satisfaz a carência e o desamparo, que são reais e, quando descartados, introduzem-se nas relações usuais com os equipamentos eletrônicos, como por exemplo a modalidade de jogos *minigame*, cuja regra determina a vitória para quem obedece às instruções para manter a vida.

O entrecruzar de histórias de vida

A compreensão do processo pelo qual a vida das pessoas atravessa e é atravessada pela telenovela requer que se identifiquem os aspectos subjetivos envolvidos nesta relação que se estabelece através do acompanhamento dos capítulos. O modo como as pessoas transitam entre a história da novela e a sua própria história depende da percepção que têm dos espaços de realidade e ficcionalidade, do envolvimento e do distanciamento que, conscientemente, se permitem ter com a trama:

A experiência posta no texto da telenovela passará a fazer parte do marco de experiência da audiência, que tem uma fonte imaginária. Ou seja, a audiência atua a partir de seu contato com a telenovela mesmo que a experiência não seja vivida diretamente. Esta mesma experiência colocada na telenovela é organizada por especialistas como marco de experiência particular, diferente e distante da audiência. O resultado é complexo, a audiência adquire uma identidade cada vez maior com a vida representada na telenovela, que, por sua vez, lhe outorga uma competência cada vez maior para continuar sendo audiência. (Galindo, 1988:106-7)

A família representada em *A Indomada*

Família é sempre um tema atrativo porque envolve todos nós. Ao ser retratada na telenovela, os dispositivos que a constituem e consolidam e os mecanismos que a destroem estabelecem elos entre si, formando uma trama variada. Cada momento, cada episódio pode encontrar sentido e ser mais significativo para um grupo específico de família, ou para uma pessoa, segundo o que for visto como próximo de suas experiências. O desejo de formar laços familiares, a necessidade de rompê-los, o sonho de reconstruí-los e sustentá-los fazem parte da experiência cotidiana de todos. Assim se constrói a história da expansão ou do encurtamento dos grupos, dos sentimentos envolvidos, dos conflitos gerados através do esforço feito para sobreviver socialmente.

Embora a novela escolhida, *A Indomada,* seja uma ficção com enredo nem sempre próximo da realidade, ela não se separa da planície familiar que se estende em torno do análogo: sua trama apresenta e repete aspectos de vida e de relações semelhantes ao que ocorre no cotidiano de boa parte dos receptores. O universo dos personagens também se constrói e se consolida através de uma rede de relações sociais, porém são evidentes os arranjos contraditórios de valores que circulam nos discursos e nas imagens que veicula. Ao reproduzir o movimento que vem transformando a família, a telenovela recria e destaca a crise de valores e, como conseqüência, a mudança de costumes. Histórias mostradas na telenovela introduzem possibilidades de se criarem novas fontes de identificação nas quais adultos têm de enfrentar processos de reformulação e de reatualização de sua herança familiar. As famílias, como personagens, reproduzem os modelos idealizados, ao mesmo tempo que exploram conflitos resultantes da coexistência de antigos e novos ideais. Enquanto na vida concreta o sujeito experimenta os mesmos conflitos sem se dar conta de que está fora de seu controle a emergência do *moderno,* e que este vem carregado de restos do *arcaico.* No concreto, cria-se espaço de negociação de conflitos: de um lado, operam as forças que sustentam o modelo tradicional; de outro, forças do modelo igualitário impelem ao processo modernizante.

A variedade de temas familiares apresentada em *A Indomada* está devidamente articulada à realidade do espectador e também à preocupação que tivemos quando definimos o universo desta pesquisa e escolhemos famílias não tipicamente organizadas: o esboroamento do modelo tradicional de família e novas organizações familiares; as relações de gênero e modos de ser masculino ou feminino; o afeto, as relações amorosas e conjugais; as relações intergeracionais e o lugar reservado à infância; e, por fim, a circulação de valores através de dois vetores mais críticos de nossa cultura: sexo e religião.

Da queda do modelo tradicional às novas organizações familiares

Através da figura do patriarca Pedro Afonso, a novela *A Indomada* expõe o esboroamento do modelo tradicional de família. O perfil bem marcado de sua família resgata o estilo que funcionou bem em tempos remotos e deixou no imaginário social traços do que poderia ter sido o poder calcado no prestígio e na capacidade econômica de determinada família. A *grande personalidade* do usineiro foi se fragilizando ao longo da novela, cedendo lugar a um tipo mais humanizado e contemporizador, por vezes até paternalista. Inicialmente ele é absorvido pelo incontrolável vício do jogo, empobrece a família e consegue dar conta de algumas de suas contradições quando perde o controle sobre os bens que possuía; evolui como figura humana ao abandonar o perfil hostil de homem rico, intolerante, prepotente e autoritário, se refaz ao submeter-se às condições de vida menos nobres, como antes estava acostumado. Essa mudança não rompe com a manutenção da ilusão de família idealizada porque conta com o desempenho do ator, que já teve oportunidade de representar personagens semelhantes como pai ou patrão, e sua imagem é facilmente associada a figuras de autoridade e poder: tem força para convencer e estimular a discussão da hierarquia familiar. O discurso que formula e sustenta é sutilmente pontuado por outros personagens, atravessa e é atravessado pela diversificação de cenários e contextos.

A entrada das demais figuras masculinas, com igual potencial de sustentação do modelo familiar tradicional, mantém o mesmo contexto social, embora reformule o discurso: no lugar do dono do engenho de açúcar, aparece o político oportunista na pele do prefeito e seu sogro senador. A família do prefeito exemplifica o conflito promovido pelo processo de modernização: ele se apresenta como o pai protetor da moral da filha, exige que ela obedeça a determinado padrão de conduta, tenta

219

fixar regras rígidas a sua família e transmitir a imagem de autoridade. Quer impor sua vontade, mas é vulnerável aos caprichos e investidas sedutoras da esposa. As relações desse casal rompem com o modelo proposto e não seguem os padrões dos casais conjugais tradicionais devido à exposição erotizada da conjugalidade. Essa dimensão da vida familiar coloca em foco, com certo exagero, o conflito de uma estética sexualizada do cenário familiar introduzido pela mudança de valores sexuais.

A concessão da trama ao modelo de família monoparental mobiliza outros aspectos da discussão, produzindo categorias diferenciadas de valores articulados ao universo da mulher *chefe de família*. Assume o controle da casa, o cuidado do filho e a vida profissional, sem a participação e o apoio da figura masculina. A juíza Mirandinha parece estar acima das dificuldes que a realidade oferece às mulheres em situações semelhantes. Ela sabe defender-se com competência dos ataques do prefeito, dos boatos em torno de sua vida pessoal, e consegue manter a imagem de autoridade e respeito mesmo após ter se envolvido afetivamente com seu secretário, rapaz mais jovem, com quem resolveu casar-se. No estilo da profissional bem-sucedida, não demonstra atemorizar-se: é independente, enfrentou beatas e fuxiqueiras da pequena cidade em que vive, a resistência de seu filho, quando este se posicionou contra seu casamento e, como modelo atípico de família monoparental, colocou-se como o sonho a ser alcançado por milhares de mulheres que, solitárias, educam seus filhos com parcos recursos.

Ainda dentro do modelo monoparental, a família de Teobaldo se apresenta com características mais específicas por ter à frente um homem solitário. Auxiliado pela mãe, que também é viúva, ele se apresenta como um sóbrio pai de adolescente; esboço do novo homem, o pai ideal, que consegue manter relacionamento equilibrado com o filho, apesar das dificuldades psicológicas deste. Adota estilo de vida austero, não freqüenta o British Club, nem a Casa de Campo, como os demais homens; mantinha certa discrição em torno de sua vida privada. Seu tumultuado casamento com Helena foi o único envolvimento sexual que ganhou destaque.

Relações de gênero e modos de ser masculino ou feminino

Os territórios masculinos e femininos são povoados com as máscaras de homem e de mulher que vestiram, e ainda vestem, os estereótipos de gênero, a despeito de toda discussão sobre a transição de valores. Ocorre a idéia de homem como espécie humana diferente, forte, com total domínio sobre suas fragilidades, e de mulher frágil, dependente e insegura. A transição para a modernidade é marcada pelo abandono de estereótipos da versão masculina de virilidade, em que traços de agressividade e determinação são precondição para o homem ocupar postos de comando. A inserção da mulher na vida profissional vem promovendo mudanças significativas nas relações sociais e clama, também, por transformação radical nas mentalidades e na vida privada.

A revisão das relações homem–mulher, dentro ou fora do espaço doméstico, pressupõe libertar conceitos socialmente formulados a respeito de cada gênero; implica o reconhecimento de novos papéis que emergem dos lugares que cada qual assume no cenário social. As relações de gênero, regidas por esse processo de transformação, assumem os contornos da relação do homem consigo mesmo, com a paternidade, com o feminino e com a feminilidade. O homem contemporâneo já não assume integralmente tais estereótipos; tenta reconciliar-se com a denominação feminina de determinados comportamentos; percebe-se autorizado a transitar por determinados espaços, a sentir e expressar emoções e sentimentos, a assumir papéis, antes reservados ao universo feminino, sem que isto signifique ameaça à sua identidade sexual.

O texto de *A Indomada* polariza aspectos importantes do conflito que surge por conta dessa fase de transição de valores e faz das relações afetivas entre homem e mulher seu alvo preferido. Como na maioria das novelas, esse tipo de relação não aparece de forma totalmente isenta; nos vários espaços em que ela é explorada, é facilmente erotizada ou marcada pelo desafio e competição intersexos.

Na vida concreta, os papéis sexuais são tradicionalmente bem demarcados: ao homem cabe ocupar lugar central na trama familiar, recebe tratamento diferenciado e é preservado da obrigatoriedade de participar de atividades domésticas e rotineiras, que são assumidas pelas mulheres. O desequilíbrio que sustenta esse padrão de relações não aparece e não é sequer questionado:

> Na minha vivência a gente se considera igual. Não tem isso porque eu sou mulher eu tenho que ser submissa ao marido. Ou por ele ser meu marido, eu tenho que me sentir diminuída perto dele, não. Mandamos igual, resolvemos igual, pensamos igual (Xarlote, família 2, ES).

O tabu cultural que responde pela expectativa de ter filhos do sexo masculino, e reafirma a hierarquia sexual na composição familiar, ainda se mantém perfeitamente assimilado, como se pode extrair dos discursos de membros familiares independentemente da faixa etária, do sexo ou do lugar em que a pessoa esteja ocupando na família. No primeiro exemplo temos as irmãs falando com entusiasmo do nascimento do irmão:

> Eu lembro que ele chegou em casa com minha tia. Quando chegou foi uma festa, que o meu pai sempre quis um menino. Era tão bonitinho, gordinho, quando era pequenininho. (Joana, família 2, ES)

> Eu lembro que era a maior felicidade, porque o meu pai sempre quis um menino, ele não falava para a gente mas a gente sentia isso, então minha mãe fala (...) agora ela fala, que quando ela ficou grávida de mim, meu pai ficou todo feliz [risos] crente que era um menino, aí quando ele viu que era uma menina ele ficou meio decepcionado, mas aí ele até tinha (...) ele ficou decepcionado, mas agora não (...) acho que eu gostava bastante (...). (Joana, família 2, ES)

> Eu lembro também quando ele era pequeno (o irmão). Quando tinha uns 3 anos, eu era mais velha, eu levava para uma festa de aniversário, alguma criança brigava com ele eu chorava, que não queria que batessem nele. Eu chorava porque ele estava chorando. Eu era muito apegada a ele quando era pequeno; não me dava bem com minha irmã. Dava-me melhor com ele. Tinha mais carinho por ele do que por minha irmã. Hoje em dia as coisas estão meio bagunçadas. (Juliana, família 2, ES)

No segundo exemplo é o pai quem não consegue esconder o entusiasmo. Em geral afirma não ter preferência pelo sexo da criança, mas o sentimento ligado ao nascimento de um filho homem o denuncia:

Nascimento das crianças... Para a gente, era tudo novidade, gozado, não é? Eu, quase nem acreditava, eu, sendo pai... Não pensei, que você, gozado, fica meio abobado quando nasce o primeiro filho da gente. Assim, tem pessoas que falam "puxa, você queria que fosse um homem". Não, nunca pensei se não for homem... Tem pai que fala assim. Não, eu sempre pedi a Deus que viesse com saúde perfeita. E ser homem ou mulher... Sempre quis ter uma companheira, se viesse homem tava bom também, mas não que eu quisesse que viesse homem. Depois de três anos, veio o Joãozinho; o outro era homem também. O outro (abortado) diz que era homem. Deus trouxe o Joãozinho. Graças a Deus ele está aí. Também, graças a Deus, não deu trabalho para nós, nem doença. A única que teve doença foi a Juliana, esteve cinco dias internada com desidratação. De lá para cá, não teve nada, graças a Deus. (João, família 2, ES)

O universo masculino fora e dentro da novela

Os personagens de *A Indomada* sintetizam valores culturais do homem ideal identificando-o com qualidades físicas, caráter e personalidade aliadas aos papéis de redentor, sempre disposto a salvar jovens indefesas, e de vencedor, que consegue ultrapassar qualquer obstáculo. Teobaldo assume o tipo redentor, embora sua figura tenha como traço a insensibilidade e o distanciamento afetivo; em várias situações salvou e protegeu mãe e filha, resgatando-as do perigo. Como redentor, veio de longe e permaneceu estrangeiro durante toda a novela. José Leandro representa o vencedor: lutou e fez muito sacrifício para honrar a promessa de retornar após acumular fortuna, depois de quinze anos de ausência. De modo semelhante a Teobaldo, esse personagem restaura a ilusão de auto-suficiência na superioridade segura e no equilíbrio com o qual mantém controle sobre as coisas; quer proteger e cuidar da esposa e da filha. Por outro lado, a trajetória de Pedro Afonso sugere dificuldade para o homem suportar os aspectos mais frágeis da personalidade, como se vigor e serenidade não pudessem combinar em uma mesma pessoa: nele, a ascensão do humano equivale ao declínio do masculino.

A importância da função masculina e a autoridade paterna são resgatadas de forma alternada: através da distância entre Pedro Afonso e o filho, ou dos cuidados de Teobaldo; da ausência de Zé Leandro na vida de Helena, do pai desconhecido de Artêmio; da severidade do pai de Carolaine e da hostilidade do pai de Dorothy. Na vida de Felipe o pai esteve totalmente ausente, sem qualquer referência por parte da mãe. Imagens de pai também se prestam para veicular valores: é quem detém conhecimento sobre os valores da vida, como o discurso de Zé Leandro sobre a posse da terra e sua relação com o nome da família; a relação de confiança entre Carolaine e o prefeito.

Nossos entrevistados tentam assegurar o padrão que diferencia o masculino, afirmando desinteresse pela telenovela. Porém, revelam dificuldade para manter distância nesta relação. Na *família 2,* por exemplo, João (pai) esforça-se para demonstrar que não tem qualquer envolvimento com a telenovela. Afirma que esse tipo de programação é destinado ao público feminino, mas tem algumas condutas que colocam em dúvida seu real desinteresse: ele sabe que a televisão veicula músicas da novela, inclusive de *A Indomada,* embora não saiba dizer os nomes das músicas: *Isso aí, quem gosta mais é a mulherada. Às vezes falam essa música é de novela, eu nem sei se é de novela.*

Apenas folheia a revista da filha, mas não encontra letras de músicas da novela; diz que não procura resumos de capítulos, e antecipa uma possível crítica: *(...) se tiver, eu não sei. Você sabe que eu não... Se eu fosse procurar, eu era um fanático.*

Sua familiaridade com jornais trai seu desinteresse por novelas: *Eu lia (resumos), mas não... Eu lia as notícias principais e de esportes.*

Ele sabe também que o rádio transmite informações sobre a novela e menciona Nelson Rubens:

Ele fala muito, eu nem sei que canal é. Ele fala aquelas fofocas, dá as dicas do que vai acontecer... Eu não lembro de nenhuma informação especial, mas sei que Nelson Rubens faz fofoca, só isso. Nem sei, ele só fala mal da vida dos outros. Eu vejo mais programas esportivos, né? (João, família 2, HC)

O universo feminino dentro e fora da novela

A profissionalização da mulher e sua integração no mercado de trabalho levaram-na a assumir parte da responsabilidade econômica no custeio doméstico, ou até a sobrecarregar-se na tríplice tarefa de manutenção da família, promovendo alterações significativas nas relações internas.

Essa transição é explorada através de diferentes exposições da figura feminina: beatas que se dizem protetoras da moral da cidade reverenciam a personagem Altiva, que é uma pessoa extremamente inescrupulosa, e apóiam cegamente o que ela representa, o *vale-tudo* para alcançar seus fins e várias formas de preconceito. Eram vítimas das moralistas: as prostitutas, que mantinham entre si extrema solidariedade; a viúva Mirandinha, que não deixou a vida erótica afetar a dimensão profissional, além de estimular a discussão sobre uniões em que o homem é mais jovem e de condição sociocultural menos favorecida. Santinha insere outro tema entre as dificuldades femininas: embora se apresentasse como figura humana dotada de qualidades, o alcoolismo a desacreditava, inclusive moralmente.

Altiva representou aquela mulher que não se coloca a serviço de outros, abusou de recursos inescrupulosos para obter o que desejava. Como personagem, tinha todos os requisitos para ganhar a adesão do público feminino, mobilizando uma espécie de sentimento de vingança. É como se as mulheres pudessem encontrar em tais ações a válvula de escape para lhes garantir a elaboração de situações complexas, das quais possam se dar conta de que as incomodam, mas para as quais não encontram saída.

Fora da novela a figura feminina ainda é marcada pela ambigüidade: no papel de mãe, ela pode dominar certos assuntos, em certos momentos ou cenários familiares, mas pode também, como esposa, ser submetida à autoridade ou ao domínio do marido. Percebe-se que, mesmo na administração de pequenas regras familiares, ela não tem autonomia para mudar e se torna cúmplice de pequenas transgressões dos filhos, aliando-se a esse subsistema parental: *A mesma coisa. Minha mãe é assim. Em termos de furar a orelha, pintar a unha e chupar chiclete, minha mãe era cúmplice da gente. "Toma um chiclete, mas não deixa teu pai ver"* (Juliana, família 2, HV).

À mãe cabe acompanhar a vida escolar dos filhos, observar as relações da criança com a escola e intervir na educação sempre que houver necessidade. É sobre a mulher que recai a responsabilidade de funcionar como propulsora da dinâmica familiar e polarizar as relações entre os membros, como se a promoção do afeto dependesse exclusivamente dela:

> Eu, como irmã mais velha, tive que ajudar minha mãe. Por ser mais velha, sofri. Minha mãe ia muito para os encontros da igreja, meu pai gostava de futebol e eu ficava cuidando dele (do irmão), então desde pequena aprendi a trocar a fralda, dar a mamadeira, tudo eu fazia. Era a mãezona dele; ele chorava, tinha hora para tudo... Então, quando minha mãe saía, eu ia para a casa do meu avô, ele era vivo ainda, eu ficava lá com ele, cuidando dele. A fralda quem trocava era eu. A mamadeira quem dava era eu. Eu cuidava direitinho. Gostava de dar essa de mamãe. Era legal. (Juliana, família 2, HV)

A *Indomada* não destaca o ideal de mãe predominante no imaginário comum, mas em algumas oportunidades mostra outras faces positivas da relação mãe–filho: a figura de mãe compreensiva e moderna, como Scarlet; a firmeza afetiva de Mirandinha, mãe de Felipe; a discrição e dignidade da mãe de Teobaldo e também de Eulália, mãe de Helena. Por outro lado, tivemos o exemplo da negação da maternidade em Altiva. Ela explora de forma cruel o mito do *sentimento materno* como estratégia para sustentar o *status* social que teme perder, através da degradação econômica. Busca aproximar-se do filho legítimo de seu marido para mantê-lo atrelado a seus planos, apostando na revigoração da usina, ao mesmo tempo que renega Artêmio, nascido da relação extraconjugal. Cleonice, por sua vez, é exemplo do embotamento afetivo e da impotência. Não consegue defender a filha, Dorothy, da agressividade do pai; mantém o mesmo distanciamento de Scarlet, consegue vibrar apenas com o jogo sedutor da filha.

Afeto e conjugalidade: a espetacularização da vida afetiva

De modo geral, o amor tem sido abordado pelos meios de comunicação como questão de domínio público. Ligações afetivas de atores, políticos e demais personalidades públicas têm sido exploradas nos variados aspectos, tendo como cenário festas que comemoram enlaces e reaproximações. O público sempre é chamado a participar da espetacularização de cerimônias de casamento, de conflitos conjugais e, inclusive, de longos processos de divórcio. Esse fenômeno particular da sociedade contemporânea, que não é exclusividade brasileira, é reflexo da erosão de uma vida pública mais forte. Cria-se um ciclo de comportamento em que a dificuldade para enfrentar o problema público propicia uma espécie de fuga daquelas questões que exigem soluções impessoais; estas não despertam paixões, mas se tornam interessantes na medida em que forem tratadas como questão de personalidade. Daí o interesse pela vida íntima das pessoas, mesmo que sejam anônimas, que leva a discutir a paternidade do filho, os gastos ou a responsabilidade por sua educação nos programas de auditório. Desta forma, surgem problemas no interior da vida privada: os sentimentos íntimos perdem suas fronteiras quando deixam de ser refreados pelo mundo público; as relações íntimas se deformam e se redefinem; a sexualidade deixa de ser uma ação para se transformar num estado no qual o ato físico se torna conseqüência passiva do sentimento de intimidade entre duas pessoas, e o sexo funciona como revelação do eu (Sennett, 1989).

Tais condições se reproduzem na novela *A Indomada*: o casamento tem base no amor romântico, mas é nutrido por relações afetivas frustrantes, associadas ao risco da perda do objeto de amor, da rejeição ou da substituição. Estão sempre presentes o medo de não ser amado por ninguém, de ser traído e enganado; as parcerias amorosas são constituídas com indiferença. O distanciamento afetivo se alia aos interesses pessoais dos parceiros e à manipulação dos sentimentos do outro. O princípio psicológico que rege tais relações supõe o enquadramento de um aos padrões do outro como forma de obter amor e afeição. A fidelidade não é resultante do relacionamento espontâneo e gratificante entre duas pessoas, mas o objeto que regula esta relação.

Estabelece-se assim a condição que ameaça o sentimento de pertença e desqualifica o caráter subjetivo da relação, uma vez que o principal conflito dos casais é atravessado pela suspeita de invasão de terceiros no território afetivo.

O discurso modernizante da novela evolui mais quando se processa, por exemplo, uma inversão de papéis no relacionamento do casal Pitágoras e Cleonice. Ela escapa do lugar de opressão e hostilidade suportadas com resignação ao longo da trama. Subscreveu os bens da família para o seu nome, levando o marido a perder o domínio econômico e, com isso, a opulência que o fazia sentir-se autorizado a humilhar os membros de sua família. Ressalte-se que esta virada, embora tenha privilegiado o poder econômico que tende a regular as relações intersexo, não ressignificou a ascensão feminina como resultado de sua capacidade para integrar a força de trabalho ou para lutar por seus direitos. O destaque se deu pelo negativo, prevalecendo o caráter vingativo de atitude associada a golpe e esperteza.

Porém, na vida concreta os entrevistados se referem ao ideal de amor desinteressado como parte de suas aspirações:

> Um namoro muito bonito, também. Eu achei uma coisa maravilhosa. É difícil a gente ver isso, não é? Você vê que no fim da novela eles não casaram, continuaram namorando. Uma coisa tão pura, tão linda. Se os meus filhos namorassem desse jeito amanhã ou depois, eu ia ficar muito feliz com isso. (Xarlote, família 2, HV)

Sexualidade

Há uma estética da sexualidade que pode funcionar como estímulo da discussão sobre valores e costumes sexuais, categorizadas de acordo com os espaços em que se expressam, nos diferentes discursos em que se insinuam e proliferam.

A sexualidade está sempre na pauta das programações, seja na inversão dos valores sexuais, seja na queda ou na recuperação da máscara do moralismo que funciona no enredo de modo rigoroso e determinado. Em um extremo, as atitudes da dona do prostíbulo escondem a realidade da exploração da prostituição e da iniciação de adolescentes nesta profissão. No outro extremo, a austeridade das beatas persegue os que ousam escapar aos códigos estabelecidos por elas.

Emprestamos de Foucault a expressão "sexualidade autorizada", para fazer referência a discursos e práticas sexuais que proliferam no interior da família pelo par conjugal, que nega o desejo e sugere uma relação amorfa. "Sexualidade periférica", para indicar práticas sexuais exercidas ou insinuadas fora dos padrões autorizados: extraconjugais, como as uniões homossexuais, a iniciação sexual dos jovens e a prostituição.

No primeiro padrão, "sexualidade autorizada", destacamos Pitágoras e Cleonice, e os Mendonça de Albuquerque; a assexuada dona Veneranda, mãe de Teobaldo, o padre celibatário e Artêmio, no início da trama, que vivia como agregado da casa e não deixava transparecer qualquer sinal de sua vida íntima. Também não freqüentava a Casa de Campo. Rara exceção abre espaço para a sexualidade adulta, em que Teobaldo e Helena estabelecem entre si um relacionamento tumultuado, marcado pela recusa, por parte dela, do intercurso sexual, embora estivesse casada com ele. Ele aceita inicialmente esse pacto, que se prolonga, e trava uma batalha conjugal até o momento em que a esposa resolve ceder.

Entretanto, a forma de expressão da sexualidade que mais se destacou foi o relacionamento do prefeito com Scarlet. Escancarou o contraste do rigor do pai da adolescente e as evidentes, e também insistentes, investidas no desempenho sexual do casal. O comumente esperado, para os padrões contidos da sexualidade autorizada, não é o exibido por aquele par conjugal, que se especializou em relatar suas atividades e preferências sexuais. O exagero talvez tenha contribuído para reduzir o tabu em torno da sexualidade amorfa de boa parte de casais conjugais, com a contribuição da juíza Mirandinha, que se incluiu nesta categoria quando encontrou um novo marido e expressou seus desejos sexuais.

Vejamos agora o segundo padrão, "sexualidade periférica". A Casa de Campo é o prostíbulo da cidade, mas não evidencia o desejo sexual das prostitutas ou de seus clientes. A vida sexual e o cotidiano das "meninas" são emoldurados pela discrição, e retocados pela *dedicação e solidariedade* da dona da casa, que assume alternadamente os papéis de mãe e conselheira. Indicações a respeito do funcionamento da casa aparecem apenas em contextos de festas e reuniões sociais. A ordem e a organização da casa, não fossem os excessos da decoração, estariam mais próximos do estilo de colégio ou de comportado abrigo de garotas. Não há qualquer menção à função da mulher, Zenilda, dona da casa, que salientava os cuidados ideais com a saúde das prostitutas e se esforçava para lhes dar apoio emocional. No início da trama estava suposto um interesse homossexual pela contadora, mas sua ligação se concretizou com Pedro Afonso. A exploração da prostituição se manteve como algo tolerável. O abrigo e a iniciação de uma adolescente em nenhum momento mereceu atenção dos personagens moralistas nem foi alvo da crítica do público. O silêncio compactua e legitima o artifício criado pelo cenário, pela solidariedade entre as "camélias" e a atitude maternal da dona do prostíbulo. O público também é cúmplice da idéia falsa de seriedade que o conjunto cenário-personagem-enredo oferecem. Mas a esperança de casar e abandonar esse tipo de vida que as camélias expressavam era o único indicativo do desconforto em relação a esse tipo de vida. Não houve, porém, preocupação em apontar outras profissões como saída.

O tema da sexualidade adolescente emerge em dois contextos: no primeiro, emoldurado pelo eixo familiar, estimula a discussão sobre o sexo pré-matrimonial, através das relações de Carolaine, a adolescente, com Felipe, seu namorado, filho da juíza. A jovem experimenta uma crise de consciência e divide seu conflito com a mãe. Insere o desejo sexual do jovem na ordem das preocupações familiares, dentro e fora da novela. Em outro contexto, a sexualidade se manifesta de forma impetuosa e descontrolada, através da iniciação sexual do filho de Teobaldo com a adolescente da Casa de Campo.

A sexualidade do jovem adulto é também administrada e se coloca na discussão sobre o sexo pré-matrimonial, através de Dorothy, irmã mais jovem de Scarlet que, com timidez e recato, perde a prudência ou a apatia diante do sexo – ainda que no final da trama – e se entrega à paixão com Artêmio, mas sempre guardando discrição, ocultando seus desejos.

Circulação de valores

No caso dos adultos, espera-se que eles já tenham superado o ônus do próprio desenvolvimento e adquirido recursos mais apropriados para lidar com os objetos, suas transformações e com crises decorrentes. O modo como eventualmente o adulto deverá lidar com fluxos de emissões da telenovela depende de como concebe os objetos, sejam visíveis ou invisíveis. O primeiro comporta suas *relações com o real* e é designado pelas pessoas e suas ações, bem como o universo de coisas que podem ser compartilhadas com o outro; o segundo é designado por sua *interação com um universo específico* de objetos com os quais sonha e deseja, e através dos quais pretende ser reconhecido.

Assim é construído também nosso sistema de valores. Aprendemos a prestigiar alguns valores e a menosprezar ou desdenhar outros.

Lurdinha demonstra ter consciência da necessidade de garantir algum distanciamento entre o que vive e o que experimenta. No acompanhamento que faz das novelas, desde longa data, avalia A Indomada como uma novela "regular" porque para ela a casa das prostitutas é apresentada de forma positiva: *A Casa de Campo foi mostrada como um verdadeiro céu, uma mansão, não é nada disso. Isso aí eu não gostei, deixe-me ver o que mais eu não gostei. Isso foi um defeito da novela* (Lurdinha, família 1, OE).

Durante uma visita do pesquisador, ela determinou às filhas que ficassem assistindo TV na sala, enquanto ela, removendo o sofá da sala, conseguia impedir a visualização da TV do quarto, no qual ela foi assistir Xica da Silva. Ela proíbe que as filhas assistam essa novela devido às cenas de nudez e sexo. Na sua opinião, as telenovelas estão perdendo qualidade apelando para a nudez:

Vixe! Como mudou. A novela de televisão agora é toda pornográfica. Todas as cenas são pornográficas. Antigamente, você assistia a novela pela emoção. Você sabe o que é a podridão que tem hoje e o que não é. Então, não precisa fazer com as novelas. As novelas estão apelando. Eu assisto porque eu sou teimosa. Eu quero ver aonde é que vai dar a história da novela. Mas, antigamente, como as novelas eram boas. Tinha uma novela que era com o Fábio Júnior e com a Glória Pires, que eles moravam numa fazenda que era tão gostosa de assistir. E tem mais novelas que já passaram e são muito boas. Mas agora, sei lá, estão querendo mostrar a nudez toda na novela. Para fazer novela não é preciso mostrar a nudez porque todo mundo sabe do corpo que tem. (Lurdinha, família 1, HC)

Periodicamente é possível permitir-se a transgressão de alguns valores tidos como consagrados ou aceitar sua substituição por outros. Porém, alterações profundas nos valores assimilados tendem a desencadear conflitos, quando confrontam a realidade observada a cada instante.

É, mais ou menos, porque eu não vejo (a novela) como desejada, eu vejo como uma reta. Porque a partir do momento que você vê uma novela, você não vai atrás das coisas ruins. Você só pega aquilo que te interessa e é bom para sua família. Nós que vemos novela é dessa forma. Aquilo lá é ruim, então é bom, é um alerta. É um alerta, não vamos pegar aquilo, porque aquilo não presta. Essa parte é boa, então a gente pega. (Xarlote, família 2, HC)

Ao abrir um campo de discussão de temas proibidos, como a iniciação sexual dos jovens, a telenovela força mudança de atitude no grupo familiar. A mãe se esforça para mostrar abertura a novos costumes, e encontrar caminhos mais fáceis para o diálogo com as filhas. Seleciona o que julga ajustar-se ao seu quadro de valores e exclui o que, para ela, está em desacordo, estabelecendo uma linha divisória entre *coisas boas* e *coisas ruins*. Com isso ela crê ter domínio sobre a qualidade do que está fora:

Uma cena da Scarlet, que eu adorei aquela cena. Eu queria até gravar e não gravei porque eu nem imaginei que ia sair tão linda aquela parte. Ela [Scarlet], falando com a filha [Carolaine] sobre sexo. Aquela foi uma lição muito bonita da novela. É uma parte que eu gostei demais. Eu comecei a pegar mais gosto pela novela, porque ela e a filha... conversando e falando com a filha sobre sexo tão abertamente, tão lindo, tão bem colocadas as palavras. Eu achei muito importante. (Xarlote, família 2, ES)

Esta preocupação com o controle não a impede de encontrar elos para identificar-se com alguma situação ou personagem. Ela própria tem deparado com a questão da sexualidade que aflora na adolescência. O tema consta da pauta de vários programas de televisão sem preocupação de oferecer parâmetros de conduta. Porém, as questões ficam em aberto, sem apontar claramente proibições e soluções, deixando a decisão a critério de cada um. A entrevistada mostra-se dividida, porque de um lado as filhas, também inseguras, aguardam sinais indicativos das regras que podem ou não estar vigentes; de outro, há o domínio paterno, que não autoriza colocar em discussão um tema que para ele permanece tabu. Por meio das cenas da novela discutem questões difíceis com referência à transição de valores e costumes sexuais:

A gente comentou, um pouco, sobre isso. Eu ainda falei para as duas: "Por que vocês não viram a novela ontem?". Elas foram para Apolo, mas a novela foi linda, foi bom demais. *"Ih, mãe, e o pai, então?"*, *"O seu pai aceitou, achou muito interessante"* (...) É legal ver uma cena, assim, bem bacana. Eu falei: "Olha, foi uma lição maravilhosa. Você não sabe o que você perdeu ontem. Foi muito importante, eu achei bom". Eu estava falando para elas que foi tão legal. E elas: *"O pai assistiu? Como o pai fez?"*. *"Seu pai assistiu e gostou. Achou que a explicação que ela deu com maior carinho, não se alterou nenhum pouco com a filha".* (...) *Interessante. Eu não esperava uma coisa assim. Ultimamente essa novela tem sido educativa. É só as pessoas prestarem bem atenção nela, que ela está bem assim. Não tem discriminação sobre as prostitutas lá da casa.* Quer dizer, eu estou achando excelente, bacana mesmo. (Xarlote, família 2, HC)

Concretamente, a entrada nas questões relacionadas à sexualidade e às práticas sexuais revela a existência de atitudes que operam, simultaneamente, para a manutenção e ruptura de antigos tabus. O pai permanece ferrenhamente grudado ao papel de guardião dos costumes e não sugere disposição para ceder a apelos de uma sexualidade que se escancara, fora dos códigos convencionais, nas mensagens veiculadas. Seus conceitos de sexualidade estão vinculados à hierarquia sexual, que autoriza o homem a ter desejos e satisfazê-los, sem impedimentos; aposta na *natureza masculina*, que deve ser respeitada porque ele precisa de sexo e tem de buscá-lo, diferentemente da *natureza feminina*, sem desejo, portanto capaz de controlar-se com segurança, não cedendo aos apelos do homem.

Não! Eu já falei para você ontem, esses dias atrás aí. Se isso acontecer, porque eu... eu não sei, porque às vezes a gente fala assim, não é? Deus me livre! A vida da gente, a gente não pode... Assegurar nada. De repente acontecem essas coisas, não é verdade? De repente as coisas são... Muitos têm a cabeça no lugar, tudo bem, não é? Mas não é assim não, o homem é bicho, é bicho sim, quando ele precisa certas coisas, ele vai, vai... Se a mulher não for segura, ela embarca, não é? Eu não, porque não quero para minha família, nem para família de ninguém, não é? Eu não desejo esse tipo de coisa, não é? (João, família 2, HV)

Ele não tem resposta para a questão de como e com quem esse homem descontrolado deverá satisfazer-se, porque *não pode ser com suas filhas, nem com as filhas de ninguém*. Mas se dá conta da impotência de qualquer pai para impor e controlar regras de conduta sexual que sustentem o que ele considera valor familiar. A saída é cobrar das instituições a imposição de limites:

É... liberdade de imprensa, mas a que ponto!... Eu acho que devia ter um pouco de respeito. Eles se expressarem em televisão, em rádio, porque na televisão, o que eles falam lá... Você está na sala com seus filhos, igual a gente aqui que tem uma educação mais ou menos voltada para o tempo antigo, fica de boca aberta, depois, é... Será que é verdade, será que eu estou ouvindo bem? E vai ver, é a realidade da vida hoje. É palavrão e mais palavrão. E hoje em dia o que está errado é o que está certo; é palavrão, são aquelas coisas que não se deve falar, é um gesto obsceno... Estou sempre falando para eles que isso é errado, não é porque ele está vendo aquele tipo de conversa, aquele tipo de gesto que ele vai fazer. Está certo? Porque aquilo para eles está certo, mas para mim, para a gente aqui em casa, igual, para nós aqui, eu e a mãe deles não aceitamos não... Nós sempre estamos debatendo o que está errado. (João, família 2, HV)

A campanha de prevenção da aids, cujo objetivo sabemos não é criticar, corrigir ou sugerir costumes sexuais, mas ressaltar o risco de contágio da doença e indicar os cuidados necessários, tende a ser vista como indução ao desvio dos costumes sexuais. Essa concepção merece um estudo à parte, com outro tipo de abordagem, porque o tema, no contexto desta pesquisa, reafirma a necessidade de promover-se mudança interna antes da aceitação de novos padrões de conduta:

> Você vê, eu acho que aquilo lá não é previsão de aids, não é nada. Igual aquelas camisinhas que dão para as crianças, para a molecada na escola. "Usem camisinha na hora de fazer sexo." Aquilo lá não é prevenção, é incentivo. *Eu tenho para mim que é incentivo. Você tem uma garotada evoluída igual nós temos agora, com 14, 15 anos, tudo na... tudo esperta.* Você põe na televisão "vocês usem camisinha, não saiam com seu parceiro sem camisinha". O que você está falando para aquelas crianças num programa de televisão, só tem criança de 17... de 20 para baixo, não é? Para mim, tão incentivando. Tudo bem, pode até ser que eles tão passando o problema da aids, mas tão passando de maneira errada. *Use camisinha quando for transar com seu namorado.* Quantos casais de namorado tem ali; tem uns colegas de escola ali. Se eles tiverem uma camisinha na bolsa, no bolso, eles já saem dali com aquele intuito. *Camisinha não... eu penso assim. Agora, eu não falo isso para elas porque a televisão já está falando.* (João, família 2, HV)

Essa atitude reafirma a postura específica diante da sexualidade arraigada em nossa cultura, que não defende o jovem da aids, nem da gravidez precoce. O uso do preservativo pressupõe assumir antes o desejo sexual sem culpa, ou seja, reconhecer-se no desejo. Cada passo em direção à autonomia requisita o apoio dos pais e quando estes têm dificuldade para aceitar a sexualidade dos filhos colocam um entrave no desenvolvimento psicossexual.

A questão sexual não nos parece bem resolvida nos discursos dos entrevistados, principalmente nas referências sobre os costumes sexuais dos jovens. A relutância para abordar a questão e enfrentá-la nas diferentes dimensões revela-se na atitude paradoxal que, de um lado, condena a exploração do tema na televisão e, de outro, falseia o despojamento da aceitação moderna e livre de preconceitos.

Relações intergeracionais: o lugar da infância

Toda mudança traz consigo o potencial para demolir antigas acomodações e possibilitar que o novo se instaure. Se, de um lado, a entrada da mulher no mercado de trabalho tem representado avanço significativo, de outro, a falta de mecanismos sociais para superar a emergência de novos problemas expõe o vazio deixado no meio familiar. Uma sociedade altamente competitiva reduz a qualidade de vida das pessoas, limita o tempo dedicado ao lazer e prejudica o cuidado com a infância, cuja carência não combina com o ritmo de vida profissional dos pais. O universo familiar representa o conjunto de experiências culturais da criança, o único que ela é capaz de dominar integralmente. Ele se torna hostil quando reproduz formatos da vida adulta na experiência infantil, como a sexualização precoce da vida infantil, a entrada no mundo do trabalho ou aumentando expectativas a respeito do amadurecimento precoce, o qual supõe a criança bem resolvida, segura e compreensível que, em vez de produzir problemas para os pais, auxilia-os na solução de problemas adultos. É essa a criança que geralmente está presente na maioria das novelas.

Em *A Indomada* a infância não parece ter lugar muito privilegiado: os netos de Altiva são rejeitados por serem negros, e Helena, cuja infância é confundida com referenciais adultos – seja através de um modo diferenciado de sugerir seu futuro casamento com Teobaldo, seja enquanto criança, funcionando como moeda de troca para manter o *status* social dos tios –, é levada a assumir compromisso de casamento após tornar-se adulta.

Para atravessar cada etapa de seu desenvolvimento a criança depende integralmente do apoio adulto e de condições adequadas para avançar e atingir maturidade de forma integrada. Essa fase é propícia para fazer explorações, e suas indagações, formuladas de modo desordenado, são geralmente atendidas por pais, professores e outros adultos que lidam com ela. Por essa razão, a crise de valores não cabe no imaginário infantil, onerado que está com a crise de seu próprio desenvolvimento. Esse não é momento propício para o ser humano lidar com várias nuanças: bem e mal, certo e errado, belo e feio se polarizam com certa rigidez. Ela se encontra em um processo de aquisição de valores que certamente passarão por questionamentos na adolescência para, em seguida, consolidarem-se na fase adulta. Não é possível saber, de antemão, como a criança vai estruturar suas indagações diante de qualquer tipo de programação. Sabe-se, porém, que a ausência de diálogo com adultos repercute negativamente na capacidade elaborativa da criança, dado o volume de questões com as quais ela se defronta. Ela pode esforçar-se para estabelecer elos entre a realidade da novela e a realidade fora dela, sem evitar o conflito. A questão é saber sob qual formato um eventual conflito irá se instaurar e, uma vez instaurado, os possíveis desgastes que irá promover.

O modo infantil de apropriação

Relatos das crianças que fizeram parte da pesquisa nos levam a pensar que, ao mesmo tempo que podem eventualmente colher vantagens trazidas pelas mudanças socioculturais, suportam também algum ônus típico das transições: submetem-se ao modelo herdado da família tradicional, de acordo com o perfil autoritário que sempre marcou as relações entre gerações, sem a orientação que outrora garantia a educação das crianças:

> Ah! Eu fazia assim... Deixava eles (os pais) ficarem envergonhados na frente dos outros, aí eu apanhava na hora... na certa... com certeza. Mas a gente já sabia quando ia apanhar, e quando não era motivo para apanhar. Quando não era motivo, o pai puxava a orelha. Apanhar a gente sabia. Minha mãe olhava assim, já sabia... (Joana, família. 2, HC)
>
> A Joana era triste, terrível. A Joana apanhava todo sábado quando vinha da missa porque não se comportava. Todo sábado. Era contado. Ela ficava falando na igreja, queria ficar andando para lá e para cá, arrastando cadeira. Fazendo bagunça, não prestava atenção na missa. Tirava a concentração dos outros também. Minha mãe morria de vergonha. A gente na época não tinha essa escada. Uma escadinha de barro, um vasinho de guiné. Tinha até hoje ali. Era com aquilo que ela apanhava. Minha mãe catava um galhinho assim e "ó" na neguinha. Mas não adiantava. No outro sábado estava ela lá fazendo bagunça. Ela foi terrível. E apanhava de novo. Apanhava muito. (Juliana, família 2, HC)

Subjaz nesta descrição a mesma lógica repressão de qualquer setor da curiosidade infantil, não se limitando à manifestação da

237

sexualidade, diante da exaustiva proliferação dos temas sexuais. Conter ainda é mais importante do que informar:

> Apesar de que tem que ter o respeito. Quando ele dá... tem certas coisas que eu digo: "Ó, tem certas coisas que você fala para os seus amigos, não vem falar comigo não". A mesma coisa é com a mãe dele: o que você ficar falando com os seus amigos, não vem falar para sua mãe não, ela é sua mãe. Certo? Tem certas coisas que a gente fala para os amigos que não pode tá falando para a mãe, nem para o pai, não é verdade? Então, a gente tem que ter separação. Eu passo isso para ele. (João, família 2, HV)

Diante dessa realidade incongruente a criança entra em contato com uma programação televisual em que tudo é falado e mostrado, que lhe permite incrementar e até dominar um repertório que favorece discussões no círculo de amigos. Assim, ela não só irá construir seu universo de conhecimento, segundo a programação favorita, como também, ludicamente, viverá a ilusão de controlar o destino do personagem preferido.

> (...) porque a gente está assistindo a novela, assim a gente fica mais interessada. A gente pensa na novela, pensa no personagem, aí é importante para todo mundo (...) As informações são importantes para todo mundo porque todas as informações para a gente são interessantes, porque aí a gente fica mais ligado na novela do que no mundo real (...) Além disso, porque é engraçado a gente ver as coisas, é engraçado ver como acontece. Só que depois quando a gente se liga no mundo real, tudo é diferente, a gente... Não tem graça porque as piadas, na novela, fazem a gente rir. Quando a gente está na vida real, alguém vai contar alguma piada fica tudo normal, fica tudo sem graça. (Fernanda, família 1, HC)

Isso envolve uma série de operações que implicam manobras para obter resumos dos capítulos das novelas, já que em algumas famílias não se pode comprar revistas ou jornais com o interesse único de saber *o que vai acontecer.*

Sheila (filha), por exemplo, procura ler, semanalmente, informações sobre novos capítulos: *Porque aí eu vou para a escola... eu vou por cima. Leio a revista e vou para a escola.* Esse parece ser um modo de obter reconhecimento do grupo: dominar o repertório de informações sobre novelas é prioridade acima do domínio dos conhecimentos transmitidos pelos professores. Ela se informa, através da leitura de revistas, sobre o conteúdo de várias novelas: *Chiquititas*, *Maria do Bairro* e *Zazá*:

Às vezes, eu leio que vai vir mais pessoas para fazer a novela; que, às vezes, não vem quase ninguém. Aí as pessoas que vão, já estão com disco novo. Ah, várias coisas... Conto para Fernanda o que sei e gosto de saber o que ela sabe sobre o que vai acontecer nas novelas (Sheila, família 1, HC).

O relato mostra, ainda, o esforço feito para compreender e elaborar o que é visto, seja a ambigüidade de algumas passagens, seja a dinâmica de personagens que se destacam na trama. O perfil de Altiva é exemplo de como uma criança nas condições de Sheila questiona normas sociais e valores morais, apelando para uma espécie de juiz interno como se tivesse que escolher entre certo e errado a partir de um programa de televisão. A personagem, que encarna uma personalidade autoritária e voluntariosa, cujas ações expressam maldade e perversão, representa uma pessoa forte, porém perturbada. Embora seu perfil seja associado ao mal, suas aparições são, de certa forma, associadas ao belo, pois, apesar dos exageros na indumentária e nos adereços, a imagem de Altiva não é, sob o ponto de vista estético, desagradável, e seu visual se enquadra nos ideais de *status* e posição social por ela almejados. O porte e o desempenho da atriz lhe dão certa beleza, mas a criança não tem ainda facilidade para fazer essa distinção, e o que é belo tende, também, a ser bom.

Do lado da bondade, o contraste evidente é a personagem Santinha, irmã de Altiva. Seu perfil é o de uma pessoa frágil, sofredora, capaz de anular-se e de fazer renúncias pessoais, chegando ao extremo de proteger a irmã de sua própria maldade, mentindo para encobrir um grave erro dela, o de ter gerado um filho fora do casamento. Esse par mobiliza um conflito aparentemente insolúvel para Sheila porque Altiva consegue ser respeitada e temida na sociedade de Greenville e parece que sempre consegue o que quer; Santinha, na pele de quem não quer causar prejuízo a ninguém, não obtém o mesmo respeito porque não se impõe e é alcoólatra; seu silêncio garante a impunidade de Altiva. Sheila questiona: *Quem está certa?* Percebe sua dificuldade para avaliar e resgata a figura de um juiz imaginário para colocá-lo no lugar do interlocutor que, quase sempre, está ausente na sua experiência concreta. Na situação com a qual se depara, a maldade não tem nuanças; porém os valores que estão associados à bondade não surgem de forma tão clara: estão mesclados a ações e sentimentos negativos, como orgulho, prepotência e falta de escrúpulos, reunidos em um único personagem. Tais atributos, embora negativos, não parecem suficientes para tornar o personagem repulsivo porque Altiva consegue, mesmo assim, cativar a simpatia do espectador, ou seja, as pessoas com as quais Sheila se relaciona admiram Altiva. Não é só a imagem visual de Altiva que se acomoda bem ao gosto do público, mas tudo o que esta imagem possa representar dentro ou fora da novela. *Santinha ser... encobrir assim a irmã. Encobrir a irmã e depois o juiz é ela. Eu discordo* (Sheila, família 1, HC).

Nessa faixa de idade, em que valores e princípios não estão consolidados, pois se encontram em fase de aquisição, surge inquietação porque Altiva não tem qualquer semelhança com os vilões que, eventualmente, Sheila conheceu fora da novela, levando-se em conta o ambiente em que vive. Na ausência de um interlocutor, ela quer encontrar informações que a ajudem a solucionar as questões que surgem. Sua busca ultrapassa a mera curiosidade sobre a direção que os próximos capítulos tomarão. Sem recursos econômicos para adquirir publicações populares, que escrevem sobre a novela, apela para programas de rádio, folheia revistas e jornais nas bancas de jornal e se decepciona, porque não encontra leitores com preocupação semelhante à sua. Eles limitam-se a enviar cartas às revistas, que apenas produzem matérias favoráveis às novelas, estimulam a curiosidade e incentivam o acompanhamento dos capítulos seguintes.

Sua dolorosa experiência afetiva também é envolvida no esforço para lidar com as situações que aparecem na novela. Essa criança perdeu a mãe e sua situação na família adotiva não é muito confortável. Atriz e personagem se fundem e reproduzem a situação que ela não pode mais vivenciar:

(...) quando a Helena ia ficar grávida, aí tinha falado no rádio, só que eu não tinha acreditado. Aí eu fui direto na revista para ver se era verdade. Aí eu fui interessada, querendo saber o que ia acontecer com ela e tudo. Só que aí vai acontecer uma coisa na vida real com ela e eu não estou gostando nada disso. "É que a Helena vai ter dois filhos gêmeos, daí ela não vai poder fazer novela. Ela está grávida de dois gêmeos." Li, aí eu não gostei. É que se ela ficar grávida e for para a novela, quando ela passa mal como é que ela vai continuar fazendo novela? É por isso que não gostei. (Sheila, família 1, HC)

Um vínculo imaginário e provisório com a personagem foi estabelecido entre personagem grávida e atriz para substituir uma relação familiar esvaziada, e aliviar o sentimento de perda que a acompanha desde pequena. Dessa forma criou-se uma situação artificialmente confortável, embora também provisória, e que agora ficou ameaçada por uma gravidez que, nesse momento, não importa tratar-se do personagem ou da atriz. O comentário, transmitido pelo rádio, assumiu caráter noticioso e dificultou, para a menina, a distinção dos sentimentos traduzidos na preocupação com a atriz/personagem, desobrigando-a de romper com o sonho e voltar-se para a realidade: manteve-se no estreito limite da admiração de fã, que apenas deseja apreciar o trabalho de sua atriz favorita. Diz que quando ouve as músicas da novela lembra da própria mãe, e suas lembranças envolvem a personagem Helena e sua mãe, *porque a minha mãe... Quando ela assim... me cuidava, quando era normal. Só que aí ela foi embora. A mãe gostava de cantar as músicas da novela.*

Tenta cantar: *Raiou o sol, pelo novo dia, linda sereia... e Iemanjá. Eu vou buscar o silêncio do seu mar, linda sereia... e Iemanjá. Nas ondas da sereia e Iemanjá. Nas ondas que lavam a Terra... aí eu esqueço.*

Para Sheila, essa música traz lembrança da novela:

Por exemplo, às vezes, quando a Helena estava no mar... assim, ela estava com a lancha, aí eu lembrava da novela e da música. Aí eu ficava lembrando dela... Sheila diz que gosta de Helena, porque ela é boa, ela gosta da usina, ela gosta da usina onde o pai dela trabalhou. É por isso que eu gosto dela (Sheila, família 1, HC).

Vários elementos estão envolvidos na composição de uma *agenda setting*, como será referido na mediação gênero ficcional: cenários, comemorações de datas festivas como Natal, carnaval e outras, dentro e fora da novela; campanhas institucionais tipo aleitamento materno, vacinação etc.; lançamento de produtos na novela, com farta propaganda fora dela, tudo isto opera no imaginário infantil, multiplicando suas dúvidas. Fernanda vive nas mesmas condições de sua irmã adotiva, está na mesma faixa de idade e se refere a uma experiência de conflito semelhante, mas de natureza diferente. Cita dois episódios que mostram a emergência de questões na interseção da realidade vivida e da realidade sugerida, no jogo de semelhanças entre ficção e realidade que coloca, numa mesma trilha, dimensões da vida pessoal do ator, episódios da novela e campanhas institucionais. No primeiro, ela diz ter ouvido, através do rádio, a descrição de um *cenário de isopor de uma outra novela*, que ela acreditava ser *de verdade*.

> Nem tudo é isopor, porque assim: as casas, o mato é de verdade. Algumas plantas que têm espinho é de mentira. Então a gente pensa que é real, porque parece verdade. A gente fica impressionada porque parece que é de verdade. A gente fica rebaixada, lá no chão. Eu me toco e falo... penso: como será que é feita a novela? Será que é vida real? Antigamente eu pensava assim: será que o pessoal já se conhece? Como será que eles se conhecem? Será que é vida real? Será que é mentira? Eu ficava nessa dúvida, agora eu sei que é tudo de mentirinha. É tudo de mentirinha, menos as casas. (Fernanda, família 1, HC)

A informação contrariou sua percepção, e ela passa a questionar também o que percebe na experiência concreta; busca parâmetros para resolver o impasse e encontra semelhança entre conflitos afetivos mostrados na novela e os desencontros que ela própria experimentou através do abandono paterno e dos problemas de alcoolismo da mãe. Toma como exemplo o romance vivido por Richard e Santa Maria (Santinha):

> Na vida real também tem muita gente que gosta uma da outra e sempre tem alguma coisa que empata, não é? Nem tudo acaba bem. Tudo acaba em briga. Parece que o Brasil é o mundo das gangues, pois até na escola tem briga! Até na frente da professora, imagine fora da escola (Fernanda, família 1, HC).

Em face da magia da produção, sua inquietação se junta a outros sentimentos, formando um misto de impotência e encantamento. Ela também apela aos meios de comunicação e, do mesmo modo que a irmã, decepciona-se. O segundo episódio relatado é a confusão que faz entre a atriz e seu personagem, quando lê entrevista de Eva Wilma:

Foi legal, porque ela faz um papel de má. Então ela falou como ela é na vida real. É porque ela tem... Ela parece ser má. Ela tem... Ela disse na revista que tem um jeitinho de má, também, na vida real. Mas eu não concordo porque ela só tem o jeitinho. (Fernanda, família 1, HC)

O que eles falam não acontece na vida real, porque não é só eles fazerem a novela e acontecer na vida real. Porque isso não acontece. Na vida real é diferente. A diferença é que na vida real eles não precisam ler o que vão falar, o que eles pensam. Não precisam ler o que vão falar porque eles não vão falar assim. Eles não vão falar as coisas lendo. Na novela falam lendo. (Fernanda, família 1, HC)

A exclusão social que nunca permitiu que Sheila e sua família fossem convidadas para uma festa qualquer leva-a a descobrir outra forma de fazer das cenas da novela sua própria experiência, e a reconhecer a principal diferença entre a sua realidade e a da telenovela:

Eu vi muitos casamentos na televisão, mas nunca estive em nenhum. Eu gostaria muito de ir porque é bonito. Os casamentos são bonitos... eles... A noiva vestida de branco, o noivo de terno preto... ah, é bonito (Sheila, família 1, HC).

Nenhum desses casamentos da TV, porém, marcou-a a ponto de ela lembrar de algum deles, mas sente-se gratificado.

Religião

A religião com maior evidência na novela é a católica, embora sem a preocupação de explorar suas funções. O personagem do padre aparece como figura conciliadora dos conflitos, que promove e nutre comentários sobre novidades da vida da cidade e das pessoas. Rigoroso, frustra o movimento das beatas e afirma que sua missão é "afastar fiéis do pecado"; não concorda com o modo de viver das "meninas", mas desaprova também o comportamento das mulheres que reivindicam a expulsão delas do espaço sagrado.

Valores religiosos que circulam nos espaços criados pelos personagens não se oferecem como pista de identificação com a experiência religiosa dos entrevistados. Os católicos não tomam as atitudes das beatas ou do padre como modelo aplicável à vida diária; a família espírita afirma que não se pode levar a sério os contatos místicos com Eulália morta. Tampouco revelaram possibilidade de mudança:

> Como eu já falei, a Scarlet tem muito a ver comigo. Mas devoção, eu não senti muita firmeza nela. A mãe dela tinha devoção, mas era mais assim de intriga. Depois é que ela veio melhorar. Ela melhorou bastante no final. Eu achei que ela converteu. Ela teve uma conversão para melhor. Mas no começo, numa boa parte da novela ela usava a religião para dominar. Religião não é para dominar. É para orientar as pessoas, para caminharem juntas. Não tem nada de dominação, ninguém domina ninguém. A religião católica é uma religião livre. Você é aberta para fazer o que quer. Então, a gente não pode usar a religião para dominar. Os homens tinham pouca religião. (Xarlote, família 2, EC)

O gênero ficcional

Mapeando referências teóricas

Ainda que a referência básica para se pensar os gêneros ficcionais[11] passe por assumi-los como "matrizes culturais" (Martín-Barbero, 1987) e não como elementos de constituição do debate no interior do campo literário, é importante esclarecer que os "territórios de ficcionalidade" (Calvino, 1993) migram de um campo cultural para outro e dialogam nas fronteiras entre literatura, cultura oral, cultura popular de massa, produção audiovisual – aqui, mais especificamente, televisão e telenovelas – e cotidiano vivido pelos receptores.

Os gêneros ficcionais – dos clássicos aos reeditados na atualidade – parecem ser eternos na história da cultura. Ainda que se deva assumir com cautela eventuais transposições e adaptações de matrizes literárias tão antigas e tradicionais como a lírica, a epopéia e o drama, é possível afirmar que os gêneros ficcionais estão presentes desde os gregos, reencontram-se – reciclados e transmudados – no campo literário e transformam-se, fundamentalmente, em base de sustentação para a produção da ficcionalidade nos meios audiovisuais.

Haroldo de Campos (1977), em reflexão sobre a influência dos meios de comunicação de massa na ruptura dos gêneros na literatura latino-americana, retoma dos formalistas russos o conceito de "gêneros híbridos" e informa que o processo de transformação dos gêneros literários atinge seu ápice na segunda metade do século XIX, concomitantemente ao surgimento da grande imprensa e ao desenrolar do processo de diversificação dos meios de comunicação de massa. Para ele, o "hibridismo dos gêneros" – presente em *memórias, cartas, reportagens, folhetins* – não se constitui na única preocupação dos formalistas russos; estes dedicam especial atenção a outras formas de manifestação literária e cultural, até então ausentes das reflexões do campo literário. Elas estão diretamente relacionadas *"(...) aos produtos da cultura popular que vivem uma existência precária na periferia da literatura, ao jornalismo, ao vaudeville, à canção gitana e à estória policial"* (Campos, 1977:14-16).

Ampliando mais seu alcance e sua presença no universo cultural, é possível afirmar que os gêneros se constituem como mediação fundamental na relação entre produtores, produtos e receptores na cultura moderna. Pensar, portanto, na importância e significado dos gêneros ficcionais pressupõe, em um primeiro momento, deslocar a reflexão do espaço da realização estritamente literária, ampliar sua potencialidade e descobrir que eles ocupam outros lugares no campo da moderna produção cultural.

Se, originariamente, a literatura parece ter fornecido a matriz, hoje em dia os gêneros encontram-se na televisão, cinema, publicidade, prateleiras de videolocadoras e até em certo tipo de jornalismo que se dispõe a trabalhar entre as frágeis e nebulosas fronteiras do documental e do ficcional. São comédias, tragédias, melodramas, *westerns*, musicais, suspense e terror que circulam, imageticamente, pelos campos audiovisuais.

Falar em gêneros, portanto, significa dialogar, aqui, com as variadas manifestações da ficcionalidade contemporânea, principalmente aquelas produzidas pelos meios audiovisuais. Em artigo sobre as relações entre filme e romance, palavras escritas e fotogramas em movimento, Calvino propõe, para além da articulação entre os gêneros, a mistura de diferentes linguagens e possibilidades de articulação entre oralidades, escrituras e imagens:

> O filme deriva em parte da narrativa oral, em parte da literatura popular do século 19 [romance de aventuras, romance *noir*, romance policial, romance de amor, romance *rose*, romance social], em que o aspecto "sucessão de imagens" sobrepõe-se ao aspecto "escritura" (...) A narrativa de aventuras tende a manter a ótica do romance do século 19 e do cinema. A história em quadrinhos (...) ofereceu ao nosso século uma forma de narrar bastante renovada, por meio do uso combinado da imagem ideográfica e da escritura. (Calvino, 1993:57; 61)

A idéia de gênero como modelo dinâmico, em contínuo estado de fluxo e redefinição, recoloca-se, com maior ênfase, na reflexão sobre gêneros ficcionais no campo audiovisual (Feuer, 1987:113-133, principalmente 116). Entretanto, a transposição dos gêneros da literatura para o cinema e para a televisão deve salvaguardar especificidades que fazem parte da dinâmica dos campos em questão. Ainda que os gêneros, nesse processo de reapropriação, mantenham suas características basicamente universalizantes, algumas alterações podem demandar outras classificações, de maneira a permitir que modelos sejam dinamicamente recriados. Gêneros cômicos e melodramáticos, por exemplo, podem se articular a outros, como narrativas policiais, tramas de suspense, musicais, *westerns*, erótico-pornográficos e de ficção científica.

Gênero, enfim, parece ser categoria abrangente, capaz de classificar uma série bastante significativa de elementos. Lucrecia Escudero, em trabalho sobre o significado do *segredo* em narrativas televisuais, parte da idéia de que, tradicionalmente, o gênero é um princípio de coerência textual e uma forma de classificação. O critério de gênero designa uma *classe de discurso* – no contexto, por exemplo, da literatura fantástica, do romance policial ou em narrativas históricas – e nomeia, simultaneamente, uma forma (Williams, 1992), formato ou matriz de produção como na epopéia, na comédia ou na tragédia: *"Já no campo mediático, a noção de gênero guarda da crítica literária sua dupla acepção de classe e fórmula, mas produz um certo deslocamento"* (Escudero, 1994:5).

Em perspectiva mais abrangente e antropológica, pode-se considerar que os gêneros ficcionais se revelam como elementos de constituição do imaginário contemporâneo e de construção da mitologia moderna: reposição arquetípica, aclimatação do padrão originário a uma nova ordem e instrumento de mediação das projeções e identificações na relação com o público receptor. Roman Gubern, em trabalho sobre fábulas e mitos no audiovisual contemporâneo, procura diagnosticar alguns traços responsáveis por processos de projeção e identificação do público receptor em sua relação com produtos audiovisuais, como filmes, telenovelas, seriados. Em busca de traços mitológicos contidos em algumas *fabulações audiovisuais*, consegue detectar nas *dramatis personae* arquétipos universais de conformação de identidades masculinas e, particularmente, femininas:

> Entre os personagens femininos com um espectro de motivações mais diversificado, destacam-se o complexo de Cinderela [a ascensão social por meio de um casamento e a abdicação de responsabilidades], seu oposto, o complexo de Diana [ou o protesto viril da mulher insubmissa frente ao homem], o complexo de Betsabá [o adultério planejado], a mitomania do bovarysmo (...), o complexo de Circe (...), de Messalina (...), de Dalila (...), de Dafne. (Gubern, 1994:9)

Tal perspectiva analítica advoga a existência da universalidade das construções imaginárias em meio ao caos da fragmentação do cotidiano. Os gêneros ficcionais, matrizes culturais universais, são os possíveis portadores de referencial comum de mediação entre produtores culturais/autores, produtos e receptores, e base de sustentação de um campo cultural de característica múltipla, vasta, diversa.

Exemplo ilustrativo desta postura encontra-se na reflexão de Morin (1984) sobre o cinema *hollywoodiano* a partir dos anos 30. Analisando gêneros como o *western*, o erótico e as aventuras, Morin explicita a forma como se constrói em determinado momento a sólida relação entre *corrente realista, herói simpático*

247

e *happy end.* Demonstra de que maneira se confirma a noção de gênero como modelo dinâmico e de que forma esta articulação rompe com tradições dramáticas – da tragédia grega, do teatro espanhol do Século de Ouro, do drama elisabetano, da tragédia clássica francesa, do romance de Balzac e Stendhal, do melodrama, do romance naturalista, do romance popular de Eugène Sue e do cinema melodramático da época muda – e transforma *a idéia de felicidade no núcleo afetivo do novo imaginário.* Ainda que a tragédia permaneça inúmeras vezes presente no decorrer da trama, incorporam-se novos elementos no sentido da confirmação do *compromisso entre o* happy end *e o fim natural* [a morte], *de essência trágica.*

Nos filmes de tipo *western* (Morin, 1984:92-93; 96), o herói justiceiro, a viagem-aventura, *"o tempo épico e genético dos primórdios da civilização"* são elementos que, presentes no gênero bangue-bangue, repõem os grandes e fundantes conflitos dos mitos de origem e fazem do "far west *a pastoral da literatura popular moderna"* (Frye, 1973:49).

Os enfrentamentos do homem com os interditos – das normas em oposição às liberdades individuais – resolvem-se, como em qualquer mitologia, por meio dos rituais de iniciação e passagem, que retiram do caos os elementos de restauração da velha para a nova ordem. Esse pressuposto de caráter universalista permite a Morin (1984) afirmar que *"a cultura de massa continua* [a reproduzir] *a grande tradição de todas as culturas".* Se a existência desse imaginário comum, capaz de catalisar e unificar sonhos, desejos e fantasias for possível, os gêneros, com suas tramas, personagens e temáticas, representam alternativas exemplares na constituição dos mitos, verdadeiros *"modelos de cultura"* (Morin, 1984:112-113; 83-84).

Os gêneros são também elementos de composição da gramática das obras. De acordo com Schatz (1981:15-20), podem ser encarados como *"estruturas profundas ou superficiais",* presentes no inconsciente coletivo, que respondem por um sistema formalizado de signos assimilados consensualmente pela sociedade como um todo. Um filme ou romance do padrão *western,* por exemplo, apresenta um conjunto conhecido de signos, tranqüilamente identificáveis pelo público receptor: o *saloon,* com porta vai-e-vem, a loira-cantora-prostituta, o pistoleiro, o xerife e o mocinho solitário que, apaixonado por linda e frágil jovem, salva a cidade e, ao final, segue seu destino na defesa da lei e da ordem, na busca de novas aventuras. Nas análises de Mauro Wolf (1992) a noção de gêneros aparece conceituada como conjunto de propriedades textuais e intertextuais que permitem configurar um sistema de relações estabelecido entre conteúdos, formas, papéis discursivos, atos lingüísticos:

> Falamos de gêneros para indicar formas de comunicação culturalmente estabelecidas, reconhecíveis dentro de determinadas comunidades sociais. Os gêneros apresentam-se como sistemas de regras às quais se faz referência [implícita ou explícita] para realizar processos comunicativos, seja do ponto de vista da produção ou da recepção (...) gêneros podem funcionar como sistemas de expectativas para os destinatários e como modelos de produção textual para os emissores. (Wolf, 1984:189)

A noção de gênero emerge, em outras interpretações, articulada ao conceito de ideologia, tão freqüente nas reflexões sobre cultura de massa e indústria cultural. Em abordagens como a de Rick Altman (1984, 1987), conceituam-se gêneros como "construções ideológicas", possíveis indutoras de "pré-leitura" e, conseqüentemente, limitadoras no processo de livre atribuição de significados por parte da "comunidade interpretante". Similarmente a esta visão, os gêneros manifestam-se, também, como instrumentos de regulamentação das instituições culturais e têm função ideológica. Na perspectiva de Steve Neale (1980), são considerados "sistemas", que orientam expectativas do público receptor e respondem pela função de articular as relações entre produção cultural industrializada, texto e sujeitos receptores. No limite, o gênero, nesta perspectiva, apresenta-se como mais um mecanismo da indústria cultural no processo de reprodução da *ideologia dominante*.

Entre as várias abordagens sobre o sentido ideológico da produção cultural – ideologia de classe ou grupo, essência das relações sociais, falseamento da realidade, reflexo do real, representação ilusória ou falsa consciência –, a ideologia alia-se às práticas sociais concretas, simbólicas e imaginárias, que transformam indivíduos em sujeitos ativos e participantes dos processos sociais, culturais e políticos. A visão do processo ideológico construindo significações e subjetividades permite que o gênero seja avaliado como categoria capaz de manifestar a existência de relações entre *arte e sistema, experiência e conhecimento*. Assim, matrizes de gênero, entendidas como manifestações do equilíbrio entre desejos dos sujeitos[12] e aparato da indústria cultural, possibilitariam que o público receptor incorporasse não o falseamento, a ilusão que distorce ou a imagem que aliena, e sim – na expressão de Dudley Andrew (1984) – o "prazer conhecido".

Gêneros são também conceituados como "estratégias de comunicabilidade, fato cultural e modelos" articulados às dimensões históricas do espaço onde são produzidos e apropriados (Martín-Barbero, 1987; Feuer, 1987). Congregam na mesma matriz cultural referenciais comuns tanto a emissores e produtores como ao público receptor. Todorov e Guilherme Simões Gomes Jr. compartilham do mesmo referencial quanto ao papel mediador exercido pelo gênero:

> É pelo fato dos gêneros existirem como uma instituição que funcionam como "horizonte de espera" para os leitores, e como "modelos de escrita" para os autores (...) Por um lado os autores escrevem em função do (o que não quer dizer *de acordo com*) o sistema genérico existente (...) Por outro lado, os leitores lêem em função do sistema genérico, que conhecem através da crítica da escola, do sistema de difusão do livro, ou simplesmente por ouvir dizer; não é necessário que estejam conscientes desse sistema. (Todorov, 1981:52)

> O gênero é sempre um pacto anterior, ligando o escritor ao leitor sob o atento testemunho da crítica (...) Transgredi-lo, transformá-lo, implica o risco de ver rompido o pacto. Ruptura que faz com que o autor possa ter diante de si a ira da crítica e a indiferença dos leitores. (Gomes Jr., 1991:121)

Na cadeia das mediações que se estabelece entre os produtos culturais e no diálogo destes com os leitores/receptores explicita-se a existência de um *pacto*, de um *contrato* que colabora na qualificação sobre o significado dos gêneros ficcionais como elementos básicos de mediação. Philippe Lejeune sugere a necessidade de reflexões sobre o que denomina de "contratos de leitura":

(...) este gênero definiu-se menos pelos elementos formais que ele comporta do que pelo "contrato de leitura"; e uma poética histórica deveria, assim, estudar a evolução do sistema dos contratos de leitura e de sua função integrante. (Lejeune, 1975:8)

Configura-se aqui a existência, para além do contrato de leitura, de um *pacto de recepção* que prevê que o leitor/espectador mergulhe no fascínio das narrativas, das histórias, enredos, façanhas e personagens, *"reconhecendo"* (Martín-Barbero, 1987: 124) esse ou aquele gênero, falando sobre suas especificidades, mesmo que ignore as regras de sua produção, gramática e funcionamento. A familiaridade existe porque os gêneros acionam mecanismos de recomposição da memória e do imaginário coletivos de diferentes grupos sociais e porque a narrativa de gênero supõe a existência de um *repertório compartilhado* que permite o diálogo – ou, numa outra perspectiva, o "dialogismo" (Bakhtin, 1979; 1981) – entre produtores, produtos e receptores. Sua *"competência textual narrativa interpela sujeitos"* (Martín-Barbero, 1987:153), fazendo com que matrizes culturais tradicionais sejam repostas. Pela memória de falas, textos, velhas histórias, contos e lendas – um dia narrados, ouvidos, visualizados –, o passado reencontra no presente seu sentido e permite a convergência de expectativas no processo de restauração de experiências. É possível afirmar que a reposição de matrizes culturais tradicionais por meio dos gêneros ficcionais colabora na *salvação* das *origens*, resgate da memória individual e coletiva e restauração da *experiência*, que na modernidade vai se fragilizando em meio ao torvelinho das meras "vivências" (Walter Benjamin, 1985; 1987; 1989).

O resgate das origens e a volta ao passado não deve pressupor a restituição de qualquer memória. A memória precisa ser *seletivamente* restaurada de maneira que matrizes culturais tradicionais adquiram sentido no momento presente. Acionar matrizes não implica a evocação do arcaico, na lembrança nostálgica do que ficou para trás, ou no desejo de que o *mesmo* se repita à exaustão. O importante é que se explicite – no movimento de retorno – a existência de elementos originais, presentes ainda hoje, sob a forma de manifestações *residuais*, ativas e expressivas no processo cultural. Que se alcance, na atualidade, aquilo que Raymond Williams denomina de *"(...) uma versão intencionalmente seletiva de um passado modelador e de um presente pré-modelado* (Williams, 1979:119; 125) *(...) Uma versão do passado que se deve ligar ao presente e ratificá-lo. O que ela oferece na prática é um senso de continuidade predisposta"*. (Williams, 1984:66-70)

Devem ser resgatadas todas as manifestações culturais que saltam do passado pela origem, irrompem no presente de maneira irregular e eventual e mesclam-se, significativa e continuamente, à cadeia da temporalidade atual. Sua (re)apropriação depende do tipo de leitura que se faça do passado.

A seleção residual proposta por Williams adquire característica particular em sociedades em que a indústria cultural encontra-se historicamente consolidada. O que se constata, no seu interior, é a existência de um movimento permanente de apropriação de *formas culturais* tradicionais que, recicladas no presente, proliferam como *formas alternativas*:

> O que sucedeu com o teatro repetiu-se, em escala ampliada, com o cinema e com a televisão, que se tornaram as novas instituições dramáticas de maior importância. Intensamente produtivas e vigorosas, essas instituições, em comparação com qualquer período anterior, são profundamente ecléticas e, dentro desse ecletismo, de maneiras novas, algumas lutas sociais concretas estão sendo travadas na competição entre formas teatrais alternativas. (Williams, 1992:177)

Observa-se, por exemplo, a presença marcante de traços populares, mais ou menos originais, nos espaços industrializados da cultura. São manifestações culturais tanto seculares quanto as de um passado menos longínquo e mais próximo da realidade presente. Williams, neste sentido, reitera:

> (...) constitui-se fato geral nas culturas modernas que formas alternativas, ou aparentemente alternativas, se produzem no seio das complexidades bem como dos conflitos das sociedades modernas extensas, em comparação ou em contraposição com a predominância e até mesmo o monopólio de uma única forma em situações sociais mais antigas. (Williams, 1992:178)

Essas formas culturais revelam, restauram tradições, relacionam produtores culturais e receptores em um mesmo universo de referências e incorporam, neste processo, subjetividades, conflitos e desejos, promovendo um novo processo, denominado por Morin (1969) de "planetarização da energia cultural".

A restituição *seletiva* de aspectos da cultura tradicional devolve aos indivíduos pedaços da experiência e do tempo perdidos, redime referências coletivas, restabelece a alternativa da *volta ao lar* e libera – ainda que momentaneamente – o *homem da multidão* dos contornos da subjetividade errante, estrangeira e desterritorializada. Subjetividade metropolitana, cosmopolita e *sofisticada*, que retoma as origens como se fosse possível recomeçar. O processo de recomeçar, retomar origens, de forma seletiva, pode também ser equacionado, como propõe Umberto Eco:

> Penso na atitude pós-moderna como a de um homem que ama uma mulher muito culta e sabe que não pode dizer-lhe "eu te amo desesperadamente", porque sabe que ela sabe [e ela sabe que ele sabe] que esta frase já foi escrita por Liala. Entretanto, existe a solução. Ele poderá dizer: "Como diria Liala, eu te amo, desesperadamente". A essa altura, tendo evitado a falsa inocência, tendo dito claramente que não se pode mais falar de maneira inocente, ele terá dito à mulher o que queria dizer: que a ama, mas que a ama em uma época de inocência perdida (...) Nenhum dos dois interlocutores se sentirá inocente, ambos terão aceito o desafio do passado, do já dito que não se pode eliminar (...) Mas ambos terão conseguido mais uma vez falar de amor. (Eco, 1985:57)

Esse eterno recomeço pode viabilizar-se pela cumplicidade única que se estabelece na mediação entre autor, receptor e leitura.

Os gêneros ficcionais, portanto, em permanente estado de fluxo e redefinição, articulam-se, mesclando particularidades, conformando novas sínteses, restituindo velhas histórias. Conceituados como mitologias, reposições arquetípicas, restituições seletivas, estruturas narrativas, matrizes culturais, expressões de ideologias e poder, formas culturais, entre outras conceituações, os gêneros encontram-se presentes em toda e qualquer forma literária, e também em produções sonoras e audiovisuais. Como matrizes culturais, respondem pela possibilidade de construção de grandes totalidades e são capazes de apontar um caminho na superação das dicotomias; partilham, como universalidades das construções imaginativas, do referencial de qualquer leitor, de qualquer autor, de qualquer produtor cultural.

A "teoria das mediações" (Martín-Barbero, 1987), que pressupõe a existência de uma modernidade ou de um contexto de modernização que se articula aos aspectos tradicionais, residuais e a tudo aquilo que se coloca como vivo, ativo e participante no interior da sociedade, situa o gênero como elemento de mediação na cadeia que une produtores, produtos e receptores culturais, e como elemento de articulação de duas lógicas: a do produto e a dos usos sociais (Certeau, 1994), ou seja, a dos sujeitos receptores. Nessa direção, os gêneros ficcionais são considerados grandes universalidades, pontos de intercessão nas relações entre cultura popular, erudita e de massa.

Essa presença mediadora dos gêneros, em permanente circulação e mesclagem pelos variados espaços de produção cultural, reitera-se na percepção de vários autores preocupados em refletir sobre a recepção, em sua dimensão estética. Jorge Luis Borges, em artigo sobre o conto policial, não só confirma a importância dos gêneros literários como estabelece a definitiva relação entre eles e o receptor: "(...) os gêneros literários dependem, talvez, menos dos textos que do modo em que estes são lidos. A obra estética requer a integração leitor/texto, para só então existir". (Borges, 1985:31)

A análise até aqui apresentada estabelece conexões, aponta e dialoga com tendências que consideram a cultura e a produção cultural industrializada como inerentes – e não exteriores – ao cotidiano e ao modo de vida dos sujeitos envolvidos, sejam eles produtores ou receptores. Na tentativa de delimitar melhor esta abordagem, Williams assegura que entender cultura como modo de vida implica desvendar "estruturas de sentimento" presentes nas relações que se estabelecem entre produtores, receptores e produtos culturais:

O termo é difícil, mas sentimento é escolhido para ressaltar uma distinção dos conceitos mais formais de "visão de mundo" ou "ideologia" (...) Estamos interessados em significados e valores tal como são vivos e sentidos ativamente, e as relações entre eles e as crenças formais ou sistemáticas (...) Uma definição alternativa seriam as estruturas de experiências. (Williams, 1979:134)

Explicitando trajetórias metodológicas

Dialogando com as referências teóricas acima citadas, a metodologia organizou-se partindo do princípio de que detectar os gêneros ficcionais ou os territórios de ficcionalidade (Calvino, 1993) na telenovela *A Indomada* supõe concebê-los, teoricamente, na fronteira das relações que se estabelecem entre os mecanismos de produção, os produtores culturais – autores, diretores, atores, cenógrafos, músicos, iluminadores, estilistas e muitos outros – envolvidos no processo de produção e os receptores. É assumir, efetivamente, o gênero ficcional como "mediação" (Martín-Barbero, 1987): como matriz cultural e estratégia de comunicabilidade ele é, ao mesmo tempo, parte constitutiva do meio – no caso específico desta pesquisa, a televisão – e elemento essencial de expressão do cotidiano vivido pelos receptores.

Além disso, a concepção de gêneros ficcionais, como modelos dinâmicos, capazes de assimilar as variações que historicamente se impõem, tornou-se fundamental para o entendimento das telenovelas brasileiras e, em especial, para a compreensão de *A Indomada*: nela, variados gêneros se interpenetram possibilitando a existência de *deslocamentos* em sua "textualidade" (Mazziotti, 1994) ou, em outras palavras, o que se procura no interior do modelo não são mais características *puras* deste ou daquele território de ficcionalidade. O princípio é o de trabalhar com a perspectiva da configuração de "hibridismos genéricos" (Campos, 1977), contraponto e confluência para uma concepção de cultura como "cultura híbrida" (García Canclini, 1990). Ou seja, o conceito de gênero é aqui entendido como mediação, matriz cultural, estratégia de comunicabilidade, e a cultura é concebida em sua dimensão híbrida.

A organização metodológica para a mediação entre gêneros ficcionais assumiu, como objetivo prioritário, a articulação permanente entre duas narrativas: a primeira delas, a da telenovela, utilizando-se de informações gerais fornecidas pela Rede Globo, em boletins específicos, na sinopse de *A Indomada* e nas demais publicações da emissora; os *clippings* arquivados no decorrer deste trabalho foram, também, fontes permanentes de consulta. Além disso, foram constantes as sondagens ao acervo de imagens: tanto as contidas na gravação completa de todos os capítulos, quanto a telenovela que foi remontada a partir da leitura das principais cenas selecionadas por cada uma das famílias pesquisadas. E, finalmente, a construção de diagramas dos territórios de ficcionalidade[13] com a localização espacial das personagens e seus entrecruzamentos no interior da narrativa da telenovela.

A segunda narrativa, a dos receptores, foi coletada no campo, durante o período de realização da pesquisa; vale a pena ressaltar que, apesar de esta mediação contar com um instrumento especialmente construído para dar conta das particularidades da análise de gêneros ficcionais com os receptores[14], todos os outros instrumentos foram utilizados como fontes de informação – princípio da *combinação de técnicas qualitativas*[15] –, constituindo-se, também, num rico referencial para a análise dos dados; ressaltam-se, nesse sentido, os resultados das discussões em grupo (GD) a partir da telenovela remontada e as informações provenientes das histórias de vida (HV) e histórias de vida cultural (HC), entrevistas de subjetividade (ES) e questionário de consumo (QC).

Análise dos dados

Na qualificação de uma forma, manifestação ou produto cultural (Williams, 1992) – neste caso específico, a telenovela – e seus respectivos gêneros ficcionais, um primeiro problema apresenta-se para o equacionamento da *análise dos dados*: a necessidade de desvendar matrizes originais (Martín-Barbero, 1987), territórios (Calvino, 1993) ou, em outras palavras, fundamentos da ficcionalidade que permitam resgatar as origens de cada modelo, entender seu processo de transformação e qualificar o entrelaçamento das fronteiras entre os variados territórios de ficcionalidade.

No sentido de esclarecer e adensar este procedimento – que busca desvendar matrizes originais, para depois armar suas conexões –, pode-se recorrer a reflexões específicas sobre alguns territórios de ficcionalidade fundamentais no contexto das narrativas populares de massa.

Para Jean-Yves Tadié (1982) o "espírito" da aventura é "a essência da ficção": a aventura como essência, origem, está presente desde os primeiros romances gregos até os mais contemporâneos; perpassa, indistintamente, romances de amor, documentos realistas, filosofia e textos sagrados. Entretanto, o romance de aventura, ou seja, a forma narrativa que tem como característica contar uma história de aventura, é datada: surge no século XIX, com o aparecimento dos clássicos de Robert Louis Stevenson – *A ilha do tesouro* – e de Alexandre Dumas – *O conde de Monte Cristo* e *Os três mosqueteiros*.

O romance de aventura apresenta um conjunto de regras; possui um padrão que se configura tanto pela contraposição a outras formas ficcionais quanto pela afirmação daquilo que realmente é. Não importa na aventura que os eventos estejam histórica e socialmente situados ou que reproduzam informações contidas na realidade. Uma boa aventura deve dialogar com paixões humanas elementares e cotidianas: medo, angústia, coragem, dedicação, liberdade, amor, morte. A aventura é fundante; localiza-se – assim como todas as paixões intrínsecas às relações entre os seres humanos – nas conflituosas fronteiras entre natureza e cultura:

A aventura é a irrupção do acaso, ou do destino, na vida cotidiana, nela introduzindo uma reviravolta que torna a morte possível, provável, presente até o desenlace, em que é vencida – quando não vence (...) A aventura é o diálogo entre a morte e a liberdade. (Tadié, 1982:5)

Enquanto Tadié (1982) declara que a aventura é a essência genérica da ficção, Calvino e Anne Vincent-Buffault demonstram, por sua vez, a existência de outras essencialidades:

(...) toda literatura é erótica, assim como o é todo sonho (...) o ingresso do sexual na ordem dos signos fez-se tradicionalmente por

257

meio das regras do jogo, do cômico, ou ao menos da ironia (...) laço profundo que une, no plano antropológico, o sexo ao riso. (Calvino, 1993:51-52)

Entre o silêncio e a linguagem, correm as lágrimas. Do olho úmido às vagas de choro, do olhar enredado aos soluços, as lágrimas manifestam a emoção (...) A ficção encontra a vida. (Vincent-Buffault, 1994:5)

Riso, lágrimas, sexualidade, sonho: novas essencialidades culturais, outras paixões humanas elementares, que expressam os mesmos e tensos limites entre natureza e cultura, instinto e normatização, contenção e excessos, espaços do permitido e universos do proibido.

As considerações acima, que aparentemente contrapõem Tadié a Calvino e Vincent-Buffault, nada mais fazem do que reforçar a idéia de que os gêneros se entrelaçam, interpenetram-se e fazem com que a obra seja resultado da articulação entre múltiplos territórios, diversas tendências, variadas formas narrativas. Pode-se falar de uma narrativa melodramática permeada por lances de aventura, por elementos fantásticos, pitadas de erotismo, ambivalências da comicidade e enigmas de mistério e suspense. Giorgio Manganelli (1991) confirma esta tendência ao afirmar a existência de múltiplos gêneros, no contexto de *Os três mosqueteiros*, de Dumas, um dos primeiros romances de aventura de que se tem conhecimento:

O gosto do antigo abunda, desenvolto e com brilho, à maneira de um conveniente arcaísmo, mais digno de um melodrama. Sem contar a presença da comédia de sabor e de tipo bem clássico (...) Ao picaresco soma-se a fábula amorosa, plebéia, galante, passional. (Manganelli, 1991:41-42)

Falar em narrativa moderna ou, mais do que isto, dialogar com os espaços da ficcionalidade na cultura contemporânea pressupõe borrar fronteiras, deixar fluir: desterritorializar. Todorov observa que a não-obediência ao seccionamento dos gêneros transforma-se em *"signo de autêntica modernidade"* (Todorov, 1981:45). Em direção semelhante, Hans-Robert Jauss complementa: *"É necessário, também, soltar-se da idéia de uma justaposição de gêneros fechados sobre si mesmos, e buscar suas inter-relações,*

que constituem o sistema literário num dado momento histórico"
(Jauss, 1986:45).

Nesse sentido, ainda que seja possível localizar a presença de
características predominantemente particulares de um gênero
ficcional, há que se procurar as demais articulações entre os
diferentes territórios; há que se buscar nas personagens e nas
tramas os elementos capazes de responder por esta ou aquela
qualificação do gênero, de evidenciar os traços deste ou daquele
território e de comprovar, na prática, a fluidez, a variação e a
presença múltipla de elementos diversificados no interior de manifestações culturais.

Antonio Candido ajuda a confirmar esta escolha ao afirmar,
em artigo sobre a importância da personagem na composição do
romance moderno: *"Não espanta, portanto, que a personagem
pareça o que há de mais vivo no romance (...) aquilo que representa a possibilidade de adesão afetiva e intelectual do leitor (...)
a personagem vive o enredo e as idéias, e os torna vivos"* (Candido, 1968:54).

Ainda que Candido faça inúmeras ressalvas sobre equívocos
da crítica literária em considerar a personagem como elemento
essencial do romance e que apregoe que o romance deve ser
considerado em sua relação inseparável entre três elementos –
enredo, personagens, idéias –, o próprio Candido confirma que,
no romance moderno, a personagem é o elemento mais atuante
e mais comunicativo, mesmo que referenciado, sempre, à totalidade no qual está inserido.

Nada melhor, portanto, do que localizar as marcas e tessituras que articulam o melodrama, a comicidade, o erotismo e a
narrativa fantástica por meio das personagens e das tramas que
compõem a narrativa da telenovela *A Indomada*.

Melodrama

A frase de José Paulo Paes (1990:32) *"o dramalhão é nosso"*
bem expressa o processo de abrasileiramento ou de transposição
do romance-folhetim, um gênero dos mais tradicionais da literatura de massa que aporta no Brasil, no século XIX, e constitui-se
na matriz originária do melodrama, adaptado aos dias de hoje.

Responsável pela denominada "estética do dramalhão ou do melodrama", o gênero se mantém até hoje com seu conteúdo *"sentimental, moralizante e otimista"* (Prado, 1972:74). Por meio de uma narrativa linear que se propõe a *"atingir, a um só tempo, coração, olhos e ouvidos"* (Prado, 1972:75), o dramalhão evita sempre o enfrentamento com os trágicos finais. Sensibiliza o público com temáticas arquetípicas – amor, ódio, dever, honestidade, segredos e mistérios – expressas através de um jogo de polarizações bastante comum entre o bem e o mal, os ricos e os pobres, o que é justo ou injusto, heróis e vilões, felicidade e tristeza, triunfos e fracassos. E o *happy end* restaura a ordem moral. A trama é conhecida do público e este torna-se *"(...) confidente do autor, cabendo a investigação e a descoberta da verdade somente às personagens. A angústia do espectador é essa: saber tudo e nada poder sobre os acontecimentos"* (Prado, 1972:80).

Resta, apenas, torcer pela vitória de seu herói[16].

É evidente que, com o passar dos anos e com a consolidação da história e dos mecanismos de produção da telenovela no Brasil (Ortiz, Borelli e Ramos, 1989), as matrizes originárias do melodrama transformam-se, e pode-se presenciar, principalmente a partir dos anos 1970, telenovelas que:

> (...) veiculam na tela da TV, cenários urbanos, conflitos contemporâneos e personagens que abandonam os espartilhos, as carruagens e as identidades nobres e passam a assumir a postura do herói acessível, que participa de corridas de automóvel, tem crises existenciais e circula pela metrópole, bem ao ritmo de uma sociedade que se moderniza... (Borelli, 1997:171)

Entretanto, ainda que apareçam novos elementos, o melodrama mantém características do modelo originário, agora adaptadas às novas condições; ele assume um perfil heterogêneo diretamente vinculado às alterações do processo histórico de modernização da sociedade brasileira, às novas condições tecnológicas, às complexificações na organização e gerenciamento empresariais das redes de televisão e às transformações na relação entre produção, recepção e consumo televisuais:

Os gêneros diversificam-se porque se alteram, com o processo de modernização, as referências simbólicas que conformam o imaginário coletivo; transformam-se em função dos apelos da indústria cultural e de um mercado de bens simbólicos sempre em expansão. Este mercado conta com a presença de um público vasto, ávido por novidades e segmentado por interesses masculinos, femininos, geracionais e por necessidades individuais que compõem um quadro social bastante heterogêneo. (Borelli, 1997:172)

As características do melodrama encontram-se claramente configuradas na proposta de realização de *A Indomada*. Pode ser localizada, por exemplo, no perfil da heroína:

Lúcia Helena de Mendonça e Albuquerque (Leandra Leal e Adriana Esteves) é a heroína, que aparece em todas as fases da trama, desde recém-nascida até a idade adulta, quando volta a Greenville (...) a menina compartilhava com a mãe, Eulália, a expectativa do retorno do pai. Mas ele volta e morre logo em seguida, deixando na lembrança da filha uma verdadeira obsessão pela terra que ele, homem do campo, considerava o maior de todos os bens. Por conta de sua família estar completamente nas mãos de Teobaldo, ela aceita se comprometer com ele, para o futuro. E vai estudar na Inglaterra, com data marcada para voltar e se casar com o desconhecido (...) ela viveu praticamente como prisioneira, na Inglaterra (...) Volta a Greenville sem saber muito bem o que vem pela frente, mas disposta a cumprir o compromisso de casamento e resgatar o nome da família. Vai enfrentar os poderosos e as ambições de sua tia Altiva, além das surpresas armadas pelo próprio destino. (Sinopse *A Indomada*, 1997:10; 16)

Este mesmo perfil emerge reiterado no relato de uma jovem receptora[17] que não só descreve o modelo da heroína, como também tenta redimir, por meio dela, o papel tradicional e historicamente assumido pelas mulheres, no cotidiano:

Eu acho que a Helena é uma mulher muito forte. Tudo o que ela queria, ela lutava para conseguir. Os homens acham que as mulheres são o sexo frágil, né? Eu acho que está na hora de mostrar que não somos; e a Helena fazia bem isso! (Juliana, família 2, ES)

As marcas do melodrama são, também, plenamente configuradas na trajetória do herói...

> Teobaldo Faruk (José Mayer), uma figura misteriosa que chega a Greenville montado num cavalo, em plena tempestade de areia, e entra definitivamente para a história da cidade (...) Encanta-se por Eulália, mas não é correspondido. "Ele é dúbio, não é o mocinho tradicional", avisa Aguinaldo Silva (...) Transforma-se no homem mais poderoso da região, com dinheiro suficiente para comprar o sobrenome dos poderosos e deixar de ser tratado como um forasteiro. Diz que é viúvo e depois leva a mãe e o filho para viver com ele. (Sinopse *A Indomada*, 1997:18)

... e na concepção de um modelo de relação entre herói e heroína, que emerge da fala de outra jovem receptora e que parece se confundir com o próprio texto oficial da sinopse:

> Olha! É um romance, com a Helena e o Teobaldo, que sofrem muito... tem muita interferência ruim do povo; daí, eles se separam e no final se juntam de novo [risos]; vamos parar por aqui, senão eu vou começar a falar, acho que... É, acho que é o básico! (Joana, família 2, ES)

E a clássica presença do triângulo amoroso reforça, ainda mais, os elementos de constituição do padrão melodramático:

> E a heroína que à primeira vista não tem o amor como prioridade, vai de repente se ver envolvida num triângulo amoroso, completado com a paixão do fiel Artêmio (Marcos Frota), um amigo de infância. É a serenidade de um amor-menino se contrapondo ao desejo pelo misterioso Teobaldo (José Mayer), o homem que encarna a figura do cavaleiro andante, irresistivelmente sedutor. (Sinopse *A Indomada*, 1997:3)

Além disso, não poderiam faltar os vilões e as pitadas de ódio, como contraponto aos heróis e às tramas do amor: "*A Indomada também vai viver de ódios, contendas políticas e cruéis armações, fantocheadas por Altiva (Eva Wilma), a grande vilã da história...*" (Sinopse *A Indomada*, 1997:3).

E as características da vilã, que emergem em toda sua plenitude: *"Maria Altiva Pedreira de Mendonça e Albuquerque (...) é má, mesquinha, avarenta, estúpida, soberba, ambiciosa, invejosa, falsa carola e pecadora das boas (...) Essa mulher é puro ódio..."* (Sinopse *A Indomada*, 1997:16-17).

É interessante observar que uma receptora não hesita ao responder sobre quem é a protagonista ou personagem mais importante do enredo; e seu depoimento esclarece, ao mesmo tempo, quais as estreitas relações que se estabelecem entre heróis e vilões, na matriz melodramática: *É a Altiva, tia da Helena, que faz de tudo para ela sair mal, tanto no namoro, quanto nos negócios, como levar o canavial, a usina para a frente; a tia faz de tudo para que ela seja destruída, mas como é novela ela acaba ganhando* [risos] (Paula, família 4, ES).

Outra personagem definidora dos padrões do melodrama é Artêmio. Sua trajetória é exemplar na caracterização do mesmo modelo:

> Suposto filho de alguém da família, abandonado na porta do casarão dos Mendonça e Albuquerque, ainda recém-nascido. Adotado por eles, mas sempre enjeitado, foi criado por Florência (Neuza Borges) – a empregada da família, negra, descendente de escravos. É da mesma idade de Helena, cresceu ao lado dela, e desde pequeno viveu a ilusão de tê-la como esposa. (Sinopse *A Indomada*, 1997:18)

O perfil de Artêmio e a marca de sua trajetória permitem explicitar mais uma das características gerais do melodrama, a saber, seu tom de *seriedade*: *"(...) [o melodrama supõe] situações e personagens já dezenas de vezes apresentadas a sério (...) desde a mulher acusada pelo crime que não cometeu até o rapaz de filiação desconhecida (...)"* (Prado, 1972:89).

Há um depoimento que revela a força de identificação e a capacidade de mediação do gênero ficcional – no caso específico deste exemplo, a força do melodrama – no cotidiano dos receptores. Ao remontar a clássica cena da matriz cultural melodramática – a revelação do segredo sobre a paternidade: encontro de Artêmio com Richard, o pai até então desconhecido! –, uma das meninas entrevistadas declara: *Eu senti emoção, muita emoção*

(...) É, eu quase choro (...) É porque eu tenho esperança de também encontrar meu pai. Então, a esperança é a última que morre (Fernanda, família 1, EG).

Reforçando a identificação com o melodrama e reiterando as potencialidades de mediação do gênero, a mesma garota relata: *Para mim, uma das cenas mais marcantes foi na hora que a Eulália e o Zé Leandro morreram, foi muito marcante, porque muito triste* (Fernanda, família 1, EG).

Para completar o quadro de personagens do melodrama, consta também da trama os jovens casais *românticos* que vivem um amor quase impossível ou um amor proibido. Para Emanuel e Grampola, as impossibilidades impõem-se por meio das condições *fantásticas* assumidas por uma das personagens: Emanuel, destinado a virar anjo, não pode namorar, casar, constituir família; a ele reserva-se um outro tipo de *happy end*: o reino dos céus! Já para Felipe e Carolaine, a proibição, que torna sua trajetória comum quase impossível, está localizada na inimizade radical – num diálogo explícito com a clássica matriz de *Romeu e Julieta* – entre as famílias Mackenzie e Sá Maciel:

> Romântica e apaixonada, Carolaine Mackenzie Pitiguary (Nívea Stelmann), filha do prefeito Ypiranga Pitiguary e de Scarlet, só quer ter o consentimento dos pais para namorar Felipe, o filho da juíza, inimigo número um de seu pai. Um romance proibido; é a Julieta da trama (...) Namorado de Carolaine, Felipe de Sá Maciel (Matheus Rocha) é o Romeu da história. (Sinopse *A Indomada*, 1997:20)

Os relatos de identificação por parte dos receptores confirmam o perfil romântico destas relações:

> A Carolaine e o namorado... Se a gente pudesse ter um relacionamento assim... Ver duas pessoas assim, é muito interessante. O amor dos dois. Um pelo outro. Mesmo os pais sendo contra eles, eles não ligaram para isso. O amor venceu, toda aquela história... (Juliana, família 2, ES)

> Dos namorados, para mim foi bonito porque... pelo menos é isso que eu quero, entendeu? Não sei se a maioria da juventude é assim, com certeza não, mas para mim tem que ser uma coisa importante e profunda, o homem certo e na hora certa, entendeu? Para mim é isso, foi o que passou e é o que eu quero para mim. (Joana, família 2, ES)

CASA DOS MENDONÇA E ALBUQUERQUE

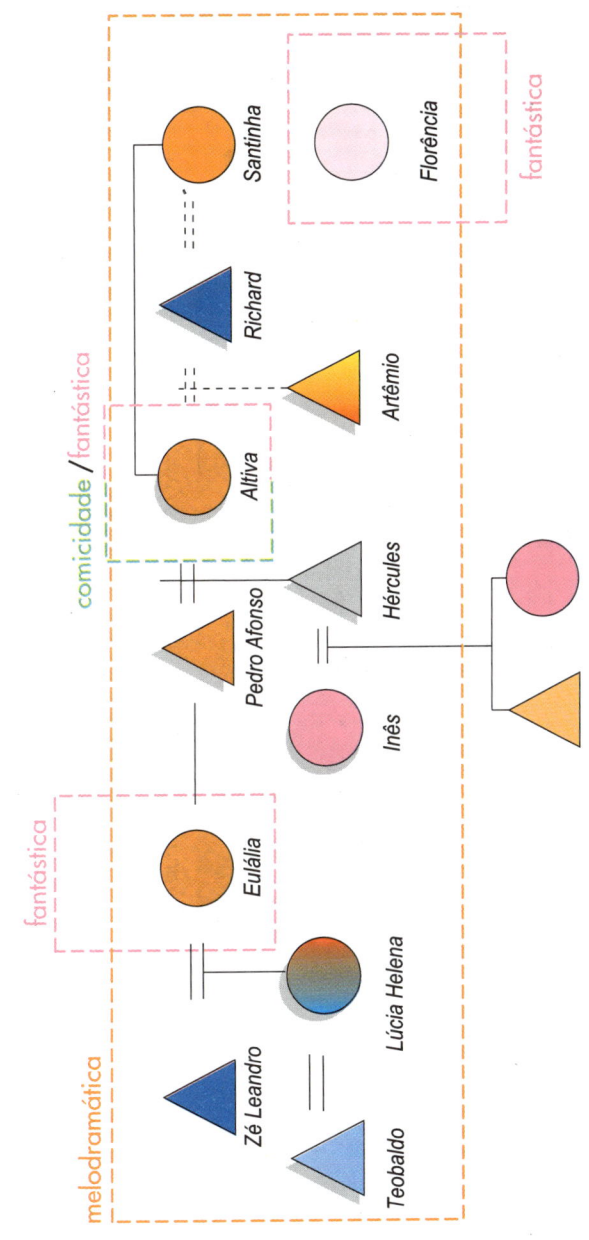

Figura 1

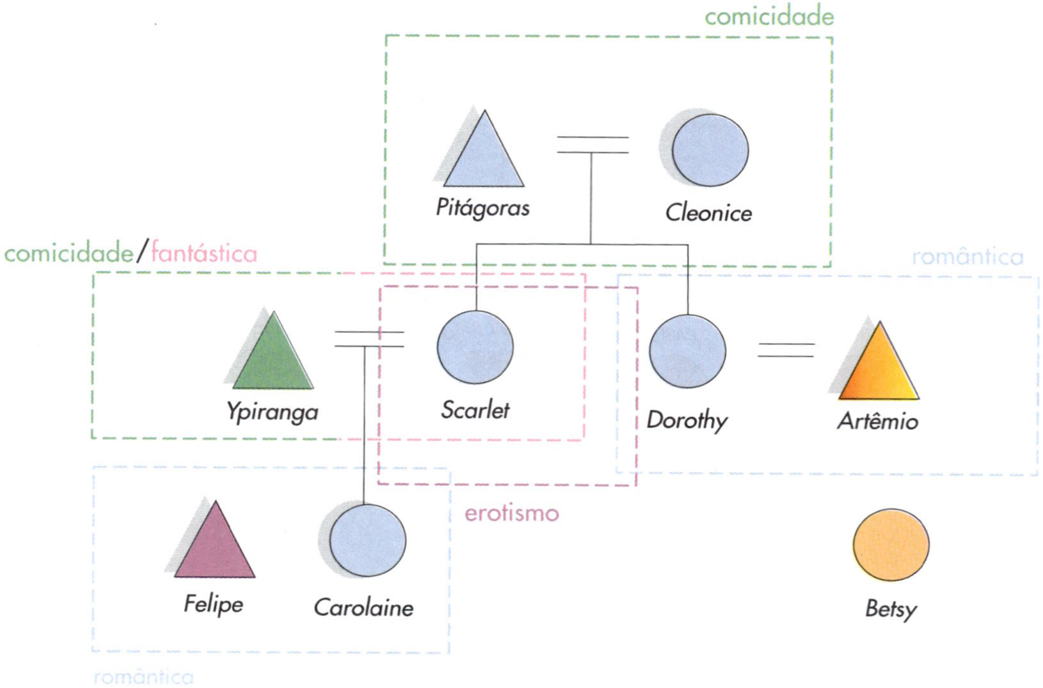

Figura 2

CASA DOS FARUK

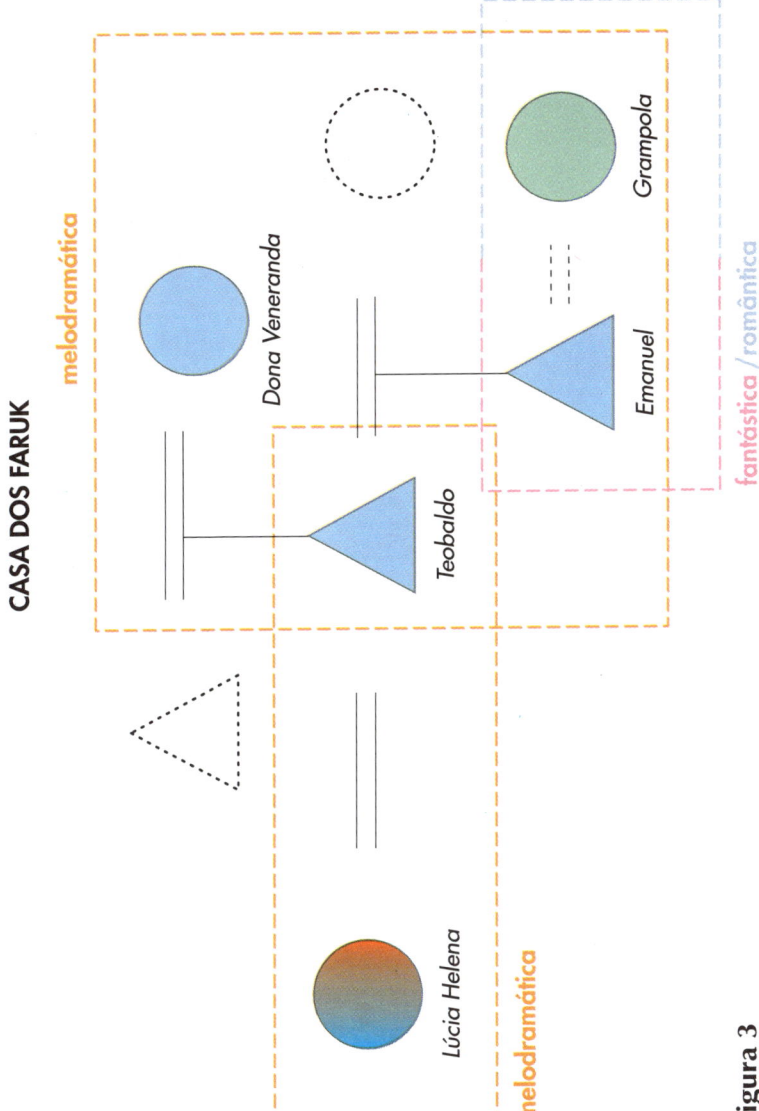

Figura 3

CASA DOS SÁ MACIEL

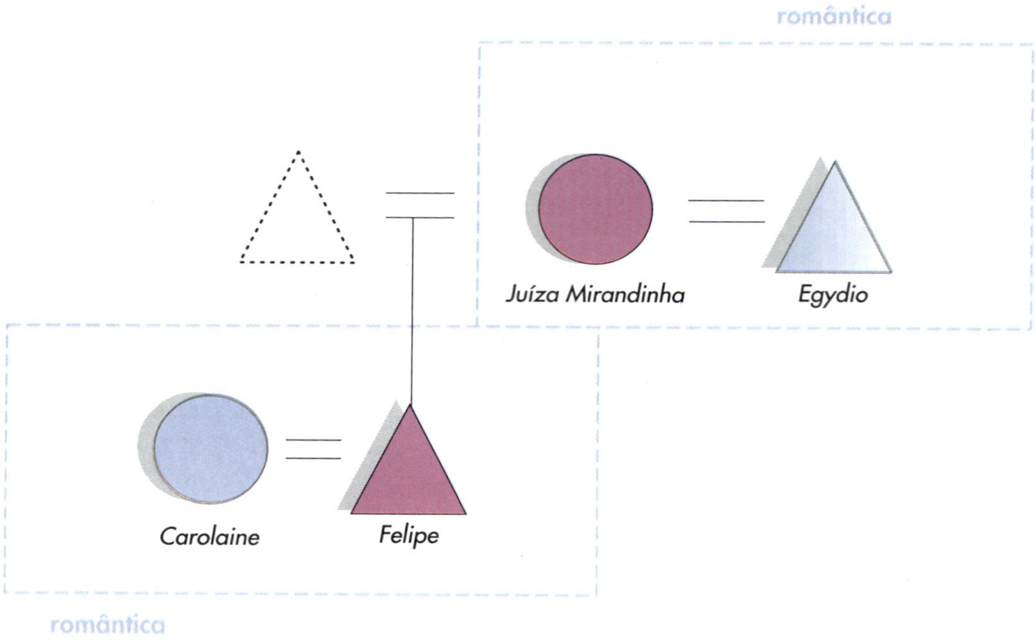

romântica

Egydio

Juíza Mirandinha

Felipe

Carolaine

romântica

Figura 4

268

FÓRUM

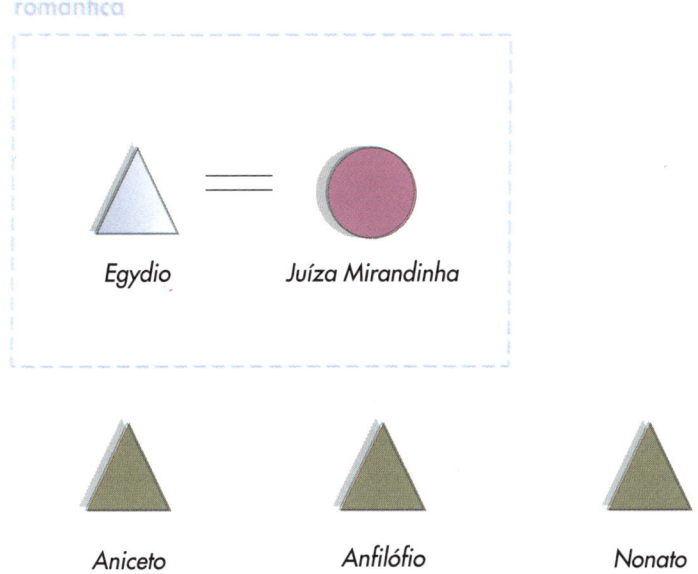

Figura 5

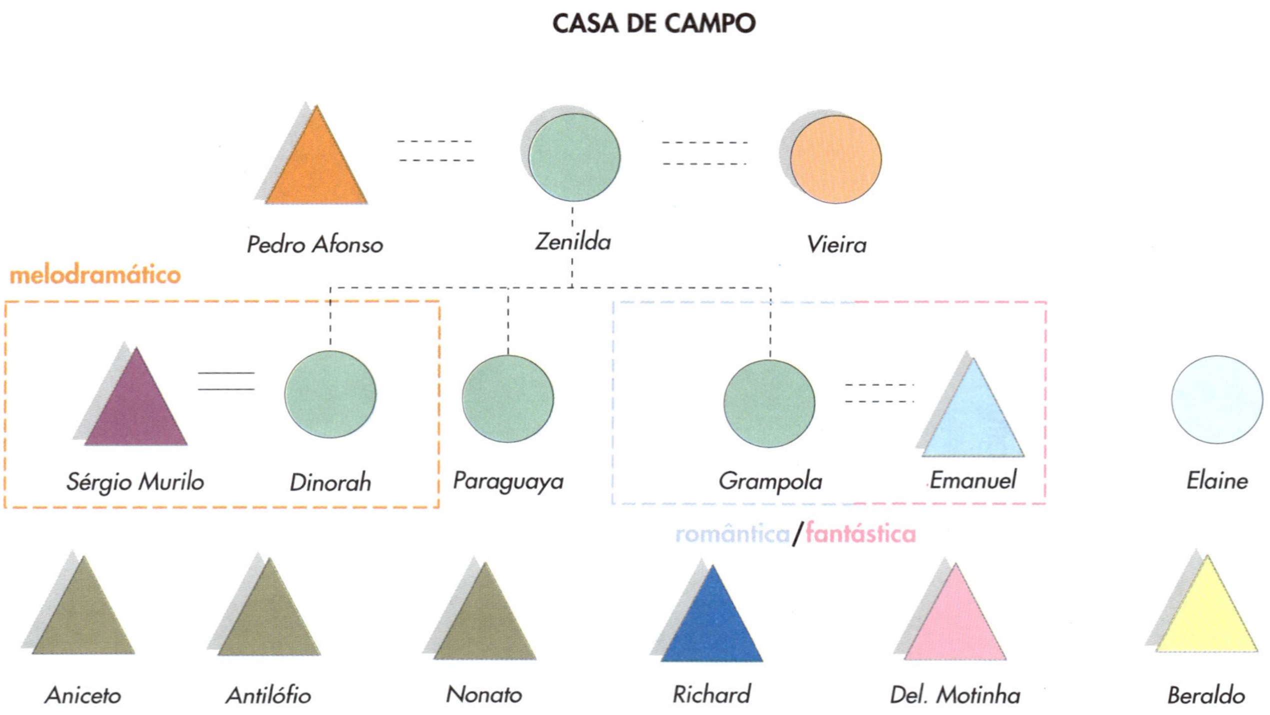

CASA DE CAMPO

melodramático

romântica / fantástica

Pedro Afonso — Zenilda — Vieira

Dinorah — Paraguaya — Grampola — Emanuel

Sérgio Murilo

Aniceto — Antilófio — Nonato — Richard — Del. Motinha

Elaine

Beraldo

Figura 6

USINA MONGUABA

romântica/**melodramática**

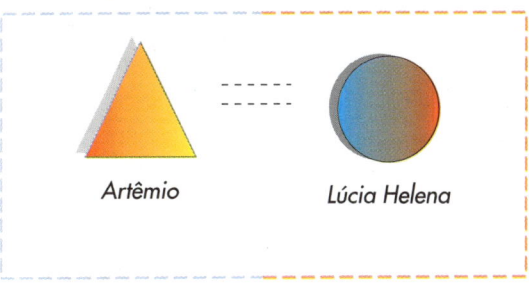

Artêmio — — — — Lúcia Helena

Figura 7

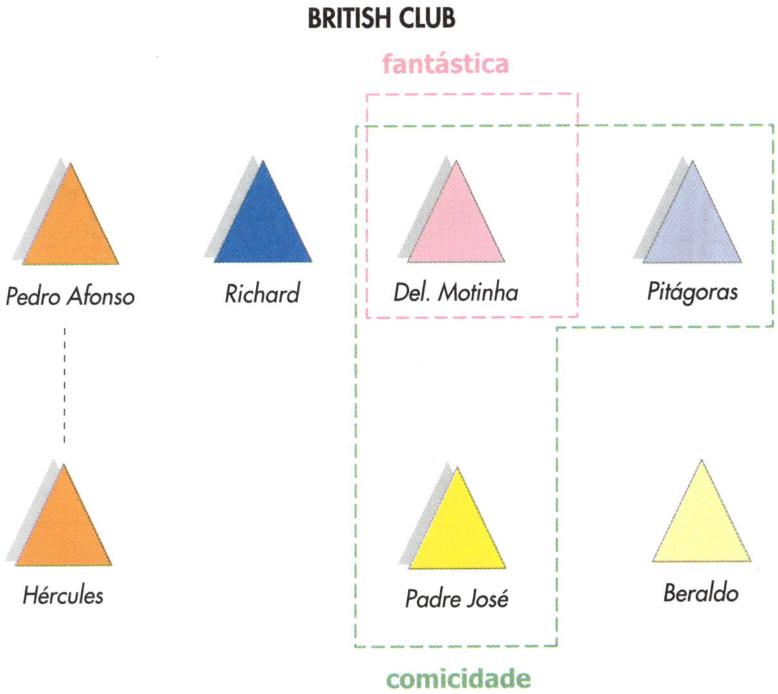

BRITISH CLUB

fantástica

Pedro Afonso   Richard   Del. Motinha   Pitágoras

Hércules   Padre José   Beraldo

comicidade

Figura 8

IGREJA

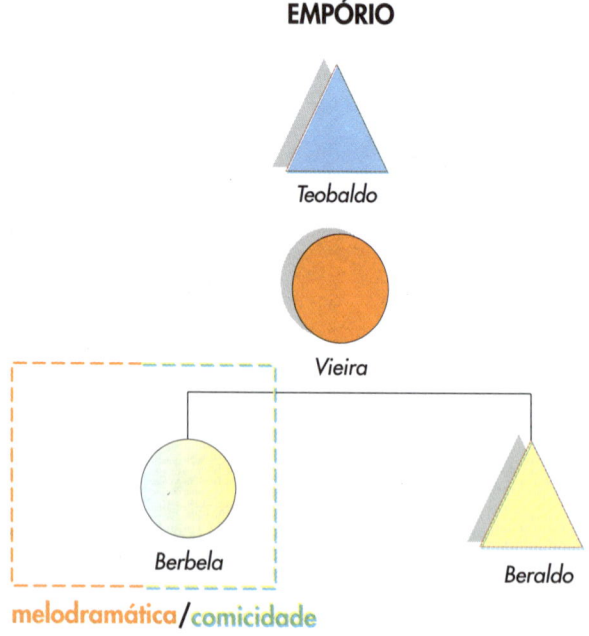

Figura 9

EMPÓRIO

Figura 10

E uma outra das adolescentes entrevistadas sintetiza claramente o sentido do *era uma vez* no contexto melodramático: *A história é assim: era uma moça* [Helena] *que tinha mãe e pai; eles tinham um amor proibido pela família; logo os pais morrem né, e depois disso ela vai morar fora... e aí... etc. etc.* [risos] (Paula, família 4, ES).

O reconhecimento do melodrama por parte dos receptores pode ser também analisado através das cenas escolhidas por cada família e que se transformaram no ponto de partida para a produção do *corpus* da telenovela reeditada.

A primeira observação que merece destaque na seleção das *cenas preferidas* pelos receptores demonstra que o recorte melodramático é significativo, mas aparece disperso, quando se analisa o total das cenas que se repetem na preferência das famílias. De um *corpus* de 26 seqüências, onze se enquadrariam com tranqüilidade no perfil do melodrama: 1) Altiva descobre que Pedro Afonso tem um caso com Zenilda; 2) a explosão da Usina; 3) o assassinato de Hércules; 4) a morte de Altiva (duas escolhas); 5) Altiva conhece Inês (sua nora negra); 6) Helena com o pai (o valor da terra); 7) a revelação que Artêmio é filho de Altiva; 8) a expulsão de Altiva (duas escolhas); 9) Artêmio e Dorothy (primeira cena de amor); 10) Teobaldo e Helena (primeira cena de amor/velas); 11) a briga entre Pedro Afonso e Richard.

Talvez a seqüência que mais se aproxime da tradição do melodrama seja a que envolve a clássica revelação do segredo sobre a paternidade desconhecida, historicamente presente no imaginário coletivo brasileiro e latino-americano, por conta de bens-sucedidas radionovelas e telenovelas como, por exemplo, *O Direito de Nascer*. No caso de *A Indomada* a trama sobre a paternidade desconhecida torna-se referência na narrativa dos receptores tanto no momento da revelação e do enfrentamento entre os envolvidos – Artêmio: o filho bastardo; Altiva: a mãe biológica que o recusou; Pedro Afonso: o marido de Altiva, que não é o pai, e que nada sabia; Santinha: a mãe que todos supunham e que tudo sabia; Florência: a velha empregada, fiel e temerosa depositária do segredo –, quanto se desdobra em outras

273

duas cenas: a expulsão de Altiva por Pedro Afonso e a briga de Pedro Afonso com Richard, o pai desconhecido.

Estas três seqüências articuladas – 1) a revelação que Artêmio é filho de Altiva, 2) a expulsão de Altiva, 3) a briga entre Pedro Afonso e Richard –, relacionadas a uma quarta – a conversa de Cleonice com Pitágoras sobre a expulsão de Altiva –, foram citadas quatro vezes, por três famílias distintas, e todas elas referem-se ao espaço e às personagens da casa dos Mendonça e Albuquerque, confirmando o disposto na Figura 1 nos "Diagramas dos territórios de ficcionalidade".

O que também chama a atenção é a existência, dentro deste recorte do modelo melodramático, de um número razoável de seqüências em que o entrecruzamento de elementos que compõem os diversos territórios de ficcionalidade é evidente: isto será analisado, um pouco mais adiante, no momento da reflexão sobre o entrelaçamento das fronteiras entre diferentes gêneros ficcionais.

O que se pode por hora concluir – tanto pelo relato dos receptores, quanto pela *leitura* da telenovela – é que o conjunto das personagens que sustenta a trama melodramática em *A Indomada* pode ser assim definido: Zé Leandro e Eulália; Lúcia Helena e Teobaldo; Artêmio, Altiva, Pedro Afonso, Richard, Santinha e Florência. Há também, e tangencialmente, uma tensão melodramática que envolve as ligações entre Teobaldo, dona Veneranda e Emanuel, sedimentada, é óbvio, pela relação entre Teobaldo e Helena, a partir do momento em que esta passa a habitar a casa dos Faruk (Figura 3 nos "Diagramas dos territórios de ficcionalidade") e a se relacionar com o mistério da morte da antiga mulher de Teobaldo.

Nesse sentido, a casa dos Mendonça e Albuquerque constitui-se em espaço privilegiado de realização dos cenários melodramáticos; e isto se confirma não só pelas seqüências/cenas escolhidas pelas famílias pesquisadas, mas pode ser detectado durante todo o decorrer da narrativa. Na casa dos Mendonça e Albuquerque, a disposição espacial das personagens e as relações travadas entre elas compõem, em sua totalidade, a teia melodramática de *A Indomada* (Figura 1 nos "Diagramas dos territórios de ficcionalidade").

274

Comicidade

Se para Tadié (1982), Calvino (1993) e Vincent-Buffault (1994) a aventura, o erotismo e as lágrimas do melodrama configuram a essencialidade da ficção, para Bakhtin (1987) a comicidade, o riso compõem a essência da ficcionalidade popular. Em sua já clássica reflexão sobre a obra de Rabelais, Bakhtin resgata a história do riso e trabalha com elementos da carnavalização do cotidiano nos contextos da literatura e da cultura popular do século XVI; sua análise permite considerar que esses elementos se encontram ainda presentes em inúmeras manifestações populares de massa na atualidade. A paródia, a sátira e o realismo grotesco despontam, em Rabelais, em meio a cenários vinculados ao banquete – em que abundância e excesso se manifestam pelos atos de comer muito e beber em demasia – e expressos em marcantes imagens reveladoras do "baixo corporal". Com este inventário Bakhtin qualifica a comicidade enquanto gênero popular, enquanto forma de expressão oposta àquela da cultura medieval oficial, eclesiástica e feudal. São esses mesmos elementos que permitem a Bakhtin esclarecer que o gênero cômico não é homogêneo; pelo contrário, explicita-se em sua plena diversificação: o bufo, o burlesco e o grotesco apresentam-se como categorias diferenciadas dentro de um padrão de gênero mais amplo e expressam momentos variados do processo cultural diversificado. Além disso, a perspectiva bakhtiniana de análise da cultura abre uma brecha metodológica de incorporação e transposição dos tradicionais referenciais do gênero cômico do século XVI para a atualidade. Vale a pena ressaltar que inúmeros traços da comicidade original encontram-se em manifestações culturais nos campos da literatura, circo, teatro, televisão (Mira, 1995) e cinema contemporâneos (Ramos, 1995).

A comicidade manifesta-se em *A Indomada* não só no *tom* adotado, mas também, como afirma Aguinaldo Silva,

(...) nas situações hilariantes como a brincadeira de colocar todo mundo falando inglês com sotaque "nordestês" (...) A novela tem um pé na comédia; a gente procura dar um tratamento de humor às situações, mesmo às mais dramáticas, porque acreditamos que o espectador gosta mais assim. (Sinopse *A Indomada*, 1997:3-4)

Para reiterar, são vários os depoimentos de receptores que reforçam os traços da comicidade expressos na proposta de falar "inglês com sotaque 'nordestês'":

Tinha uma cidade, que parece que era no Nordeste, mas eles falavam engraçado, meio inglês, meio português com sotaque do Nordeste. Isto era mesmo muito engraçado. (Tatiane, família 3, ES)

Ah, eu acho que o sotaque né, meio... meio inglês assim, acho que, sei lá, eu achava engraçado certas coisas, certas palavras, meio bizarro. (Beatriz, família 4, ES)

O que pegava mesmo, e que eu dava risada, era que tinha o sotaque: era muito engraçado, era uma coisa bastante diferente. (Paula, família 4, ES)

Uma das cenas recorrentes, apontadas por vários dos entrevistados como característica da *comédia* é a do *raio que cai na cabeça da Altiva*:

Agora: é óbvio que tem o lado cômico que seria o da própria Altiva, nas brigas com o padre, no raio que cai em sua cabeça... (Cristiane, família 3, EG).

O casamento não aconteceu, mas aconteceu uma coisa ao contrário do que aconteceu da primeira vez. Em vez do raio cair na igreja, caiu em cima da Altiva: aí foi fogo para todo lado, crucifixo... ela ficou dando choque. O médico... Como é que era o nome daquela menina? Daquela abestalhada do empório, aquela loirinha (...) a Berbela foi tocar nela e tomou choque; depois o Beraldo também tomou choque. Mas aí quando o médico chegou já tinha passado. (Lurdinha, família 1, HV)

Tem também a cena que a Altiva levou um raio em cima da cabeça, mas meu Deus do céu, parece uma comédia (...) É engraçado o guarda gordo... Se cagava de medo quando era lua cheia, noite de lua cheia. O delegado Motinha saiu, ele saiu de dia e só voltou no dia seguinte, mas esse homem se cagou de medo. Ele corria para a delegacia com medo do Cadeirudo. Ele morria de medo do Cadeirudo, com medo de atacar ele... (Fernanda, família 1, EG)

O padre José é apontado, em vários depoimentos, como uma típica personagem da comicidade:

Tem o padre José; quando a Altiva ameaça, ele fala: "Eu vou mostrar meu bundão". Mas eu dou tanta risada, dou tanta risada... eu, minha mãe e a Sheila, morremos de rir! (Fernanda, família 1, EG)

Primeiro que ele é um padre que é uma piada, ele tem um litro de uísque na sacristia, ele bate o maior papo com a imagem da santa e bebe. Toda vez que ele vai no British Club, ele toma o uisquinho dele e oferece, sei lá, faz uma reverência e bebe. Mas eu diria que ele é autêntico, eu acho que ele faria isso dessa forma assumida até na frente do papa ou do bispo, na frente de quem estiver. (Cristiane, família 3, EG)

Outras cenas, personagens e relações são também reconhecidas como pertencentes ao mesmo gênero:

Ah! Cômico tinha muito, né? Quando o Pitágoras falava, você tinha que dar risada, porque do jeito que ele agia; mesmo a juíza Mirandinha com aquele namorado dela, né? A gente dava risada... (João, família 2, QC)

O jeito deles falarem era muito engraçado. Aquele delegado Motinha todo atrapalhado, era muito legal. Deixa eu ver se eu lembro de alguém mais... Aquele padre meio suspeito [Risos]. O jeito daquele padre era legal. (Juliana, família 2, ES)

A Cleonice era muito engraçada, a relação dela com a Altiva, que ela era submissa à Altiva, eu achava engraçado. O delegado com a Mirandinha, as brigas que eles tinham. (Paula, família 4, ES)

Foi de terça-feira, não... foi no sábado, que a mulher levantou, ela estava morta, dentro do caixão, ela abriu o olho e levantou. Todo mundo riu aqui em casa (...) Tem também o Emanuel: o dedinho, a hora que ele virava o dedo (...) E a Altiva quando fazia: Well!!! (João Paulo, família 2, EG/EV)

É interessante observar como o relato dos receptores revela a mistura e o entrelaçamento de traços constitutivos, ao mesmo tempo, do melodrama e da comicidade: a morte e o riso, a maldade e o riso, a tensão e o riso. O gênero cômico, presente em inúmeros momentos da história da telenovela brasileira – basta citar a tradição (re)inventada por autores como Braulio Pedroso e Silvio de Abreu (Borelli, 1997) –, retoma o diálogo com o melodrama cômico e com as matrizes clássicas da literatura e do teatro populares. O melodrama cômico que, de acordo com Prado, caminha do "riso" em direção à "gargalhada trágica":

> (...) revira pelo avesso o melodrama, tratando como farsa situações e personagens já dezenas de vezes apresentadas a sério (...) o canalha espirituoso (...) que apesar de sua completa ausência de escrúpulos, não deixa de ser simpático ao público, pela desfaçatez e audácia quase lúdicas... (Prado, 1972:89-90)

Ou seja, há um processo de incorporação de traços da comicidade ao padrão tradicional do melodrama; e dele emergem o humor, a sátira, a farsa em narrativas que continuam a falar de amores e ódios, pobres e ricos, justiças e injustiças. Nesse sentido, a comicidade é constitutiva do universo melodramático.

De acordo, portanto, com alguns dos códigos de orientação das relações entre melodrama e comicidade, os mesmos personagens podem viver, concomitantemente, o papel de vilão e vilã – como, por exemplo, Altiva e Pitágoras William Mackenzie – em episódios absolutamente hilários, como as explosões da usina Manguaba e da lancha onde estavam Helena e Artêmio, entre inúmeras outras. Não podemos esquecer que a eficácia e a verossimilhança provocadas por Pitágoras e Altiva – vilões, corruptos, inescrupulosos e farsantes que provocam gargalhadas com um simples piscar de olhos, um trejeito de boca, um tom de voz – devem-se, sem dúvida, à competência e habilidade dos atores Ary Fontoura e Eva Wilma. Assim, a dupla Altiva e Pitágoras tornou-se referência para o movimento que parte *do riso* e pode aportar *na gargalhada trágica*:

> "Desta vez faço uma mãe desnaturada", delicia-se Eva Wilma, acreditando que o público vai, assim mesmo, dar boas gargalhadas. "As pessoas reprimem a agressividade e por isso costumam fazer catarse através de personagens malvados." (Sinopse *A Indomada*, 1997:16)

Nos trechos dos depoimentos dos receptores, pode-se encontrar a confirmação do prognóstico de Eva Wilma sobre as ambíguas fronteiras que separam a vilã melodramática das encenações de caráter cômico:

Tem hora que eu penso assim: "Pô, a Altiva não tem dó de ninguém, não basta ela ficar na rua por uns nove dias". Ficou nove dias e quase nos últimos dias, no oitavo dia, foi lá na casa da Helena e do Teobaldo, comeu todinho o almoço do pessoal – mas eu dei tanta risada! Não, mas ela merecia ficar na rua. O cachorro foi lá e comeu o café da manhã dela, queria dormir com ela. (Fernanda, família 1, EG)

E a mesma cena é contada em outra versão:

A Altiva encontrou com a Berbela, ela estava falando que estava numa vida boa, que não sei o que, que sempre estava muito gostoso e a noite ela acabou dormindo no banco da praça. Aí no dia seguinte, aí tinha um cachorro faminto, e ela guardou uma empadinha e um pedaço de carne, coxa de frango, aí tudo bem, ela foi dormir, aí o cachorro comeu tudinho, aí depois o cachorro foi dormir junto com a Altiva. Nossa, mas a Altiva deu um pulo do banco; nossa, eu dei tanta risada, tanta risada. (Lurdinha, família 1, HV)

E a fusão entre traços do melodrama e da comédia confirma-se em vários trechos da sinopse da telenovela: *"No limite entre o drama e a farsa, o que eles (os autores) querem é fazer o público rir e se emocionar com* A Indomada. *Fala-se, explicitamente, nesse equilibrismo entre comédia e drama"* (Sinopse *A Indomada*, 1997:5).

A atriz Adriana Esteves, que faz o papel de Helena, prevista para ser a grande heroína da trama, confirma a fusão entre densidade melodramática e leveza do humor na trajetória de sua personagem:

Ela sofreu muito, perdeu os pais cedo e teve que tomar decisões importantes, mas eu a vejo encarnando tudo isso com uma dose de humor. O jovem dos anos 90 é muito independente, politizado, sabe reverter muito bem o sofrimento. Eu imagino nela uma grande mulher, com uma boa alma. (Sinopse *A Indomada*, 1997:7)

E o ator José Mayer segue reafirmando a mesma tendência, ao falar do principal herói deste enredo:

(...) o Teobaldo é um personagem delicioso, um homem deslumbrante, de ações heróicas; num certo sentido, muito melhor do que eu mesmo.

[Entretanto, completa ele]: mesmo os heróis podem ter uma dose de comédia ou, pelo menos, de leveza. (Sinopse *A Indomada*, 1997:7)

Tudo bem que o objetivo inicial fosse esse! Entretanto, se há uma coisa difícil de ser confirmada é se Teobaldo e Helena conseguiram responder ao desafio contido na sinopse e nas declarações de Adriana Esteves e José Mayer quanto à *dose de humor, comédia e leveza* destas personagens: elas permaneceram *pesadas* e *carrancudas* em quase todo o percurso.

Quando interpelados a qualificar quais as cenas que mais se identificavam com o riso, com o cômico, os receptores destacaram: 1) Cleonice e Pitágoras (comentando a expulsão de Altiva); 2) a revelação do Cadeirudo; 3) o comício de Ypiranga; 4) Ypiranga assistindo ao vídeo de sua campanha. Nenhuma destas seqüências parece ser a mais adequada para revelar os padrões da comicidade. Há outras, no decorrer da trama, citadas e comentadas por vários receptores, e já anteriormente analisadas, que seriam bem mais oportunas para a explicitação deste modelo. O que vale a pena ressaltar é que a escolha destes quatro episódios vem confirmar a tendência, cada vez mais evidente, de que os gêneros não se realizam como mediação no diálogo com suas matrizes originárias ou *puras*, mas sim incorporando os modelos híbridos, apropriados e reeditados seletivamente no presente pela narrativa dos receptores[18].

A partir dessas considerações, pode-se concluir – tanto pelo relato dos receptores e escolha das *cenas preferidas*, quanto pela *leitura* da telenovela – que o conjunto das personagens que sustentam a teia da comicidade em *A Indomada* pode ser assim definido: Altiva, Pitágoras, Cleonice, Scarlet, Ypiranga, Egydio, delegado Motinha, padre José, as beatas e os dois guardas da delegacia – aliás, presentes na trama como citação da matriz hollywoodiana de *O Gordo e o Magro*.

Ainda que Altiva – personagem da casa dos Mendonça e Albuquerque – seja a responsável por boa parte das manifestações cômicas, é na casa dos Mackenzie – fundamentalmente com Pitágoras e Ypiranga, mas também com Cleonice –, no British Club e na igreja – e também na delegacia, espaço de exposição pouco privilegiado no contexto geral do enredo – que se localizam as personagens e os cenários que mais caracterizam este gênero ficcional (Figuras 2, 8 e 9 nos "Diagramas dos territórios de ficcionalidade").

Erotismo

Scarlet (Luiza Thomé) é a personagem erótica por excelência. Suas características estão assim apresentadas na sinopse da telenovela:

> Bonita, gostosa, cheirosa e temperamental (...) mas tem um problema realmente sério na vida: na lua cheia, fica completamente alterada, com vontade de sair nua, uivando pelas ruas (...) O que a fogosa Scarlet não pode é ficar sem sexo... (Sinopse *A Indomada*, 1997:19)

A descrição acima é corroborada pelo relato de uma das meninas entrevistadas:

> A Scarlet é casada com o Ypiranga Pitiguari, que é prefeito da cidade. Ela é engraçada, se veste toda chique o tempo todo, põe casaco de peles mesmo no calor e gosta muito de sexo. Ah! Eu não sei por quê, mas ela uiva na lua cheia. (Tatiane, família 3, ES)

Na perspectiva de Calvino, sexo e erotismo caminham juntos: *"(...) um autor explicitamente erótico pode ser reconhecido como alguém que procura, por meio dos símbolos sexuais, falar qualquer outra coisa..."* (Calvino, 1993:51).

E Bataille completa: *"A simples atividade sexual é diferente do erotismo: a primeira refere-se à vida animal e somente a vida humana revela uma atividade que define, talvez, um aspecto 'diabólico', que se convencionou denominar erotismo"* (Bataille, 1968:13).

O erotismo, na telenovela *A Indomada*, é assumido como referência pelos próprios responsáveis por sua produção:

> O erotismo que envolve o cotidiano de Scarlet e Ypiranga possibilitou a criação de figurinos bastante exóticos para ela. Para não "nhanhar" igual todo dia – essa é a gíria erótica deles –, Scarlet se veste de colegial, de coelhinha, de· mulher fatal. (Sinopse *A Indomada*, 1997:9)

281

"Femme fatale", *"vamp"* (Morin, 1984), *"metade perigosa"* (Balandier, 1977:19): estas denominações respondem por diferentes padrões de configuração do mito da feminilidade e da exaltação dos valores femininos, algumas delas fundamentais no delineamento dos contornos do erotismo enquanto território de ficcionalidade e no contexto do imaginário e da mitologia modernos (Morin, 1984:139-146).

É a partir de Scarlet que os relatos dos receptores sobre sexualidade, prazer e *cenas eróticas* se sucedem; e é através dela que muitas ambigüidades e oscilações se fazem presentes:

> Se eu fosse contar a história deles eu diria que é um casal hiperapaixonado, com direito a tudo, até dele não ir trabalhar para aproveitar um momento de tesão, de atração. Tudo é viável na vida deles. Eu diria que este é o casal tarado da novela, ela mais do que ele, porque ela que é a grande louca da relação, sexualmente falando, ele também, mas nota-se que é sempre ela que está instigando... (Cristiane, família 3, EG)

Entretanto, talvez seja possível afirmar que a fala predominante dos receptores é a que manifesta, às vezes de forma explícita, mas no geral confusa e veladamente, o jogo de atração e repulsa ao erotismo, não importa a denominação que a ele se dê:

> Vixe! Como mudou. A novela de televisão agora é toda pornográfica. Todas as cenas são pornográficas. Antigamente, você assistia a novela pela emoção. Você sabe o que é a podridão que tem hoje e o que não é. Então, não precisa fazer com as novelas. As novelas estão apelando. Eu assisto porque eu sou teimosa. Eu quero ver aonde é que vai dar a história da novela. Mas, antigamente... como as novelas eram boas. Tinha uma novela que era com o Fábio Júnior e com a Glória Pires, que eles moravam numa fazenda, que era tão gostosa de assistir. E, tem mais novelas que já passaram e são muito boas. Mas agora, sei lá, estão querendo mostrar a nudez toda na novela. Para fazer novela não é preciso mostrar a nudez, porque todo mundo sabe do corpo que tem. (Lurdinha, família 1, HC)

> Olha, a sexualidade foi bem trabalhada, porque não teve muito sexo; o que eu não achei bom, o que eu fiquei com vergonha, foi do fogo da Scarlet no começo. Eu fiquei com vergonha das meninas (...)

A Sheila estava fazendo quase igual a Scarlet; é, eu peguei e ela apanhou (...). (Lurdinha, família 1, OE)

O erotismo aparece associado aos tabus que envolvem a sexualidade e aos interditos que organizam as regras sociais. O campo do erotismo e da sexualidade configura-se como um território instável, de sombras, cantos, lugares escondidos, palavras reprimidas:

(...) a sexualidade é uma linguagem na qual o que não se diz revela-se mais importante do que aquilo que é dito (...) [uma linguagem] que opta por uma misteriosa obscuridade, nos momentos precisos em que a tensão é extrema: como se o limite não pudesse ser outro que o indizível. (Calvino, 1993:51)

Nesse sentido, as falas dos receptores são quase sempre obscuras, inconclusas, sugeridas, denotando a atração, mas também a recusa de revelar, deixar transparecer:

Achei chato nas cenas da Scarlet com o Ypiranga. Da juíza Mirandinha com o Egídio. Da Zenilda com o Pedro Afonso. Tinha muito sexo. Eu não gostava muito. Eu não gosto (...) Eu não ficava... Eu vinha beber água, eu ia no banheiro, eu procurava alguma coisa para fazer (...) Deveria só mostrar uma parte e pular para outra cena porque a gente sabe que eles vão fazer sexo, mas não precisa mostrar a cena assim. Deveria suspender. (Fernanda, família 1, ES)

E uma garota, de outra família, completa:

Em alguns casais era um pouco exagerado. Por exemplo, o da Scarlet. Aqueles gritos, aqueles urros, eram exageros. Não podia ver uma lua que... Era exagero. Agora, tinham casais que eles nem mostravam esse lado (Juliana, família 2, ES).

Entretanto, uma versão já esperada prevalece e se concretiza em vários depoimentos: a sexualidade só se legitima se associada ao amor, à ternura, às tramas da afetividade e se realizada no interior de relações minimamente estabelecidas e institucionalizadas, em especial nos namoros e casamentos.

O Teobaldo... o Teobaldo era uma coisa mais amor, não era tanto... era de significado diferente, né. Fazer amor e casar. Eu acho que ele e a Helena faziam (...) Acho que transar é mais corpo e fazer amor tem carinho. O Emanuel com a Grampola... Também era fazer amor. Agora, eu acho que a Scarlet e o Ypiranga não era fazer amor. Podia até ter amor mas... não sei (...) Só pensam em "nhanhar", aqueles dois, é a relação movida a "nhanhar". Só pensam nisso (...) Já era quase um vício, pode-se dizer assim (...) Tem gente que vê o sexo como vício e também quanto a relação do casamento, né, e... é mais difícil ter algo importante para alguém, algo além do sexo, sei lá (...) Eu achava que, continuo achando, que para eles era só transar porque quando ela sentia mais falta dele era época de lua cheia, que era época que ela ficava no cio. Vamos dizer assim, no cio, porque aquela mulher ali... o marido dela... sentia mais falta dele nessa época. E sexo para mim seria mais sentimental. Eu acho que fazer amor mexe muito com os sentimentos. Acho que essa é a diferença. (Joana, família 2, QC/EG/ES)

(...) o que a família da Scarlet mostrava era um amor, assim, mais carnal, né; o dela... não mostrava tanto o sentimento bondoso. Mas acho que teve cena de sexo que teve até amor, aquela coisa de sentimento, estar com a pessoa que você gosta mesmo, não só por prazer, mas porque você gosta da pessoa. Acho que teve a da dona da casa de campo com aquele cara lá... o marido da Altiva, o Pedro Afonso; eu achava que eles se gostavam. Teve, quer dizer, não teve, o filho da juíza com a filha da Scarlet: mesmo não tendo relação íntima, a relação sexual, estava bom assim para os dois, não precisavam tanto. Também teve a relação da Adriana Esteves com o forasteiro... o Teobaldo (...) É, era mais assim, não precisava estar na cama, entendeu? (Beatriz, família 4, ES)

Tem o casalzinho que eu gosto que é a Carolaine e o Felipe, eles são jovens... agora a mãe dela, a Scarlet, podem até querer dizer que é romântico aquilo, mas eu não acho. Acho ela meio vulgar. (Cristina, família 4, EG)

Emanuel com a menina... A menina, a Grampola, era virgem, ele também. Olha que coisa linda. Quer dizer, os dois aprendendo juntos... Também aconteceu, porque eles achavam que deveriam, era a hora de acontecer. No auge do amor. (Xarlote, família 2, QC)

O modelo de feminilidade encarnado por Scarlet explicita a existência de um mundo atribuído, construído, no qual as mulheres são vistas e aparecem aos olhos dos homens, e aos olhos de todos, ordenadas – ou melhor: desordenadas! – por uma *"sexualidade e afetividade insubmissas, desorganizadoras do pacto civilizatório (...) nós somos da transgressão, do lugar do prazer, do 'desregramento dos sentidos', da rebeldia"* (Kehl, 1996:57). Há, conseqüentemente, uma enorme dificuldade, por parte dos receptores, em encarar um protótipo de relação conjugal que, como o de Scarlet e Ypiranga, extrapola os limites daquilo que se considera *normalidade*:

> Relação meio escandalosa porque acho que para fazer amor você não usa toda aquela parafernália, aquele escândalo e joga roupa para rua, para tudo quanto é lado. Que é isso? Não é nada disso! Aquilo ali é fantasia que eles fizeram. A relação tem que ter muito carinho, muita dedicação, entrega, um para o outro, naquele maior carinho. Em qualquer lugar ela estava querendo fazer sexo, em todo lugar ela estava com desejo; ele também. Não é bem assim. Eu acho que tem os lugares certos. (...) Era muito provocante, não deixava o homem em paz. Toda hora estava em ponto de bala. Sei lá, ela provocava muito! (Xarlote, família 2, QC)

> Tem relacionamento até pior do que a Scarlet com o Pitágoras; com o Pitágoras não, com o Ypiranga (...) Porque tem gente até mais louco do que eles no amor, para fazer amor, essas coisas. Aquela lua cheia lá, é fantasia, não é? Lua dupla, aquilo ali é fantasia!!! (Lurdinha, família 1, ES)

É interessante observar, no contraponto, como essa mesma personagem, criticada e rejeitada na situação anterior, passa a ser avaliada, positivamente, quando assume papéis habilitados como *femininos: colaboradora do marido, carinhosa com a filha, solidária, a serviço de seus semelhantes.* Essas parecem ser as funções que possibilitam aos entrevistados expressar, de forma mais aberta, sua atração e encantamento por esta *outra* Scarlet: como se ela fosse mesmo uma *outra*, capaz de se distanciar do mundo da natureza para assumir, exclusivamente, os limites e as normas previstos pela cultura. Com isto, os receptores tendem a deslocar, mesmo que de forma aparente, seu foco de atenção da figura erótica e difícil de ser assumida – principalmente pelas mulheres – e encontram outras alternativas para exprimir seus mecanismos de projeção e identificação. Scarlet sai da esfera doméstica e intervém na vida pública: *A Scarlet era muito atirada. Ela só pensava em sexo, mas pensava também na vida dos eleitores, do marido... Foi bom o papel dela* (Lurdinha, família 1, ES). Scarlet, mãe amorosa e liberal:

Foi engraçado. É, ela é muito espontânea, ela é muito aberta. Agora uma coisa que eu gostei na Scarlet também, foi... É o modo dela educar a filha dela, explicar a vida, sabe? Do sexo, do amor, do rapaz com ela. Na hora dela querer sair com o rapaz, sabe? Eu achei muito bonito o jeito que ela explicou. Isso aí serviu de lição para mim, também. Foi uma lição para muitas mães que não têm experiência. Eu gostei muito, ela é uma mulher liberal. (Lurdinha, família 1, OE)

Scarlet, de novo, mãe amorosa e mulher que se preocupa com seus semelhantes:

(...) ela, aquela mãe que conversa com a filha, maior carinho, dá aquele apoio para a mãe, é solidária com a irmã, malucona no modo de vestir, de agir com o marido, aquilo de oh, de jogar a roupa, de "nhanhar", se não "nhanhar", oh. É uma maluquice interessante, é cômica (...) eu acho que o trabalho da Scarlet tem um pouco a ver comigo. Ela estava sempre vendo o povo que passa fome, que estava doente... Isso é um pouco da minha vida. Sem orgulho, sem querer ser melhor que o outro. Eu acho que a Scarlet fez um serviço, na novela, muito bom. Comecei a me realizar ao ver ela fazendo aquilo na novela e eu faço isso sempre na vida real: estar a serviço do seu semelhante, sempre. (Xarlote, família 2, EG/QC)

Mesmo no depoimento que se segue, de um homem que declara sua atração – por meio de uma mistura usual entre os dotes da atriz e as potencialidades da personagem –, aciona-se o discurso sobre a mulher de *bom coração* que, apesar de excessivamente *sexy, ajuda os pobres*. O desejo reduz-se, redimido, diante da ação coletiva:

Ela é o *"must"*. Eu vejo a novela por causa dela, ela é um tesouro. Eu acho ela muito *sexy*, tanto a atriz quanto a personagem. Ela, na novela, representa ser uma perua, botar aqueles casacos de pele naquele tremendo calor. Ela é uma pessoa que faz questão dessa boçalidade de aparecer, mas no íntimo ela tem um coração muito bonito e muito grande. E isto pode ser notado tanto em relação à irmã quanto em relação aos pobres. Ela tem um lado egocêntrico, ela gosta de aparecer. Narcisista. (Dantas, família 3, EG)

Não é só no confronto entre as duas Scarlets, mulher desregrada e mulher *a serviço de seus semelhantes,* que o diálogo ou a ambigüidade transpareçem. Ela contracena, também, com outros modelos preconcebidos de mulher como, por exemplo, Dorothy: *"(...) o oposto da irmã. Introvertida, romântica e meiga"* (Sinopse *A Indomada,* 1997:20). Como vemos no depoimento:

A Dorothy, ela sabe a hora, as horas de tudo; ela só pensa no que tem que fazer, no que não tem que fazer. É segura também do que faz e do que não faz. Não é tão assanhada quanto a Scarlet (Fernanda, família 1, EG).

A separação entre este e aquele tipo de mulher – as duas Scarlets ou Scarlet e Dorothy – constrói, de forma dicotômica e excludente, pólos opostos e antagônicos que, na verdade, convergem e se articulam, conflituosamente, na composição de diferentes padrões de feminilidade, contidos *no corpo e na alma* de uma mesma mulher. Aliás, embates inerentes a todas as mulheres e a todos os homens. Conflitos inseparavelmente vinculados à condição humana, desde a irrupção da humanidade:

(...) a esfera "diabólica" [para Bataille, o erotismo] já existe, de uma forma embrionária desde o instante em que os homens – ou mesmo os ancestrais de sua espécie – reconheceram que morriam e viveram à espera, na angústia da morte. (Bataille, 1968:14)

Os depoimentos coletados reforçam o conflituoso jogo de recusa e fascínio exercido pela figura de Scarlet. Quando solicitada a responder sobre qual *comportamento valia a pena seguir,* uma menina declara:

O da Scarlet. É um comportamento muito bom. Ela é educada, só que também é muito assanhada. Esse assanhamento não. Já a filha dela, a Carolaine, é hipereducada (Fernanda, família 1, ES).

Scarlet parece compensar ou mesmo efetuar uma possível síntese entre erotismo e amor/afetividade/*coração*. Na figura da *good-bad girl* ou da *vamp de alma cândida*, Scarlet encarna um tipo feminino especial, complexo. Suas matrizes originais – a virgem e a *vamp* – foram substituídas, na cultura de massa, por um modelo de características híbridas: " *(...) ela herda a intensa erotização da* vamp *e a pureza da virgem (...) é a representação sublimada da mulher moderna: pintada e enfeitada como boneca de amor, mas buscando o grande amor, a ternura e a felicidade"* (Morin, 1984:145).

A maior parte dos depoimentos até aqui selecionados foi de mulheres. Nas entrevistas voltadas especificamente para os gêneros ficcionais (EG) – e mesmo em alguns outros instrumentos da coleta de dados –, as mulheres falaram mais de Scarlet do que os homens. Eles pareceram mais contidos, talvez constrangidos e com menos desenvoltura para *projetar*.

Nesse sentido, torna-se interessante observar o que um dos meninos entrevistados disse sobre ela. Quando questionado se sabia *o que era erótico*, respondeu: *Daí também, né... a Scarlet e o Ypiranga!* (João Paulo, família 2, EG). Numa outra situação – e em contato com outro tipo de instrumento de coleta de dados –, quando indagado se lembrava da dupla Scarlet e Ypiranga confirmou: *Lembro, eles queriam "nhanhar"* (João Paulo, família 2, QC). E ao ser solicitado a descrever a personagem feminina, ele completa:

O papel que ela está fazendo não é muito legal não. O papel dela, ela não faz muito bem não, o que ela está fazendo. É... esse papel não está igual como ela fazia nas outras novelas. Ela era uma de respeito... Ela é de respeito, mas... o papel que ela está fazendo é muito feio para ela. Qualquer coisinha, está com jogo, quando é lua, lua cheia. (João Paulo, família 2, EG)

Permanecendo nos depoimentos masculinos, mas deslocando a discussão sobre sexualidade da figura de Scarlet, torna-se oportuno analisar a resposta de um homem adulto, um dos poucos que se dispôs a falar, com menos restrições, de erotismo e sexualidade. Quando solicitado a refletir sobre as eventuais semelhanças ou diferenças entre sexo e sexualidade na vida cotidiana, e sexo e sexualidade na trama da telenovela, ele pondera:

> Tem semelhança. No sentido de eu ser liberal. Quando um cara estava na Casa de Campo ele não estava muito preocupado se ele estava agarrando na frente dos outros e tudo o mais. Não é isso? Neste sentido também, eu sou bastante liberal (Dantas, família 3, QC).

A dita *liberalidade*, possível, em se tratando do espaço da Casa de Campo – onde viviam as "meninas" de Zenilda (Renata Sorrah) –, torna-se, imediatamente, outra coisa quando as semelhanças migram para o contexto da própria família e para a intimidade do lar. Aí, sexo e sexualidade, como já era de se esperar, convertem-se em tabu, e *ser liberal* ou *ser conservador* transformam-se numa questão de gênero:

> Nas nossas casas esse negócio todo né... Não tem muito não, porque eu sou liberal e minha mulher é um pouco conservadora, então não tem nada a ver. (Dantas, família 3, QC)

> Não, não. Nada do que eu vi lá associou com a minha vida, sexualmente falando, né; mesmo os casais mais sérios, vamos dizer assim, da cidade (...) Dos mais devassos aos mais sérios, eu não associei nenhuma vez. (Cristiane, família 3, QC)

> É aquilo que eu disse, não tem nada a ver com a minha vida. É uma mulher que só pensa em cama, é assim, fogosa... Que nem no negócio da lua cheia que ela saiu na rua de camisola. (Cristina, família 4, EG)

Mesmo no depoimento de uma menina – e Scarlet retoma seu lugar no debate! –, reforça-se a tendência de uma fala construída para a esfera pública e para o mundo da ficção e outra para o domínio privado, do real/realidade:

> Acho que não tem nada a ver. O que a gente conversa sobre sexo em casa é sobre o que acontece lá fora, para nos prevenirmos, para prestarmos mais atenção nas entrevistas sobre aids, sobre gravidez, sobre doenças sexualmente transmissíveis, esse tipo de coisa. De prática nada. Tem coisas que eu acho que só acontecem em novela, como a outra lá, a Scarlet, que fica uivando em noite de lua cheia. Pode até ter alguém que faça isso, mas na minha casa ninguém faz isso (...)

Porque essa novela foi fora do normal. A minha mãe não uiva igual ela (...) E por exemplo, quando ela começava a ter os ataques dela na noite de lua cheia, essas coisas, quando eles conversavam lá sobre o que estava acontecendo com ela, sobre quando ia acontecer, a gente não fala sobre essas coisas. (Tatiane, família 3, QC)

Os obstáculos para a manifestação do erotismo parecem evidentes quando se analisa a fala dos receptores: as dificuldades de expressão, o relato incomodado que circunda as margens sem conseguir tocar o essencial ou, simplesmente, a recusa que declara *não gosto, não aprovo, não é assim, isto é ficção*. A narrativa da telenovela reforça e reproduz as fronteiras do indizível. Ela é um produto da cultura popular de massa, é veiculada pela televisão, atinge milhões de espectadores e, nesse sentido, tem que se manter nos limites do respeito às regras do que se considera *a moral e os bons costumes*. Nota-se, a todo momento, a existência de um debate sobre a invasão dessas fronteiras, sobre os excessos que precisariam ser contidos; a polêmica, na maioria das vezes, oscila entre os termos da ética e da censura. A televisão tem que se manter em estado de alerta para que suas narrativas não *escandalizem*, em demasia, esse público cativo e fiel, que por vezes percebe as armadilhas do disfarce, da linguagem sobre o erotismo *"que opta por uma misteriosa obscuridade"* (Calvino, 1993:51):

A Scarlet é muito boa, só que também muito assanhada (...) Ela só gosta de "nhanhar". Teve uma vez, na lua cheia, que o marido dela, o Ypiranga, estava dormindo no escritório; aí ela pulou a janela e saiu sonambulando e o Cadeirudo atacou ela. Aí inventaram que a Scarlet tinha sonambulismo, só para limpar a cara dela. Na verdade ela estava era hipercalorosa, hiperassanhada. (Fernanda, família 1, EG)

Entretanto, o que se pode observar é que a percepção do público também se renova, no contato permanente com um processo mais geral de erotização das referências simbólicas e imaginárias, no convívio cotidiano. Na relação mediada entre meios de comunicação e receptores o erotismo se destaca como um território de ficcionalidade bastante visível: além da televisão, ele está no cinema e na internet e, em grande evidência, nas ruas das cidades, principalmente em *outdoors* e vitrines das bancas de revistas. Ainda que a televisão ocupe, na atualidade, uma função destacada, do ponto de vista espacial e temporal, na vida dos receptores, outros canais de mediação merecem ser considerados, no sentido de melhor situar a relação dos receptores com os espaços da ficcionalidade.

Diante dessas considerações, torna-se possível retomar a avaliação sobre os limites da narrativa erótica na televisão e, mais especificamente, na telenovela. A narrativa da telenovela trafega, oscilando, pelas fronteiras da regra, mas joga, ludicamente, com a conflituosa e fundante articulação entre permitido e proibido, normatização e transgressão, sublimação e desejo, realização e frustração, ordem e caos, desordem. O que está em questão parece ser o conflito originário do que Morin (1979) denominou a formação do *sapiens demens*: um ser dominado pela cultura, mas transgressor, por excelência, das normas socialmente constituídas. Homem genérico, conformado pela regra, mas, simultaneamente, animal humano: instintivo, desejoso, errante.

Assim, a recusa, nem sempre explícita, ao debate sobre sexualidade e erotismo como modelo de comportamento e de ficcionalidade associa-se aos mesmos conflitos concernentes às relações entre natureza e cultura, ordem e desordem, instinto e normatização, regulamentação e desejo. Vários depoimentos caminham nessa direção e reforçam essa percepção. O primeiro deles, o de um homem adulto que pondera as conseqüências possíveis a partir da remontagem da cena em que os jovens – Carolaine e Felipe – são *pegos* pela família dela, num *denso* namoro, no sofá da sala:

Se isso acontecer, porque eu... eu ... não sei, porque às vezes a gente fala assim, né. Deus me livre! A vida da gente, a gente não pode... assegurar nada. De repente, acontecem essas coisas, não é verdade? De repente, as coisas vão muito bem, as pessoas têm a cabeça no lugar, tudo bem, né? Mas não é assim não, o homem é bicho, é bicho sim, quando ele precisa certas coisas, ele vai, vai... se a mulher não for segura, ela embarca, né? Eu não, porque não quero para minha família, nem para família de ninguém, né? Eu não desejo esse tipo de coisa, né? (...) Algumas vezes, a pessoa se joga... para mim, vai ser o maior desgosto da minha vida, eu acho que vai ser se um dia... Deus meu, queira que não aconteça, se elas fizerem isso para mim. Sabia? (...) De ter relações sem ser dentro do casamento. Para mim, vai ser uma decepção total. Vai ser o mesmo que a mulher me dar um tapa na cara. Eu tenho esse caminho, porque ela sabe como é que eu sou. Essa desfeita, porque vai ser uma desfeita para mim. Já pensou você criar os filhos como a gente cria... porque aí que eu falo, alguém mais novo do que eu pode ouvir essa... o que eu estou falando para você agora, "pô, esse cara é careta". Pode me chamar de careta, mas eu quero ser careta desse ponto de vista. (João, família 2, QC/HV)

No contraponto, irrompe a discordância, conflitando a geração dos jovens e dos mais velhos:

O conceito de sexo já mudou, há muito tempo, na cabeça das pessoas. Ultimamente, é muito difícil a pessoa falar que quer casar virgem. A novela mostrou isso, na relação da Carolaine. Eu acho que foi a única. Era a diferença da novela, em relação ao sexo, o resto ninguém ligava para isso. (Juliana, família 2, ES)

Na minha religião não importa se a pessoa vai casar virgem ou não, se vai casar dentro da lei ou não, contanto que a pessoa que casa tenha amor e seja feliz está bom. As pessoas tentam compreender umas às outras e ajudar, acho que são esses os valores de minha religião. (Tatiane, família 3, HC)

(...) agora eu estou namorando (...) a gente se dá superbem, uma coisa muito diferente... sabe quando você vê uma possibilidade de acontecer... nós temos uma relação muito gostosa, ficamos muito tempo sozinhos, conversamos bastante; ele me entende, eu entendo ele, sabe, e eu conto isso para minha mãe, porque minha mãe é minha amiga, né? Então eu falo isso com ela, mas ela não entende, porque no tempo dela não era assim, e ela fica meio de crise (...) agora, no momento, como eu estou muito com ele, muito com o meu namorado, você sabe, sabe quando você... ó meu!!!, lógico, tenho vontade, somos humanos, humanos né!!! [risos] (...) A gente não pode fechar os olhos e eu falo com minha mãe: mãe, o dia que você fechar os olhos, não finge que não acontece nada, porque isso você não vai conseguir (...) Eu já falei para ela, eu disse assim, eu penso assim e sinto muito, entendeu, eu tento fazer o máximo assim para entender ela assim, mas ela não me entende. Fica difícil! (Paula, família 4, QC)

Ah! Meu pai só pensa na nossa felicidade e minha mãe não, minha mãe já.... não... também... também quer nossa felicidade, mas de um jeito mais... tradicional, bem católico mesmo, bem medieval; ela fala em casamento, virgindade, coisas assim que... hoje o pessoal acha muito careta, né, embora eu também pense como ela em alguns lances, em algumas coisas, em algum ponto, né... afinal eu sou mulher, né, mas falam para constituir família, querem muito o matrimônio (...) Eu até falei para ela, eu disse, olha, se algum dia, realmente, se eu estiver preparada para uma relação mais íntima com uma pessoa, não vou dizer nem meu namorado, uma pessoa que eu realmente goste, eu vou falar para você, eu quero que você entenda minha posição... não quero que você me julgue... (Beatriz, família 4, HV/QC)

Vale a pena ressaltar que, em vários momentos, destaca-se dos depoimentos anteriores a contradição entre natureza e cultura; e a sexualidade evidencia-se vinculada à animalidade, ao ato instintivo. Salientam-se fragmentos como: *(...) mas não é assim não, o homem é bicho, é bicho sim, quando ele precisa certas coisas, ele vai, vai... se a mulher não for segura, ela embarca, né?* (João, família 2, QC/HV). [Ou ainda]: *No momento em que eu estou muito com o meu namorado, você sabe, sabe quando você... ó meu!!!, lógico, tenho vontade, somos humanos, humanos, né!!!* (Paula, família 4, QC).
Outros depoimentos reiteram o mesmo princípio contraditório...

Sei lá, era confuso, os dois pareciam que estavam no cio, muito estranho. Exagerado, a mulher saía para rua e ficava se esfregando no poste, uma loucura. (Joana, família 2, ES)

Normal. É um casal normal. Só que ela é muito esquisita, ela uiva para a lua. Quem uiva é loba ou cachorra. Eles são os mais esquisitos. Ele é prefeito e meio maluco e ela é uma perua que uiva para lua. (Maurício, família 3, EG)

Não, eu não sou objeto, nem símbolo sexual do homem. Eu acho que a gente tem que ser respeitada. "Olha, você fez assim, eu não gostei." Eu acho que a mulher tem esse direito. "Eu não quero assim, eu não me sinto bem assim." Por que você tem que transar, do modo que o seu marido quer ou do tipo que ele quer? E você nunca pode dizer para ele que não está se sentindo bem. Não, você tem o direito. Você

293

não é animal, não. Eu estou há 21 anos casada, muito bem casada (...) Eu não vejo desse jeito. Eu acho que tem que respeitar a filha dos outros. Os meus irmãos que não respeitaram as filhas dos outros, eles casaram.(...) Não é cachorro, tem que respeitar! (Xarlote, família 2, QC)

... reforçando a íntima relação entre sexualidade e animalidade, natureza e cultura, hominização e humanidade (Morin, 1979).

É interessante retomar que, das inúmeras cenas veiculadas durante os vários meses que *A Indomada* esteve no ar, uma – e apenas uma! – foi citada e escolhida duas vezes, por duas das famílias pesquisadas: o episódio de Scarlet em visita a Ypiranga. Ele está na cadeia e os dois encontram-se separados pelas grades de uma cela e tentam se tocar, se abraçar, se beijar, manter os corpos colados: mas as grades impedem esta fusão. De repente, diante de certo clímax erótico há um corte[19] e Scarlet ultrapassa, etereamente, a barreira das grades e consegue alcançar *seu grande amor*; um amor capaz de inverter as regras do erotismo, propor o deslocamento na textualidade do gênero, assumir o território de ficcionalidade como modelo dinâmico e sugerir que, no lugar do erótico, se instaure uma atmosfera de magia e romantismo, com toques de realismo fantástico, muito bem assimilada pelos receptores:

O amor deles é um amor, é um amor tão grande que eu acho que eles estavam pensando em amor por telepatia, um no pensamento do outro, que a fé deles é tão grande que remove montanhas. A fé foi maior pelo que eles sentem um pelo outro, que a Scarlet conseguiu atravessar as grades sem a porta ser aberta. Isso é uma cena bonita, eu acho que existe amor assim (...). (Xarlote, família 2, QC)

O fecho desta análise respeita a seguinte premissa: a presença do erotismo é forte e significativa como elemento de mediação entre a narrativa da telenovela e a narrativa dos receptores.

As matrizes deste território de ficcionalidade aparecem referenciadas, com freqüência, nos infindáveis relatos coletados pelos diferentes instrumentos da pesquisa de campo. Entretanto, e retomando o exemplo anterior, nota-se que a cena de Scarlet e Ypiranga na prisão é visivelmente erótica: o desejo que move as duas personagens, uma em direção a outra, é tão forte que permite que as grades da cela em que Ypiranga se encontra encerrado sejam ultrapassadas por Scarlet, sugerindo que as barreiras nem sempre são mantidas quando se trata da força instintiva: a natureza, aqui, supera os limites da regra, da cultura, da realidade e transfere o receptor para o universo mágico da narrativa fantástica. Escolhida como *cena preferida*, ela, contudo, justifica-se no relato dos entrevistados como *lição de amor*. A característica básica do erotismo parece ser mesmo esta: viver errante, na clandestinidade, escondida por trás das matrizes do melodrama, da comicidade, da narrativa fantástica, perpetuando o jogo de uma linguagem que se consolida no indizível.

Narrativa fantástica

A narrativa fantástica (Todorov, 1975) pressupõe a aceitação de uma outra lógica, que não tem como parâmetro a experiência acumulada no cotidiano. Em gêneros como a aventura, por exemplo, as surpresas são conhecidas e até mesmo esperadas; todos sabem o destino trágico ou feliz de cada herói. No contexto fantástico, o prazer reside exatamente no desenvolvimento de um padrão em que regras, pontos de partida ou soluções reservam surpresas: surpresas nem sempre inteligíveis. Na aventura, o leitor conhece o resultado e acredita nele; isto porque a narrativa está pautada fundamentalmente no critério de verossimilhança; as coisas narradas estão muito próximas das coisas vividas, ainda que em outros tempos ou em outros lugares. No fantástico, o receptor hesita, quase acredita; oscila entre a crença absoluta e a dúvida intermitente. Uma questão permanece durante o desenrolar da trama: aquilo realmente aconteceu? Em boa parte das vezes, a racionalidade impera e há, na fala do receptor, uma resposta que desqualifica, por meio da lógica racional, a *irracionalidade* contida na narrativa fantástica.

Na proposta inicial da telenovela *A Indomada*, as manifestações do fantástico estariam relacionadas ao *mistério do Cadeirudo*, *"um ser estranho que ataca as mulheres que saem pelas ruas durante a noite"* (Sinopse *A Indomada*, 1997:4). Entretanto, como se pôde observar, o fantástico ampliou fronteiras, definiu o tom, condicionou a atmosfera e acabou assumindo um espaço significativo na totalidade da narrativa e no jogo de entrelaçamentos entre os territórios de ficcionalidade: *"Fazer o público acreditar nas loucuras deste universo que mistura magia com fatos reais é principalmente a atribuição de quem transforma texto em ação"* (Sinopse *A Indomada*, 1997:5).

A propósito disto, e da importância de um trabalho afinado com os diretores – no caso de *A Indomada*, os diretores foram o falecido Paulo Ubiratan e Marcos Paulo –, afirmam os autores:

> (...) um diretor que não está acostumado com nosso trabalho estranha muito essa tendência de enlouquecer a história; se for muito realista, ele não entende; os diretores precisam embarcar neste clima mágico porque depende da maneira como as cenas são feitas para que o público acredite nelas.
>
> E Paulo Ubiratan completa: claro que tudo tem que ser feito com um critério criativo, mas o interessante do realismo fantástico[20] é sua temporalidade, que não tem compromisso com um local real; tudo pode! Entretanto, a gente brinca fazendo sério, senão vira chanchada. O segredo é humanizar e dar seriedade às circunstâncias deste universo absurdo. Tem hora de fazer rir e a hora de fazer o público se emocionar de verdade. (Sinopse *A Indomada*, 1997:5)

Assim, um dos traços marcantes da narrativa fantástica diz respeito ao entrelaçamento permanente dos limites estabelecidos entre real/realidade e ficcional. Em seu depoimento, o ator José Mayer confirma esta tendência:

> Apesar de [*A Indomada*] nunca ser omissa em relação à situação brasileira, o que considero um grande enriquecimento do gênero, a novela deles [Aguinaldo Silva e Ricardo Linhares] não tem esse confinamento realista, a preocupação com a verossimilhança que aprisiona os personagens. (Sinopse *A Indomada*, 1997:7)

E como já se pode prever, pelas próprias condições intrínsecas ao gênero, os receptores cobram certa lógica, sustentada pelo critério de verossimilhança e pelo *confinamento realista, que aprisiona os personagens*. O mergulho nos territórios fantásticos causa estranheza. É como se houvesse a suspeita de que pudessem estar sendo enganados, iludidos: como se pairasse, na cabeça dos receptores, a dúvida sobre sua inteligência, capacidade de entendimento e compreensão, sobre *o que a realidade realmente é*, ou algo assim. A avaliação de tramas e cenas fantásticas vem, quase sempre, impregnada de um contraponto com a realidade; à narrativa fantástica proposta pelos autores, sucedem-se respostas *reais*, perpassadas por certo tom *naturalista* por parte dos receptores:

Aquela história do Cadeirudo não tinha nada a ver, eu acho. Estava bem distante. Aquele papo do delegado Motinha, de cair no buraco e sair no Japão, eu acho que não tinha nada a ver. (Juliana, família 2, ES)

Começa a ficar longe da real quando o delegado cai no buraco e sai no Japão, quando cai um raio na Altiva e ela não morre, a lua dupla, o Cadeirudo, que é um tarado bem ridículo, porque tarado existe, mas não daquele jeito; os relâmpagos que caíam no meio da praça, o outro que virou anjo no meio da praça, isso não acontece. (Tatiane, família 3, ES/QC)

É... essa história de cair num buraco, está parecendo uma lenda que a professora me contou: se cava um tipo de um poço, mais fundo ainda, aí se joga lá e cai no Japão. É... ela estava contando esses dias (...) Aquilo ali não deu mais nem para acreditar, né, deu até vontade de não assistir mais a novela (...) todo mundo pensando que ele tinha morrido; daqui a pouco ele aparece com uma japonesa. (João Paulo, família 2, EG/EV)

Olha, vou te dar uns exemplos: e aquele da empregada morrer, morrer e depois viver de novo, aquilo não existe, sabe? Na novela, né; mas nós não vamos tão longe. Nem com as flores no túmulo, o Teobaldo recebendo a mensagem da mãe da Helena, eu achei estranho, aquilo para mim é zoar com a cara do telespectador; é muito... eu sei que o povo sabe que aquilo é novela... [risos]. Eu tinha uma tia, que acreditava em tudo que ela via, mas mesmo se colocarem aquilo para gente assim ver, eles vão ver que é uma novela (...) E tinha também o Cadeirudo que só assustava a mulherada, e a mulherada pensava que tinha sido estuprada; é a tal coisa, eu acho que num batia certo, não dava certo (...) Achei muita mentira. Eu sou do tipo de pessoa que quando eu vejo que é muita mentira eu até saio de perto. Acho ficção. Não dá, não dá, não gosto. Ridículo. Não dá para acreditar nestas coisas. Cair num buraco, e de repente voltar do Japão, ah, que louco. Acho bobeira, não sei. Acho também que foi palhaçada aquilo: ela estava procurando umas pedras no fundo do mar. Aí teve alguém que quase se matou no fundo do mar, alguma coisa assim. Só sei que ela tinha desmaiado na areia, e apareceu a mãe dela com as pedras que ela estava procurando. Uma coisa muito babaca. Achei muita fantasia, só isso. (Joana, família 2, ES/QC)

Na praça acontecia só ficção: cair o raio na mulher e ela continuar viva, essas coisas. Não tem nada a ver (...) Acho besta, você acha que alguém cai num buraco, vai parar no Japão e ainda volta casado com uma japonesa? É demais! (Maurício, família 3, QC/EG).

A novela começa a sair da realidade com o negócio do Cadeirudo. Eu achei um absurdo: não é possível! Além disso, ter duas luas. E a Scarlet passar pelas grades... efeitos... Nem precisa fechar o olho e imaginar o mais nítido que seja, impossível. (Paula, família 4, ES)

Nesse sentido, a narrativa fantástica, na manifestação dos receptores, acaba por aparecer, de um lado, como ignorância ou como possibilidade/receio diante da ilusão, do desconhecimento; de outro lado, como a astuta capacidade do reconhecimento da *verdade* que se esconde por trás desta *fantasia*. É esclarecedora a conclusão de uma das meninas entrevistadas. Quando indagada se achava que o autor da novela tinha a intenção de fazer com que as pessoas acreditassem que a história era real, ela responde:

Não. Acho que, pelo contrário, ele faz para acreditar que aquilo não é verdade. Acho que é esta a mensagem que ele quer passar. Até para o pessoal acreditar que é novela. Não é realidade. Mas eu acho que algumas pessoas acreditam que aquilo é verdade. As pessoas que falo são as pessoas mais velhas. As pessoas jovens, eu acho que não. (Joana, família 2, EG)

Ainda assim, algumas cenas fantásticas são lidas pelos receptores revelando a existência de empatias, projeções, identificações...

Agora na usina teve o dia que a Helena machucou a perna, não sei o que aconteceu que ela ficou na usina e, para o Teobaldo encontrá-la, a Eulália [a falecida mãe de Helena] foi colocando um caminho de velas até lá, entendeu? Foi interessante. (Tatiane, família 3, EV)

Na hora que cai um raio na cabeça da Altiva. É porque ela estava... tipo... querendo que o raio caísse em cima da igreja, para não acontecer o casamento, daí ela queria o mal, e o mal caiu em cima dela. Mas nesse dia foi legal pra caramba! A Berbela foi tocar a mão nela e levou choque (...) Mas o que não vou esquecer mesmo é do dia que a morta levantou e a cena do anjo. É, foi legal pra caramba. Ele era o único da novela que não fazia mal a ninguém (...) O cara lá, virou anjo. É... ele se abaixou e daqui a pouco saíram duas asas. Aí... foi bonito. Mas isso daí... pode até acontecer, né? Pode até acontecer. (João Paulo, família 2, EG/EV)

... por vezes associadas aos sonhos, outras vezes presentes na própria vida cotidiana. A reprodução de um depoimento sobre um sonho recorrente parece esclarecedora:

Eu sonhei que ela [Celeste, uma tia já falecida] estava na casa dela, que é no alto da rua, lá em cima. Quer dizer, nós estávamos lá. Aí ela chegava. Todo mundo estava reunido e a gente ficava superfeliz porque ela tinha chegado, mas todo mundo já sabia que ela tinha morrido. Aí eu falava: "Nossa mãe, a tia veio visitar a gente". A minha mãe falava: "É, eu sei disso". Gozado, mãe, mas eu sei que ela está morta, mas parece que ela não está morta. Aí eu pegava e falava. "Não, mãe, ela não está morta, ela está viva". Aí eu ficava sentindo ela assim. Aí minha mãe falava: "Ela está viva agora, mas daqui a pouco ela vai embora". Eu sei que ela abraçava o neto. Vinha, abraçava a gente. Eu sempre sonho isso. Eu sei que ela está morta, mas eu estou vendo que ela está ali. Eu consigo conversar com ela. Ela veio falar que onde ela está, está bem. Nesse sonho estava ela e outra filha dela, que já morreu. Aí eu falava assim: "Ela está morta mesmo". Aí eu pedia para ela: "Tia, fica aqui com a gente, não vá embora não". Ela falava assim: "Aqui vocês estão todos juntos; eu preciso ir para lá cuidar dela, da minha filha", que é a Ana Paula, que já morreu faz um bom tempo. (Juliana, família 2, HV)

E quando indagada se considerava isso um sonho, certa fantasia ou uma forma possível de comunicação entre ela e a tia, a resposta foi: *Eu acho que sim. Acho que é verdade. Eu acredito. Muito* (Juliana, família 2, HV).

As crianças parecem recusar menos a narrativa fantástica e mergulham, com maior tranqüilidade, no reino da fantasia. O relato que se segue diz respeito ao episódio do delegado Motinha *que caiu no buraco e foi parar no Japão*:

Tudo isso aconteceu por causa da Scarlet. O Ypiranga foi preso e a Scarlet falou assim para o delegado: "Me dê a chave da prisão, para eu soltar meu marido", e empurrou ele para poder pegar a chave. Eu acho que... Foi uma cena muito rápida. Eu acho que ela foi pegar a chave e em vez de pegar a chave, empurrou o delegado. Ele caiu e foi parar no Japão (...) quem disse que isto podia acontecer foi o Richard: "Se tivesse um buraco muito fundo, e não tivesse fim, ia parar no outro lado do mundo" (...) Aí, depois de sete dias o padre ia celebrar a missa de sete dias do delegado Motinha. E o delegado Motinha aparece vivo, casado com uma japonesa. Aí ele falou assim: "Que missa é essa?", aí todo mundo levantou assim: olhou para trás... Aí a Scarlet levantou e falou assim: "Pô, essa japonesa acabou com o meu estilo porque ela estava com uma roupa hiperchique". Aí todo mundo: "Oh!". Aí ele contou como foi. (Fernanda, família 1, EG)

Com a mesma *naturalidade*, outro episódio é relatado e diz respeito à cena em que Eulália, tal e qual uma deusa do mar, caminha sobre as águas e entrega as pedras preciosas na mão da filha:

(...) eu acho que o mar levou eles [Helena e Artêmio] para a Ilha do Enforcado. Lembrei! E é muito bom! Aí a Helena pediu para a mãe dela: "Mãe, você que está aí no céu, que morreu por amor, e o senhor também, pai, que morreu afogado, me ajuda a encontrar essas pedras preciosas". Aí à noite ela dormiu e apareceram na mão dela as pedras preciosas. (Fernanda, família 1, EG)

É tipo assim, ela estava saindo do mar, ela saiu do mar, depois a Helena estava dormindo, daí deixou as pedras do lado da cabeça dela. Me lembrou do filme que eu assisti de Jesus Cristo. Ele andando no mar. (João Paulo, família 2, EG/EV)

É interessante observar como em várias situações as fronteiras entre os territórios de ficcionalidade se mesclam, provocando alterações nas matrizes originárias do folhetim. O texto da sinopse de *A Indomada* não só divulga quais seriam as regras de orientação para a trajetória da dupla de heróis, como também apresenta alternativas de alteração no modelo tradicional do folhetim:

> Ainda que se trate de uma novela muito bem-humorada, sabe-se que cabe ao casal central da trama o "eu te amo" sério. E se o autor resolver envolvê-los num conteúdo fantástico – embora as regras do folhetim costumem preservar os heróis – ela é aceita (...) E quem sabe se, ao final, ele (o herói) acaba domando a mocinha com um passeio de tapete mágico? (Sinopse *A Indomada*, 1997:7)

O fantástico colabora, também, na construção do *gancho*, cria o suspense, reforça a presença do mistério...

> Ah, com certeza, aí é com certeza, eu sempre assistia para ver o Cadeirudo, adorava [risos]. Quando era noite de lua cheia e eu estava assistindo, eu acho, não mais... Era envolvente sim. Porque tem aquela novela que quando acaba o capítulo, você não vê a hora de chegar o dia seguinte para assistir de novo; ela era assim, não em todos os capítulos, mas era. (Joana, família 2, ES)

> A Grampola ia ficar com o Emanuel e o Emanuel ia virar anjo, santo, aliás. Essas coisas assim. Quando eu soube que o Emanuel ia morrer e ia virar santo, ah, eu fiquei impressionada. Eu fiquei pensando: "Mas como uma pessoa vai virar santo de uma hora para outra, só morrendo?". Ah, eu não sei, porque eu não sei essas coisas de santo e nem quero saber. Ah, eu acho muito misterioso. O mistério dos santos tem que ser descoberto aos poucos. É, eu acho assim. Não sei as outras pessoas. (Fernanda, família 1, QC)

... e entrecruza-se com outros elementos *românticos*, da comicidade, do melodrama:

> Quando o Cadeirudo atacou a Scarlet, no outro dia, apareceu a lua dupla, que se transformou numa lua só. Apareceu o reflexo que tinha... não tinha telhado e eles estavam vendo a lua, como se estivessem numa casinha sem telhado, aí apareceu. Todo mundo saiu lá fora e viu a lua dupla e todo mundo lá fora... Ninguém ficou dentro da casa.

Viram a lua dupla e depois todo mundo foi deitar. E quando a Scarlet empurra o delegado Motinha dentro do buraco (...) aí a lua dupla ficou uma só. (Sheila, família 1, GD)

A Helena estava grávida do Teobaldo. Ela foi para a usina, só que o Teobaldo não sabia. O Teobaldo não sabia e foi no túmulo da mãe dela. Olha que coisa!!! Foi no túmulo da mãe dela e falou: "Eulália, me dê uma luz: onde sua filha está?". Ela foi acendendo vela, uma por uma, até a usina, onde ela estava. Quando ele foi chegando, chegando, ela estava dormindo; quando ele entrou lá, ela acordou e falou assim: "Estou com sede"; e ele falou assim: "Por que você não pediu uma coisa mais difícil, como trazer a lua e as estrelas para você?". Ela falou: "Onde você vai?". "Vou aqui pertinho buscar água para você." Quando ele voltou, ela falou: "Por que você acendeu tantas velas aqui?"; ele falou: "Eu não acendi nada"; "Então quem acendeu?"; ele falou: "Eu fui no túmulo da sua mãe pedir uma luz e ela me trouxe do túmulo dela até aqui". "Então foi uma iluminação." (Sheila, família 1, GD)

As personagens que assumiram seu papel no contexto da narrativa fantástica foram: Emanuel – talvez um dos mais significativos –, Eulália, Lúcia Helena, Teobaldo, Altiva, Florência, Ypiranga, Scarlet, delegado Motinha. E as cenas selecionadas pelos receptores foram: 1) Scarlet e Ypiranga (na cela da cadeia); 2) a revelação do Cadeirudo; 3) Emanuel vira anjo; 4) a morte de Altiva, todas elas já analisadas nas páginas anteriores, em função de sua articulação com os outros territórios de ficcionalidade.

Gêneros ficcionais: entrelaçamentos

Os próprios autores de A Indomada – Aguinaldo Silva e Ricardo Linhares – revelam por quais territórios de ficcionalidade objetivaram transitar e demonstram como os gêneros ficcionais entram articulados, entrelaçando, dinamicamente, suas fronteiras. Para eles:

A Indomada situa-se num lugar de *costumes risíveis,* coronéis mandões e *falsos moralismos,* onde acontecem algumas coisas muito parecidas com o que se lê nos jornais brasileiros e outras absolutamente *fantásticas,* mas que, olhadas com atenção, também não ficam muito longe da realidade. Têm, talvez, um *tom meio farsesco*, como uma obra faraônica que atrapalha a vida da cidade, levando um certo personagem a entrar num buraco no meio da praça e nunca mais sair. No centro da trama, um *belo romance*. E, acima de tudo, um *clima mágico* e muito *bem-humorado* (...) Mas o que diferencia radicalmente a história (...) é a *intensidade do romantismo* (...) Mesmo acentuando a *tonalidade épica* da trama os autores pretendem deixar prevalecer o coração. (Sinopse *A Indomada*, 1997:3-4)

Só por este pequeno trecho do depoimento dos autores já se pode localizar a intensidade da *mélange* de territórios de ficcionalidade que está sendo proposta. As palavras acima grifadas revelam: traços da comicidade nos *costumes risíveis* e no *tom meio farsesco* e *bem-humorado*; a existência de um *falso moralismo* ou *a intensidade do romantismo*, que podem conduzir à reflexão sobre o erotismo; a presença de *coisas fantásticas* e de um *clima mágico* que de tão explícitos não necessitam denominações; o *prevalecimento do coração* e, mais uma vez, *a intensidade do romantismo* que garantem o triunfo do melodrama, a despeito do entrelaçamento dos gêneros ficcionais durante toda a trajetória percorrida pelo enredo.

Para além das tessituras de gênero ficcional, o relato dos autores reforça a perspectiva, cada vez mais evidente, de que as telenovelas, de tanto enfatizar a relação entre o documental e o ficcional, correm o risco de transformar o espaço da ficcionalidade num intenso fórum de debates sobre problemas da realidade brasileira, assumindo, em alguns momentos, as características próprias de uma *agenda setting*. Discute-se, às vezes, muito mais os problemas relativos ao cotidiano no contexto de uma telenovela do que na proposta de alguns telejornais. Em *A Indomada* o espaço reservado às coisas *muito parecidas ao que se lê nos jornais brasileiros* foi bastante amplo, circunscrevendo as seguintes temáticas voltadas para a realidade: política, corrupção e políticos corruptos (Ypiranga, Pitágoras e Aniceto, Antiófilo e Nonato); o preconceito racial (Inês e Florência) e de classe social (Zé Leandro e Artêmio); e inúmeros debates sobre conflitos que se estabelecem entre hábitos tradicionais e mudanças de comportamento envolvendo o jovem casal Felipe e Carolaine, a possível relação homossexual entre Zenilda e Vieira, o casamento entre uma mulher mais velha e *poderosa* e um jovem rapaz, seu funcionário (juíza Mirandinha e Egydio), as meninas da Casa de Campo, a pseudo-independência de Santinha, o jogo, o jogador e o vício (Hércules), a problemática da doação de órgãos (Dinorah e Sérgio Murilo) e outros, em menor evidência.

É interessante observar de que forma o entrelaçamento das fronteiras da ficcionalidade é apreendido pelos receptores. Quando indagados sobre o *estilo* da telenovela, as respostas se sucedem, dialogando com a mesma tendência:

É irreal, é romântica e um pouco cômica (...) Tem romance com o Artêmio e a Dorothy, é muita melação. Irreal quando o delegado cai no buraco e cômica com o prefeito, por exemplo. (Maurício, família 3, EG)

Eu acho que ela é predominantemente cômica. Tem muito mais coisas absurdas e engraçadas que qualquer outra coisa. Eu me divirto muito com ela. As maldades são engraçadas, os romances, até o Cadeirudo que era para ser um tarado é engraçado. (Dantas, família 3, EG)

Acho que é cômica, ela é cômica. Esta, eu só sento para rir. Eu não agüento esta coisa de falar inglês! (Joana, família 2, EG)

Ah, sim. Tem a própria Altiva, que é uma ruim que faz rir. E de que eles falam engraçado, com sotaque nordestino e falando algumas coisas em inglês, como "ó xente my god" ou o delegado "little Mota". Às vezes a gente mesmo fala algumas dessas coisas. O padre também é engraçado, o jeito que ele fala (...) Não tem uma cena em especial, é na novela toda: erótica. Não sei. Se falarmos da Scarlet, não sei se chega a ser erótica. É um pouco forte, mas também não acho que seja erótica. (Cristina, família 4, EG)

Retomando algumas das seqüências/cenas de *A Indomada*, que antes apareceram no contexto da reflexão sobre o melodrama, a comicidade, o erotismo ou a narrativa fantástica, propõe-se, agora, uma leitura reiterativa, de um olhar que não focaliza o gênero ficcional em sua perspectiva *pura* ou originariamente intocada, mas assume o ponto de vista de que as fronteiras que separam os territórios de ficcionalidade são fluidas, que seus modelos são dinâmicos e, portanto, históricos e estão, nesse sentido, aptos a incorporar as transformações que emergem desta mesma historicidade.

Impossível olhar para o assassinato de Hércules, de alta densidade melodramática, sem encontrar na trajetória desta personagem traços da narrativa policial, da aventura e de certo tom de mistério: o que exatamente Hércules escondia, para além da transgressão e do segredo de ter se casado com uma mulher negra e, posteriormente, de ser obrigado a enfrentar a carga de preconceito de uma tradicional família como os Mendonça e Albuquerque?

Assim como o assassinato de Hércules, a explosão da usina Manguaba – completamente inserida na teia do melodrama – supõe ação, aventura e suspense e envolve, como seria esperado, os dois grandes vilões desta trama: Altiva e Pitágoras. O objetivo de Altiva é claro: arrasar com o projeto de vida da heroína, Helena, e de Artêmio, o filho não desejado; o dele, Pitágoras, denuncia a presença de um vilão corrupto que acaba cometendo barbaridades em nome de um cego encantamento – talvez uma paixão! – pela onipotente protagonista de todas as maldades.

A morte de Altiva – outra das seqüências selecionadas pelos receptores – exibe-se como o castigo destinado a todos os vilões do melodrama; a sentença fatal que decai sobre o vilão é o contraponto exato ao *happy end* que envolve os heróis: eles já sofreram tudo o que podiam suportar e merecem, ao final, a felicidade.

Outra que reitera e antecipa o *happy end* é a cena do primeiro encontro amoroso entre Teobaldo e Helena, iluminados *fantasticamente* pelas velas colocadas por Eulália, mãe de Helena, que mesmo depois de morta continua protegendo e colaborando para que a filha encontre o *verdadeiro* caminho da felicidade: aqui, o fantástico e o melodrama fundem-se, mais uma vez, no interior da narrativa.

Nos últimos capítulos, em que triunfa o melodrama e instaura-se o *happy end*, duas tramas se destacam inseridas inequivocamente dentro dos parâmetros da narrativa fantástica: na primeira, o jovem Emanuel, cujo lugar não era mesmo neste mundo, descola-se da terra e voa, com longas asas de anjo, em direção ao céu: lá no alto, no paraíso, encontra-se a felicidade! Na segunda seqüência, em que se decreta, em respeito às regras do melodrama, o fim da vilania e o triunfo da bondade, a narrativa fantástica atinge seu ápice: a ascensão de Altiva – não para o céu, mas talvez para o inferno! – permite a emergência de marcos *fantásticos* que escapam aos parâmetros da experiência acumulada no cotidiano; eles surpreendem, provocando no receptor uma oscilação entre hesitar e acreditar, até que crença e dúvida transformem-se em dois lados de uma mesma moeda. E para não duvidar de sua capacidade de compreensão, o receptor aciona mecanismos objetivos e racionais e qualifica/desqualifica a narrativa, afirmando seu caráter irracional, porque inútil e desnecessário: *pura enganação!*

Outra cena que chama a atenção por sua dinâmica ficcional é a de Florência levantando do caixão durante seu próprio velório. Em vários relatos ela foi concebida como manifestação da comicidade: *A mulher levantou, ela estava morta, dentro do caixão, ela abriu o olho e levantou. Todo mundo riu aqui em casa!* Entretanto, vale a pena destacar a leitura curiosa realizada especialmente pela *família 2*, que atribuiu a este episódio um toque *fantástico/sobrenatural* que se justifica a partir de um fato *real* vivido e atestado pela dona da casa. Quando indagada sobre a existência, na família, de uma história sobre um *morto que levantou*, o depoimento adquire um tom inquestionavelmente entrelaçado de *realidade*, de narrativa fantástica e de atmosfera melodramática:

Ela não tinha morrido. Isso é real. Eu acho que o nome era Izilda e tinha uns 18 ou 19 anos. Ela tinha uns desmaios e, então, ela teve esses desmaios e os médicos acharam que ela... E tinha um médico que cuidava da menina e sabia o que ela tinha. E ele explicou. Eu sei que no decorrer ela acabou morrendo. Isso não é mentira. Eu estava no velório. Ela tinha morrido à tarde, um outro médico, não aquele, atestou que ela tinha morrido. E, no dia seguinte, está todo mundo lá, numa chácara, aí a gente começou a ouvir uns barulhos [Xarlote imita com uns gemidos]. Daqui a pouco, a menina senta. A mãe, quando viu aquilo, em vez de correr para o lado da criança, saiu para fora correndo. Os homens foram lá, olharam, estava tudo bem, tiraram a menina do caixão. E para mexer em tudo, de novo, porque isso dá uma confusão. Precisou levar para o IML, para provar que não morreu.

O padre dispensou todo mundo do velório. O médico que cuidava teve que provar que a menina tinha a doença... Me parece que o Sérgio Cardoso tinha essa doença e acabou morrendo, também. Com o Sérgio Cardoso, ele morreu e o médico estava viajando. Quando o médico chegou, soube e foi saber. Ele estava vivo e morreu de falta de ar, dentro do caixão. É, existe esse tipo de doença. (Xarlote, família 2, HC)

Como já se fez referência anteriormente, as seqüências em que Cleonice e Pitágoras comentam a expulsão de Altiva, aliada às cenas da revelação do Cadeirudo, do comício em que Ypiranga é vaiado pelo público na praça e de Ypiranga, na sala com a família, assistindo ao vídeo de sua própria campanha, comportam traços inequívocos de comicidade, mas demonstram, respectivamente, a presença de outras marcas: as do melodrama, dos grandes lances de suspense e mistério que acionaram, durante todo o tempo, o imaginário dos receptores, com o objetivo de tentar descobrir *quem, afinal, podia ser o Cadeirudo!* Confirma-se, assim, o princípio do gênero ficcional como matriz cultural híbrida e como produto da cultura popular de massa.

A Indomada, como tradicionalmente se pode constatar na história da telenovela no Brasil e na América Latina, suscita projeções e identificações privilegiadas por parte dos receptores, naquilo que diz respeito a seu conteúdo melodramático. Entretanto, as personagens que na proposta original deveriam ter sido centrais na composição da teia melodramática – Teobaldo e Helena ou mesmo Artêmio, expressão do segredo da paternidade desconhecida – restaram obliteradas por tipos e tramas originados de outros territórios de ficcionalidade: o receptor identificou-se bastante com a vivacidade e a atmosfera erótica que cercava Scarlet e mesmo Altiva – a típica vilã melodramática e cômica –, ou Emanuel, o jovem anjo, ocuparam lugares de destaque na preferência qualitativa das pessoas envolvidas nesta pesquisa.

A *mélange* de territórios de ficcionalidade só colabora no processo de construção das mediações e amplia o leque de conexões e alternativas de constituição do diálogo entre receptores, autores e produção. Confirma-se o pressuposto teórico da existência de um contrato de leitura, ou melhor, de um *pacto de recepção* que prevê que o leitor/espectador mergulhe no fascínio das narrativas, das histórias, enredos, façanhas e personagens, *reconhecendo* esse ou aquele gênero ficcional, falando de suas especificidades, construindo uma *competência textual narrativa*, mesmo quando ignora as regras de produção, gramática e funcionamento dos territórios de ficcionalidade. Pode-se assumir, neste contexto, o pressuposto da existência de um *repertório compartilhado*.

A videotécnica

A mediação videotécnica como *interface* entre produto, produção e consumo

Para que um produto audiovisual chegue à pequena tela da TV há um longo percurso a ser atravessado. Este percurso envolve uma série de tarefas diferenciadas e depende de um grande número de pessoas, cada qual exercendo habilidades técnicas específicas para as suas execuções. Neste capítulo vamos discutir alguns aspectos relativos ao uso de técnicas de composição e articulação de texto, imagem e som na construção de representações audiovisuais, especificamente da telenovela. Porém, para este texto, o percurso a que nos referimos anteriormente não se esgota na esfera da produção. Pelo contrário, nossa tarefa, ao aprofundar a reflexão sobre a mediação videotécnica, tem como pressuposto compreender essas articulações, isto é, os nexos que viabilizam a *produção social de sentido* como um processo que se estende da produção à esfera do consumo e, em retorno, do consumo à produção, em um movimento dialético a partir de variáveis que se constituem mutuamente. Este movimento será aqui destacado como um processo de *reflexividade social*, o qual discutiremos adiante. Portanto, é nessa interseção, ou melhor, na tarefa de entendimento dos nexos entre os pólos da produção e do consumo que buscamos identificar a especificidade da mediação videotécnica.

Estamos interessados em saber, por exemplo, de que maneira os receptores, ao assistir televisão, possuem um domínio de caráter não-perito – mas sim leigo – a respeito dos artifícios técnicos utilizados pelos produtores na construção da linguagem? Como se dá a apropriação de determinada sintaxe audiovisual por parte de quem recebe a mensagem? Ou ainda, é possível identificar um *contrato de recepção* entre aqueles que constroem um produto para a TV e aqueles que o consomem?

Para dar conta de responder questões como estas, que dizem respeito a como os receptores percebem e assimilam os dispositivos técnicos da linguagem de determinado programa, partimos de um primeiro pressuposto que não dissocia produto de produção. Isto quer dizer que a pesquisa sobre *mediação videotécnica* se interessa em identificar de que forma determinada mensagem imprime certos significados quando veiculada pela tela pequena, indagando também sobre as condições de produção, infra-estrutura técnica e o capital tecnológico utilizados. Nossa perspectiva dialoga com aquela formulada por Raymond Williams (1979), que vê a mediação na "forma cultural", ou seja, compreende-se a feitura de determinado texto cultural em articulação com o tecido social, de modo que produtores, autores e artistas são vistos como agentes sociais em contextos, não apenas de reprodução, mas também de produção criativa e de rupturas em diálogo com determinadas demandas pautadas pelo tecido social e "pelas novas formas de ver". Trata-se de uma abordagem que dialoga também com a "teoria da estruturação" de Anthony Giddens (1987) que compreende as estruturas sociais não apenas a partir de suas dimensões restritivas, mas também em seu potencial transformador, ou seja: estruturas enquanto regras e recursos.

Com estas preocupações em mente, desenvolvemos uma abordagem para a *mediação videotécnica* que parte de *duas dimensões*. A *primeira* delas identifica as condições de produção e os fatores organizacionais que possibilitam a realização e a exibição do produto. Isto é, como as condições de produção interferem na definição de determinadas características formais para o produto. A *segunda dimensão* tem como objetivo estudar o produto em suas dimensões sintáticas. Ao dirigirmos nosso olhar sobre a sintaxe do produto audiovisual queremos verificar como são utilizadas operações e manobras técnicas por parte dos produtores na construção das representações. Por extensão, como este é um estudo de mediações, nos perguntamos também sobre de que maneiras estas mesmas operações técnicas são percebidas pelos receptores.

Os usos sociais das tecnologias

Televisão, tecnologia e mediação

Falar em técnica e mediação pode parecer redundância. Afinal, mediação envolve técnica, e é exatamente a nossa capacidade de construir *técnicas* que nos diferencia como seres humanos. Dentre os vários desafios que o atual contexto social coloca, existe o de dominar as novas linguagens dos vários aparelhos eletrônicos, cada qual exigindo um conhecimento mínimo de determinados códigos e operações para o seu uso.

Nesse contexto, em que o número de novas tecnologias é crescente, a televisão já não é uma grande novidade, mas não se pode negar que as tecnologias eletrônicas reinventam a TV, sobretudo as técnicas de digitalização, a difusão via canais a cabo e internet, os novos satélites, bem como a *high definition television* (HDTV). Tudo isso mantém e renova as discussões sobre a televisão. Não há dúvidas de que a TV continua a desempenhar um papel muito importante na mediação de valores culturais e ideológicos. Isso coloca a sua importância na ordem do dia.

Nossas reflexões a respeito da televisão enquanto aparato técnico têm como ponto central de referência a obra de Jesus Martín-Barbero, particularmente seu clássico *Dos meios às mediações* (1997). Nesse texto, o autor, em diálogo com Walter Benjamin, recupera um percurso histórico e teórico da inserção dos meios de comunicação na esfera da cultura. É com base em Benjamin que Martín-Barbero indaga a respeito de como as tecnologias de comunicação provocam um deslocamento, uma ruptura no terreno da cultura. Trata-se de um deslocamento que traz à tona o debate sobre técnica e experiência. Segundo Martín-Barbero:

Benjamin foi pioneiro ao vislumbrar a mediação fundamental que permite pensar historicamente a relação da transformação de um *sensorium* nos modos de percepção da experiência social. Pensar a experiência é o modo de alcançar o que irrompe na história com as massas e a técnica. (Martín-Barbero, 1997:72)

Para Martín-Barbero, a importância do trabalho de Walter Benjamin está no fato de o autor indagar a respeito das mudanças que configuram a modernidade a partir do espaço da percepção. Benjamin desenvolve uma abordagem que não dissocia o que se passa nas ruas com o que se passa nas fábricas, nas escuras salas de cinema e na literatura (sobretudo na marginal e na maldita), e se empenha em realizar uma espécie de "dissolução do centro" que é proposta como método. Isto explica o seu interesse pelas margens, seja na política ou na arte[21]. Ao contrário da cultura culta, cuja chave está na obra, na cultura de massas a chave se acha na percepção e no uso.

Outra referência importante no trabalho de Jesus Martín-Barbero (1997) a respeito da televisão como aparato técnico está nas citações à obra de Raymond Williams. Para Martín-Barbero, Williams é fundamental, pois articula a indústria cultural com o popular e destaca uma diversidade de dimensões e níveis em que a mudança cultural se desenrola, e neste movimento propõe a emergência do popular como cultura. Isso nos interessa, uma vez que se soma às iniciativas que investigam as articulações entre o que é produzido no âmbito popular e as formas de como o popular é incorporado pelo massivo.

Aprofundando o estudo da obra de Williams, identificamos um outro texto (1975) que trata especificamente da televisão como tecnologia e forma cultural a partir do contexto sócio-histórico, e não dissociada deste. Nesse sentido, Williams destaca que há diferentes caminhos para se estudar a televisão: como tecnologia, a partir da sua trajetória de desenvolvimento, sua história; como invenção, um aparato técnico que está associado a uma série de outras invenções; e ainda como forma de expressão da cultura (o estudo da especificidade de sua forma discursiva em diálogo com a análise de sua materialidade).

Segundo Williams (1975), a sociedade demonstra impulsos que motivam a construção de mudanças. Estes impulsos podem ser chamados de "demandas sociais" (no original, *social needs*). Nesse sentido, a proposta de Williams de compreender o meio técnico a partir de seu contexto e história, e, portanto, a partir das demandas sociais que interagem nos vários usos que a sociedade faz da televisão como meio de comunicação, parece-nos fundamental. Mas qual o caminho traçado por esse autor que o leva a compreender a televisão como tecnologia e forma cultural a partir de necessidades históricas e sociais?

Vamos resgatar brevemente alguns argumentos centrais em sua tese: em primeiro lugar, Williams chama a atenção para certa confusão existente com respeito às relações de causa e efeito nas análises sobre televisão como tecnologia. Segundo ele, é muito freqüente ouvirmos discussões sobre os efeitos da TV, ou que a televisão mudou o mundo, ou que uma nova fase da história está se revelando com o uso desta ou daquela tecnologia. Para Williams, esta é uma das questões mais problemáticas no âmbito da filosofia e da história da tecnologia. Para solucioná-la, o autor resgata, de um lado, os estudos funcionalistas e psicológico-condutivistas dos "efeitos e dos usos e gratificações" e, de outro, os argumentos propostos pela "teoria crítica" da Escola de Frankfurt. Diante desses dois paradigmas ele propõe a seguinte ruptura:

> Se a tecnologia é uma causa, nós poderíamos, na melhor das hipóteses, modificar ou controlar os seus efeitos. Mas, se a tecnologia, na maneira como é utilizada, for um efeito, para que outro tipo de causas, e outro tipo de ações nós deveríamos relacionar a nossa experiência de seu uso? Estas não são questões abstratas. (Williams, 1975:10)

A televisão, portanto, não apenas produz efeitos; ela é parte da história, da cultura, enfim, da dinâmica da sociedade na qual está inserida. No sentido em que o autor busca demonstrar, a TV pode ser compreendida ela própria como um efeito que vem na esteira de conseqüências provocadas por mudanças sócio-históricas substantivas e de amplo espectro.

Williams ressalta também os riscos de leituras "deterministas" (que, segundo ele, são aquelas que compreendem a tecnologia dissociada do contexto sócio-histórico, como puramente acidental) e de leituras "sintomáticas" (que vêem a tecnologia como um sintoma de mudança, autogerado, como um subproduto de um processo social em curso). Para ele ambas as posições são estéreis, pois ainda que de maneiras diferentes abstraem a tecnologia da sociedade, isolam a tecnologia:

Para mudar estas visões nós precisamos de um esforço intelectual prolongado e cooperativo. Mas, no caso da televisão talvez seja possível desenhar um outro tipo de interpretação, que nos permita ver não apenas a sua história mas também os seus usos de uma forma mais radical. Uma interpretação deste tipo difere do determinismo tecnológico na medida em que recupera a noção de intenção ao processo de pesquisa e desenvolvimento do meio. Desta forma a tecnologia é vista, vamos dizer assim, como sendo construída, buscada e desenvolvida com certos propósitos e práticas já em mente. Ao mesmo tempo, a interpretação seria diferente da "sintomática" no sentido de que os propósitos e práticas são vistos como *diretos*: como *demandas sociais* conhecidas, propósitos e práticas para os quais a tecnologia não é marginal, mas sim central. (Williams, 1975:14)

É importante ressaltar que Williams destaca que as respostas tecnológicas para as demandas sociais decorrem menos das demandas em si e mais do papel que elas desempenham em uma formação social existente. Uma demanda que corresponde às prioridades dos grupos de decisão atrairá, é claro, mais rapidamente os investimentos, recursos e permissão oficial de que depende uma tecnologia em desenvolvimento.

Televisão e reflexividade social

Se a perspectiva teórica de Williams mostra que as tecnologias, tanto em suas construções como em suas representações, estão em diálogo com as chamadas demandas sociais, acreditamos que o conceito de "reflexividade social", conforme proposto pelo sociólogo inglês Anthony Giddens[22], contribui, também, para os estudos sobre televisão e mediações.

313

Para Giddens (1991), há um sentido fundamental no qual a reflexividade é uma característica definidora de toda ação humana. Ele denomina esta característica de "monitoração reflexiva da ação". Em contextos de modernidade essa reflexividade é introduzida na própria base da reprodução do sistema, de forma que o pensamento e a ação estão constantemente refratados entre si. Segundo o autor: *"A reflexividade da vida social moderna consiste no fato de que as práticas sociais são constantemente examinadas e reformadas à luz de informação renovada sobre estas próprias práticas, alterando assim o seu caráter"* (Giddens, 1991:45).

Sobre esta "informação renovada" que *ilumina* as práticas sociais, Giddens destaca que as ciências sociais têm desempenhado um papel fundamental na constituição desta reflexividade social. Isso significa que estamos em grande parte em um mundo que é inteiramente constituído através do conhecimento reflexivamente aplicado, mas onde, ao mesmo tempo, não podemos nunca estar seguros de que qualquer elemento dado deste conhecimento não será revisado. Acreditamos que os meios de comunicação de massa desempenham um papel fundamental nessa dinâmica, pois se alimentam desse conhecimento socialmente produzido, divulgando-o e provocando um debate sobre determinados temas, provocando e alterando o tecido social que, dialeticamente, irá alterar as pautas e temas presentes na mídia. Nesse sentido, esse movimento nos possibilita identificar contradições nas estruturas e sistemas de produção de cultura massiva; ajuda também a captar de que forma as textualidades audiovisuais estão em diálogo com o social; e em que medida seus produtores podem ser considerados *agentes* que atuam no interior destes sistemas complexos que são as indústrias do entretenimento e da cultura.

Ainda segundo Giddens, é fundamental compreendermos as estruturas sociais a partir de uma dualidade que contemple tanto as suas dimensões restritivas quantos os recursos que estas mesmas estruturas oferecem. Consideramos essa dialética fundamental para qualquer estudo sobre produção e consumo de TV.

Com base nessas referências teóricas vamos lançar um olhar sobre a estrutura de produção que a Rede Globo de Televisão detém e analisar algumas questões sobre criação, produção e exibição de telenovela.

Produção de televisão: estrutura e organização

Neste segmento temos os seguintes objetivos: a) identificar como se dá a organização da produção de telenovela; b) verificar a relação entre telenovela e demandas sociais, visto que em se tratando de televisão brasileira a telenovela é o produto de maior audiência e, portanto, responsável pelo maior percentual no faturamento da indústria de entretenimento (Ortiz, Borelli e Ramos, 1989). Isso é significativo quando se pensa a importância que um produto e sua demanda desempenham em determinada organização empresarial.

TV, mercado e produção

A década de 1990 nos mostrou que a Rede Globo de Televisão continua a manter a hegemonia em termos de produção, exibição e exportação de telenovelas no Brasil. Mesmo que as redes concorrentes invistam na produção de ficção televisiva seriada, continuam tendo dificuldades em se consolidar como grandes produtoras deste formato de programa. Os sinais de crescimento da Rede Globo de Televisão estão diretamente ligados à importância que a emissora confere ao produto *telenovela*. Em 1997 a Globo inaugurou o Projac – Projeto Jacarepaguá/Rio de Janeiro –, um complexo que abriga a Central Globo de Produção e possui 1.300.000 m² de área total, com 120.000 m² de área construída. Esse complexo reúne um conjunto de facilidades, tais como: fábrica para cenários, confecção de figurinos, unidades de apoio e caracterização, cidades cenográficas e quatro grandes estúdios. Nele atuam mais de 2.200 funcionários. O Projac está delineado para a produção de programas de entretenimento (novelas, shows, seriados). Porém o esforço maior é dedicado às telenovelas. Segundo o diretor de produção[23]:

315

Hoje temos quatro estúdios aqui no Projac e estamos terminando mais dois. No futuro breve começaremos outros três. Atualmente são quatro estúdios e são quatro novelas, pois sempre há três novelas sendo exibidas e uma nova sendo produzida para substituir aquela que vai apagar. (Marcelo Paranhos, EP)

Toda essa infra-estrutura para a produção de ficção seriada tem uma explicação econômica muito clara. Segundo Ortiz, Borelli e Ramos (1989:113), *"a televisão brasileira constrói sua economia sobre os ombros confortáveis da telenovela"*. Afinal, a atração do público pelo universo ficcional que molda o produto viabiliza sua extensão média em torno de 150 a 200 capítulos. Isso resulta em uma equação que confere alta rentabilidade ao produto. Quanto maior o número de capítulos, maior será a diluição do custo total da obra, informação esta que nos foi confirmada pelo diretor de produção do Projac:

A telenovela tem a maior importância no faturamento da emissora, uma importância muito grande na composição da receita. Hoje não diferenciamos a qualidade das novelas em função do horário de exibição. Assim, uma novela vai alavancando a outra. (Marcelo Paranhos, EP)

Outras duas estratégias utilizadas pelas indústrias de televisão na captação de recursos financeiros para a produção de teledramaturgia são os comerciais e o *merchandising*.

As ações de *merchandising* crescem como segmento para os anunciantes, pois a presença de marcas dos mais variados tipos (carros, bebidas, aviões etc.) no interior da obra de ficção é quase lugar-comum nas novelas de hoje. O modo através do qual a Rede Globo justifica esse tipo de inserção comercial na obra de ficção é o fato de que, para o anunciante, isso representa uma garantia maior de que o telespectador irá assistir ao marketing do produto, uma vez que nos intervalos comerciais há sempre o risco de que a pessoa saia da sala para fazer qualquer outra atividade. Sobre os valores de *merchandising*, Ortiz, Borelli e Ramos nos informam que:

Uma ação de *merchandising* custa bem mais do que 30 segundos de comercial, o que significa que ela é superior ao custo do capítulo da novela. São portanto faturamentos altíssimos diante dos custos iniciais, e a informação que se tem de dentro das emissoras é que a telenovela se paga no segundo mês de veiculação. (Ortiz, Borelli e Ramos, 1989:139)

Segundo Armand e Michèlle Mattelart (1989), entre as indústrias televisivas dos anos 1980 a televisão brasileira estava entre as mais competitivas do mundo. Segundo os autores:

As opiniões são unânimes: o sucesso da maior representante desta indústria é caracterizado tanto pelo chamado "padrão Globo de qualidade" como por sua já demonstrada capacidade de análise da disputa pelo mercado das audiências – traços que definem o seu profissionalismo. (Mattelart, 1989:58)

Conhecer as audiências é, portanto, um fator absolutamente importante para os produtores. Em primeira instância, audiência significa mercado, mas não apenas isso, pois para conquistar o mercado as indústrias da cultura se vêem diante da necessidades de ter que abordar determinadas pautas que emergem dos conflitos e disputas sociais.

No final dos anos 1990 essa disputa pelas audiências não ocorre apenas entre as redes de TV, mas fundamentalmente entre as outras opções de consumo cultural oferecidas dentro do próprio espaço doméstico, como canais de TV a cabo, videogames e computadores. Nessa disputa pelo mercado das audiências as empresas de televisão utilizam vários mecanismos de identificação das demandas que emergem do público. Localizar precisamente essa diferenciação é o que permite selecionar tanto formatos como gêneros específicos para cada faixa de audiência, o que é fundamental para a manutenção de uma hegemonia no mercado. Segundo um dos diretores de núcleo de telenovela da Central Globo de Produção, com respeito à telenovela os públicos das 18 horas, 19 horas, 20h30 são completamente diferentes e são classificados da seguinte maneira:

Às 18 horas você pega uma faixa de muita criança. As donas-de-casa estão com a televisão ligada, mas não estão ligadas no produto, porque têm seus afazeres de final de dia. As mulheres que não são donas-de-casa estão em trânsito porque estão saindo do trabalho. Então é uma faixa de horário que fica muito na mão da criança e do pequeno adolescente; o maior adolescente já está no videogame e o pequeno adolescente, com o *zapping* na mão, vai escolher um desenho qualquer. Já o público da novela das 19 horas está muito próximo deste das 18 horas. É um público de passagem. São donas-de-casa que já estão em casa ou estão chegando, e adolescentes de classes menos favorecidas que estão se preparando para ir para o colégio noturno, às vezes chegando do trabalho e se preparando para sair, comendo correndo para ir para a escola. O *Jornal Nacional* é o grande divisor de águas. Às 20 horas o público é mais sedimentado, é um público que senta para ver. A pessoa chegou em casa, é adulto, ligou a TV para ver o *Jornal Nacional* e a criança não opina mais naquela televisão, a menos que ela tenha uma segunda ou uma terceira televisão no quarto. (Marcos Paulo, EP)

Com esta citação fica claro que conhecer o perfil do receptor é uma variável fundamental na definição do formato do produto a ser realizado. Na fala dos produtores, conhecer o público é o que define a telenovela como "obra em aberto", pois o produto sofre constantes avaliações e eventuais mudanças em decorrência do momento social e político que o país atravessa, e também em decorrência do comportamento do público com respeito a determinados eventos. Isso quer dizer que, segundo a Rede Globo, o momento social e político do país pode inclusive vir a tirar a atenção da própria telenovela, e a empresa precisa estar atenta a isso. Segundo o gerente de produção da telenovela *A Indomada*:

Existe um trilho de audiência. Essa é a nossa referência, se a novela está no trilho. Agora, essa coisa de audiência é muito relativa porque, por exemplo, eu vejo gente dizendo assim: *Torre de Babel* nesta fase está indo bem, mas *O Rei do Gado*, ou qualquer outra novela das 8 horas, no capítulo 153 deu 58 pontos, e o capítulo 150 de *Torre de Babel* deu 48. Isso não serve para nada na minha opinião, é uma observação absolutamente inútil porque as novelas são exibidas em épocas diferentes. *Torre de Babel*, por exemplo, passou por Copa do Mundo, eleições, horário de verão... São fatores que na minha opinião influenciam, tudo isso influencia. Tem mais... natal, *réveillon*, essa novela pegou tudo. (...) A sociedade está mudando e tudo que acontece lá fora interfere em nosso trabalho. (Flávio Nascimento, EP)

Por outro lado, esse caráter hegemônico que a Rede Globo desempenha no mercado interno, ou melhor, o chamado "padrão Globo de qualidade", colabora para que esta rede de televisão brasileira desafie outras grandes indústrias no mercado latino-americano. A Televisa do México, que investe em alto volume de produtos de baixo custo, é sua maior competidora. Dessa forma, a TV mexicana atinge um segmento que se volta para horários "menos qualificados", enquanto o produto da Rede Globo tem um custo mais elevado de produção com vistas a atingir os chamados "horários nobres". Sobre o mercado latino-americano, o diretor de produção do Projac afirma que:

> A Rede Globo é, no mercado latino-americano, junto com a Televisa, a maior ponta, mas com duas características diferentes de mercado, uma com um produto de alta qualidade e altamente competitivo em termos mundiais e outra com um produto de baixo custo e grande volume, um produto que é barato. (Marcelo Paranhos, EP)

Com respeito ao mercado mundial, o diretor de produção do Projac afirma que a telenovela é um produto genuinamente latino-americano, e não pode ser comparada, em termos de formato, nem à *soap opera* nem ao *sitcom* norte-americanos, tampouco ao drama seriado europeu. Sendo assim, em termos de telenovela a Rede Globo lidera o mercado e, neste movimento, dentro de uma relação mercantil, paradoxalmetne, contribuiu para apresentar a criatividade dos artistas brasileiros fora do país. Convém neste momento resgatar um pouco dessa trajetória de expansão:

> Já em 1976, a TV Globo consegue ultrapassar as barreiras colocadas na exportação para a América Latina, superando os problemas da língua e do domínio mexicano. Após ser dublada no México, a novela *O Bem-Amado* é primeiramente vendida para a Telemontecarlo, do Uruguai, sendo depois negociada para outros países latino-americanos. O processo prossegue com a exportação de *Pecado Capital*, *Dona Xepa*, *Escrava Isaura*. Vem em seguida a penetração no mercado europeu. Na França surgem em 1984 as produções brasileiras, e *Baila Comigo* é veiculada pela TF1 em versão reduzida de 55 capítulos no horário das 18h30. A Globo atingia naquele ano a marca de 92 países

compradores de seus produtos, sendo que trinta adquiriam novelas e os demais séries. (Ortiz, Borelli e Ramos, 1989:118)

Atualmente, a novela da Rede Globo vende menos do que já vendeu no passado. Mesmo assim, o número de países compradores é superior a cem. Isso quer dizer que no início dos anos 1990 a Globo alcançou um índice muito alto de vendas para o exterior. Para Marcelo Paranhos, a queda do número de clientes e o fato de a Rede Globo vender menos hoje do que já vendeu no passado se deve, em grande parte, ao advento dos canais a cabo (ao contrário do que se imaginava; cf. Ortiz, Borelli e Ramos, 1989:119). Nesse novo momento da produção audiovisual, as televisões abertas passam a centralizar a produção naquilo que promove uma identificação do povo com sua terra e sua gente. Fica para a TV a cabo a possibilidade de explorar o que é de fora. Hoje a Rede Globo vende menos para Itália, Alemanha e França do que já vendeu no passado. Por outro lado, a Europa Oriental e os países do antigo bloco soviético são atualmente os grandes descobridores da novela brasileira, e se tornaram emergentes na compra do produto.

A organização da produção

Para que uma telenovela seja realizada é necessário que haja um fluxo de ações interligadas que tem início com um planejamento prévio por parte da direção da empresa a respeito de que demandas sociais devem ser incorporadas aos produtos que vão preencher a grade de programação. De acordo com o que foi exposto no tópico anterior, sabemos que as telenovelas desempenham um papel importantíssimo na captação de recursos financeiros de uma emissora de TV e ocupam uma posição estratégica no elenco de programas a serem produzidos pelas emissoras brasileiras e latino-americanas.

É sobre esse fluxo de ações que vamos tratar agora, um encadeamento de tarefas que se inicia com um planejamento e se estende até o momento de exibição do produto (sem entretanto parar aí, porque uma telenovela, depois de sua estréia e implantação[24], recebe uma série de estudos relativos a sua audiência e sofre eventuais mudanças no curso de sua história). Uma vez que o presente estudo de mediações tem como objeto de análise uma telenovela produzida e exibida pela Rede Globo de Televisão, nossas reflexões serão exemplificadas com depoimentos a respeito da dinâmica e do ritmo de produção dessa emissora.

O processo de produção se inicia no momento em que a direção da emissora tem em mãos qual a demanda existente para preencher determinado espaço de sua programação (e isto é obtido a partir de pesquisas de audiência quantitativas e bastante sofisticadas realizadas junto aos diferentes públicos). É feita, então, uma *encomenda* à Central Globo de Produção para que a Direção de Criação estude as demandas. Compete a esta Direção analisar os temas que emergem do público e as condições de produção que a empresa dispõe naquele momento. Feito isso, *localiza-se o autor* que melhor preencha o perfil para desenvolver o projeto em questão.

No caso de telenovelas, a encomenda de uma pré-sinopse geralmente acontece com 450 dias de antecedência à estréia do produto, ou seja, um ano e meio antes de o produto ir ao ar. Definido o argumento do produto, compete agora ao autor selecionado desenvolver a sinopse. Segundo Ortiz, Borelli e Ramos (1989), essa decisão inicial é sempre complexa e envolve os setores comerciais, a direção-geral e a hierarquia mais elevada da Central Globo de Produção. O que o público quer nesse momento? Trata-se de uma pergunta mágica para uma indústria cuja competitividade exige ser campeã de audiência em todos os horários e para quem a audiência é a alma do negócio. Este diálogo inicial, porém, conta muito com a participação dos próprios autores que, enquanto não estão trabalhando, ficam atentos à dinâmica social com o objetivo de localizar os temas que estão polemizando o debate social. Na verdade, não existe uma fórmula que defina como se elege um argumento para uma telenovela.

Conforme nos falou um dos diretores de Núcleo de Telenovela da Rede Globo:

Na novela *Suave Veneno*, na verdade, foi a Direção de Criação da casa que propôs ao autor um tipo de história: uma história realista, por exemplo.

321

Isso depende, pois, às vezes, o autor não tem uma proposta em função do tipo de produto que está no ar, ou ainda do que foi ao ar, ou do que está acontecendo. A emissora define: agora está precisando de uma novela realista, ou de uma novela rural, ou uma novela urbana. Então, se ele já tem uma sinopse na mão, ele desenvolve o projeto dele. Se ele não tem, aí a Direção de Criação da casa propõe um tema, mas não há uma regra para isso. (Marcos Paulo, EP)

Se existisse uma regra, talvez esta pudesse ser: acertar o que o público quer. Mas isso não é simples, o que prova que as redes de TV não dominam as audiências, mas tornam-se apelativas na busca por maiores públicos. O custo total de produção de uma novela gira em torno de 15 a 18 milhões de dólares. Ela se paga ao alcançar o número de 155 capítulos. Se houver necessidade de uma telenovela ser retirada da programação antes de chegar a esse número, devido à baixa audiência ou por qualquer outro problema, haverá prejuízo para a emissora. Um grande sucesso é uma novela longa, por volta de duzentos capítulos, que assegure audiência pelo maior período possível. Este foi o caso de *O Rei do Gado*, por exemplo, que chegou a 220 capítulos.

Seguindo as etapas do fluxo da produção: uma vez escrita a sinopse e com os seis primeiros capítulos aprovados, o autor já definiu a linguagem do produto, o perfil dos personagens e a ambientação da trama. Inicia-se então o trabalho de *pré-produção*, que geralmente começa quatro meses (120 dias) antes de o produto estrear. A partir daí, define-se elenco, concepção artística dos cenários, cidade cenográfica, figurinos, trilha sonora, locações, produção de arte, maquiagem e cabelos, equipe técnica etc. As gravações começam 75 dias antes de o produto ir ao ar. Os capítulos passam a ser *gravados, editados e pós-produzidos* a fim de se formar uma "gaveta" ou "frente" de três semanas de programa finalizado, pronto para ser exibido. O ideal, portanto, é a telenovela estrear com uma margem de dezoito capítulos de *stand by*, ou seja, de reserva. O ritmo da produção industrial de uma telenovela deve seguir a seguinte rotina: o autor escreve semanalmente seis capítulos, que são entregues à Gerência de Produção específica do programa. Cada telenovela tem a sua gerência própria, que administra todo o seu andamento:

Nosso procedimento de trabalho é assim: nós recebemos os capítulos, fazemos uma reunião semanal com um representante de cada área – cenografia, produção de arte, contra-regra, maquiagem, figurino (a engenharia não está muito envolvida nesse processo), ou seja, todas a equipes que trabalham na pré-produção. (...) Nessas reuniões, todo mundo já leu os capítulos e cada um traz as suas anotações. Sentamos para ler os seis capítulos. É quando nós discutimos onde vai ser feito, como vai ser feito, onde a gente deve investir mais recursos. Na verdade toda semana nós vamos gravar seis capítulos, para dar manutenção ao estoque que nós formamos desde a data da estréia. O ideal é ficar com aquelas três semanas de frente, mas na prática tem acontecido duas semanas. O que já é um problema, porque uma atriz pode ficar doente, um ator pode cair de helicóptero em Roraima, pode ter uma semana chuvosa e dependendo da novela fica difícil adaptar as cenas e... você pode ficar em situações muito delicadas. (Flávio Nascimento, EP)

Essa rotina de trabalho é especialmente assustadora para o autor da telenovela. Uma pessoa-chave na engrenagem que move a dinâmica de produção. Conforme citado na passagem anterior, compete ao autor entregar seis capítulos por semana. Para quem escreve, isso significa produzir um capítulo por dia. Segundo Aguinaldo Silva, autor de vários dos mais importantes textos de telenovelas da Rede Globo, como *Roque Santeiro* (em colaboração com Dias Gomes), *Tieta, Fera Ferida* e, inclusive, *A Indomada*:

Durante oito meses, não se pode fazer outra coisa. Não se pode pensar em outra coisa. Não se pode sair para jantar com os amigos, nem ir dançar, nem mesmo cair de cama. Ficar de cama é o terror do autor. Quando não se pode escrever um capítulo por dia, deve-se escrever dois no dia seguinte. (...) Escrevo todos os dias, sete horas por dia. É um trabalho estafante. (Apud Mattelart, 1989:67)

Esses seis capítulos produzidos por semana, ao chegarem às mãos do gerente de produção, transformam-se em um *roteiro de gravação*, ou seja, uma escala que tem como objetivo otimizar o trabalho de gravação. Segundo o depoimento do gerente de produção de *A Indomada,* cada capítulo possui uma média de 42, 43 cenas, o que totaliza uma média de 250 cenas a serem gravadas por semana. Para se ter uma dimensão desse ritmo de produção, a gravação de uma semana corresponde a quatro horas de programa no ar ou, em outros termos, a dois filmes de longametragem. Esse *roteiro de gravação* define a ordem em que as cenas serão captadas, independentemente da cronologia da trama. O que importa aqui é agilidade, ritmo, otimização. Dessa forma, são gravadas todas as cenas em determinado cenário, e depois passa-se para outro, independentemente da ordem em que entram no capítulo. Por isso, o trabalho do continuísta é fundamental, pois é a pessoa que garante a coerência interna dos cenários, figurinos, maquiagem etc. É importante destacar que deste total de 250 cenas gravadas por semana, uma média de 180 são gravadas em estúdio e o restante são *externas*. Para a gravação dessas 180 cenas, os estúdios contam com uma metragem fixa para o cenário mais importante. Todos os outros cenários (uma média de vinte) são montados e desmontados todos os dias:

> Hoje, aqui no Projac ficou estabelecido que uma metragem quadrada X do estúdio tem que ser ocupada por um cenário fixo. Até porque toda a equipe e a mão-de-obra para a montagem e desmontagem de cenário está dimensionada para trabalhar nessa parte que sobrou. Se você desmontar o fixo e tentar montar um programa de gravação para um dia, considerando toda a área do estúdio, você não tem mão-de-obra para isso. (Flávio Nascimento, EP)

Nesse sentido, é necessário que haja uma atenção especial por parte do autor para não criar cenários adicionais que não estejam previstos. Caso contrário, o aumento de custos pode colocar em risco a viabilização de toda a produção. Isso quer dizer que a concepção da obra ficcional em núcleos e tramas paralelas deve ser criada dentro dos limites operacionais e estruturais da emissora. O *roteiro de gravação* também prevê os recursos necessários para *efeitos especiais*, sobretudo os *efeitos mecânicos* que exigem trucagens e dublês. Os *efeitos visuais* são realizados na própria ilha de edição, por meio de computação gráfica, já na etapa de *pós-produção* e finalização dos capítulos.

Mecanismos de *feedback* e obra em aberto

Os produtores de telenovelas da Rede Globo definem a telenovela como *obra aberta*. O uso que fazem deste termo se refere aos investimentos crescentes em pesquisas de audiências cada vez mais sofisticadas que apontam com progressiva precisão perfis de comportamento do público com relação à telenovela. O conceito de "obra aberta" foi originalmente criado por Umberto Eco e portador de um sentido muito definido. Como afirma Renata Pallottini:

> Obra aberta é aquela que apresenta a possibilidade de várias organizações, que não se mostra como obra concluída, numa direção estrutural dada, mas se supõe que possa ser finalizada no momento em que é fruída esteticamente.
>
> Isso demanda, por um lado, um leitor mais ativo, dono de uma certa erudição com relação ao enunciado. O consumidor deve estar preparado para enfrentar a obra que, por sua vez, deve ter características de inovação formais e de conteúdo. A obra aberta corresponde a uma visão nova de mundo, não-instituído, não-convencional, imprevisível. As convenções da telenovela, ou seja, seu moralismo forçoso, seu caráter comercial (a telenovela do mundo capitalista deve vender) (...) tiram dela o teor de *obra aberta*. (Pallottini, 1998:60)

Para tal pesquisa, esta é uma citação polêmica. Pallottini destaca que é claro que a telenovela possui uma estrutura de narração que efetivamente incorpora demandas vindas das audiências, mas seria mais adequado usar o termo "obra em aberto", o que significa ser escrita enquanto vai ao ar e estar sujeita a sofrer todas as modificações que as circunstâncias, os acontecimentos do dia, os sucessos e insucessos, o êxito da audiência, puderem lhe impor. Mas, tratando-se de recepção e consumo cultural, buscamos evidenciar justamente a atividade seletiva e diferenciada que ocorre por parte dos leitores dessas obras de ficção. Se considerarmos que telenovela seja arte, então não há inadequação em considerá-la não apenas um *texto em aberto,* mas também *obra aberta.*

Produção de televisão: tecnologia e linguagem

Vamos agora discutir questões propriamente de linguagem audiovisual, sob o ponto de vista técnico, e na medida do possível com especificidade para o meio "televisão". Para alcançarmos esse objetivo o assunto será organizado sob três aspectos. Primeiro, a questão da veiculação de produtos para a "tela pequena" (Machado, 1998). Em segundo, sugerimos o conceito "forma cultural" (Williams, 1975) para se pensar a telenovela como formato, produzido para a televisão aberta. Em terceiro, vamos discutir os "três códigos de significação" (Eco, 1993) que compõem a mensagem e as questões específicas a cada um deles – a imagem, a palavra e a sonoridade – e, posteriormente, verificar como esses conceitos se apresentam na telenovela *A Indomada*.

A tela pequena

Se resgatarmos brevemente a história de desenvolvimento da TV como aparato técnico, vamos encontrar que, em seus primeiros experimentos nos anos 1930, a TV foi entendida como um tipo especial de rádio; um rádio que ganhava imagem sincronizada. Nesse mesmo período, enquanto os inventores muito ligados ao rádio *faziam verdadeira ginástica para conseguir sintonizar alguns fantasmas em seus precários receptores com sessenta linhas de varredura*, o cinema mudo, em um desenvolvimento contrário, ganhava som sincronizado. A TV desde então, sob o ponto de vista técnico, tem sido construída a partir destas duas fortes influências, o rádio e o cinema.

Sobre o desenvolvimento da TV, na esteira do modelo *broadcasting* do rádio, fala Arlindo Machado:

Toda a estrutura operacional da televisão – e por conseqüência, a sua programação e a sua economia particular – deriva da indústria do rádio e encontra no sistema de emissões radiofônicas o seu modelo. Ainda hoje, se observarmos bem, a televisão comercial permanece, em grande parte, um rádio "visível": suas mensagens, ainda grandemente apoiadas na oratória verbal, são distribuídas através das ondas eletromagnéticas e conservam de sua matriz original a característica mais importante do ponto-de-vista da produção simbólica – a simultaneidade entre o tempo da enunciação e o tempo da recepção. (Machado, 1998:15)

É importante destacar também que o modo que o telespectador recebe as mensagens através da tela pequena é muito particular. Afinal, como destaca Machado (1998), a tela pequena do vídeo nada tem a ver com o tamanho da tela em si, mas sim com o fato de que a tela é constituída por uma malha de retículas, o que exige que o telespectador a assista de certa distância, para que a fusão destas retículas se torne inteligível. Sobre este mosaico ele nos informa:

> Uma imagem eletrônica é composta por cerca de 200 mil pontos de luz que preenchem a tela compondo 525 linhas (no padrão americano e na sua adaptação brasileira) e 625 linhas (no padrão europeu), à velocidade de cinquenta ou sessenta campos por segundo (dependendo da tensão da rede elétrica), e constituindo respectivamente 25 ou trinta imagens completas por segundo (são necessários dois campos inteiros entrelaçados para completar sua imagem: o primeiro traça as linhas pares, o segundo, as ímpares). Não existe obturador na câmera de vídeo, o que quer dizer que o mecanismo de varredura é contínuo, sem intervalo negro entre os fotogramas que caracteriza a imagem fotográfica. (Machado, 1998:43)

Essas características da tela interferem diretamente na constituição de uma linguagem própria para o meio televisão. Afinal, a tela da TV comporta pequena quantidade de informação, daí a explicação para o uso excessivo dos primeiros planos[25] e de sequências usualmente mais curtas do que aquelas utilizadas no cinema. Além disso os recursos narrativos privilegiam os detalhes, a metonímia (ou seja, a parte pelo todo). Convém destacar também que o uso da linguagem verbal é alto, o que demonstra que o texto verbal ancora, de certa forma, a *precariedade* da imagem. Neste estudo de textualidade da telenovela *A Indomada* verificamos que grande parte da narrativa audiovisual se sustenta através de estratégias de plano e contraplano gravadas no interior de estúdios, isto é, sequências fortemente ancoradas pelo uso do texto verbal.

As formas culturais

A televisão tem mostrado, ao longo dos anos recentes, que sua esfera de produção apresenta novos formatos, produtos, programas que lhe são próprios. Porém o conjunto de sua narratividade revela que há produtos derivados de formas culturais precedentes. Resgatar as formas culturais que antecederam e foram incorporadas pela TV, bem como os seus formatos contemporâneos, é tarefa importante para esta mediação, visto que aqui estamos discutindo telenovela como um formato de programa a partir de uma materialidade que é própria de uma tecnologia específica.

Nossa análise parte das condições de produção e das características técnicas que definem a televisão em suas características formais. Para realizar tal análise usamos como referência a obra de Raymond Williams (1979) e seus estudos sobre formas literárias e transformações sociais.

Para Williams, o conceito de "forma cultural" não dissocia a feitura da arte (ou produção cultural) de uma "percepção social" da arte. Desse modo, o autor estabelece uma conexão entre formas de relação social que estão profundamente sedimentadas em formas de arte. Williams demonstra ser possível compreender como se processam mudanças estruturais nos modos de organização social através da feitura de determinados movimentos estruturais de caráter formal na produção do drama no teatro. Na tentativa de revelar que a cultura não está dissociada da realidade social e material o autor evidencia historicamente que se trata de uma permanente relação, um permanente diálogo entre realidade sócio-histórica e produção cultural visível a partir da forma como modo de mediação, e não como puro reflexo de determinada condição social. O que a TV como forma cultural pode nos oferecer de elementos para a compreensão da formação social da qual fazemos parte?

Williams (1975) destaca que a televisão pode ser considerada não apenas como uma combinação de formas culturais que a antecedem, mas também como um espaço gerador de novas formas culturais. Segundo o autor:

É possível perceber que há inovações significativas de formas culturais anteriores, a partir do uso da TV. Nós já observamos este dado, por exemplo, ao visualizar os noticiários, no desenvolvimento de novas formas seriadas, novas convenções de vendas, novas formas de apresentar jogos. Está claro que a televisão depende em grande escala de formas culturais que a antecedem (...). Mas precisamos compreender também como surge o uso de novas formas, nas quais a televisão tem sido pioneira. (Williams, 1975:72)

Para Williams, não se trata apenas de uma questão de combinação e desenvolvimento de formas precedentes, mas, sim, de uma adaptação que levou a mudanças significativas, provocando o surgimento de novas formas de representação. A título de reflexão, gostaríamos de sugerir que, como forma cultural, a TV opera basicamente a partir de mecanismos de convergência tecnológica e de hibridação de linguagem, termos estes que nos falam muito a respeito do tecido social contemporâneo.

Os três códigos de significação

Consideramos que uma das propostas mais esclarecedoras para a análise da TV como linguagem foi formulada por Umberto Eco (1993). Trata-se de um trabalho extremamente rico, pois chama a atenção para os três diferentes códigos que compõem a mensagem televisual: o icônico (as imagens), o lingüístico (o texto verbal) e o sonoro (os efeitos musicais). Grande parte dos estudos sobre televisão concentra-se no poder da imagem de maneira superenfatizada. Mas a TV é mais do que somente imagens. Sua herança do modelo *broadcasting* iniciado com o rádio faz com que boa parte de suas mensagens se caracterize como "um rádio visual", tamanha é a importância que o código lingüístico desempenha.

Como nossa pesquisa lida com telenovela, somente um modelo de análise que leve em conta o texto verbal, de acordo com a sua devida importância, pode nos atender. A tarefa que vamos realizar agora busca integrar o modelo metodológico de Eco (1993) às especificidades técnicas na construção de uma sintaxe própria do meio televisão.

O *código icônico* diz respeito à produção e uso das imagens como sistemas de signos. Aqui os elementos a serem levados em discussão serão: a câmera, que cumpre um papel fundamental na construção da mediação videotécnica (sobre o papel da câmera

329

estaremos utilizando as referências da decupagem clássica) (Xavier, 1977). E, ainda, os elementos de composição, como luz, cenários, figurinos, objetos de arte e interpretações.

O *código lingüístico* refere-se à importância que o texto verbal desempenha nas mensagens da televisão. É importante destacar que, no caso da telenovela, grande parte da narrativa utiliza-se de diálogos captados em interiores, o que confere a este formato um amplo resquício do "rádio com imagens". Portanto é importantíssimo estarmos atentos ao papel que o texto verbal desempenha na telenovela.

O *código sonoro* nos possibilita investigar os sentidos produzidos pela inserção de efeitos sonoros ou ruídos (diegéticos ou não) presentes na ação dramática. A começar pela *música* que pode ser utilizada de diferentes maneiras: na construção do apelo emotivo e na identificação de determinados personagens, por exemplo. Na telenovela *A Indomada* os efeitos sonoros também foram utilizados para identificar determinados personagens. Estes efeitos foram utilizados com um sentido metafórico reforçando determinadas ações dramáticas (grito de águia para identificar a vilã, apito de trânsito todas as vezes em que se falava a palavra *stop*, o leão que rugia, entre outros).

Cabe ressaltar ainda que a mediação videotécnica só pode ser compreendida se levarmos em conta os vários sujeitos envolvidos em sua construção. São tantas as pessoas necessárias à prática de se fazer televisão que as produções são absolutamente coletivas. Por exemplo, o trabalho do autor é determinante até certo ponto. O restante depende fundamentalmente do diretor, elenco, diretor de fotografia, cenógrafos, figurinistas, produtores, diretores e produtores de arte, editores, dentre várias outras funções. Se analisarmos uma cena de uma telenovela qualquer veremos que todos os elementos em cena e os personagens em ação se sobrepõem e complexificam a análise das representações presentes na narrativa.

A mediação videotécnica na telenovela *A Indomada*

Nesse segmento vamos identificar como a videotécnica (ou seja, o uso arbitrário e racionalizado de determinados dispositivos técnicos) é empregada na construção da linguagem audiovisual para a telenovela *A Indomada*. Lembramos que os argumentos são ilustrados com base nos dados colhidos no campo: no âmbito da *produção* (no que se refere às estratégias econômicas e técnicas utilizadas na construção do formato), no próprio *produto* e no *consumo* realizado pelas diferentes famílias que constituem a amostra desta pesquisa.

Recorremos também aos dados secundários, retirados de reportagens sobre a produção, que foram obtidos através do *clipping* de revistas especializadas realizado ao longo da veiculação de *A Indomada*.

Como vimos anteriormente, a mediação videotécnica indaga sobre como se estabelece um *contrato de recepção* entre produção e consumo a partir dos diferentes usos de dispositivos técnicos na linguagem audiovisual. A utilização desses determinados recursos de técnica está diretamente relacionada às condições de produção em que uma obra é elaborada.

Esta análise está organizada em duas etapas: a primeira trata de aspectos formais da obra (organização e otimização da narrativa por capítulos) relacionados à produção. A segunda entrelaça produção e recepção, destacando elementos sintáticos que *deflagram* algumas operações de sentido na mediação videotécnica.

Aspectos formais da obra em diálogo com a produção

A Indomada foi ao ar em 203 capítulos ao longo de oito meses, precisamente durante o período de 17 de fevereiro a 10 de outubro de 1997. Cada capítulo de *A Indomada* possui 45 minutos de duração. Esse tempo total por capítulo diário foi veiculado em cinco blocos divididos por inserções de comerciais. Cada bloco possui extensões diferentes: o primeiro deles é mais longo, com aproximadamente 12 ou 14 minutos, e os outros em média de 8 minutos. O tempo para as inserções comerciais entre os blocos é de 4 minutos e 30 segundos. Os intervalos para os comerciais têm vários usos: a própria emissora realiza *chamadas* para outros programas; há também publicidade veiculada em âmbito nacional; há espaço reservado ao uso das concessionárias regionais.

A Indomada foi oferecida pela marca de calçados femininos Azaléa (que detinha a maior cota de patrocínio) e teve como anunciantes em seus intervalos empresas como: Lojas Arapuã, Creme Dental Sensodyne, Brahma, Doril, Pirelli, Hambúrguer Seara, Cartão de Crédito Redeshop, Energil C, Fiat, Yakult, dentre vários outros anunciantes *locais*.

Através da análise de *fluxo do capítulo*[26] pudemos verificar que o tempo de inserção dos comerciais pode variar, ou seja, dependendo do capítulo, da guerra pela audiência, ou até mesmo em função de um evento externo como uma partida de futebol que será transmitida logo após a telenovela. Basicamente *A Indomada* obedeceu a um padrão de exibição que seguia esta seqüência: ao término do *Jornal Nacional* entrava uma vinheta chamando a novela; em seguida apresentava-se a empresa que *oferece* o programa (neste caso tínhamos a marca de calçados Azaléa).

Na seqüência entrava-se diretamente no "gancho" (seguimento final da última cena do capítulo anterior), já iniciando o primeiro bloco. Este seguia por ininterruptos 12 ou 14 minutos.

Essa estratégia de iniciar a exibição com um bloco mais longo busca *driblar* o efeito *zapping*, isto é, a emissora sai de um *campeão* de audiência (o telejornal) e entra em outro (a telenovela das 20h30) sem dar chance ao telespectador de mudar de canal.

No que se refere ao enredo da história, podemos dizer que *A Indomada* possui características básicas de uma telenovela rural. Utilizamos como referência a citação abaixo:

> A telenovela rural se desenvolve numa pequena cidade, dotada de todos os elementos indispensáveis ao gênero – igreja, delegacia, prefeitura, farmácia, venda, boteco, bordel, cassino ou boate, fazendas próximas, casarões dos ricos, prefeito, padre, beatas, farmacêutico, dentista, delegado(a), esposas, mendigos, bêbados, lobisomem. Aí nesse microcosmo por excelência, irão se desenvolver todas as histórias e sub-histórias, sem que se tenha que fazer, por um passe de mágica, que todos os personagens tenham ido jantar, por acaso, em um mesmo restaurante do Rio de Janeiro. (Pallottini, 1998:91)

O universo descrito acima define com precisão o ambiente em que a trama de *A Indomada* se desenrolou. Em sua grande maioria, o enredo se desenvolveu na fictícia cidade de Greenville – uma cidade cenográfica de 35.000 m² construída na vasta área do Projac – e contou com uma equipe de aproximadamente 160 profissionais para a sua realização.

Esse tipo de técnica de narrativa (de concentrar toda a ação da trama em um único espaço cênico) está associada a uma série de estratégias que agilizam e dinamizam a produção do programa. Por isso, esse formato de telenovela é eleito pela emissora de acordo com determinadas necessidades pautadas pelo ritmo da produção industrial. É claro que as demandas sociais, a que nos referimos amplamente em nossas referências teóricas, também estão associadas à definição do formato de novela que deve preencher a grade de programação da emissora. Segundo o diretor de produção do Projac:

> Na verdade o que faz diferença são as coisas especiais em cada uma das novelas. *A Indomada*, por exemplo, que tinha um mundo todo mágico, não real, não é? Por outro lado tinha uma facilidade de produção enorme, porque você ia do estúdio para a cidade cenográfica, e da cidade cenográfica para o estúdio: tudo aqui (no Projac). Então isso torna a operação muito mais simples e, portanto, mais fácil de você fazer uma redução de custos sem mexer na qualidade.
>
> Uma novela tipo *Torre de Babel* é uma novela realista, não é? *O Rei do Gado* tinha uma série de outros custos, como, por exemplo, ter que viajar.
>
> Se você tem, por um lado, algumas coisas mais baratas como menos cenários, por outro lado, você tem mais viagens, deslocamento de equipe.
>
> A novela trabalha com um custo-meta. A gente tem um alvo, uma meta de custo por capítulo e aí a gente tenta botar a obra dentro disso. (Flávio Nascimento, EP)

Para efeito de produção e realização, a estrutura da narrativa é organizada pelo volume total de capítulos, que ficam subdivididos em três etapas básicas: a fase de implantação, a fase intermediária e a fase conclusiva. O primeiro mês se caracteriza como a *fase de implantação* da telenovela. Nesse momento a emissora *aposta todas as suas fichas* para a telenovela decolar. De acordo com Ortiz, Borelli e Ramos:

O jargão utilizado pelos produtores é sugestivo. Eles dizem que uma novela é como um boeing, o difícil é colocá-la no ar, uma vez que alcança uma boa altura é só ligar o piloto automático. A preparação inicial visa justamente a levantar um produto que a partir de um determinado índice de audiência tem autonomia própria até a aterrissagem final. (Ortiz, Borelli e Ramos, 1989:137)

Portanto, uma telenovela tem uma organização de produção que basicamente prevê um investimento muito grande nos primeiros capítulos; na fase intermediária deve manter um ritmo mais modesto e lento em termos de narrativa; e finalizar a trama *em alta*, como no início: em grande estilo. Com o objetivo de identificar como se processa esta estratégia, analisamos (utilizando a técnica da "análise de fluxo") quatro capítulos diferentes de *A Indomada*: o primeiro capítulo, dois capítulos intermediários (ou centrais) e o último capítulo. Para se ter uma idéia do nível de variação em termos de investimento e esforço de produção, mostramos o seguinte quadro:

Quadro 6 Nível de Variação de Investimento e de Produção

Capítulo	Exibido em	Total de Cenas	Externas	Internas
001	17/2/1997	42	22	20
102	14/6/1997	20	5	15
104	17/6/1997	18	3	15
203	10/10/1997	31	13	18

A partir desses dados podemos verificar que o primeiro capítulo possui um número total de cenas que é absolutamente superior aos demais capítulos analisados. Note-se que o capítulo 104 possui apenas 18 cenas, o que significa menos da metade do número de cenas do primeiro capítulo.

Aliás, o capítulo de abertura de *A Indomada* é realmente *cinematográfico*. Ele apresenta a primeira fase da narrativa, com o uso de seqüências em paralelo: enquanto Pedro Afonso, o patriarca, luta para colocar a usina em funcionamento, sua irmã e herdeira (Eulália) vive um caso de amor proibido com um dos cortadores de cana da fazenda (Zé Leandro). São cenas curtas (note-se o número superior de cenas neste capítulo), que constroem uma curva ascendente em termos de ritmo até a captura e fuga de Zé Leandro. A maioria delas gravada em exteriores (o que implica um esforço de produção maior) e boa parte gravada à noite (o que torna o processo mais complexo devido ao uso dos equipamentos de iluminação).

Ainda sobre a produção dos primeiros capítulos de *A Indomada*, Flávio Nascimento, gerente de produção desta telenovela, relata sobre a aventura de escolher os ambientes para as gravações (locações) no litoral e interior de Pernambuco e Alagoas:

> Durante as locações eu conheci alguns lugares de ultraleve. Foi quando nós descobrimos um lugar maravilhoso, uma praia belíssima. A partir daí tivemos que abrir estrada, passar tratores, criar uma infra-estrutura nessa praia, mandar construir uma área para banheiros, maquiagem, camarins, uma área coberta para servir as refeições, ficou muito interessante, era muito bonita a praia. Nós levamos as jangadas para fazer uma ambientação melhor. Enfim, ainda no início, fomos para o interior de Pernambuco para poder fazer uma cena em que o trem, utilizado na fazenda, era carregado com cana-de-açúcar. Isso você não encontrava com muita facilidade, principalmente no litoral. Então tivemos que nos deslocar 200 km do lugar onde a gente estava para o interior de Pernambuco. Tivemos que trazer helicóptero do Rio de Janeiro para gravar *takes* aéreos desse lugar. Era uma operação de guerra. Os primeiros capítulos da novela têm que ter esse impacto. (...) E quando você vai para esses lugares você acaba gravando várias imagens, postais e postais, e depois você usa durante a novela toda. Acontece assim: você usa aquela imagem para introduzir determinada cena e depois grava o restante aqui, na CPG, em um canto. Por exemplo: do canavial, para a praia, para o barracão do Artêmio aqui no Projac, e por aí vai. (Flávio Nascimento, EP)

Novamente, voltando à comparação do número e características das cenas entre o capítulo 1 e o 104 (que é justamente o momento central da narrativa), podemos verificar que nos capítulos centrais a estratégia de produção muda por completo e se concentra primordialmente nas gravações em interiores, nos estúdios. Ao observar o quadro da página anterior percebe-se que o capítulo 104 conta com apenas três cenas gravadas em exteriores.

O que queremos demonstrar com isso é que, basicamente, a telenovela cumpre um modelo de produção que busca *encher os olhos* dos telespectadores nos primeiros capítulos da trama; a partir daí a narrativa entra em uma espécie de *ritmo de administração*. Importante ressaltar que nessa etapa da produção a força se concentra muito mais na consistência dramática da trama do que nos esforços *tecnológicos* de produção propriamente ditos.

Os capítulos finais de *A Indomada*, ainda que quase inteiramente gravados no Projac (conforme citado anteriormente, do estúdio para a cidade cenográfica e vice-versa), contaram com cenas absolutamente trabalhosas, como por exemplo a ascensão do personagem Emanuel aos céus, quando o mesmo vira anjo. Segundo Marcos Paulo (1999), cenas como aquela, que foi muito trabalhosa, só se justificam no final da telenovela como solução para determinado conflito ou como finalização da trajetória de certo personagem.

Outra característica dos capítulos finais dessa telenovela foram as cenas coletivas, em que o número de atores e atrizes, bem como o número de figurantes, era alto. Citamos como exemplo a cena da revelação do Cadeirudo (personagem misterioso que perturbava as mulheres da cidade com eventuais assombros durante as noites de lua cheia; uma espécie de lobisomem, conforme citação de Renata Pallottini na introdução deste texto). Essa cena contou com basicamente todo o elenco feminino da novela, de aproximadamente vinte atrizes.

Ainda no que se refere ao número de participantes nas cenas finais destacamos a morte de Altiva (a vilã da trama), cuja aparição fantasmagórica nos céus de Greenville foi presenciada por quase toda a *população local*. No capítulo final, das 31 cenas que o compõem, sete são cenas coletivas, em que há grande número de figurantes ou atores que desenvolvem a trama.

A seqüência inicia com um *travelling* dos pés de Emanuel, caminhando sobre o trilho. O enquadramento é fechado, ou seja, um primeiro plano (uso metonímico da imagem).

Ainda no mesmo *travelling*, uma panorâmica vertical de baixo para cima percorre o corpo do personagem e mostra sua expressão facial.

Em paralelo, a seqüência revela dona Veneranda avisando Teobaldo que Emanuel correu para a Praça de Greenville.

Teobaldo corre para junto do filho, que neste momento se contorce de dor. Outras câmeras dão dinamismo à cena, mostrando as pessoas que se aproximam do garoto.

Câmeras localizadas em diferentes pontos da praça captam as expressões do povo que se aproxima. Aqui está um exemplo claro do uso de várias câmeras na captação das cenas. Planos gerais e primeiros planos são intercalados para ganhar dinamismo e construir o suspense. A trilha sonora contribui para a construção do ritmo.

Primeiro plano de Emanuel, que pede para as pessoas não se aproximarem.

Um outro ponto de vista, externo ao conflito, mostra a namorada Grampola se aproximando enquanto Emanuel insiste para que as pessoas se afastem dele.

Aqui a seqüência explora a expressão facial de espanto do pai do garoto. Teobaldo em primeiro plano.

A asa de Emanuel começa a crescer e rasga sua camisa. Para esta cena é necessário um tratamento gráfico em computação, realizado na ilha de edição (pós-produção). Um trabalho quadro-a-quadro faz a asa se expandir.

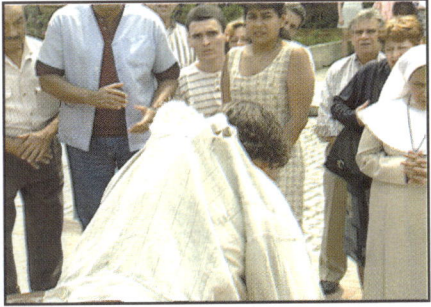

Uma mudança do ponto de vista, agora vertical, sobre o garoto que mostra a asa "brotando" de suas costas até que toda a ação se complete. Este efeito também é construído quadro-a-quadro, no computador, por isso a imagem de base precisa ser fixa; no caso, Emanuel ajoelhado no chão.

Grampola é revelada no meio da multidão, agora em primeiro plano, acentuando sua expressão de espanto.

Emanuel ergue-se e caminha em direção a uma das câmeras. As asas são aplicadas posteriormente, na ilha de edição, com o uso do mesmo software de manipulação de imagem, em computação.

Aqui Emanuel é içado com o auxílio de cabos. Uma estrutura de guindaste, caminhões e cabos ergue o garoto. Novamente as asas serão aplicadas, com o uso da computação gráfica, e agora os cabos serão apagados.

Neste momento são necessárias duas tomadas sobrepostas: 1) Emanuel é gravado em estúdio sobre um fundo azul. Com o auxílio da técnica *chroma-key* uma fusão coloca o anjo voando no cenário da cidade (segunda imagem gravada). Ocorre uma sobreposição.

Outra cena utilizando o mesmo recurso de *chroma-key*. Emanuel é gravado em estúdio, içado por cabos,voando em direção à câmera, diante de um fundo "recortável" azul. Como base está o plano geral da cidade com a população correndo lá embaixo.

Aqui a computação gráfica transforma a imagem do garoto em uma estrela, um ponto de luz no céu.

Um longo plano na seqüência capta Felipe e Carolaine namorando no sofá. O plano finaliza com este quadro. A câmera é deslocada em *travelling* e um movimento óptico em *zoom* abre de plano fechado para este plano de conjunto.

Uma outra câmera no estúdio mostra a entrada repentina de Ypiranga que flagra o namoro do casal. O pai da menina fica indignado. A partir deste plano, a seqüência segue o "lugar-comum" do encadeamento de plano/contraplano.

Um contraplano de Felipe que responde às ofensas do sogro Ypiranga. A seqüência continua nesta dinâmica de discussão e intolerância por aproximadamente dois minutos

Um plano geral da sala mostra os três personagens em conflito corporal. O pai agride o namorado e a menina o defende.

Para dar dinamismo à seqüência, uma terceira câmera mostra a entrada de Scarlet, Cleonice e Pitágoras ao fundo.

Felipe e Carolaine, em plano conjunto, explicam o ocorrido.

Scarlet detém Ypiranga. Na seqüência, o namorado deixa a casa, e mãe e filha seguem para o quarto do casal.

A seqüência continua no quarto do casal, onde mãe e filha realizam um dos diálogos mais significativos da novela. Scarlet orienta a filha sobre noções de amor e sexualidade. Note-se que se trata de uma cena cuja composição técnica é simples e a força é alcançada em função do texto verbal. A força do texto, os movimentos de câmera e principalmente o tempo da ação são decisivos para a construção da naturalização. Observamos um problema de continuidade com relação ao figurino de Scarlet.

Obedecendo ao padrão "lugar-comum" do plano/contraplano, Carolaine e Scarlet desenvolvem uma conversa que explora a dimensão pedagógica da orientação sexual.

Contraplano de Scarlet mantém o ritmo do diálogo. Nesta dinâmica aparentemente simples, sem maiores efeitos, a seqüência se desenrola. Pudemos observar que a mediação técnica na telenovela atende à construção de um ritmo temporal que dialoga com o tempo vivido pelo telespectador. Esta representação possui um timing que reproduz o ritmo do diálogo no cotidiano. Trata-se de uma cena lenta, como um diálogo idealizado entre mãe e filha.

Portanto, a *análise do fluxo de capítulos* nos permitiu identificar que, nos capítulos centrais da trama, as cenas são construídas principalmente nos cenários internos, com a participação de dois ou mais atores, e que a força da produção se concentra na dramaticidade do texto do autor e na interpretação dos atores. Os esforços *pirotécnicos* de produção ficam reservados para os capítulos iniciais, quando da implantação da novela e do estabelecimento da narrativa, e nos capítulos finais, para encerrar o trabalho, alavancando, assim, a audiência para a próxima telenovela que vai substituir aquela "que vai apagar".

Elementos de composição identificados pelos receptores

Nas páginas que se seguem vamos apresentar algumas considerações sobre como os aspectos técnicos definem significações na narrativa da telenovela (em sua dimensão visual, verbal e sonora). Destacaremos os elementos de composição e significação que foram identificados pelos receptores que compõem a amostra desta pesquisa.

Segundo as informações cedidas pela emissora, Greenville é uma "salada cultural", e esta idéia serviu de fonte de inspiração para todos os setores da produção. A começar pelo tema musical composto por Guilherme Dias Gomes, que mistura gaita de foles com ritmos nordestinos. A estética de *A Indomada* também é abusiva nas formas, cores, interpretação, texto, efeitos sonoros. Reconhecemos que os elementos do neobarroco estão presentes em grande parte da concepção estética em termos de ambientação, interpretação e movimentação, justamente pelo fato de se tratar em grande parte de uma narrativa fantástica.

Elementos de composição que operam no nível da imagem

Cenários

Ao tratarmos dos cenários vamos falar tanto dos espaços externos (cidade cenográfica) como internos (interiores das moradias construídas no estúdio). Conforme ressaltamos anterior-

345

mente, a telenovela *A Indomada* teve um investimento alto em cenografia. Como a telenovela é gravada 70% em estúdio e 30% em exteriores (em média), os espaços internos desempenham um papel muito importante na construção da narrativa. De acordo com as declarações do cenógrafo Raul Travassos, cada casa, cada local, cada ambiente deve refletir a personalidade dos personagens que ali vivem.

Em linhas gerais, o estilo vitoriano, com vitrais e mesas antigas, é o que predomina na grande maioria dos espaços externos e internos desta telenovela, por exemplo: a casa dos Mendonça e Albuquerque denuncia a decadência da família através dos móveis muito usados e gastos na sala de visitas; a mansão dos William Mackenzie tem uma decoração interna que oferece pistas para revelar o caráter de político corrupto de seu proprietário. A casa dos Faruk não segue o estilo vitoriano, pois a ascendência árabe do personagem principal e sua posição social de novo-rico não fazem parte do universo inglês que domina a trama.

A Casa de Campo (o bordel da cidade) é decorada com papéis de parede, rendas, plumas, franjas, e é absolutamente chique. É tão cheia de requintes que se torna falsa. As prostitutas que trabalham ali são belíssimas, bem-vestidas, usam *colants*, *tops,* plumas e paetês.

A cidade cenográfica também revela essa estética neobarroca (rococó) de que falamos anteriormente. A praça central destaca-se como um espaço catalisador das ações coletivas e épicas da narrativa. No seu entorno ficam o British Club, a igreja, a prefeitura, o empório e as demais residências familiares.

Vamos observar agora algumas opiniões oferecidas pelos entrevistados desta pesquisa:

A cidade é muito linda. Greenville é muito bonita. As casas são lindas, as ruas, a praça. O cenário é muito bonito. Quando eles mostravam aquela cidade todinha, parecia que a gente tava lá dentro, a gente queria estar lá dentro. (...) A cidade de Greenville não tem tanta poluição, não tem aquele montão de caminhão, barulho. É uma cidade sossegada, pacata. (Lurdinha, família 1, EV)

Lurdinha, moradora na favela, demonstra que Greenville é um espaço de sonho, que ela reconhece como cenário e que está muito distante da realidade em que vive. Xarlote, que também vive na periferia de São Paulo, onde exerce liderança na igreja de sua comunidade, reconhece a importância que a igreja desempenha na novela:

A igreja era um lugar muito importante, assim como a praça e a usina Monguaba. Mas na igreja aconteceu o casamento das moças da Casa de Campo. Porque não queriam que elas casassem lá. Isso eu achei uma parte muito interessante, porque o padre está é para servir, ele não faz distinção. Elas também têm direito de casar. O dia do casamento, que caiu o raio, foi uma das cenas mais marcantes. (Xarlote, família 2, EV)

Da mesma forma que Xarlote, seu filho João Paulo também aponta a igreja como um dos espaços mais importantes da trama:

A igreja, o empório... Na igreja porque as beatas vão lá, invadem e fazem aquele banzé... (...) Na igreja também caiu o raio na cabeça de Altiva. Porque ela tava querendo que o raio caísse em cima da igreja, para não acontecer o casamento, daí ela queria o mal e o raio caiu na cabeça dela. Nesse dia foi legal pra caramba. (João Paulo, família 2, EV)

É importante marcar que há desencontros nas respostas. Joana, da mesma família, apresentou a casa de Altiva como espaço central na trama (que, para efeito da produção, era realmente o principal cenário e o único cenário fixo em estúdio). Pareceu-nos interessante que na fala de Xarlote e João Paulo eles tenham hierarquicamente apontado a igreja em primeiro lugar, visto que no contexto imediato destes receptores também a igreja é um cenário central.

Um dado importante foi apontado na família de classe alta. Cristina, a mãe, lembrou do mar, tão esquecido pela produção depois de deixar Maragogi, no litoral de Pernambuco, depois da fase de implantação da novela. Realmente, o mar foi muito mostrado no início da trama. A rigor, a mansão dos Mendonça e Albuquerque seria próxima ao mar. Mas as locações à beira-mar foram sendo significativamente reduzidas no decorrer da narrativa. Uma nítida conseqüência da racionalidade de produção, discutida na abertura deste texto, explica o porquê deste tipo de medida. Cristina lembrou bem: *No início da novela tinha o mar, a praia, a mãe aparece na praia, daí morre na praia...* (Cristina, família 4, EV).

A fala de Cristina aponta para um detalhe que quase foi um equívoco de continuidade narrativa provocado pelo imperativo da produção industrial. Não podemos dizer que a produção simplesmente eliminou a praia do enredo, mas é verdade que o número de cenas à beira-mar foi reduzido de maneira vertiginosa.

O figurino

O figurino de *A Indomada*, exuberante, exagerado, em grande parte utilizando elementos da cultura britânica, era outro componente na construção da narrativa fantástica. Segundo a produção da novela, duro foi suportar o calor de 40° na sombra, como acontece em Jacarepaguá (RJ), somado ao calor produzido pelos recursos de iluminação enquanto se veste lã inglesa, coletes e saias escocesas, por exemplo. O que era um deboche ao comportamento esnobe da fictícia elite de um distante lugar no Nordeste brasileiro acabou se tornando um estorvo para o elenco. A saída foi buscar tecidos leves que imitassem as texturas inglesas.

Detalhes à parte, o que importa é que o figurino de *A Indomada* é uma colagem híbrida, fortemente barroca. Se, por um lado, o estilo britânico foi dominante, havia também muita mistura em seu conjunto. Conforme destacado na sinopse fornecida pela própria Rede Globo, o figurino foi inspirado no conceito de *"alma eterna, trabalhando os mitos, os heróis, as figuras mágicas e o ilusionário de todas as culturas e épocas"* (Sinopse *A Indomada*, 1997:9). E quem foram esses personagens inspiradores? Churchill (que emprestou o visual ao senador Pitágoras), Sherlock Holmes (para o delegado Motinha) os desbravadores ingleses (para o prefeito), John Lennon (para Hércules), Zélia Cardoso de Melo (para a juíza Mirandinha), Vivian Leigh (para Santinha), Glenn Glose (Zenilda) e a sensualidade de Marilyn Monroe para a fogosa Scarlet. Para Altiva, "uma Channel que não deu certo".

Enfim, as pessoas entrevistadas não identificam esse detalhamento no figurino, mas sim a identidade dos personagens construída pela caracterização. Xarlote, por exemplo, ao falar da caracterização da grande vilã Altiva Mendonça e Albuquerque, nota que: *Ela usava sempre preto. Ela era o quê? Uma ave... um urubu, um pássaro* (Xarlote, família 2, EV). Outro dado que veio à tona foi a identificação do *exagero*. Em linhas gerais os receptores falam do abuso que é próprio da *hipérbole*, utilizada como recurso de linguagem nas múltiplas dimensões de composição presentes no audiovisual.

A interpretação

A Indomada contou com um elenco muito singular. Afinal, a narrativa fantástica exige um perfil de ator e atriz que, sob o ponto de vista da produção, "não pode ter medo", já que uma narrativa mágica está "aberta a rumos imponderáveis". Exige, portanto, um elenco experiente, talentoso. Sobre a interpretação os entrevistados se mostraram *peritos* em seus comentários. Os grupos de discussão trouxeram comentários sobre a atuação em 100% das famílias entrevistadas. Os telespectadores criticaram determinadas atuações e elogiaram outras, mostrando que compartilham de um universo sintático e se sentem à vontade em revelar sua opinião.

Os dados demonstram que os telespectadores identificaram que o casal de protagonistas da história perdeu espaço para atuações mais consistentes. Adriana Esteves e José Mayer ficaram em segundo plano durante boa parte do desenvolvimento da história. Nossos dados mostraram, através da técnica de telenovela reeditada, que Teobaldo e Lúcia Helena foram citados apenas uma vez (somente pela família de classe média) como um dos momentos mais importantes da novela. Revistas especializadas confirmam este dado: o casal protagonista perdeu a liderança da trama, confirmando que a telenovela possui uma trama principal e um conjunto de subtramas (Pallotini, 1998). *A Indomada*, como obra em aberto, também assumiu um rumo diferente daquele previsto em sua implantação. Alguns personagens cresceram (como foi o caso da vilã Altiva e da sensual Scarlet) e outros ficaram mais reservados (o caso do par romântico). Identificamos esse dado a partir do grau de importância das cenas para os telespectadores por nós entrevistados.

A câmera

O trabalho de captação das imagens em *A Indomada* foi realizado com uma infra-estrutura que contava com uma média de cinco câmeras para se gravar uma única cena. Independentemente do fato de a novela estar no início (fase de implantação) ou no final, a rotina de trabalho dos diretores de imagem envolve este grande número de câmeras. Gravar várias tomadas da mesma cena e depois escolher a melhor articulação dos planos na ilha de edição é tarefa comum na rotina de produção. É claro que as seqüências mais trabalhosas, que envolvem grande número de figurantes ou, ainda, recursos de computação gráfica e trucagens, são reservadas para os momentos mais importantes da trama. O que importa é que muito do *realismo* e da *naturalização* que a novela alcança em termos de representação está associado ao número de câmeras utilizadas.

Isso possibilita a construção de uma linguagem dinâmica, em que o ponto de vista é alternado com extrema agilidade e rapidez. É claro que em grande parte da narrativa o trabalho de câmera torna-se bastante convencional, ancorado na estratégia de plano e contraplano. Mas é preciso reconhecer que se há alguma coisa em que as telenovelas da Rede Globo não poupam esforços é em captação de imagens. O que necessariamente define o ritmo e a construção de todos os apelos emotivos na narrativa.

Paradoxalmente, esse aspecto da sintaxe da obra de teledramaturgia não foi verificado na fala de nossos informantes. No material que recolhemos não há referências aos movimentos de câmera. Isto não significa, entretanto, que os telespectadores não estejam atentos ao trabalho de câmera. O código utilizado por eles é diferente do jargão especializado. Eles falam em aspectos de verossimilhança quando o jogo das lentes está em questão, como por exemplo: *A cena foi muito bem-feita, convenceu.* Vamos citar como exemplo um depoimento de Cristina, a mãe da família de classe média: *Eu gostei, achei que a cena foi bem elaborada. Eu achei assim, que eles colocaram o sexo ali de uma maneira muito suave, gostosa. Então quer dizer, não ficou vulgar. Em outras novelas não vi uma suavidade com a dessa cena* (Cristina, família 4, GD).

Essa suavidade, obviamente, não é construída apenas com o trabalho da câmera, mas o ritmo de que falamos antes é certamente construído pelos movimentos de câmera em combinação com os demais elementos de composição (principalmente a luz, a interpretação e a trilha sonora). O ritmo deve muito aos movimentos de câmera.

Efeitos especiais (mecânicos e visuais)

Ao contrário do que pudemos observar com relação aos movimentos de câmera (cujas articulações são percebidas de forma sutil pelos telespectadores), os *efeitos especiais* foram bastante comentados, criticados, explicados. Enfim, sobre este aspecto da produção existe uma *negociação* maior em torno da construção do sentido, bem como um repertório técnico mais especializado por parte dos receptores.

A Indomada, por se tratar de uma narrativa fantástica e cômica, usou muitos recursos técnicos para a construção do imprevisível, do sobrenatural, do mistério e da fantasia. Em alguns momentos a representação chegou ao nível do hiper-realismo. Sobre o uso dos efeitos especiais na telenovela, citamos uma explicação do próprio diretor-geral de *A Indomada*, que nos fala de uma memorável cena em que um raio cai na cabeça de Altiva, a vilã:

Olha, a gente conta hoje com efeitos visuais e efeitos mecânicos, quer dizer, a gente chama tudo de efeitos especiais, mas na verdade existe uma diferença entre o efeito mecânico e o efeito visual. O efeito visual é feito no computador. O efeito mecânico acontece no *set* de gravação. Então, a cena do raio na cabeça de Altiva exige que você tenha um caminhão *munk*, com um guindaste e um cabo que segura o dublê que está vestido de Altiva. O dublê pula e dá uma cambalhota e o cabo vai segurá-lo. Você tem uma câmera que vai fazer isso. Depois você tem uma outra câmera no sino da igreja. Então você primeiro fez o efeito mecânico. Posteriormente isso passa pelo efeito visual no computador, onde você apaga o cabo, bota o raio, coloca aquela energia que corre sobre o corpo dela. Tudo isso é feito em desenho, com computação. (Marcos Paulo, EP)

A Indomada foi especialmente rica no uso desses efeitos. Os profissionais responsáveis por essa etapa da produção foram Wilson Aquino (mecanização e robótica) e Marcelo Brandão (computação gráfica). No caso de realismo fantástico os efeitos fazem parte do enredo, de modo que suas inserções faziam parte da rotina da narrativa desta telenovela. O uso calculado e preciso foi marcante em várias cenas, como aquela em que rosas aparecem junto à lápide de Eulália; quando velas indicam o caminho da usina; quando Helena e Teobaldo se encontram sob a luz da dupla lua cheia; na morte de Hércules o efeito hiper-real da bala que voa em sua direção; quando Scarlet passa entre as grades da cela da cadeia para amar Ypiranga; quando Emanuel vira anjo; e Altiva sobe aos céus em uma coluna de fumaça. Com relação às diferentes falas de nossos entrevistados a respeito dos efeitos especiais, destacamos um exemplo que nos chamou a atenção. Na família de Lurdinha, na favela, elas destacam a cena de quando Scarlet atravessa as grades da cela. Lurdinha se emociona diante da paixão vivida pelos personagens, mas não perde a dimensão do real ao fruir a fantasia:

O amor deles é um amor, é um amor tão grande que eu acho que eles estavam pensando em amor por telepatia, um no pensamento do outro, que a fé deles é tão grande que remove montanhas. A fé foi maior pelo que eles sentem um pelo outro, que a Scarlet conseguiu atravessar as grades sem a porta ser aberta. Isso é uma cena bonita, eu acho que existe amor assim. (...) A cena é dentro da cadeia e cadeia não é bonita. É um lugar sinistro, muito feio, não tem luz, não tem ar, não tem sol, uma coisa fria, é horrível. A cena é muito romântica, num lugar feio... se transforma em bonita, né? Mas cadeia não é bonito, não. (Lurdinha, família 1, GD)

Este depoimento nos interessa, pois podemos verificar claramente o papel desempenhado pela metáfora na construção do sentido. A cena é uma metáfora à superação de barreiras: "A fé remove montanhas". E Lurdinha não perde a noção do tempo e do espaço ao fruir a poesia. Trocando em miúdos, a cena emociona, mas o telespectador não se ilude ou se deixa enganar. Em outras falas pudemos perceber que o telespectador é extremamente crítico e exigente com relação aos efeitos. Na família de classe média, ao comentarem sobre uma cena de amor vivida pelos personagens Artêmio e Dorothy, o que é poesia e realismo fantástico representado na tela parece ridículo para Maurício, o filho da família 3: *Achei ficção, achei impossível a lua ter aparecido dentro da água e a casa não ter teto nem nada. Outra ficção foi a lua daquele tamanhão, parecia que ia engolir os dois* (Maurício, família 3, GD).

Na família de Xarlote, na periferia, a cena em que Emanuel vira anjo foi *desconstruída* e criticada com um *repertório técnico* de quem conhece o assunto. Interessante que a mesma cena nos foi relatada com tanto esmero por Marcos Paulo, diretor desta telenovela, com orgulho pelo aparato e tecnologia empregados em sua realização. Para dar conta de revelar este confronto entre a produção e o consumo vamos apresentar a seqüência em que Emanuel vira anjo, detalhando alguns planos utilizados em sua construção. Para explicar como ela foi realizada utilizaremos as referências fornecidas pelo próprio diretor da obra (pp. 337-341)

Vamos agora mostrar os comentários sobre essa seqüência recolhidos na casa da *família 2*. A técnica do grupo de discussão (GD) nos possibilitou identificar como se estabelece a negociação e como o poder da emissora se fragiliza diante do poder de significação dos receptores. Note-se que a dimensão semântica mais uma vez invade a discussão sobre a sintaxe. Ao final, o próprio sentido da cena é questionado:

A asa era feia e na hora que ele começou a subir, foi assim desengonçado. (João Paulo, família 2, GD)

Dava para perceber que ele estava sendo erguido por alguma coisa. (Juliana, família 2, GD)

Ele estava sendo içado por alguma coisa. Eu achei que na hora em que ele estava voando foi a melhor parte. (...) Quando ficou distante a figura do anjo, aí ficou legal. Não dava para perceber que tinha alguma coisa içando ele. Aquela parte final, com distância ficou legal. (João, família 2, GD)

Eu não gostei, sinceramente foi ridículo ele virar anjo na frente de todo mundo. (Juliana, família 2, GD)

Ele não virou anjo. (João, família 2, GD)

Claro que virou anjo, virou sim... (Xarlote, família 2, GD)

Não, a hora em que ele vira uma estrela foi a melhor parte. (Xarlote, família 2, GD)

É importante destacar que, apesar de todo o esforço de produção de uma cena que levou uma semana para ser gravada, o telespectador é exigente. Isso demonstra que o telespectador de telenovela brasileira dispõe de um repertório leigo de análise que revela uma alfabetização estética desenvolvida.

Elementos de composição que operam no nível do texto verbal

Neste segmento vamos identificar os aspectos no texto de *A Indomada* que foram identificados pelos grupos de receptores estudados como traços distintivos, ou que tenham gerado algum tipo de "colisão de sentido" de que fala John Fiske (1991), seja na representação de códigos convencionais (fechamento), seja na representação de códigos que tenham provocado algum tipo de "abertura" na narrativa. O primeiro ponto identificado pelos receptores foi o uso da língua inglesa (bilingüismo) na telenovela. Outro aspecto foi o regionalismo na linguagem. É sobre o primeiro aspecto que vamos nos deter agora.

O bilingüismo

"Ó xente my God!" "É um must!"

Pessoas que assistiram à telenovela *A Indomada* lembram com clareza dessas duas expressões. Afinal, Greenville, situada no Nordeste brasileiro, foi colonizada por ingleses. A proposta de enredo era mostrar que esta mistura gerou um linguajar próprio, o que diferenciava o texto verbal usado na narrativa das demais telenovelas já produzidas pela emissora. *Ah... Aquela novela que falavam inglês?* É assim que muitas pessoas se referem à novela *A Indomada* até hoje.

O linguajar *anglo-greenvillense* buscava dirigir uma crítica direta à postura colonialista ainda presente na cultura brasileira. Isso está associado a uma "perda da substância cultural do brasileiro", como falou o diretor da novela. Na sinopse fornecida pela emissora, o co-autor Ricardo Linhares afirma: *"Falar inglês com sotaque nordestês é uma crítica bem-humorada à americanização do país e ao deslumbramento do brasileiro – ou melhor –, do cidadão do Terceiro Mundo à cultura importada"* (Sinopse *A Indomada*, 1997:3).

Impossível não recolher dados sobre esse aspecto do produto. Na *família 1*, Lurdinha reclamava que não entendia o elenco de expressões. E identifica uma estratégia utilizada pelo autor da obra, de apresentar a mesma frase em inglês e traduzida, imediatamente, pelo próprio personagem. *"Tá me understand? Tá me entendendo"*, assim dizia o delegado Motinha, por exemplo.

João Paulo destacou que o bilingüismo da novela fez com que a professora da escola tomasse a iniciativa de explicar que os personagens falavam errado, que a pronúncia não era adequada. *Beautiful (biutiful...). Daí a professora, ela nem assiste essa novela... A professora de inglês, que sabe inglês pra caramba, disse que não podia falar daquele jeito assim, né?* (João Paulo, família 2, EV). A fala de João Paulo é reveladora de um tipo de negociação que parte da escola.

O regionalismo

De certa forma, as telenovelas da Globo ou usam um sotaque carioca ou uma espécie de *nordestês* não identificado. Recentemente a revista *Veja* publicou uma matéria chamando a atenção para a forma caricatural com que a emissora tenta apresentar um regionalismo brasileiro que acaba por resultar em iniciativas absolutamente forçadas.

A Indomada não é a primeira nem será a última telenovela a utilizar este recurso de prosódia. O fato de esta novela, especificamente, ter misturado o inglês com o sotaque do Nordeste trouxe uma versão mais hilária ao uso do regionalismo. Afinal, em *A Indomada* tudo era exagerado, ou quase tudo. Esse exagero, ou uso demasiado da hipérbole, contribui de certa forma para aquilo que chamamos de *abertura narrativa*. A comicidade, a ironia e o exagero têm a característica de provocar as chamadas colisões de sentido (Fiske, 1991). Nossos informantes destacaram esse aspecto exagerado no uso do sotaque regional:

É uma mistura danada. É um caipira, às vezes um abainado, um baianês... (Cristina, família 4, EV)

É para mostrar que lá é uma cidade do interior, então eles são caipiras, e como eles se julgam descendentes de ingleses... alguma coisa assim. Então eles fazem uma mistura danada (...) O delegado Motinha, que fala muito inglesado, poucas palavras normais. A Altiva com aquele *well*, eu não acho engraçado, eu acho forçado. O prefeito fala engraçado: mistura inglês com português, com Odorico Paraguaçu, e com Maluf e Collor. (Dantas, família 3, EV)

Note-se que, a partir do personagem, o telespectador realiza a crítica social que está por trás da novela. Essa característica de *A Indomada* nos permite pensar o quanto de contradição existe por dentro da própria obra e o número de recursos sintáticos que ativam o texto e provocam a chamada *polissemia*.

Elementos de composição que operam no nível da sonoridade

Músicas e canções

Na mediação videotécnica o emprego dos ritmos musicais tem, a princípio, duas funções básicas: ser coadjuvante na construção do apelo emotivo e identificar determinados personagens ou pares. No jargão técnico, a primeira função é marcada com o uso da chamada trilha incidental, que tem o objetivo de ficar como pano de fundo na construção do sentido pela imagem. A segunda função recebe o nome de trilha descritiva, e na telenovela as peças musicais são em grande parte canções.

A denúncia ao colonialismo que *A Indomada* realizou com o uso do *nordestês* ou do inglês *abainado* contou com o reforço de um aspecto importante da trilha sonora descritiva escolhida: uma seleção de músicas populares brasileiras. Nem todas as pessoas com quem trabalhamos nos diferentes lugares da recepção perceberam essa característica distintiva da trilha sonora de *A Indomada*. Na família de classe alta, que vive em um condomínio fechado, Paula, a filha, percebeu este detalhe: *As músicas eram bonitas. Aquela da Elba Ramalho, a da rosa vermelha (...) Acho que não tinha trilha internacional, tinha?* (Paula, família 4, EV).

Por outro lado, o batuque da zabumba com a gaita de fole (mais uma combinação neobarroca oferecida por essa novela), irritava seu João, dono da casa de periferia, pois a sobrinha não parava de tocar o CD: *Eu lembro da música da abertura da novela...Como é que era? Paracatu, paracatu, paracatu... Oh, Kely, isso já tá enchendo, Kely, e à noite na televisão, o dia inteiro, o dia inteiro. Ela começava a arrumar a casa e botava aquele CD* (João, família 2, EV).

Mesmo não sendo um fã de telenovela, e apesar das irritações provocadas pelo gosto da sobrinha, João nos oferece um bom exemplo de como os receptores detêm uma competência técnica na leitura da linguagem audiovisual. Vejam como ele identifica a função da trilha sonora: *A música? Tem música que conforme aparece o personagem vem aquela música. Mas eu não lembro de nenhuma não* (João, família 2, EV).

João não foi o único a demonstrar esse domínio; muitos de nossos entrevistados identificaram várias canções de acordo com o personagem, inclusive chamando a música pelos próprios nomes: a música de Dorothy e Artêmio, a música de Dinorah e Sérgio Murilo. De acordo com a evidência, esse tipo de estratégia de identificação faz parte do senso comum em função de ser tão utilizada nas novelas.

Os efeitos sonoros/ruídos

Como destacamos no início deste tópico sobre a mediação videotécnica, tudo contribui para se contar uma história. Todos os elementos de composição se somam em uma espécie de entrelaçamento na construção do sentido. A tarefa de acrescentar ruídos para pontuar determinados comportamentos dos personagens foi outro traço característico de *A Indomada*. E foram absolutamente marcantes.

O uso dessas onomatopéias (a reiteração de som ou ruído) não é uma novidade em telenovela brasileira. Sinhozinho Malta ficou famoso pelo chocalho dos guizos de cascavel na pulseira de seu relógio, bem como Zé das Medalhas e outros personagens da teledramaturgia da Rede Globo. Esse tipo de recurso sintático é fundamental na construção do *sentido metafórico* da linguagem. Assim, por exemplo, todas as vezes em que o som de águia pontuava o comportamento da vilã Altiva, tinha-se aí mais um elemento associado a outros na composição do perfil maldoso da personagem. No sentido metafórico a águia representa maldade, sagacidade, olhar insuperável de rapina.

O responsável pela criação desses ruídos foi Aroldo de Barros. Com os programas Sonic Solution e Audio Frame, o sonoplasta tem à sua disposição milhares de sons *"que são usados com precisão para construir a emoção de cada momento"* (revista *Contigo*, 1.133/97). Da mesma forma que os efeitos especiais foram amplamente discutidos, assim também ocorreu com os efeitos sonoros. Alguns telespectadores dominam tanto o objetivo quanto o sentido construído pelo efeito. Vejamos os seguintes exemplos:

Sempre que Altiva está tramando alguma coisa, vem aquele som de chocalho, de cobra cascavel. E o Pitágoras, então vem o rugido do leão do Norte... (Cristiane, família 3, EV)

Quando as pessoas falam *stop*!, sempre vem aquele pi-pi... o padre quando bebe e faz reverência a Deus, toca aquele sino... (Dantas, família 3, EV)

Tem umas batidas de prato, quando alguém vai falar com outra pessoa e dá um fora... faz assim: tóim... (Beatriz, família 4, EV)

Porém, recolhemos alguns exemplos que revelam telespectadores menos atentos a essa dimensão da linguagem, como a criança: *Eu lembro daquele stop! pi-pi... mas eu não entendi o porquê do pi-pi... E também a secretária do prefeito saía correndo e fazia aquele barulhão...* (João Paulo, família 2, EV).

Ao chegarmos a esta última etapa de nossa análise vamos identificar alguns elementos da sintaxe audiovisual que definem *espaços* de negociação em torno da construção dos significados. Já destacamos anteriormente que todos os elementos que operam na significação e na composição da linguagem são arbitrariamente utilizados, o que define a construção de espaços sintáticos que *deflagram* determinados sentidos.

Os resultados apresentados aqui foram obtidos principalmente com o auxílio de duas técnicas: a telenovela reeditada (TVN-R) e o grupo de discussão (GD). Com o uso dessas técnicas obtivemos um elenco de seqüências identificadas pelas famílias como sendo as mais significativas da novela. Ao todo, foram citadas 26 seqüências (uma média de seis por família). Nesse conjunto, uma delas − *Scarlet e Carolaine conversam sobre sexualidade* − foi mencionada por *todas* as famílias como sendo uma seqüência marcante. A seguir iremos discutir aspectos de sua sintaxe para buscar avanços na identificação dos nexos entre audiência e produção, nos quais identificamos a especificidade desta mediação.

Conforme revela a digitalização dessa seqüência (pp. 342-344), trata-se de uma gravação em estúdio, com o uso de aproximadamente cinco câmeras e com a participação de três atores e três atrizes. Não se caracteriza, portanto, como uma seqüência complicada em sua realização. Não há efeitos especiais, tampouco estratégias de alto custo, como gravações em externas com grande elenco, por exemplo. Trata-se de uma seqüência cujo conteúdo se ancora em uma *agenda político-social* (refere-se à descoberta do sexo pelos adolescentes, à contracepção e à prevenção de doenças sexualmente transmissíveis) e que se sustenta principalmente no uso do texto verbal. Obviamente, sua sustentação também se faz pela força da dramatização (trabalho de atores em planos e contraplanos fechados, o que confere verossimilhança às cenas). Esse recurso confere também um maior diálogo entre *tempo narrado e tempo vivido* pelo telespectador, fazendo com que a representação do cotidiano seja mais eficaz e, assim, tornando essa mediação mais efetiva.

Nas páginas a seguir vamos explicitar outros espaços de negociação identificados nesta pesquisa, aqui denominados de "operações de sentido".

Narrativa fantástica, realismo e naturalização

Apesar de termos apontado o *realismo* como uma das características mais fundamentais da mediação que se estabelece a partir da televisão, pudemos constatar que, com o trabalho de ficção televisiva seriada realizado com a telenovela *A Indomada*, houve uma incidência muito mais elevada de um outro mecanismo: a *naturalização*.

Não nos referimos aqui ao naturalismo em seu sentido clássico na teoria da estética que, conforme destaca Xavier (1977), estaria tipicamente representado pelo cinema-espetáculo, o que o diferenciaria do realismo, que implicaria um cinema capaz de apreender relações dialéticas graças ao processo básico da montagem.

Nossas referências se ancoram em autores que pensam o realismo na televisão, e nesta perspectiva compreendemos por realismo a estratégia de representação que busca reproduzir um sentido dominante de realidade (Fiske, 1991). Realismo, no sentido em que está sendo discutido aqui, diz respeito à expectativa de um efeito em função de determinada causa. Questionar o realismo representado através de um produto audiovisual significa indagar sobre as *convenções discursivas* que são utilizadas para construir determinada *realidade*.

O que acontece é que *A Indomada* foge muito dos padrões dominantes que definem uma telenovela como "realista". E aí o gênero narrativo desempenha um papel fundamental. Como se trata de uma narrativa fantástica, a trama está completamente aberta aos imponderáveis, que permitem que tudo possa acontecer naquela cidade fictícia. Por conseguinte, notamos um recorrente uso de alegorias, como, por exemplo: Eulália surge das águas como se fosse Iemanjá; velas se acendem pelo caminho promovendo o encontro entre dois amantes; rosas brotam de repente diante de uma lápide no cemitério; o delegado cai em um buraco, vai parar no Japão e volta casado com uma gueixa;

há noites em que a lua cheia se torna dupla; uma mulher come chocolates com laxantes e fica verde; e vários outros exemplos nos mostram que a telenovela estudada não é exatamente realista, mas sim uma narrativa fantástica em que o real se revela de maneira naturalizada (e não naturalista). A forma como as cenas são tecnicamente articuladas contribuem para a construção de um sentido *natural*. Natural, neste momento, significa representar uma situação absolutamente fantasiosa, ou qualquer representação em si, como se fosse o real. Nesse sentido julgamos pertinente sugerir que *A Indomada* é mais uma narrativa naturalizada do que realista.

Há que destacar que mesmo sendo uma narrativa fantástica, *A Indomada* pautou vários temas do cotidiano brasileiro, do contexto social, que de forma entrelaçada combinavam a magia da narrativa com temas do universo concreto e real dos brasileiros. Uma característica de agenda que confirma nossa discussão sobre os processos de reflexividade social da qual a telenovela também faz parte.

Metáfora, metonímia e hipérbole

O uso da metáfora e da metonímia é muito freqüente na linguagem audiovisual. Isso, entretanto, não é um privilégio da televisão. No cinema, por exemplo, o uso dessas figuras de linguagem pontua o momento em que o mesmo deixa de ser teatro filmado e passa a utilizar as potencialidades técnicas com maior identidade, por exemplo, articulando diferentes planos e tomadas. Na televisão, o uso desses recursos se justifica por razões técnicas e econômicas. Em primeiro lugar, a baixa definição da imagem de TV pede um uso maior de planos fechados; neste sentido, a substituição da "parte pelo todo" (*metonímia*) se torna uma aliada na busca de qualidade técnica para a própria imagem. É comum também, por exemplo, utilizar planos fechados para se evitar gastos com toda a ambientação que uma cena em plano aberto pode exigir. A metonímia é uma figura de linguagem que se revela mais freqüente na dimensão icônica do produto. Todas as vezes em que se privilegia a parte pelo todo na captação de uma imagem temos o uso metonímico. Porém, representar Greenville como um retrato do Brasil já é em si uma metáfora e uma metonímia.

A *metáfora* é outro recurso muito utilizado. Os comerciais abusam delas, principalmente como metáforas visuais. Há vários exemplos sobre como usar a metáfora no plano da imagem. Em *A Indomada* localizamos várias metáforas, que foram construídas em vários níveis sintáticos da linguagem. São exemplos: a concepção dos personagens, a caracterização, o próprio cenário, o texto verbal e o uso de determinados efeitos sonoros para identificar emoções. Em linhas gerais podemos dizer que a telenovela é uma grande metáfora das relações sociais. "Vamos assistir *A Indomada* e rir um pouco de nós mesmos", disse o diretor-geral do programa na sinopse de apresentação do produto.

As *hipérboles* dizem respeito ao exagero, ao excesso, e são utilizadas com freqüência nas comédias. Esses recursos foram amplamente identificados pelos receptores, o que apontou para a compreensão de que efetivamente existe um repertório compartilhado ou um contrato de recepção que se estabelece entre produtor e consumidor da obra.

Sobre a hipérbole, destacamos todos os excessos que deram identidade ao produto. São eles: a estética neobarroca a que nos referimos anteriormente, o uso do rococó na decoração dos interiores, o figurino excessivo, o texto verbal, a interpretação dos atores. Muito do que *A Indomada* nos mostrou era construído com base nos exageros. Fiske (1991) nos fala que o excesso opera na TV como um dos fortes mecanismos de abertura narrativa.

O tempo na narrativa da telenovela

Roger Silverstone (1996) já havia mencionado que a *soap opera*, na medida em que representa as utopias, distopias e problemas das cidades, atua como um "coro grego para os dramas da vida cotidiana". O que desejamos destacar aqui é que a telenovela não só encontra ressonância com as classes populares a partir da representação dos dramas do cotidiano, mas, também, por representar o tempo em diálogo com o tempo vivido pelo telespectador. Isso se torna evidente ao observarmos as formas como a telenovela integra as festas de fim de ano, eleições, carnaval etc. em suas narrativas.

O tempo representado, como nos fala Renata Pallottini (1998), é resolvido no interior de cada capítulo, podendo haver elipses que avancem anos na história em apenas poucos segundos. Mas o que queremos destacar é que as ações, justamente pelo fato de que a telenovela se estende por muitos meses, coincidem em grande parte com o tempo vivido pelo telespectador. Quando este tempo rompe com os limites definidos pelo contrato de recepção, o telespectador percebe e critica. Foi o que identificamos em algumas passagens nas discussões de grupo. A telenovela é, portanto, a representação do cotidiano. O enredo e a trama que envolvem os personagens representam a vida diária em determinado local e tempo. O nível de detalhamento do cotidiano se revela nas extensas cenas de representação das refeições em família, nos longos percursos de resoluções de conflitos dos mais variados. A própria característica de alongar a telenovela em sua fase intermediária ajuda nessa mediação do tempo, que acaba dialogando intensamente com o tempo vivido no interior do espaço doméstico pelos telespectadores.

O apelo emotivo

Guillermo Orozco (1991a) já havia identificado o apelo emotivo como uma das principais características da mediação videotécnica. Estamos reiterando sua hipótese pelo fato de que, na telenovela, o uso da técnica tem o objetivo muito evidente de construir as emoções que o gênero narrativo exige. Aqui a técnica opera de maneira muito evidente na construção dos ritmos, seja através do uso das câmeras, do texto verbal ou ainda do próprio ritmo da edição.

Falsidade e verossimilhança

Da mesma forma que o apelo emotivo, estes dois outros aspectos, verossimilhança e falsidade, haviam sido destacados por Guillermo Orozco como dimensões da mediação videotécnica. A questão que colocamos aqui é que, em nossa análise, os telespectadores criticaram a falsidade tanto quanto destacaram os momentos verossímeis. Para concluir e reiterar o que buscamos demonstrar, finalizamos com algumas falas de nossos entrevistados. Primeiro, um comentário sobre um fato que não estava no roteiro e, segundo, um comentário sobre a atuação de Eva Wilma em uma cena em que a personagem se vê obrigada a mentir:

> Eu achei até que o tombo foi legal, deu veracidade à cena. Quer dizer, ele ficou desesperado para tentar segurar o Artêmio... porque aquele tombo não estava na cena, isto é claro e notório. O que eu estou querendo dizer é que a cena me convenceu. Embora eu soubesse que ela era maquiavélica, e você via que ela até podia estar tentando inventar uma nova mentira (...) ela estava muito convincente mentindo. (Cristiane, família 3, GD)

Nessa segunda passagem as meninas da casa de periferia comentam o efeito especial que põe em movimento o espectro de Altiva sobre a cidade de Greenville.

> Ela apareceu estranho, né? De cabeça para baixo.
>
> Ela parecia que ia fazendo curva...
>
> Ela nem morreu direito e já apareceu no céu, nem queimou já estava no céu... A alma dela chegou muito rápido. (Juliana e Joana, família 2, GD)

Notas

1. O consumo destes meios é analisado nas sessões seguintes.

2. Similaridade de gosto por samba e pagode entre os três e de gosto por música sertaneja entre Xarlote e Joana.

3. Certamente isso também tem a ver com a oferta da indústria cultural que promove a música sertaneja "moderna" na atualidade.

4. Bourdieu, Appadurai e Ewen (1995), citados por García Canclini (1995).

5. Esta perspectiva no campo da psicologia presume uma abordagem bem direcionada às experiências individuais dos sujeitos sem obrigatoriamente levar em conta os contextos coletivos de referência.

6. Georg Simmel. *On individuality and social forms*. Chicago: University of Chicago Press. Apud Gilberto Velho, 1971, p. 234.

7. O princípio da autonomia, segundo Morin, supõe que todo organismo vivo depende do mundo externo para sobreviver. A vida é um sistema auto-organizador, que trabalha para construir e reconstruir sua autonomia, mantendo com o meio uma dependência energética e informativa: o ser vivo extrai informação do mundo exterior a fim de organizar seu comportamento.

8. Esta idéia de *máquina* não tem equivalência com a já conhecida dimensão mecânica de equipamentos, que são fechados sobre si mesmos e dependem de operações codificadas para interagir. O sentido de *máquina* está no poder da engrenagem, que Guattari pressupõe formada pela coexistência e articulação do aparato dos sistemas tecnológicos, dos sistemas e instituições sociais. Uma engrenagem formada a partir de evoluções históricas e que constitui uma espécie de *phylum*, que determina e classifica um lugar na escala. Assim concebidas, existem várias máquinas interagindo umas com as outras, segregando e disseminando subjetividades: máquinas tecnológicas (os sistemas de comunicação, informação, transporte) interagem com as máquinas sociais humanas (família, escola, igreja, exército, clubes, religiões) (Guattari, 1986:320).

9. Luís Cláudio M. Figueiredo. *Psicologia: uma introdução*. São Paulo: Educ, 1991 (Série Trilha).

10. Vera da Rocha Resende. *Tele-subjetivando através das telenovelas*. Tese de Doutorado. Psicologia Clínica. São Paulo: PUC-SP, 1996.

11. Uma reflexão mais ampla sobre gêneros ficcionais pode ser localizada em: Silvia Helena Simões Borelli. *Ação, suspense, emoção: literatura e cultura de massa no Brasil*. São Paulo, Estação Liberdade/Educ/Fapesp, 1996.

12. Dimensão esta já analisada na "Mediação subjetividade".

13. Ver, na seqüência, os referidos diagramas, contidos nas figuras nⁿs 1, 2, 3, 4, 5, 6, 7, 8, 9 e 10.

14. Ver "Entrevistas individuais de gêneros ficcionais" (EG).

15. A saber: observação etnográfica (OE); questionário de consumo (QC); entrevistas individuais: de subjetividade (ES), de gênero (EG) e videotécnica (EV); história de vida (HV); história de vida cultural (HC); grupo de discussão (GD).

16. Vale reiterar que os critérios de seleção dos códigos criados para a análise dos dados da mediação "gêneros ficcionais", no *WinMax*, foram retirados, por exemplo, de qualificações como esta, acima descrita, sobre o melodrama.

17. Vale a pena observar que, a partir deste momento, o texto relaciona, indistintamente, a narrativa da telenovela à narrativa dos receptores, respondendo ao desafio de realização do princípio contido na proposta metodológica, ou seja, o da articulação permanente entre duas narrativas: a do receptor e a da telenovela.

18. A análise detalhada das quatro seqüências *híbridas* será retomada, posteriormente, em "Gêneros ficcionais: entrelaçamentos".

19. Ver a descrição técnica desta cena em "A mediação videotécnica".

20. Adotou-se para esta pesquisa a terminologia "narrativa fantástica", de acordo com a indicação de Todorov (1975).

21. Esta visão de dissolução do centro e da busca das margens explica, de certa forma, as influências que motivaram Martín-Barbero a refletir sobre as formas populares de cultura na América Latina e que, conseqüentemente, foram também importantes para a presente pesquisa sobre telenovela.

22. A obra de Anthony Giddens começa a ser cada vez mais referenciada nos estudos de recepção e de hermenêutica crítica. Não tanto no Brasil, mas principalmente nos estudos de teóricos da recepção e teóricos da mídia de outros países. Dentre eles podemos destacar James Lull, Klaus Jensen, Roger Silverstone e John Thompson. Consideramos a *teoria da estruturação* um *construto* muito importante para os estudos de audiências e mediações.

23. Os depoimento apresentados nesta parte são de: Marcelo Paranhos, diretor de produção do Projac/Central Globo de Produção; Marcos Paulo, diretor da telenovela *A Indomada*; e Flávio Nascimento, gerente de produção da mesma telenovela. Todos foram recolhidos em entrevistas concedidas em janeiro de 1999, nas dependências do próprio Projac/Rede Globo de Televisão, Rio de Janeiro.

24. Por implantação, os produtores se referem às três primeiras semanas de veiculação, tempo em que se consolida o fluxo da narrativa.

25. Sobre as definições de movimentos de câmera veja o item "Os três códigos de significação", na seqüência deste texto.

26. A análise de fluxo do capítulo é uma técnica sugerida por Raymond Williams (1975) e que pressupõe o entendimento da narratividade televisual em encadeamento contínuo. Esta técnica foi apresentada e discutida na primeira parte deste trabalho, no capítulo sobre o desenho multimetodológico deste projeto de pesquisa.

Considerações finais

Diante da complexidade e da densidade desta trajetória, vale a pena ressaltar que as considerações finais tanto podem ser lidas no interior de cada uma das mediações, como também este conjunto compõe uma totalidade capaz de dar conta dos vários aspectos envolvidos na proposta teórico-metodológica aqui apresentada. Ou seja, se olhássemos para dentro de um caleidoscópio, cada mediação – com sua cor e formato – seria, ao mesmo tempo, fragmento e totalidade; mas não uma totalidade acabada, já que outros cacos de cores e formas diversos poderiam invadir este conjunto construindo um cenário mutante em que se alternam narrativas da telenovela e narrativas dos receptores.

Em termos da mediação cotidiano familiar, a exploração metodológica permitiu uma rica composição do objeto empírico a partir do material coletado. O cotidiano vivido pela família não foi abordado somente em sua configuração no momento de realização da pesquisa, já que a aplicação de técnicas tradicionais permitiu uma abordagem mais aprofundada que reconstituiu os diferentes tipos de cotidiano das famílias e dos sujeitos no tempo. Essa análise possibilitou esclarecer aspectos complexos da mediação, relacionando temporalidades e permitindo estruturar o "palimpsesto cotidiano", tanto nos seus aspectos residuais quanto em suas manifestações de distinção.

A telenovela propõe uma agenda temática que, por diferentes mecanismos, insere-se no cotidiano dos telespectadores; ou seja, as questões colocadas pela telenovela passam a ser consideradas de interesse público. No caso de *A Indomada*, a problemática da mulher na sociedade foi tratada, por exemplo, a partir de vários tipos de personagens, situações e conflitos que, sutilmente, questionam a sociedade *machista*; a corrupção política recebeu um tratamento humorístico que ridicularizava o *populismo* e o *coronelismo*.

Esses temas, entre outros, expressam a presença do socialreal na telenovela, ainda que este seja lido pelos receptores mediante múltiplos deslocamentos de sentido. O uso da telenovela depende, assim, da dimensão simbólica configurada por cada grupo e cada sujeito; as lógicas dos usos superam os limites de classe social e respondem a demandas próprias do universo psíquico, do gênero, da geração e do perfil ideológico. Entretanto, independentemente do sentido construído por cada grupo ou pessoa, observamos um *repertório compartilhado*, uma espécie de agenda de temas comuns considerados importantes por todas as famílias. A telenovela coloca modelos de comportamento por meio das personagens que apresenta, e tais personagens servem para o debate, a interpretação, a crítica, a projeção ou a rejeição dos públicos.

Ainda em relação à agenda temática, encontramos na telenovela *A Indomada* propostas sobre formas de vida diferenciadas do comum das relações sociais atuais. Como exemplo, podemos citar o tratamento das formas de relacionamento sexual, em geral mais aberto e flexível que o considerado correto pela maioria dos grupos sociais. Por outro lado, a telenovela estudada mostrou representações sobre os políticos e a polícia que são compartidas no seu sentido crítico com os telespectadores; dessa forma, o humor, a paródia, a burla do poder como formas seculares do *melodrama* estiveram presentes na obra e provocaram uma constante empatia nos receptores: a personagem Altiva, por exemplo, cativava pela combinação de humor e maldade; as gargalhadas, momentos de tensão e dor intercalavam-se num jogo ambíguo de enunciados, emoções e sensações.

Entre outras tendências, observamos que um alto grau de exposição a telenovelas não significa, necessariamente, baixos níveis de politização ou de análise crítica. Por mais que a reprodução da imagem seja planejada pelo emissor, a telenovela mostra aspectos e questões da realidade que são apropriados pelos receptores a partir de seus próprios repertórios. Assim, a lógica da produção não pode ser compreendida a partir de uma correspondência mecânica com as lógicas de recepção, mas sim de forma dinâmica e intercambiante. Desse modo, comprovamos a presença de elementos de composição do *imaginário contemporâneo* tanto em famílias de classe média, quanto nas de classe popular. Como exemplo, podemos citar papéis desempenhados pelas mulheres na sociedade (empresária, juíza, prefeita, administradora da família, profissional liberal) como amplamente aceitos por todos os grupos pesquisados.

A relação dos integrantes das famílias com a telenovela – através da qual se conformou uma competência e um domínio da matriz do gênero –, mais do que individual, tem sido historicamente configurada; entretanto, esta relação é mais intensa e a competência mais consolidada no caso das famílias de classe popular. Nelas, para as mulheres da geração adulta, a competência e o domínio da matriz do gênero se constituíram historicamente também na relação com outros meios: o rádio (radionovelas), as revistas (fotonovelas), os livros de consumo popular (de histórias policiais e de faroeste). Nas famílias de classe popular, pudemos perceber, ainda, uma forte matriz narrativa *melodramática*, identificada por meio das *histórias de família* e das *histórias de vida cultural* dessas pessoas: tanto a narração das cenas que assistiam na telenovela quanto a narração de suas vidas pessoais são construídas mediante dispositivos desse modelo cultural. Ainda assim, podemos afirmar que as matrizes culturais populares têm uma profunda inserção nos diferentes tipos de família: nas famílias de favela e de periferia há um relacionamento explícito, reconhecido e emotivo; nas famílias de apartamento e de condomínio fechado há um relacionamento mais *racionalizado*, latente e contraditório.

Todas as famílias e seus membros – portanto de diferentes classes, gênero e gerações – relacionam-se em maior ou menor grau com o universo da telenovela por meio dos consumos musical, de rádio e seus programas, de revistas e de outros programas de TV. Nesse sentido, encontramos uma relação de menor intensidade e significação apenas na família de classe média alta.

Nas duas famílias populares e na família de classe média a narrativa da telenovela circula pelas redes de convivência social, sendo objeto de negociação e de apropriações na família (em todas elas), na família extensa (na família de periferia), na vizinhança (na família de periferia), nos grupos de amizade e escolares (nas famílias de favela, de periferia e de classe média), nas relações de trabalho (na família de classe média) e da igreja (na família de periferia). Na família de classe média alta esse tipo de circulação só foi identificado internamente à família, e ainda assim de forma mais restrita do que nas outras.

As diferentes condições de classe e a conseqüente distinção de consumos culturais condicionou também a intensidade de assistência de telenovelas. Já que alternativas de lazer e de consumo cultural caras estão vedadas às famílias de favela e de periferia, no seu dia-a-dia a alternativa possível de entretenimento é a televisão. Os altos níveis de violência nas regiões de favela e de periferia também limitam o consumo cultural ao interior da moradia. Um fato a ser destacado é que, durante a pesquisa, tiroteios, chacinas e assassinatos foram comuns; o cotidiano de medo e insegurança era, assim, equilibrado com humor, erotismo, magia e heroísmo presentes nas telenovelas.

A mediação do cotidiano, da realidade vivida por cada sujeito pesquisado, marca significativamente as leituras da telenovela. As opiniões sobre trabalho, política, condições econômicas, sexualidade, religião e educação mostraram a mediação profunda dos esquemas e dispositivos adquiridos e construídos durante a vida das pessoas; portanto, os modelos propostos pela telenovela têm como mediação crucial o *habitus* de cada grupo familiar. Nesse sentido, a pesquisa verificou a existência de matrizes de representação de classe, de gênero e de religião. Ou seja, cada grupo familiar (*classe*) configura um "palimpsesto cotidiano" que depende da competência cultural e de suas características socioeconômicas. As horas de exposição, o tipo de programa, as emissoras selecionadas, dependem de características próprias de cada família e de cada pessoa.

Em relação à subjetividade, longe da proposta de se criar um campo específico para que a psicologia e os psicólogos dela se ocupem como mediação na recepção, com este trabalho foi possível estabelecer passos iniciais para a integração teórica de projetos multidisciplinares. Aliar o instrumental teórico-metodológico da psicologia aos instrumentos de procedimento de estudos da comunicação possibilitou encontrar pistas para penetrar o universo do receptor sem que ele tivesse que ser abordado na perspectiva tradicional do método psicológico.

Indiscutivelmente, a telenovela penetra na vida e no cotidiano das pessoas; a principal contribuição da psicologia no estudo da mediação é detectar o *locus* desta intervenção e o modo como a interação indivíduo e grupo social atravessa-a e é por ela atravessada.

O estudo parte do princípio de que a subjetividade não se limita à memória, inteligência, sensibilidade, afetos, emoções e fantasias: tem de ser pensada como um processo que articula estas experiências internas com as experiências externas datadas. A subjetividade se constrói historicamente através de componentes heterogêneos humanos, sociais e tecnológicos que se manifestam na família, nas instituições sociais e educacionais, no meio ambiente e nos meios de comunicação. Pensar *subjetividade* como mediação requer que se ultrapasse essa definição para dar conta também do processo subjetivo que, implícita ou explicitamente, integra as categorias explicativas no campo de estudos da comunicação.

A principal aquisição metodológica, revelada na possibilidade de se extraírem dados de subjetividade nos protocolos de outras mediações, tem um campo de abrangência limitado. Cada análise é única e singular; pode oferecer indicadores de mecanismos ou componentes subjetivos que atuam na interação do receptor com os meios, mas estes não se repetem porque dependem de afeto, sonho, desejos e experiências de vida de cada um. Do ponto de vista teórico, o trabalho também não é conclusivo. Destacam-se aspectos particulares da relação do homem com o ambiente, mediada pela televisão, com base nas hipóteses originais que orientaram o estudo.

A hipótese da *modernização tardia* afirma a telenovela como gênero representativo por combinar o arcaico e o moderno (produto cultural híbrido). A coexistência de experiências culturais atreladas a valores tradicionais, a contrapelo de valores modernos, proclama mudança de mentalidades. Esse processo é lento e constitui fonte de conflitos. O questionamento do processo de modernização em andamento, dentro e fora da telenovela, talvez seja o efeito subjetivo mais evidente na recepção, não de modo isolado e linear, mas atravessando e sendo atravessado por outras formas de experiência, como a de contar com a presença do aparelho de televisão no ambiente doméstico. Introduz inovações na interação familiar e, ao contrário do que continuamente se tem postulado, a televisão pode, em algumas circunstâncias, ter funções positivas na dinâmica familiar. Opera como fator de redução da distância entre gerações, alivia diferenças e facilita o entendimento entre os envolvidos, desde que estejam abertos para a comunicação. Em face das dificuldades econômicas, que distanciam o grupo familiar dos bens culturais e de consumo, com deterioração da qualidade de vida, a televisão tem um papel específico: o de preencher o vazio criado pelo cotidiano da vida urbana e, ao mesmo tempo, desencadear a comunicação interna já prejudicada pela exaustiva rotina de trabalho. Com certa freqüência, a televisão constitui motivo para reunir a família em um único espaço físico; talvez este possa ser o principal ganho revelado na interação família/televisão.

A novela cria espaços de discussão sobre novos valores, embora não consiga equacioná-los com os valores antigos. A realidade, com seus problemas políticos, econômicos e sociais, que repercutem no cotidiano atingindo a vida, o trabalho, a moradia de cada um, enfocada diariamente nos jornais e revistas, submerge na tele-realidade – o mundo de informações e discussões sobre telenovelas que ocupa pequeno espaço nos grandes jornais e revistas, e grande espaço na vida do telespectador.

O que promove tal inversão? A pessoa *cresce* se nutrindo e se saciando de informações novelísticas, e tem a ilusão de *poder participar* de um sistema do qual ela se sente excluída. Diante de um universo cultural carente, a apropriação da telenovela ultrapassa a dimensão do lazer, impregna as rotinas de vida de tal maneira que o receptor já não a percebe como opção de divertimento. Jovens e crianças sem acesso a outras formas de diversão e cultura podem deslocar o eixo de interesse e transformar a programação de telenovela em campo de domínio e conhecimento, até como afirmação pessoal diante do grupo. Cabe então à sociedade criar alternativas e colocar-lhes ao alcance. Concretamente, crises derivam do processo em que o *moderno* emerge mesclado por resíduos do *arcaico*. O anseio da convivência igualitária de gênero e de gerações, amplamente mostrada na novela, põe em risco referenciais de identidade individual – principalmente os estabelecidos por sexo e idade – que não se modificam, grudados que estão na identidade biológica. Essa transição é marcada pela dificuldade para assumir atitude coerente com os discursos que proliferam dentro e fora da novela. O impasse lança o espectador numa espécie de anestesia mental que o impede de avaliar o momento e as questões que atingem a sociedade de forma mais ampla. Apesar das preocupações morais e éticas, reveladas em alguns protocolos, não se verifica nos relatos dos entrevistados qualquer observação sobre problemas importantes presentes na pauta das discussões sociais, como, por exemplo, o posicionamento da personagem Helena contra o trabalho infantil. O tema não despertou para o fato de que, ainda na infância, ela foi coagida a assumir o compromisso de casar-se com Teobaldo: a menina funcionou como moeda de pagamento dos Mendonça de Albuquerque. Embora a história da família comporte o arranjo de casamentos com os parceiros, ainda em plena infância, deve-se notar que todas as construções arcaicas foram desmontadas na novela, através da própria narrativa, porém essa questão não foi retomada nem pelos personagens nem pelos entrevistados, ficando subentendido o consentimento de um tipo de dominação do adulto sobre a criança.

Com base na hipótese de *consenso de sentido*, segundo a qual repertório compartilhado não significa consenso de sentido, mas antes luta pela interpretação mais legítima do sentido, voltamos a atenção para a questão da programação veiculada pela televisão, que passa a fazer parte do ambiente. Como os demais objetos, ela está fora do sujeito e é por ele sentida como parte do real; mesmo quando permite devaneios e seus conteúdos são associados à história de vida individual, é como experiência a ser compartilhada que dá sentido à existência. Adquire outras significações segundo a maneira como o sujeito envolvido começa a colocar sentido em suas produções imaginárias. O entendimento do real passa antes pelo entendimento do mundo e de seus elementos: aprendemos a nomear as coisas e a ver como se processam para construir com elas uma rede de relações.

A análise nos leva a pensar a produção da subjetividade através da relação que o espectador estabelece com a tela; mutações produzidas no nível da sensibilidade e da percepção (Resende, 1995). No nível da percepção, a telenovela torna-se, diria Virillo, "superfície de trocas". O limite da tela torna-se *comutação*, passagem, trânsito constante da atividade de trocas incessantes. O processo se dá através da "superfície-limite", em operação semelhante ao mata-borrão, em que *"(...) a aparência das superfícies esconde uma transparência secreta, uma espessura sem espessura..."* (Virilio, 1993:13). A telenovela faz com que a "transparência" de que fala Virilio reorganize a aparência e a medida do mundo sensível, sua figura, sua forma-imagem. Ou seja, a transparência televisada substitui a aparência do olhar direto; ela dá existência ao que não existe e vice-versa. A interface da telenovela dá lugar à complexa regulação de trocas, à forte experimentação de controle, de vigilância, mas também de fugas. A tela, como superfície-limite, permite novo acesso a novos espaços, à realidade mais ampla de produção social da subjetividade.

É assim que pilares invisíveis sustentam tramas, sempre em dois universos diametralmente opostos. Na visão apoiada na dicotomia de mundos nosso olhar se dirige para a dualidade. Opera cada síntese em esferas apartadas: uma que preenche o universo do segmento-dominado trabalhador-povo, com pequenos fatos cotidianos, sem qualquer destaque, que possam ativar desejos e emoções; outra, que faz transbordar o mundo interessante do segmento-dominante executivo-empresário, proprietário da terra, autoridades, representantes da ordem instituída. O dualismo se faz medida e referência das coisas. Está implícito na forte polarização entre classes sociais, entre gêneros, entre valores de bem e de mal, entre virtude e vício, entre natureza e cultura, trabalho e lazer, desenvolvimento urbano e idealização do contexto rural, ou litorâneo. Os personagens que flutuam no espaço eletrônico suscitam identificações, impregnam sonhos, devaneios e releituras imprevisíveis.

A transparência televisiva substitui a aparência do olhar direto, em que as percepções imediatas tornam-se recepção. Recepção não é apenas etapa, ponto definitivo de chegada: ela reconstitui novos lugares, num processo de intercâmbio. A *interfachada* das telas de controle, o que aí se passa, começa no Jardim Botânico e chega em cada *telelocal*, mas aí desencadeia novos começos. Vale dizer, lado a lado à Central Globo de Produção de telenovelas há uma descentralizada reprodução domiciliar de *estórias-histórias*. Vidas de personagens se entrecruzam; entrecruzam-se estórias de vida dos personagens das telenovelas com as histórias de vida dos telespectadores. Cada um embebe a vida do outro, em processo de mútua exposição.

Quanto ao gênero ficcional, a telenovela *A Indomada* não suscita projeções e identificações privilegiadas por parte dos receptores apenas naquilo que diz respeito a seu conteúdo melodramático, como tradicionalmente se pode constatar na história da telenovela no Brasil e na América Latina. As personagens centrais da teia do melodrama – Teobaldo e Helena, ou mesmo Artêmio, expressão do segredo da paternidade desconhecida – foram obliteradas por personagens e tramas de outros territórios de ficcionalidade: o receptor identificou-se mais com a vivacidade e a atmosfera erótica que cerca Scarlet, ainda que Altiva – a típica vilã melodramática e cômica – tenha alcançado um alto índice de preferência entre as pessoas envolvidas nesta pesquisa.

Sustentamos o princípio do gênero como matriz cultural híbrida e como produto da cultura popular de massa. Além disso, confirmamos o pressuposto teórico sobre a existência de uma convenção, de um contrato de leitura, ou melhor, de um *pacto de recepção* que prevê que o leitor/espectador mergulhe no fascínio das narrativas, histórias, enredos, façanhas e personagens, reconhecendo esse ou aquele gênero, falando sobre suas especificidades (competência textual narrativa), mesmo que ignore as regras de sua produção, gramática e funcionamento: um *repertório compartilhado*.

Constatamos certo caráter de universalidade do gênero ficcional, decifrado como tal pelas distintas famílias. Entretanto, observamos também algumas apropriações particulares que foram mencionadas no decorrer da análise.

Impossível alcançar um bom resultado capaz de articular as duas narrativas – a da telenovela e a dos receptores – sem que se processasse a *mélange* crítica de todas as experiências metodológicas de pesquisas de recepção já realizadas. Dessa forma, o uso de tantos instrumentos e de tantas formas de abordar o receptor foi fundamental. A mediação gênero ficcional jamais teria conseguido chegar aos resultados obtidos utilizando-se apenas da entrevista de gênero. Ainda que este instrumento tenha se revelado fundamental, porque construído e testado especialmente para o objetivo a que se propunha, a apropriação de outros recursos tornou-se imprescindível: questionário de consumo, entrevistas individuais (de subjetividade e de gênero), história de vida, história de vida cultural e grupos de discussão.

Apresentamos algumas considerações que resultam da interpretação em relação às variáveis de gênero (masculino/feminino) e geração. Confirmamos a existência de um discurso reservado sobre sexo e sexualidade, que implica determinada concepção de erotismo. Essa evidência muda muito pouco entre os diferentes segmentos: nas variadas famílias, na relação masculino/feminino, entre as gerações. É óbvio que os jovens, e mesmo as crianças, têm uma concepção mais flexível quanto aos limites da realização do desejo e da sexualidade; e isto parece independer das hierarquias sociais que separam as famílias, como pudemos perceber nos relatos das adolescentes das *famílias 2* e *4* (casa autoconstruída na periferia de São Paulo e casa em bairro de classe média alta), e até mesmo na narrativa de uma garota da *família 3* (casa em bairro de classe média).

Entretanto, o que realmente se destaca na análise do gênero ficcional é esta capacidade que os territórios de ficcionalidade têm de construir um imaginário coletivo e articular, ficcionalmente, os fragmentos que compõem os imaginários particulares tanto de produtores quanto de receptores. Além disso, os territórios de ficcionalidade são fundamentais na constituição dos padrões narrativos da indústria cultural porque relacionam matrizes populares e modelos de produção massiva. O gênero ficcional é, sem dúvida, um dos grandes elementos de mediação para as pesquisas de recepção.

As análises de textualidades audiovisuais no sentido proposto pela mediação videotécnica podem avançar muito se estiverem atentas e articuladas aos fatores organizacionais que definem a produção do programa (produto). Esta perspectiva tem por objetivo verificar uma dialética que identifica as tensões no seio da produção, pois, na medida em que há fatores limitadores, há também espaço para a criação. Verificamos ainda em que medida a produção é pautada por demandas que emergem do tecido social. Identificamos que a televisão atua como coadjuvante no processo maior da reflexividade social. Isto contribui para a superação de análises deterministas.

O estudo da mediação videotécnica nos permitiu identificar elementos de composição de linguagem que *deflagram* determinados sentidos e constituem um *repertório* que é compartilhado entre os sujeitos da produção e do consumo. Definimos este movimento de negociação em torno dos significados de "operações de sentido" e analisamos como tais operações se processam na prática.

Foi possível identificar alguns aspectos que definem um *repertório compartilhado,* como, por exemplo, o tempo da narrativa estar em diálogo com o tempo vivido pelo telespectador, além das representações em função da utilização de planos médios e primeiros planos das pessoas interagindo. Portanto, não é apenas o gênero narrativo que possibilita a construção de uma competência gramatical, mas também o formato próprio para a tela pequena. O *pacto de recepção* se estabelece, também, a partir de determinadas operações sintáticas, tais como ritmo da ação dramática, músicas, efeitos especiais.

O estudo da videotécnica como uma mediação nos permitiu avançar em vários aspectos relativos aos estudos sobre televisão e consumo cultural. Dentre eles, destacamos as tendências descritas a seguir.

Foi possível avançar na identificação de referências teórico-metodológicas que nos informam sobre o produto audiovisual para a televisão. Dessa forma, não nos ancoramos apenas na decupagem clássica do cinema e de seus elementos de significação, mas sim partimos de autores que problematizam os mecanismos de significação que se desencadeiam a partir da pequena tela da TV, bem como os mecanismos técnicos que estão por trás da tela, na esfera propriamente da produção. Foi possível verificar que mesmo o maior aparato e capital tecnológico se torna vulnerável diante da leitura do receptor. Um exemplo emblemático para esta mediação foi o relato da seqüência em que o personagem Emanuel vira anjo e sobe aos céus. O fato de ouvirmos tanto o diretor da cena como o menino morador da periferia revelou que as articulações entre significado e poder são difusas e complexas. O menino da *família 2*, através de seu olhar, desconstruiu a credibilidade, a verossimilhança e o sentido da cena tão poderosamente realizada pela emissora. Esses dados de contraleituras demonstram que o consumo cultural está longe de ser uníssono, e que o poder da leitura simbólica desafia o poder dos produtores e seu capital tecnológico e econômico.

A análise da mediação videotécnica junto aos receptores apontou índices de que as leituras são seletivas. Os elementos de significação são eleitos a partir do contexto de interação e vivência dos receptores, sendo possível inferir que as leituras dos elementos de composição cênica e de caracterização de personagens estão em diálogo com o contexto cultural imediato em que os telespectadores vivem o seu cotidiano.

A competência na análise realizada pelos telespectadores sobre a mediação videotécnica revela que há um conhecimento leigo que supõe uma alfabetização na linguagem audiovisual. Os telespectadores conhecem o uso da linguagem e da técnica de produção, ainda que utilizem de conceitos *populares* para definir o *conhecimento perito*. Há um diálogo familiar com respeito à técnica, um repertório compartilhado entre produção e consumo; quando a produção não atende às expectativas do telespectador é facilmente criticada e rejeitada pelos consumidores. A técnica é muito importante na mediação dos conteúdos, sendo co-autora na construção dos sentidos, e dá forma ao gênero narrativo. Seu estudo e aprofundamento, sobretudo no campo da televisão e novas tecnologias digitais, continuam sendo importantes, e mesmo que haja caminhos já trilhados devemos continuar nossas buscas com relação a esta investigação.

Com respeito à analise da mediação videotécnica, a condição de classe não se revelou, em hipótese alguma, um fator limitador da criticidade. Pelo contrário, as mulheres de classes populares se mostraram profundamente engajadas em suas realidades, estabelecendo freqüentes conexões entre seus contextos materiais imediatos e as representações do cotidiano na telenovela.

Sobre a produção, nossa experiência revelou que o processo de codificação de uma mensagem atravessa várias etapas de significação, que se sobrepõem e geram novos sentidos em um percurso muito próximo ao que foi destacado por Hall em seu texto "Encoding, decoding" (1981). Desde a concepção inicial da emissora, passando pela elaboração do autor, pelas caracterizações materiais (figurinos, cenários etc.), a significação se transforma ainda na atuação por parte dos atores e ganha o tom final com base na concepção do diretor. Em meio a todas essas etapas abrem-se espaços de criação que respondem ao que Giddens (1987) chama de "estruturação na esfera da produção". Uma dialética que demonstra que a negociação acontece também no terreno da produção, e não apenas na esfera do consumo.

Agentes sociais estruturalmente diferenciados possuem um domínio com relação ao uso e aplicação das técnicas audiovisuais utilizadas na construção de representações. O que não deve nos conduzir a interpretações mecanicistas e deterministas com relação à posição de classe. A competência técnica na leitura revelou que agentes sociais de classes populares dominam os códigos de significação audiovisuais com notada competência, ainda que leiga e não-perita.

Ao final do percurso, que esperamos possa significar o começo de novas trajetórias, podemos afirmar que o objetivo central deste trabalho busca responder à insatisfação com a operacionalização metodológica que ainda resulta da perspectiva teórica das mediações. A proposta de elaboração de uma *exploração metodológica* na recepção da telenovela *A Indomada* mobilizou esforços, tanto no sentido de uma concepção multidisciplinar e multimetodológica, como de sua aplicação. Por isso, tentamos fundamentar e explicitar as decisões e opções tomadas

379

ao longo de cada fase da pesquisa e fazer, sobretudo, um relato minucioso do emprego de cada técnica, além de uma reflexão detida sobre a experiência de campo e de tratamento dos dados.

Podemos, portanto, afirmar que nosso primeiro resultado diz respeito à elaboração de uma *proposta metodológica concreta para as pesquisas de recepção*. Ajustá-la, adaptá-la, modificá-la, é o que agora se espera de novas experiências de pesquisa. Conforme verificamos, são poucas as pesquisas sobre mediações no país, e isso se deve à complexidade desta perspectiva teórica. Temos, portanto, a expectativa de poder contribuir para alavancar outras pesquisas nessa mesma direção.

A combinação de seis técnicas (*questionário de consumo, entrevista temática, história de vida, história de vida cultural, grupo de discussão, observação etnográfica*) no mapeamento das famílias possibilitou confrontar os dados construídos, comparando, várias vezes, uma mesma informação e permitindo apurar as diferentes questões estudadas. Dessa forma, aplicamos uma estratégia metodológica que permitiu a adaptação das equipes de pesquisadores às diferentes *situações de interação* e cumpriu o objetivo epistemológico de *saturar de sentido* o objeto de investigação.

A experiência desta pesquisa de recepção comprovou a necessidade de um exaustivo trabalho de campo, capaz de acompanhar, durante vários meses, o cotidiano dos grupos estudados, cenário natural de contato com a telenovela. No sentido de garantir uma boa relação entre pesquisados e pesquisadores, tornou-se necessário filtrar as interferências causadas pela presença do pesquisador – afinal, um estranho no ninho! –, de forma que fosse possível atingir um grau satisfatório de proximidade/distanciamento, um dos objetivos básicos do protocolo metodológico.

O objeto telenovela, assim como outros de tal complexidade, exige uma observação sistemática e um nível de detalhamento no trabalho de campo que seja capaz de articular a narrativa ficcional com o cotidiano familiar. Reitera-se, portanto, a importância da aplicação de múltiplas técnicas, que foram capazes de captar os movimentos sincrônicos e diacrônicos tanto do cotidiano quanto da narrativa: conotações, contradições, discursos reflexivos, configurações ideológicas.

Enfatizamos, ainda, que a exigência do uso de várias técnicas não se reduz a um problema quantitativo, mas expressa pontos de vista diversos contidos em diferentes abordagens teóricas e metodológicas. Estudar um objeto complexo como a telenovela – e, mais do que isso, incorporar a esta análise a dimensão da recepção – supõe a utilização de vários referenciais, e não apenas de técnicas quantitativa e descritiva, recorrentes em pesquisas de audiência. Demanda compreender as subjetividades, pensar/repensar as especificidades da linguagem televisiva, dar conta dos territórios de ficcionalidade e dialogar com as técnicas de pesquisa e coleta de dados peculiares a cada um destes campos.

Dessa forma, ao lançar mão do programa *WinMax*, demonstramos as potencialidades de utilização de *softwares* para análise e interpretação qualitativa dos dados, em pesquisas desta dimensão. O programa permitiu codificar a enorme diversidade de informações resultante da aplicação das inúmeras técnicas, facilitando e agilizando a análise. Recursos como este, desde que integrados de maneira reflexiva aos referenciais teóricos e metodológicos, são, sem dúvida, bastante úteis.

Outro ponto a ser destacado, e que retoma um dos objetivos fundamentais deste trabalho, diz respeito à demonstração do *modus operandi* das mediações no processo de recepção da telenovela. *Operar* é o termo, porque mediações são dispositivos embutidos em práticas cotidianas e midiáticas. Isto nos permite afirmar que o grande desafio foi o de desvendar as articulações contidas, ao mesmo tempo, na narrativa da telenovela, no cotidiano e na narrativa que os receptores dela fazem.

Assim, o que na verdade aqui se propôs – e esperamos ter realizado – foi a reconstrução de um diálogo mais amplo com diferentes concepções teóricas para a análise dos produtos midiáticos, assim como uma interlocução mais específica com pesquisas internacionais e latino-americanas de recepção. Esta tradição, que busca no cotidiano e nas mediações sua possibilidade de realização, pode ser embrionariamente localizada na reflexão dos estudos culturais ingleses, que atravessou fronteiras e foi sendo apropriada por algumas tendências, grupos e pesquisadores; ela aporta na América Latina, colaborando na

381

ampliação e consolidação de um diálogo entre o campo das comunicações e as áreas das ciências sociais, psicologia, lingüística, literatura, entre outras.

Na América Latina, esta experiência traduziu-se no que aqui destacamos como a teoria das mediações. Nossa proposta foi, então, a de construir uma estratégia metodológica capaz de testar, confirmar, *operar*, enfim, as alternativas e possibilidades de tradução dos referenciais teóricos em práticas de pesquisa.

O que nos parece ainda importante ressaltar é que, ao realizar uma pesquisa de recepção, estamos assumindo, do ponto de vista teórico, uma visão de conjunto: focar, sim, o receptor, sem nunca deixar de lado o lugar ocupado pelos produtores e pelas particularidades dos produtos envolvidos numa análise de tal envergadura. É o receptor mergulhado numa complexa rede de relações e é a recepção compreendida como uma perspectiva para se pensar o processo de comunicação.

Bibliografia

AGUIAR E SILVA, Vitor Manuel (1968). *Teoria da literatura*. 2ª ed. Coimbra: Almedina.

ALASUUTARI, Pertti (1995). *Qualitative method and cultural studies*. Londres: Sage.

ALMEIDA, Angela Mendes de (1987). *Pensando a família no Brasil. Da colônia à modernidade*. Rio de Janeiro: Espaço-Tempo.

ALTAMIRANO, Carlos & SARLO, Beatriz (1983). *Literatura/sociedad*. Buenos Aires: Hachette.

ALTMAN, Rick (1984). A semantic/syntatic approach to film genres. *Cinema Journal 23*, nº 3.

_____ (1987). *The American film musical*. Bloomington: Indiana University Press.

ANDREW, Dudley (1984). *Concepts in film theory*. Londres: Oxford Press.

BAKHTIN, Mikhail (1979). *Marxismo e filosofia da linguagem*. São Paulo: Hucitec.

_____ (1981). *Problemas da poética em Dostoiévski*. Rio de Janeiro: Forense Universitária.

_____ (1987). *A cultura popular na Idade Média e no Renascimento*. São Paulo/Brasília: Hucitec/UnB.

BALANDIER, Georges (1977). *Antropo-Lógicas*. São Paulo: Cultrix/Edusp.

BALOGH, Ana Maria (1996). *Conjunções, disjunções, transmutações: da literatura ao cinema e à TV*. São Paulo: Annablume/ECA-USP.

BATAILLE, Georges (1968). *Las lágrimas de Eros*. Barcelona: Signos.

BENJAMIN, Walter (1985). *Obras escolhidas I*. São Paulo: Brasiliense.

_____ (1987). *Obras escolhidas II*. São Paulo: Brasiliense.

_____ (1989). *Obras escolhidas III*. São Paulo: Brasiliense.

BEZERRA JR., Benilton (1989). Subjetividade moderna e o campo da psicanálise. In: BIRMAN, Joel (org.). *Freud 50 anos depois*. Rio de Janeiro: Relume Dumará.

BIRMAN, Joel (1994). *Leituras sobre a cientificidade da psicanálise*. In: Instituto de Medicina Social. Rio de Janeiro: Série Estudos em Saúde Coletiva nº 14.

BORELLI, Silvia Helena Simões (1996). *Ação, suspense, emoção: literatura e cultura de massa no Brasil*. São Paulo: Estação Liberdade/Educ/Fapesp.

_____ (1997). In: VERÓN, Elisco & CHAUVEL, Lucrecia Escudero (comp.) *Los géneros ficcionales en las telenovelas brasileñas. Telenovela: ficción popular y mutaciones culturales*. Barcelona: Gedisa.

BORELLI, Silvia H. S.; GUIMARÃES, M. Eduarda A.; MALTA, Eliana N. C.; MIRA, Maria Celeste; PRIOLI, Gabriel; ROCHA, Rosamaria L. M.; RONDINI, Luiz Carlos (1999). *Rede Globo de Televisão: audiência*. Relatório de Pesquisa. São Paulo.

BORGES, Jorge Luis (1985). O conto policial. In: *Jorge Luis Borges: cinco visões pessoais*. Brasília: UnB.

BOURDIEU, Pierre et al. (1975). *El oficio de sociólogo*. México: Siglo XXI.

BOURDIEU, Pierre (1983). *Pierre Bourdieu*. Organização Renato Ortiz. São Paulo: Ática.

_____ (1991). *La distinción*. Madri: Taurus.

CABAS, Antonio Godino (1982). *Curso e discurso na obra de Jacques Lacan*. São Paulo: Moraes.

CALETTI, Sergio (1992). La recepción ya no alcanza. In: LUNA CORTÉS, Carlos (coord.). *Generación de conocimientos y formación de comunicadores*. México: Coneicc/Felafacs.

CALVINO, Italo (1993). *La machine littérature*. Paris: Seuil.

CAMPOS, Haroldo de (1977). *Ruptura dos gêneros na literatura latino-americana*. São Paulo: Perspectiva.

CANDIDO, Antonio (1968). *O personagem de ficção*. São Paulo: Perspectiva.

CAPPARELLI, Sérgio & STUMPF, Ida (orgs.) (1998). *Teses e dissertações em comunicação no Brasil (1992-1996)*. Porto Alegre: Editora UFRGS.

CERTEAU, Michel de (1994). *A invenção do cotidiano. Artes de fazer*. Petrópolis: Vozes.

_____ (1996). *A invenção do cotidiano. Artes de fazer*. 2ª ed. Petrópolis: Vozes.

COSTA, Jurandir Freire (1983). *Ordem médica e norma familiar*. 2ª ed. Rio de Janeiro: Graal.

_____ (1986). *Violência e psicanálise*. 2ª ed. Rio de Janeiro: Graal.

COSTA, Jurandir Freire (1989). *Psicanálise e contexto cultural: imaginário psicanalítico, grupos e psicoterapias*. Rio de Janeiro: Campus.

CURRAN, James; MORLEY, David; WALKERDINE, Valerie (comp.) (1996). *Estudios culturales y comunicación*. Barcelona: Paidós.

_____ (1998). *Cultural studies and communication*. Grã-Bretanha: Arnold.

DELEUZE, Gilles & GUATTARI, Felix (1976). *O anti-Édipo: capitalismo e esquizofrenia*. Rio de Janeiro: Imago.

ECO, Umberto (1985). *Pós-escrito a "O nome da Rosa"*. Rio de Janeiro: Nova Fronteira.

_____ (1993). *Apocalípticos e integrados*. São Paulo: Perspectiva.

ESCUDERO, Lucrecia (1994). *El secreto como motor narrativo*. France. Université de Lille III. Apresentado no Colóquio "La Forma del Teleromanzo: gli Anni '90". Centro Internazionale di Semiotica e Linguistica. Urbino, Itália (mimeo).

FADUL, Anamaria (org.) (1993). *Ficção seriada na TV: as telenovelas latinoamericanas*. São Paulo: ECA-USP.

FAUSTO NETO, Antonio (1995). A deflagração do sentido. In: SOUSA, Mauro Wilton de (org.). *Sujeito, o lado oculto do receptor*. São Paulo: Brasiliense/ECA-USP.

FERNANDES, Florestan (1980). *Fundamentos empíricos da explicação sociológica*. São Paulo: T. A. Queiroz.

FEUER, Jane (1987). Genre study and television. In: ALLEN, Robert (org.). *Channels of discourse: television and contemporary criticism*. Chapel Hill: University of North Caroline Press.

FIGUEIRA, Sérvulo A. (org.) (1987). *Uma nova família? O moderno e o arcaico na família de classe média brasileira*. Rio de Janeiro: Jorge Zahar.

FIGUEIREDO, Luís Cláudio (1991). *Psicologia, uma introdução: uma visão histórica da psicologia como ciência*. São Paulo: Educ.

_____ (1992). *A invenção do psicólogo: quatro séculos de subjetivação (1500-1900)*. São Paulo: Escuta/Educ.

_____ (1996). *Revisitando as psicologias. Da epistemologia à ética das práticas e discursos psicológicos*. São Paulo: Educ/Vozes.

FISKE, John (1991). *Television culture*. Londres: Routledge.

FOUCAULT, Michel (1977). *Vigiar e punir. O nascimento da prisão*. Petrópolis: Vozes.

_____ (1979). *História da sexualidade I – A vontade de saber*. 2ª ed. Rio de Janeiro: Graal.

_____ (1982). *Microfísica do poder*. 2ª ed. Rio de Janeiro: Graal.

_____ (1991). *As palavras e as coisas*. Lisboa: Edições 70.

385

FREUD, Sigmund (1973). "El malestar em la cultura" (1929[1930]). *Obras completas*. Madri: Biblioteca Nueva.

FRYE, Northrop (1973). *Anatomia da crítica*. São Paulo: Cultrix.

FUENZALIDA, Valerio (1987). La influencia cultural de la televisión. *Dialogos de la comunicación 17*. Lima: Felafacs.

GALINDO, Jesús (1988). Lo cotidiano y lo social. La telenovela como texto y pretexto. *Estudios sobre las Culturas Contemporaneas*. Vol. II, n°s 4-5.

GARCÍA CANCLINI, Néstor (1990). *Culturas híbridas*. México: Grijalbo.

_____ (1991). La televisión: uma cultura para todos. In: *El consumo cultural en México*. México: Consejo Nacional para la Cultura y las Artes, pp. 63-85.

_____ (1995). *Consumidores e cidadãos: conflitos multiculturais da globalização*. Rio de Janeiro: UFRJ.

GEERTZ, Clifford (1989). *A interpretação das culturas*. Rio de Janeiro: Guanabara Koogan.

GIDDENS, Anthony (1987). *A constituição da sociedade*. São Paulo: Martins Fontes.

_____ (1991). *As conseqüências da modernidade*. São Paulo: Unesp.

_____ (1993). *A transformação da intimidade – Sexualidade, amor e erotismo nas sociedades modernas*. São Paulo: Unesp.

_____ (1996). *As conseqüências da modernidade*. Oeiras: Celta.

GOMES JR., Guilherme Simões (1991). *Borges, disfarce de autor*. São Paulo: Educ/PUC-SP.

GONZÁLEZ, Jorge (1991a). La telenovela en familia: una mirada en busca de horizonte. *Estudios sobre las Culturas Contemporaneas*. Vol. II, n° 11, México: Universidad Colima.

_____ (1991b). La confradía de las emociones in/terminables – telenovela, memoria, familia. In: GARCÍA CANCLINI, Néstor. *El consumo cultural en México*. México: Consejo Nacional para la Cultura y las Artes.

_____ (1993). Metodologia y sociologia reflexivas. *Estudios sobre las Culturas Contemporaneas*. Vol. V, n° 5, México: Universidad Colima.

_____ (1994a). *Navegar, naufragar, rescatar entre dos continentes perdidos. Ensaio metodologico sobre las culturas hoy*. México: Pensar la Cultura.

_____ (1994b). Telenovela al día: protocolo de observación etnográfica. *Más cultura: ensayos sobre realidades plurales*. México: Pensar la Cultura.

GRAMSCI, Antonio (1978). *Literatura e vida nacional*. Rio de Janeiro: Civilização Brasileira.

GUATTARI, Felix & ROLNIK, Suely (1986). *Micropolítica: cartografias do desejo*. 2ª ed. Petrópolis: Vozes.

GUATTARI, Felix (1991). *Ecologia social y ecologia mental*. Palestra proferida no Encuentro Interdisciplinario Internacional Nuevos Paradigmas, Cultura y Subjetividad. Fundación Interfás, Buenos Aires, Argentina (fita gravada e traduzida por Vera Resende, 22/10/1991).

GUBERN, Roman (1994). Fabulación audiovisual y mitogenia. Roma. Instituto Español de Cultura. Apresentado no Colóquio "La Forma del Teleromanzo: gli Anni '90". Centro Internazionale di Semiotica e Linguistica. Urbino, Itália (mimeo).

HALL, Stuart (1981). Encoding/decoding in television discourse. In: HALL, Stuart et al. (eds.). *Culture, media, language*. Londres: Hutchinson.

HELLER, Agnes (1970). *O cotidiano e a história*. 4ª ed. Rio de Janeiro: Paz e Terra.

HERRÁN, Claudia (1994). Un salto no dado: de las mediaciones al sentido. In: OROZCO, Guillermo (comp.). Televidencia: perspectivas para el análisis de los procesos de recepción televisiva. *Cuadernos del PROII-COM 6*. México: Universidad Iberoamericana.

HILDEBRAND, Luci (1995). *Comunicação brasileira sobre a Aids: um percurso pelas linhas e entrelinhas da telinha da TV*. Tese de doutorado. São Paulo: ECA-USP.

JAUSS, Hans-Robert (1986). Littérature mediévale et théories des genres. *Théorie des Genres*. Paris: Seuil.

JENSEN, Klaus B. & ROSENGREEN, Karl (1990). Five traditions in search of the audience. *European Journal of Communication*. Vol. 5, nº 2-3.

JENSEN, Klaus B. & JANKOWSKI, Nicholas (1994). *A handbook of qualitative methodologies for mass communication research*. Londres: Routledge.

KAISER, Wolfgang (1948). *Fundamentos da interpretação e da análise literária*. São Paulo: Saraiva.

KAPLAN, Abraham (1975). *A conduta na pesquisa*. São Paulo: EPU/Edusp.

KEHL, Maria Rita (1995). Imaginário e pensamento. In: SOUSA, Mauro Wilton de (org.). *Sujeito, o lado oculto do receptor*. São Paulo: Brasiliense/ECA-USP.

_____ (1996). *A mínima diferença*. Rio de Janeiro: Imago.

KUHN, Kelin (1997). *HDTV television: an introduction*. Internet 06washington.edu

LACAN, Jacques (1992). *Escritos*. São Paulo: Perspectiva.

LAPLANCHE, J. & PONTALIS, J. B. (1970). *Vocabulário da psicanálise*. 5ª ed. *São Paulo: Martins Fontes*.

LASCH, Christopher (1983). *A cultura do narcisismo: a vida americana numa era de esperanças em declínio*. Rio de Janeiro: Imago.

_____ (1991). *Refúgio num mundo sem coração. A família: santuário ou instituição sitiada?* Rio de Janeiro: Paz e Terra.

LEAL, Ondina Fachel (1983). *A leitura social da novela das oito*. Petrópolis: Vozes.

LEJEUNE, Philippe (1975). *Le pacte autobiographique*. Paris: Seuil.

LEONE, Eduardo & MOURÃO, Maria Dora (1993). *Cinema e montagem*. São Paulo: Ática.

LOPES, Maria Immacolata V. (1993). Estratégias metodológicas da pesquisa de recepção. *Intercom – Revista Brasileira de Comunicação*. Vol. XVI, nº 2, São Paulo: Intercom.

_____ (1995). Recepção dos meios, classes, poder e estrutura. *Comunicação e Sociedade 23*. São Bernardo do Campo: IMS.

_____ (1998). *Por um paradigma transdisciplinar para o campo da comunicação*. Paper apresentado no V Ibercom – Encontro Ibero-Americano de Ciências da Comunicação, Porto.

LULL, James (ed.) (1988). *World families watch television*. Londres: Sage.

_____ (1992). La estructuración de las audiencias masivas. *Dialogos de la Comunicación 32*. Lima: Felafacs.

MACHADO, Arlindo (1998). *A arte do vídeo*. São Paulo: Brasiliense.

MANGABEIRA, Wilma (1992). O uso de computadores na análise qualitativa: uma nova tendência na pesquisa sociológica. *BIB 34*, Rio de Janeiro.

MANGANELLI, Giorgio (1991). *La littérature comme mensonge*. Paris: Gallimard.

MARTÍN-BARBERO, Jesús & MUNHOZ, Sonia (coord.) (1992). *Televisión y melodrama*. Bogotá: Tercer Mundo.

MARTÍN-BARBERO, Jesús (1987). *De los medios a las mediaciones*. Barcelona: Gustavo Gili.

_____ (1989). Comunicación y cultura: unas relaciones complejas. *Telos 19*. Madri: Fundesco.

_____ (1990). De los medios a las práticas. In: *La comunicación desde las práticas sociales: reflexiones en torno a su investigación. Cuadernos de Comunicación y Práticas Sociales*, n. 1. México: Universidad Iberoamericana.

_____ (1997). *Dos meios às mediações*. Rio de Janeiro: UFRJ.

_____ (1998). Experiencia audiovisual y desorden cultural. In: MARTÍN-BARBERO, Jesús & LÓPEZ, Fabio (eds.). *Cultura, medios y sociedad*. Bogotá: CES/Universidad Nacional.

MARTIN, Marcel (1990). *A linguagem cinematográfica*. São Paulo: Brasiliense.

MATTELART, Armand & Michèle (1989). *O carnaval das imagens: a ficção na TV*. São Paulo: Brasiliense.

MAZZIOTTI, Nora (1994). Telenovelas latino-americanas: deslocamentos na textualidade do gênero. In: BORELLI, Silvia Helena Simões (org.). *Gêneros ficcionais, produção e cotidiana na cultura popular de massa*. São Paulo: Intercom/CNPq/Finep.

MCLUHAN, Marshall (1964). *Understanding media: the extensions of man*. Nova York: Signet Books.

MIRA, Maria Celeste (1995). *Circo eletrônico: Silvio Santos e o SBT*. São Paulo: Loyola/Olho D'Água.

MORIN, Edgar (1969). De la culturanalyse à la politique culturelle. *Communications 14*. Paris: Seuil.

_____ (1979). *O enigma do homem*. 2ª ed. Rio de Janeiro: Zahar.

_____ (1984). *Cultura de massas no século XX. Espírito do tempo I. Neurose*. 6ª ed. Rio de Janeiro: Forense.

_____ (1986). *Ciência com consciência*. Lisboa: Europa-América.

_____ (1989). Entrevista. In: BLUMER, Maria Lúcia (trad.). *Idéias contemporâneas*. Entrevistas do *Le Monde*. São Paulo: Ática.

_____ (1996). Epistemologia e complexidade. In: SCHNITMAN, Dora Fried (org.). *Novos paradigmas, cultura e subjetividade*. Porto Alegre: Artes Médicas.

MORLEY, David (1986). *Televisión, audiencias y estudios culturales*. Buenos Aires: Amorrortu.

_____ (1991). *Family television: cultural power and domestic leisure*. Londres: Routledge.

MURDOCK, Graham (1990). La investigación critica y las audiencias activas. *Estudios sobre las Culturas Contemporaneas*. Vol. IV, nº 10, México: Universidad Colima.

NEALE, Steve (1980). *Genre*. Londres: British Film Institute.

OROZCO, Guillermo (org.) (1992). Hablan los televidentes. Estudios de recepción en varios paises. *Cuadernos del PROIICOM 4*. México: Universidad Iberoamericana.

OROZCO, Guillermo (1991a). Mapa para abordar las mediaciones en el proceso de recepción televisiva: una aproximación metodológica. *Cuadernos de Comunicación y Practicas Sociales 2*. México: Universidad Iberoamericana.

_____ (1991b). Recepción televisiva. Tres aproximaciones y una razón para su estudio. *Cuadernos del PROIICOM 2*. México: Universidad Iberoamericana.

_____ (1993). *Hacia una dialectica de la recepción televisiva: la estruturación de estrategias por los televidentes*. Ponencia presentada en el III Simposio Internacional de Comunicación, Porto Alegre (mimeo).

_____ (1996). *Televisión y audiencias. Un enfoque qualitativo*. Madri: Editora de la Torres.

_____ (1997). *La investigación en comunicación desde la perspectiva qualitativa*. México: Imdec.

_____ (1999). *Dialectica de la mediación televisiva: la estruturación de estrategias por los televidentes*. México: Universidad Iberoamericana.

ORTIZ, Renato; BORELLI, Silvia Helena Simões; RAMOS, José Mario (1989). *Telenovela, história e produção*. São Paulo: Brasiliense.

PAES, José Paulo (1990). *A aventura literária*. São Paulo: Companhia das Letras.

PALLOTTINI, Renata (1998). *Dramaturgia de televisão*. São Paulo: Moderna.

PEARCE, W. Barnett (1996). Novos modelos e metáforas comunicacionais: a passagem da teoria à prática, do objetivismo ao construcionismo social e da representação à reflexividade. In: SCHNITMAN, Dora Fried (org.). *Novos paradigmas, cultura e subjetividade*. Porto Alegre: Artes Médicas.

POIRIER, Jean et al. (1995). *Histórias de vida. Teoria e prática*. Oeiras: Celta.

PRADO, Décio de Almeida (1972). *João Caetano*. São Paulo: Perspectiva/Edusp.

PROUST, Marcel (1991). *Sobre a leitura*. 2ª ed. Campinas: Pontes.

RAMOS, José Mario Ortiz (1995). *Televisão, publicidade e cultura de massa*. Petrópolis: Vozes.

RESENDE, Vera da Rocha (1995). *Tele-subjetivando através da telenovela*. Tese de doutorado. Programa de Estudos Pós-Graduados em Psicologia Clínica. São Paulo, PUC-SP.

RODRIGUES, Adriano Duarte (1994). A experiência cultural na era da informação. *Revista Margem 3*. Faculdade de Ciências Sociais, PUC-SP, São Paulo: Educ.

SANTAELLA, Lúcia (1996). *Produção de linguagem e ideologia*. São Paulo: Cortez.

SANTOS, Laymert Garcia dos (1989). *Tempo de ensaio*. São Paulo: Companhia das Letras.

SCHATZ, Thomas (1981). *Hollywood genres*. Nova York: Random House.

SEGRE, C. (1989). Gêneros. In: *Enciclopédia Einaudi: literatura-texto*. Portugal: Imprensa Nacional/Casa da Moeda.

SENNETT, Richard & FOUCAULT, Michel (1981). Sexuality and solitude. *Review of Books*. Londres, 21 May-3 June.

SENNETT, Richard (1989). *O declínio do homem público. As tiranias da intimidade.* São Paulo: Companhia das Letras.

SILVEIRA, Nise da (1971). *Jung, vida e obra.* Rio de Janeiro: José Álvaro.

SILVERSTONE, Roger & HIRSCH, Eric (1994). *Consuming technologies: media and information in domestic spaces.* Londres: Routledge.

SILVERSTONE, Roger (1996). *Televisión y vida cotidiana.* Buenos Aires: Amorrortu.

SIMMEL, Georg (1971). *On individuality and social forms.* Chicago: University of Chicago Press.

SOUSA, Mauro Wilton de (org.) (1995). *Sujeito, o lado oculto do receptor.* São Paulo: ECA-USP/Brasiliense.

SOUZA SANTOS, Boaventura (1989). *Introdução a uma ciência pós-moderna.* Rio de Janeiro: Graal.

STAM, Robert (1992). *Bakhtin: da teoria literária à cultura de massa.* São Paulo: Ática.

STASHEFF, Edward et al. (1978). *O programa de televisão.* São Paulo: Edusp.

TADIÉ, Jean-Yves (1982). *Le roman d'aventures.* Paris: PUF.

THIOLLENT, Michel (1980). *Crítica metodológica, investigação social e enquete operária.* São Paulo: Polis.

THOMPSON, John (1998). *Los media y la modernidad.* Barcelona: Paidós.

TODOROV, Tzvetan (1975). *Introdução à literatura fantástica.* São Paulo: Perspectiva.

_____ (1979). *As estruturas narrativas.* São Paulo: Perspectiva.

_____ (1981). *Os gêneros do discurso.* Lisboa: Edições 70.

VELHO, Gilberto (1986). *Subjetividade e sociedade: uma experiência de geração.* 2ª ed. Rio de Janeiro: Jorge Zahar.

VERÓN, Eliseo (1971). Ideologia y comunicación de masas. La semantización de la violencia política. In: VERÓN, Eliseo (comp.). *Lenguaje y comunicación social.* Buenos Aires: Nueva Visión.

VINCENT-BUFFAULT, Anne (1994). *História das lágrimas.* Lisboa: Teorema.

VIRILIO, Paul (1993). *O espaço crítico.* Campinas: Editora 34.

WALLERSTEIN, Immanuel et al. (1996). *Para abrir as ciências sociais.* Lisboa: Europa-América.

WILLIAMS, Raymond (1975). *Television: technology and cultural form.* Nova York: Schocken Books.

_____ (1976). *The country and the city.* Nova York: Paladin.

_____ (1979). *Marxismo e literatura.* Rio de Janeiro: Jorge Zahar.

_____ (1980). *Politics and letters.* Nova York: Verso.

_____ (1984). *The long revolution.* Londres: Penguin Books.

_____ (1992). *Cultura.* Rio de Janeiro: Paz e Terra.

WINNICOTT, Claire (org.) (1994). *Explorações psicanalíticas. D. W. Winnicott*. Porto Alegre: Artes Médicas.

WINNICOTT, D. W. (1975). *O brincar e a realidade*. Rio de Janeiro: Imago.

_____ (1990). *Natureza humana*. Rio de Janeiro: Imago.

WOLF, Mauro (1984). Gêneros y televisión. *Anàlisi 9*. Barcelona: Universidad de Barcelona.

_____ (1987). *Teorias da comunicação*. Lisboa: Presença.

_____ (1992). *Gli effetti sociali dei media*. Milão: Bompiani.

XAVIER, Ismail (1977). *O discurso cinematográfico. A opacidade e a transparência*. Rio de Janeiro: Paz e Terra.

ZAHAREAS, Anthony N. (1979). El gênero picaresco y las autobiografias de criminales. In: CRIADO DO VAL, Manuel (org.). *La picaresca: orígenes, textos y estructuras*. Madri: Fundación Universitaria Española.

Autoras e colaboradores

Maria Immacolata Vassallo de Lopes

É mestre e doutora em Ciências da Comunicação pela Universidade de São Paulo. Fez pós-doutorado na Universidade de Firenze, Itália. É professora livre-docente da Escola de Comunicações e Artes da Universidade de São Paulo (ECA-USP), onde também coordena a Pós-Graduação. Suas áreas de interesse são: epistemologia, teoria e metodologia da pesquisa em comunicação, telenovela e pesquisa de recepção. Foi presidente e é atual diretora da Sociedade Brasileira de Estudos Interdisciplinares da Comunicação (Intercom). Publicou inúmeros artigos em revistas nacionais e internacionais, além de ser autora de diversos livros e organizadora de várias coletâneas.

Silvia Helena Simões Borelli

É professora do Departamento de Antropologia e da Pós-Graduação em Ciências Sociais da Pontifícia Universidade Católica de São Paulo (PUC-SP). Ali fez mestrado e doutorado, foi diretora da Faculdade de Ciências Sociais e orienta dissertações e teses. É também professora nas Faculdades Senac, em São Paulo, e pesquisadora nas áreas de antropologia e cultura contemporânea, cultura e literatura popular de massa, produção e recepção mediática, televisão e teleficcionalidade. Publicou diversos artigos e livros no Brasil e no exterior.

Vera da Rocha Resende

É psicóloga, doutora em Psicologia Clínica pela Pontifícia Universidade Católica de São Paulo (PUC-SP), tendo defendido a tese *Telesub-*

jetivando através das telenovelas; é também professora no Departamento de Psicologia da Universidade Estadual Paulista em Bauru (Unesp) e professora do programa Psicologia e Sociedade, Câmpus de Assis. Autora de "A vida em capítulos", texto publicado na coletânea *Desafios da comunicação*, organizada por Ladislau Dowbor e Paulo-Edgar Almeida Resende (2001).

Alberto Efendy Maldonado Gómez de La Torre

É doutor em Ciências da Comunicação pela Universidade de São Paulo; professor/pesquisador do programa de pós-graduação em comunicação da Unisinos, Porto Alegre. Foi coordenador do GT Teoria da Comunicação da Intercom. Professor visitante da Escola Politécnica Salesiana Quito, no programa de pós-graduação em edocomunicação. É coordenador da comissão de relações exteriores do PPG-CC da Unisinos e membro de comissão editorial da revista *Fronteiras-Estudos Midiáticos*.

Sua produção reúne artigos sobre epistemologia da comunicação, globalização, midiatização, mediações, produção de significações, recepção e metodologias.

Jiani Adriana Bonin

É mestre em Extensão Rural pela Universidade Federal de Viçosa, Minas Gerais, onde defendeu a dissertação intitulada *Mediações na recepção de TV: o "Campo e lavoura" em Rio Fortuna (SC)*. Atualmente está em fase final do curso de doutorado em Ciências da Comunicação, que realiza na Escola de Comunicações e Artes da Universidade de São Paulo (ECA-USP), sob a orientação da profa. dra. Maria Immacolata Vassallo de Lopes. O tema da pesquisa são as mediações na recepção da telenovela e a tese intitula-se *Identidade étnica, cotidiano rural e telenovela*.

Maria Isabel Orofino

É doutoranda na Escola de Comunicações e Artes da Universidade de São Paulo (ECA-USP), com estágio na London School of Economics and Political Sciences (LSE). Mestre em Ciências da Educação pela Universidade Federal de Santa Catarina (CED-UFSC). Tem atuado nos últimos quinze anos como jornalista e roteirista de programas educativos e culturais para televisão, vídeo, teatro e educação a distância.

NOVAS BUSCAS EM COMUNICAÇÃO
VOLUMES PUBLICADOS

leia também

A TV SOB CONTROLE
Laurindo Lalo Leal Filho

Este livro reúne 68 artigos publicados pelo autor entre 1999 e 2005. Mas, longe de serem datados, os textos refletem as mudanças pelas quais a televisão tem passado – da entrada na onda neoliberal da desregulamentação à tomada de consciência do público. Hoje, a sociedade questiona a ação da TV como meio de comunicação hegemônico num país profundamente desigual como o nosso, mostrando que só uma mudança de paradigmas pode tornar o veículo realmente democrático.

REF. 10297

ISBN 85-323-0297-1

DA CRIAÇÃO AO ROTEIRO
EDIÇÃO REVISTA
Doc Comparato

Este livro divide com o leitor um amplo conhecimento sedimentado numa vivência prolongada do ato de escrever roteiros para o cinema e a televisão, no Brasil e na Europa. Esta edição – revista, atualizada e ampliada – focaliza desde a ideia e os primeiros apontamentos até o roteiro final. Ao mesmo tempo que aborda a teoria, Doc propõe exercícios práticos para testar a apreensão dos conteúdos.

REF. 10540

ISBN 978-85-323-0540-4

TELEJORNALISMO E PODER NAS ELEIÇÕES PRESIDENCIAIS
Flora Neves

É sabido que, em épocas de eleições, os meios de comunicação podem exercer influência no resultado ao enquadrar o pleito de acordo com sua linha editorial. Especializada no assunto, a autora oferece um impressionante campo de evidências a esse respeito ao analisar a cobertura das eleições presidenciais de 2002 e 2006 pelo telejornal mais importante do país. Para estudantes de comunicação e todos os que se interessam pelo livre exercício da cidadania.

REF. 10513

ISBN 978-85-323-0513-8

TELENOVELA
UM OLHAR DO CINEMA
José Roberto Sadek

O autor parte dos estudos consagrados das estratégias narrativas do cinema clássico e os aplica às telenovelas, mostrando ângulos inovadores. Ele analisa as organizações dramáticas que compõem um filme e uma telenovela, fala dos personagens principais e secundários e comenta os problemas do tempo na narração e do espaço em que as cenas se desenvolvem. Para interessados em dramaturgia e estudantes de audiovisual.

REF. 10475

ISBN 978-85-323-0475-9

IMPRESSO NA

sumago gráfica editorial ltda
rua itauna, 789   vila maria
02111-031   são paulo   sp
telefax 11 **2955 5636**
sumago@terra.com.br

G R Á F I C A

summus editorial

CADASTRO PARA MALA-DIRETA

Recorte ou reproduza esta ficha de cadastro, envie-a completamente preenchida por correio ou fax, e receba informações atualizadas sobre nossos livros.

Nome: _____

Endereço: ☐ Res. ☐ Com. _____ Empresa: _____ Bairro: _____

CEP: ____-____ Cidade: _____ Estado: ____ Tel.: ( ) _____

Fax: ( ) _____ E-mail: _____ Data de nascimento: _____

Profissão: _____ Professor? ☐ Sim ☐ Não Disciplina: _____

1. Você compra livros:

☐ Livrarias ☐ Feiras
☐ Telefone ☐ Correios
☐ Internet ☐ Outros. Especificar: _____

2. Onde você comprou este livro? _____

3. Você busca informações para adquirir livros por meio de:

☐ Jornais ☐ Amigos
☐ Revistas ☐ Internet
☐ Professores ☐ Outros. Especificar: _____

4. Áreas de interesse:

☐ Educação ☐ Administração, RH
☐ Psicologia ☐ Comunicação
☐ Corpo, Movimento, Saúde ☐ Literatura, Poesia, Ensaios
☐ Comportamento ☐ Viagens, *Hobby*, Lazer
☐ PNL ☐ Cinema

5. Nestas áreas, alguma sugestão para novos títulos? _____

6. Gostaria de receber o catálogo da editora? ☐ Sim ☐ Não

7. Gostaria de receber o Informativo Summus? ☐ Sim ☐ Não

Indique um amigo que gostaria de receber a nossa mala-direta:

Nome: _____

Endereço: ☐ Res. ☐ Com. _____ Empresa: _____ Bairro: _____

CEP: ____-____ Cidade: _____ Estado: ____ Tel.: ( ) _____

Fax: ( ) _____ E-mail: _____ Data de nascimento: _____

Profissão: _____ Professor? ☐ Sim ☐ Não Disciplina: _____

Summus Editorial
Rua Itapicuru, 613 7º andar 05006-000 São Paulo - SP Brasil Tel. (11) 3872-3322 Fax (11) 3872-7476
Internet: http://www.summus.com.br e-mail: summus@summus.com.br

cole aqui